# 普通话与教师口语教程

第二版

车晓彦　姜秀丽 刘　昭 主编

北京大学出版社
PEKING UNIVERSITY PRESS
黑龙江大学出版社
HEILONGJIANG UNIVERSITY PRESS

**图书在版编目（CIP）数据**

普通话与教师口语教程 / 车晓彦，姜秀丽，刘昭主编. -- 2版. -- 哈尔滨 : 黑龙江大学出版社 ; 北京 : 北京大学出版社，2016.2（2020.8 重印）
ISBN 978-7-81129-977-9

Ⅰ. ①普… Ⅱ. ①车… ②姜… ③刘… Ⅲ. ①普通话—教材②教师—口语—教材 Ⅳ. ①H102 ②H193.2

中国版本图书馆 CIP 数据核字（2016）第 002363 号

普通话与教师口语教程（第二版）
PUTONGHUA YU JIAOSHI KOUYU JIAOCHENG ( DI-ER BAN )
车晓彦　姜秀丽　刘　昭　主编

---

责任编辑　于　丹
出版发行　北京大学出版社　黑龙江大学出版社
地　　址　北京市海淀区成府路 205 号　哈尔滨市南岗区学府三道街 36 号
印　　刷　北京虎彩文化传播有限公司
开　　本　720 毫米 ×1000 毫米　1/16
印　　张　19.5
字　　数　371 千
版　　次　2016 年 2 月第 2 版　2011 年 10 月第 1 版
印　　次　2020 年 8 月第 3 次印刷
书　　号　ISBN 978-7-81129-977-9
定　　价　42.00 元

---

本书如有印装错误请与本社联系更换。

# 《普通话与教师口语教程》

主　编：车晓彦　姜秀丽　刘　昭（大庆师范学院）
副主编：张立丹　冯　达（大庆师范学院）
主　审：赵　丽（大庆师范学院）

# 前　言

《普通话与教师口语教程》一书，既包括普通话课程内容，也包括教师口语课程的相关知识，是将两门课程的内容科学融合的一本实用性、实践性较强的教材。

本教材分为两部分：第一部分是普通话相关知识与普通话测试。包括普通话与普通话水平测试介绍、黑龙江方音辨正与训练、朗读、命题说话。第二部分是教师口语。主要包括教学口语与训练、教育口语与训练。通过第一部分的学习与训练，纠正学生不正确的语音及不正确的发音方法，改善学生的语音面貌，提高广大师范生的语言、语音素质，使学生能够说一口标准、流畅的普通话。第二部分的学习与训练，是在第一部分的学习与训练的基础上，即在达到语音标准的基础上，提高学生的语言组织与口语表达能力。如果说普通话是实现良好沟通与合作的媒介和手段，那么，教师口语则是广大师范生必备的综合职业能力之一。

在编写体例上，我们采用了“基础模块”与“实践模块”相结合的方法，从基础知识入手，重在训练与应用。本教材以国家语言文字工作委员会颁布的《普通话水平测试实施纲要》为依据，参考了近年来国内最前沿的普通话理论研究成果，根据教师多年的普通话与教师口语的教学经验、测试经验及中小学教育、教学中实际口语的运用状况，结合大学生语音实际，将普通话基础知识、普通话训练与测试指导、教师口语基础知识、教师口语训练与指导等内容做了整体编排，在理论—训练—测试—运用四个方面呈递进状，环环相扣，有的放矢，科学实用。本教材内容难易适度，理论联系实际，内容丰富，材料新颖，注重口语技能训练，突出应用性、实用性、针对性。

全书共分六章：第一章为普通话与普通话水平测试介绍，第二章为黑龙江方音辨正与训练，第三章为朗读，第四章为命题说话，第五章为教学口语与训练，第六章为教育口语与训练。

本教材编写分工如下：

车晓彦（12.1 万字）：绪论、第一章、第二章、第三章（第一、二、三节）、

第四章（第三节）

姜秀丽（10万字）：第四章（第一节、第二节）、词语表

刘　昭（5万字）：第三章（第四节）

张立丹（5万字）：第五章、命题说话题目

冯　达（5万字）：第六章

在本教材编写过程中，参考了许多著作和相关资料。在此，特向有关作者及支持本教材出版的人士，表示衷心的感谢！

由于编写时间仓促，加之编写水平有限，书中难免存在疏漏和不当之处，敬请有关专家、学者和广大读者不吝批评指正，以便不断修订完善。

编　者

2015年10月

# 目　录

# 绪 论

《普通话与教师口语教程》是为普通话与教师口语课程而编写的。推广普通话以来,全国各师范院校陆续开设了普通话课程。普通话课程与师范院校原有的教师口语课程在内容上有许多重复或相似之处,同时,在知识体系上又是一脉相承的。在教改项目普通话与教师口语课程改革理论研究与实践探索的基础上,我们将普通话的内容与教师口语的内容科学地融合在一起,紧密衔接知识点,在单纯注重普通话语音标准化教学的基础上,提高学生的口语表达能力,特别是教学过程中口语运用能力。在改善学生语音面貌的同时,完成提高运用语言能力的任务。

## 一、理论依据

本课程在保证知识点衔接紧密的原则下,在原普通话课程内容的基础上进行了增、删。在教师口语与训练中加进命题说话内容。在命题说话中,融进一般口语交际训练和教师职业口语训练。保留普通话测试概说、朗读和两门课程共同具有的语音知识(包括黑龙江方音辨止、轻声、变调、儿化)。删除语音基础知识,包括元音、辅音、发音方法、发音部位等等。因为汉语拼音四声知识的学习在小学阶段已完成,在此无须赘述;而发音方法、发音部位等知识过于专业,在侧重职业技能训练的普通话与教师口语课程中没必要向学生介绍。这样,本课程基本形成普通话测试概说、语音知识、朗读技巧、命题说话四大知识点与教学口语训练、教育口语训练两大能力模块的有机结合。本课程以普通话语音知识与训练为前提,教学口语训练、教育口语训练两大能力贯穿始终。普通话训练注重语音的标准化教学,辨正方音与纠正不正确的语音,提高师范生的语言、语音素质;而教师口语训练是普通话训练的继续和深化,是教师职业训练的基础,是对一般口语训练的提高和扩展,是符合教育、教学要求的专业用语,更是师范生必备的职业基本技能。

## 二、现实意义

本课程的学习,能够使师范生运用标准或比较标准的普通话进行口语交际,提高师范生的语言、语音素质及口语表达能力,并能对中小学生的口语进行指导,同时,提高师范生运用教师职业语言进行教学的基本技能,增强就业竞争力,为将来成为一名合格的人民教师打下良好的基础。本课程推动了全省师范院校普通话实践教学的改革，对提升师范生的职业技能具有重大的现实意义。

## 三、教学目的

1. 改善师范生的语音面貌，使其会语音在教师口语中的具体运用。
2. 通过规范语词，进一步规范教学口语。
3. 通过朗读技巧的学习与运用，提高教师口语的表达效果。
4. 通过命题说话的技巧与训练，提高师范生驾驭语言的能力。
5. 通过具有针对性的训练，克服教师口语"常见病"。

# 第一章　普通话与普通话水平测试介绍

## 第一节　普通话概述

### 一、普通话的形成

“普通话”作为固定词语最早出现在清末。1902 年,学者吴汝纶去日本考察时就提到“普通话”这一名称。1906 年,学者朱文熊在《江苏新字母》中提及“普通话”,并且给“普通话”下了明确定义,即“各省通行之话”。后来,瞿秋白等也曾提出“普通话”的说法,并与茅盾就普通话的实际所指展开争论。

新中国成立后,1955 年 10 月召开“全国文字改革会议”及“现代汉语规范问题学术会议”期间,汉民族共同语的正式名称定为“普通话”,并确定了其定义,即“以北京语音为标准音,以北方话为基础方言”。1955 年 10 月 26 日,《人民日报》发表题为《为促进汉字改革、推广普通话、实现汉语规范化而努力》的社论,文中提到:“汉民族共同语,就是以北方话为基础方言、以北京语音为标准音的普通话。”1956 年 2 月 6 日,国务院发出关于推广普通话的指示,把普通话的定义增补为“以北京语音为标准音、以北方话为基础方言、以典范的现代白话文著作为语法规范”。这个定义从语音、词汇、语法三个方面明确规定了普通话的标准,使得普通话的定义更为科学、周密。1982 年,第五届全国人民代表大会第五次会议通过的《中华人民共和国宪法》规定:“国家推广全国通用的普通话”,确立了普通话的法定地位。1998 年,经国务院批准,确定每年 9 月的第三周为全国推广普通话宣传周。

### 二、普通话的含义

普通话是“以北京语音为标准音、以北方话为基础方言、以典范的现代白话文著作为语法规范”的现代汉民族共同语。这个定义实质上从语音、词汇、语法三个方面提出了普通话的标准。

1. 以北京语音为标准音

“以北京语音为标准音”,指的是以北京话的语音系统为标准,并不是把北京话一切读法全部照搬,普通话并不等于北京话。北京话仍有许多土音,比如:老北京人把连词“和(hé)”说成“hàn”;把“蝴蝶(húdié)”说成“húdiě”;把“告诉(gàosu)”说成“gàosong”等。另外,北京话里还有异读音现象,例如:“侵略”一词,有人念“qīnlüè”,也有人念“qǐnlüè”;“附近”一词,有人念“fǔjìn”。这也给普通话的推广带来许多麻烦。从1956年开始,国家对北京土话的字音进行了多次审订,制定了普通话的标准读音。

2. 以北方话为基础方言

“以北方话为基础方言”,指的是以广大北方话地区普遍通行的说法为准,同时也要从其他方言吸取所需要的词语。北方话中也有许多北方各地的土语,例如:北京人把“傍晚”说成“晚半晌儿”,把“斥责”说成“呲儿”,把“吝啬”说成“抠门儿”;北方不少地区将“玉米”称为“苞米”,将“肥皂”称为“胰子”,将“馒头”称为“馍馍”。所以,不能把所有北方话的词语都作为普通话的词语,要有一个选择。有的非北方话地区的词语有特殊的意义和表达力,北方话里却没有相应的同义词,这样的词语可以吸收到普通话词汇中来。例如“搞”、“垃圾”、“尴尬”、“噱头”等词已经在书面语中经常出现,早已加入了普通话词汇行列。

3. 以典范的现代白话文著作为语法规范

普通话的语法标准是“以典范的现代白话文著作为语法规范”。这个标准包括四个方面的意思:“典范”就是排除不典范的现代白话文著作;“白话文”就是排除文言文;“现代白话文”就是排除“五四”以前的早期白话文;“著作”就是指普通话的书面形式,它建立在口语基础上,但又不等于一般口语,而是经过加工、提炼的语言。

## 三、学习普通话的重要意义

推广普通话是我国语言文字工作的一个重要部分,对于促进我国政治和谐、经济发展、文化繁荣,增强民族自豪感都具有重要的意义。

1. 推广普通话可以促进全民交流畅通,为全民进行顺利的交流打开一个通道。语言是最重要的交际工具和信息载体,参与交流的人必须在语音、词汇、语法上具有共同的语料库,交流才能没有障碍。我国有七大方言区,而且大方言区内还有很多次方言区,各方言区之间、各次方言区之间在语音、词汇、语法上都有很大差异。这些差异往往会阻碍人们的交流,影响人们之间的沟通和了解。推广普通话可以有效消除各个方言区及次方言区之间的语言障碍,使全国人民顺利地进行交流。

2. 推广普通话可以促进政治和谐、经济发展、文化繁荣。任何一个社会内部都需要进行有效、简便、规范的交流。这对于建立和谐政治、促进经济和文化发展具有重要作用。随着改革开放和社会主义市场经济体制的建立,我国境内出现大规模人口流动,各方言区的人们不能很好地沟通,影响了人们的交流。推广普通话,营造良好的语言环境，对于促进人员交流、商品流通，培育统一的大市场具有十分重要的现实意义。

3. 推广普通话可以提高我们的民族意识，增强民族自豪感。语言是表达民族感情的一种基本手段，是民族感情的寄托，普通话是中国各民族的共同语，是中华民族感情的依托。

应该指出的是，推广普通话并不是人为地消灭方言，应该坚持社会语言生活主体化与多样化相结合的原则，一方面使公民普遍具备说普通话的能力，另一方面尊重方言和少数民族语言的使用价值和文化价值。

## 四、学习普通话的方法

做任何事情都必须讲究一定的方法，要学好普通话虽说不是一朝一夕的事，但只要掌握一定的方法，并经过一段时间的努力，还是可以达到预期目标的。

1. 学习语音基础知识，掌握正确发音方法

实践必须有理论作为指导。语音知识是前人对于语音认识的科学总结，有一点语音知识作为指导，学习普通话就能事半功倍。五度标记法是帮助人们学习普通话的工具。方言区的人不可能都到北京接受普通话训练，有了五度标记法，我们就可以在方言区学习普通话，而且同样可以取得好的效果。

2. 仔细揣摩，刻意模仿

语音本是口耳之学，读者可一边听朗读，一边模仿发音。有条件的读者还可以把自己的发音录下来，与标准的发音对照，找出差距，再进一步模仿。在模仿发音时，要用心揣摩自己的发音方法是否正确，发音器官是否到位，不断调整。

3. 随时随地做有心人

我们在看电视、电影或听广播的时候，在与普通话说得好的人交谈时，应特别注意正确发音与方言的区别，随时纠正发音，纠正方言语法，积累普通话词语。

4. 反复训练，大胆实践

方言的习惯势力很强，掌握正确发音之后还要通过反复训练才能巩固，才能形成正确的语言习惯，要大胆地说，敢于用普通话与别人会话。学好普通话有个过程，只有勇于实践，才能缩短这个过程。

“冰冻三尺，非一日之寒”，以上这些方法并非终南捷径，要学好普通话还必须经过长时间的努力。只要我们下定决心，肯花工夫，刻苦学习，持之以恒，就一定能改变自己的语音面貌，学得一口流利的普通话。

## 五、学习普通话应注意的问题

1. 克服心理障碍

普通话并不难学，难的是对心理状态的调整和改善。许多初学者在学习普通话时害怕自己因生硬别扭的发音出丑，或者畏惧长时间训练的困难。这些心理障碍常常使学习进步缓慢。针对这种情况，我们需要及时调节心理状态，放下心理包袱，大胆地开口讲普通话。

2. 创造良好的语言环境

任何语言都离不开具体的语言环境。它直接影响、制约着语言的学习和应用。在学习普通话的过程中，我们一定要克服本地方言环境的负面影响，尽可能为自己创造一个有利的普通话环境。

3. 掌握并熟练运用学习普通话的工具

汉语拼音是学习普通话的主要工具，只要能掌握并熟练运用汉语拼音，就会加快学习普通话的速度，提高发音的准确性。

4. 掌握本地方言与普通话之间的区别

普通话与方言的区别，主要表现在语音上。对于不同地域，这种区别也不同，但都具有一定的对应规律。我们只要善于观察、勤于思考、掌握规律、纠正方言、正确练习，学习普通话就不是很难的事了。

5. 先学会一些使用频率较高的字、词

有一些字、词使用频率比较高，例如“您好”、“谢谢”、“请问”等，可先学会这些常用字、词并不断使用，待掌握后再逐渐扩大学习范围。运用这种方法，容易看到学习成果，增强学习自信心。

6. 不怕嘲笑，持之以恒

在学习过程中，可能会出现一些笑话，但不能因此而退缩；相反，要知难而进、持之以恒，将他人的笑话变成自己学习的动力。普通话学习也是语言学习，只有持之以恒，方能见效。

学习普通话的目的是能听、能说标准的普通话。这就要求我们改变多年对方言的听说习惯，建立一种全新的听说能力，而这并非一朝一夕的易事。一方面我们需要花大力气，下苦功夫，老老实实地学习；另一方面也应该采用恰当的学习方法。总之，学习普通话是一个长期的过程，我们只有全身心地投入进去，做到“耳到”、“口到”、“心到”，才能取得良好效果。

# 第二节　普通话水平测试概说

## 一、普通话水平测试简介

普通话水平测试不是普通话系统知识考试，不是文化水平的考核，也不是口才的评估，而是对应试人运用普通话所达到的标准程度的检测和评定，是对应试人的汉语标准语音的测试。应试人在运用普通话口语进行表达过程中所表现的语音、词汇、语法规范程度，是评定其所达到的水平等级的重要依据。普通话水平测试一律采用口试方式进行。

现阶段，普通话水平测试的主要测试对象是师范院校毕业生，教师，播音员，节目主持人，电影、电视剧演员及相关专业的院校毕业生。这是从职业的素质要求和工作影响考虑的，是十分正确和必要的。随着工作的进展，以后将逐步扩大到公务员及其他服务行业的有关人员。

## 二、普通话水平测试大纲

根据教育部、国家语言文字工作委员会发布的《普通话水平测试管理规定》《普通话水平测试等级标准》，制定本大纲。

### 普通话水平测试大纲

(2004 年 10 月 1 日实施)

一、测试的名称、性质、方式

本测试定名为“普通话水平测试”(PUTONGHUA SHUIPING CESHI，缩写为 PSC)。

普通话水平测试测查应试人的普通话规范程度、熟练程度，认定其普通话水平等级，属于标准参照性考试。本大纲规定测试的内容、范围、题型及评分系统。

普通话水平测试以口试方式进行。

二、测试内容和范围

普通话水平测试的内容包括普通话语音、词汇和语法。

普通话水平测试的范围是国家测试机构编制的《普通话水平测试用普通话词语表》《普通话水平测试用普通话与方言词语对照表》《普通话水平测试用普通话与方言常见语法差异对照表》《普通话水平测试用朗读作品》《普通话水平测试用话题》。

三、试卷构成和评分

试卷包括 5 个组成部分，满分为 100 分。

（一）读单音节字词（100 个音节，不含轻声、儿化音节），限时 3.5 分钟，共 10 分。

1. 目的

测查应试人声母、韵母、声调读音的标准程度。

2. 要求

（1）100 个音节中，70% 选自《普通话水平测试用普通话词语表》“表一”，30% 选自“表二”。

（2）100 个音节中，每个声母出现次数一般不少于 3 次，每个韵母出现次数一般不少于 2 次，4 个声调出现次数大致均衡。

（3）音节的排列要避免同一测试要素连续出现。

3. 评分

（1）语音错误，每个音节扣 0.1 分。

（2）语音缺陷，每个音节扣 0.05 分。

（3）超时 1 分钟以内，扣 0.5 分；超时 1 分钟以上（含 1 分钟），扣 1 分。

（二）读多音节词语（100 个音节），限时 2.5 分钟，共 20 分。

1. 目的

测查应试人声母、韵母、声调和变调、轻声、儿化读音的标准程度。

2. 要求

（1）词语的 70% 选自《普通话水平测试用普通话词语表》“表一”，30% 选自“表二”。

（2）声母、韵母、声调出现的次数与读单音节字词的要求相同。

（3）上声与上声相连的词语不少于 3 个，上声与非上声相连的词语不少于 4 个，轻声不少于 3 个，儿化不少于 4 个（应为不同儿化韵母）。

（4）词语的排列要避免同一测试要素连续出现。

3. 评分

（1）语音错误，每个音节扣 0.2 分。

（2）语音缺陷，每个音节扣 0.1 分。

（3）超时 1 分钟以内，扣 0.5 分；超时 1 分钟以上（含 1 分钟），扣 1 分。

（三）选择判断，限时 3 分钟，共 10 分。

1. 词语判断（10 组）

（1）目的：测查应试人掌握普通话词语的规范程度。

（2）要求：根据《普通话水平测试用普通话与方言词语对照表》，列举 10 组普通话与方言意义相对应但说法不同的词语，由应试人判断并读出普通话的词语。

（3）评分：判断错误，每组扣 0.25 分。

2. 量词、名词搭配(10 组)

(1)目的:测查应试人掌握普通话量词和名词搭配的规范程度。

(2)要求:根据《普通话水平测试用普通话与方言常见语法差异对照表》,列举10 个名词和若干量词,由应试人搭配并读出符合普通话规范的 10 组名量短语。

(3)评分:搭配错误,每组扣 0.5 分。

3. 语序或表达形式判断(5 组)

(1)目的:测查应试人掌握普通话语法的规范程度。

(2)要求:根据《普通话水平测试用普通话与方言常见语法差异对照表》,列举5 组普通话和方言意义相对应,但语序或表达习惯不同的短语或短句,由应试人判断并读出符合普通话语法规范的表达形式。

(3)评分:判断错误,每组扣 0.5 分。

选择判断合计超时 1 分钟以内,扣 0.5 分;超时 1 分钟以上(含 1 分钟),扣1 分。

答题时语音错误,每个音节扣 0.1 分,如判断错误已经扣分,不重复扣分。

(四)朗读短文(1 篇,400 个音节),限时 4 分钟,共 30 分。

1. 目的

测查应试人使用普通话朗读书面作品的水平,在测查声母、韵母、声调读音标准程度的同时,重点测查连读音变、停连、语调以及流畅程度。

2. 要求

(1)短文从《普通话水平测试用朗读作品》中选取。

(2)评分以朗读作品的前 400 个音节(不含标点符号和括注的音节)为限。

3. 评分

(1)每错 1 个音节,扣 0.1 分;漏读或增读 1 个音节,扣 0.1 分。

(2)声母或韵母的系统性语音缺陷,视程度扣 0.5 分、1 分。

(3)语调偏误,视程度扣 0.5 分、1 分、2 分。

(4)停连不当,视程度扣 0.5 分、1 分、2 分。

(5)朗读不流畅(包括回读),视程度扣 0.5 分、1 分、2 分。

(6)超时扣 1 分。

(五)命题说话,限时 3 分钟,共 30 分。

1. 目的

测查应试人在无文字凭借的情况下说普通话的水平,重点测查语音标准程度、词汇语法规范程度和自然流畅程度。

2. 要求

(1)说话话题从《普通话水平测试用话题》中选取,由应试人从给定的两个话题中选定1个话题，连续说一段话。

(2)应试人单向说话。发现应试人有明显背稿、离题、说话难以继续等表现时，主试人应及时提示或引导。

3.评分

(1)语音标准程度，共20分。分六档：

一档：语音标准，或极少有失误。扣0分、0.5分、1分。

二档：语音错误在10次以下，有方音但不明显。扣1.5分、1分。

三档：语音错误在10次以下，但方音比较明显；或语音错误在10~15次之间，有方音但不明显。扣3分、4分。

四档：语音错误在10~15次之间，方音比较明显。扣5分、6分。

五档：语音错误超过15次，方音明显。扣7分、8分、9分。

六档：语音错误多，方音重。扣10分、11分、12分。

(2)词汇语法规范程度，共5分。分三档：

一档：词汇、语法规范。扣0分。

二档：词汇、语法偶有不规范的情况。扣0.5分、1分。

三档：词汇、语法屡有不规范的情况。扣2分、3分。

(3)自然流畅程度，共5分。分三档：

一档：语言自然流畅。扣0分。

二档：语言基本流畅，口语化较差，有背稿子的表现。扣0.5分、1分。

三档：语言不连贯，语调生硬。扣2分、3分。

说话不足3分钟，酌情扣分：缺时1分钟以内(含1分钟)，扣1分、2分、3分；缺时1分钟以上，扣4分、5分、6分；说话不满30秒(含30秒)，本测试项成绩计为0分。

四、应试人普通话水平等级的确定

国家语言文字工作部门发布的《普通话水平测试等级标准》是确定应试人普通话水平等级的依据。测试机构根据应试人的测试成绩确定其普通话水平等级，由省、自治区、直辖市以上语言文字工作部门颁发相应的普通话水平测试等级证书。

普通话水平划分为三个级别，每个级别内划分两个等次。其中：

97分及其以上，为一级甲等；

92分及其以上但不足97分，为一级乙等；

87分及其以上但不足92分，为二级甲等；

80分及其以上但不足87分，为二级乙等；

70分及其以上但不足80分，为三级甲等；

60分及其以上但不足70分，为三级乙等。

说明：各省、自治区、直辖市语言文字工作部门可以根据测试对象或本地区的实际情况，决定是否免测“选择判断”测试项。如免测此项，“命题说话”测试项的分值由30分调整为40分。评分档次不变，具体分值调整如下：

(1)语音标准程度的分值，由20分调整为25分。

一档：扣0分、1分、2分。

二档：扣3分、4分。

三档：扣5分、6分。

四档：扣7分、8分。

五档：扣9分、10分、11分。

六档：扣12分、13分、14分。

(2)词汇语法规范程度的分值，由5分调整为10分。

一档：扣0分。

二档：扣1分、2分。

三档：扣3分、4分。

(3)自然流畅程度，仍为5分，各档分值不变。

## 三、普通话水平测试样卷

### 样卷一

1. 读单音节字词100个

| | | | | | | | | | | | | | | | |
|---|---|---|---|---|---|---|---|---|---|---|---|---|---|---|---|
| 吵 | 北 | 爱 | 词 | 岸 | 半 | 加 | 读 | 埠 | 菜 | 灯 | 脆 | 动 | 兵 | 春 | 洗 |
| 鱼 | 下 | 炸 | 质 | 热 | 自 | 破 | 蛇 | 我 | 鞋 | 坐 | 助 | 杂 | 足 | 思 | 少 |
| 许 | 芽 | 抓 | 跃 | 嘴 | 咬 | 税 | 头 | 搜 | 天 | 完 | 味 | 幼 | 腿 | 小 | 暂 |
| 元 | 战 | 尊 | 专 | 香 | 庄 | 厅 | 翁 | 兄 | 争 | 损 | 真 | 弱 | 略 | 内 | 猫 |
| 所 | 驴 | 苗 | 流 | 门 | 老 | 您 | 乱 | 穷 | 进 | 矿 | 容 | 亲 | 胖 | 泉 | 评 |
| 让 | 君 | 抢 | 空 | 瓜 | 会 | 耕 | 黑 | 根 | 口 | 火 | 接 | 快 | 二 | 分 | 富 |
| 记 | 金 | 群 | 风 | | | | | | | | | | | | |

2. 读双音节词语50个

| | | | | | | | |
|---|---|---|---|---|---|---|---|
| 皮肤 | 报纸 | 女儿 | 玻璃 | 罪恶 | 哀悼 | 烹调 | 小孩儿 |
| 名字 | 通商 | 大学 | 木匠 | 的确 | 旅游 | 萝卜 | 金鱼儿 |
| 天真 | 光荣 | 灵魂 | 功夫 | 开会 | 选举 | 家伙 | 年头儿 |
| 敏捷 | 所以 | 教师 | 权限 | 率领 | 人质 | 群众 | 一会儿 |
| 内脏 | 响应 | 完整 | 英雄 | 阐述 | 乘客 | 处理 | 玩意儿 |
| 愉快 | 政策 | 音乐 | 委员 | 有用 | 云彩 | 写作 | 参照 |

纤维　　挖掘

3. 朗读:抽签选定朗读材料,从 1 ~ 60 号作品中选字数较少的 40 篇抽签。

4. 说话:抽签选定题目,说 3 分钟。

## 样卷二

1. 读单音节字词 100 个

披　饿　街　歌　日　坡　雪　科　缩　册　麻　旅　季　池　利　思
砸　租　撇　奶　蛆　漱　碑　藕　镖　勺　雁　膘　刻　躁　月　套
歪　跳　位　摔　药　岁　篮　桥　爹　怀　财　袄　拽　否　暂　钩
串　蚌　癣　闩　秦　碱　裆　邢　晕　脓　润　凝　电　夏　矿　软
先　准　信　人　花　群　罐　嫩　权　狂　翁　坑　巷　荒　绒　增
腮　哑　哇　锈　釉　淌　庸　舔　迥　佛　奖　跟　寸　脏　冬　山
走　二　上　牛

2. 读双音节词语 50 个

存在　窗户　抽象　尾巴　老板　同盟　聘请　恳切　扰乱　大伙儿
绿化　耳朵　苹果　纠正　承认　庄稼　耍弄　隧道　蘑菇　有点儿
角色　暴虐　会计　非常　美好　否则　解放　落选　左右　墨水儿
突击　批准　蜜蜂　喧嚷　时光　司法　善良　边卡　汤圆　小曲儿
凉爽　俊俏　王冠　拥戴　琼脂　迥然　讹诈　昂首　快餐　脉搏

3. 朗读:抽签选定朗读材料,从 1 ~ 60 号作品中选字数较少的 40 篇抽签。

4. 说话:抽签选定题目,说 3 分钟。

### 四、普通话水平测试各题型及注意事项

1. 普通话水平测试第一题

普通话水平测试的第一题是“读单音节字词 100 个”,目的是考查应试人普通话语音的基本功,即普通话声母、韵母、声调的发音是否正确和规范。

第一题成绩占总分的 10%,即 10 分。测试中,一个字的声母、韵母或声调三者之中任意一项读错了,叫作语音错误,每次扣 0.1 分;如果读音不标准,叫作语音缺陷,每处扣 0.05 分。测试中应试人发觉读音有误时可以改读,每个字允许读两遍,按第二次读音判断正误。

限时 3.5 分钟,超时扣分。值得一提的是,读白字、认错字也算语音错误!需要应试人在测试时高度重视,以避免无谓的失分。口齿不清也算语音缺陷。发音含混不清,清晰度严重不好,应试人也要尽力避免。

注意事项:

(1)应避免马虎、随便的口语发音习惯,力求把每个音节都读得字正腔圆、响

亮饱满。

尤其是声调要拖移,上声的尾音要提起来,不能读成上半音。《普通话水平测试大纲》规定,上声在第一部分“单音节字词”中或在第二部分“双音节词语”中第二个音节中读作上半声“211”的,均判定为语音缺陷。

(2)掌握好语速及音节与音节之间的停顿。有的应试人不知出于什么心理,读字发音时,像赛跑一样,有的人一口气读十几个音节。与此相对的是,有的人读音迟滞、结结巴巴,半天发不出一个音,还有的人三字一顿、五字一停,形成了一种固定的语调,这些都是不可取的,要么会造成发音不到位被扣分,要么会造成超时被扣分。正确的做法应该是语速适中、一个字一个字断开读,不要拖泥带水、前后相连。

(3)测试时要注意辨别形近字,如“栽—裁、缓—媛、撤—辙、彻—切、藐—貌、拨—拔、衅—畔、迢—招”等。其实这些字都是常用字,按说是不应该读错的,但应试人心情过于紧张,便很容易发生误认误读的情况。应试人应该努力使自己处于一种坦然、自信,心绪平静、稳定的状态之中,才可能减少失误。在准备的时候,要仔细地看题,把每个字看清楚,不要认错,使自己的水平得到正常的发挥。

(4)对于自己不认识的字,在准备的时候可以查教材、查字典。如果实在不认识,应向测试员示意,在征得同意后,跳过这个字往下念。不能随意挑选自己认识的字来念,那会受到测试员的制止。

(5)某个字读错了,可以重新读一遍,以第二次读音计判。于是有的人便每一个字都重复一遍,这是不对的,肯定会造成超时扣分。应该有错才改,而且应该有把握确定有错并知道正确的发音时才改,否则也会出现原本念对了结果又改错了的情况。

(6)从以上的学习中我们会发现一个很普遍的问题,就是汉字中有许多多音字。测试时请念最常用的字音,而且请念最有把握的读音,不要独出心裁,有意去念那些生僻的读音,以免出现无谓的失分。

以上许多注意事项也适用于下面的题,请参照采纳。

2. 普通话水平测试第二题

普通话水平测试的第二题是“读双音节词语 50 个”。这部分内容除了要继续考查第一题的声母、韵母、声调等情况之外,还要考查轻声、儿话和上声变调。在这一题中,50 个双音节词语相当于 100 个单音节字词,总共 20 分,读错一个音节扣 0.2 分,读音有明显缺陷的每处扣 0.1 分,声母、韵母、声调是否读错或有缺陷及时间限制,标准与第一题相同。

本题的难点是在第一题的基础上增加了轻声、儿化和上声变调。关于轻声词,只要求应试人把必读轻声词读轻声。其他词语念中重格。关于儿化,只要求应试人把标有“儿”尾的词念成儿化韵，如“金鱼儿”就是这样一个标有“儿”尾的儿话词，应念成“金—鱼儿(jīn－yúr)”，不应念“金—鱼—儿(jīn－yú－ér)”。其他词语即使可读儿化韵，也不要求读成儿化。

后一个字上声的词语一定要把调值“214”念完整，也就是说要念成全上声，调尾要提起来，不要只念成半上声“211”，否则会作为语音缺陷而扣分。

双音节词语的两个字之间要有连贯性，不要脱节。

3. 普通话水平测试第三题

朗读《普通话水平测试大纲》所规定的朗读篇目之中的一篇短文。应试人可在题卷上所提供的两篇作品中任选一篇。这部分内容，除了要考查在连续的语流中应试人能否扫除语言文字障碍，读好字、词的声母、韵母、声调、轻声、儿化和上声变调等之外，还要考查应试人把诉诸视觉的书面语言转换为诉诸听觉的有声语言的能力，包括应试人对作品的基本理解、清晰表意，正确处理朗读的语速、节奏、停顿和连接、重音、语气、腔调，克服方言语调等内容。朗读成绩占总分的30%，前400音节读错1个扣0.1分。语调偏差及语速的快慢、停连不流畅均有扣分规定。

要注意避免漏读、添读和回读失误。测试规定，朗读中的漏读、添读及回读现象均按语音错误扣分，所以要尽量避免这三种现象，尤其是回读。

还要防止随意停连、习惯停连和读破句子。

朗读不要太做作，要求情感适度，但也不宜枯燥单调没有情感。

4. 普通话水平测试第四题

普通话水平测试的第四题是根据《普通话水平测试大纲》所规定的说话题目进行单向“说话”，主要考查应试人的普通话口语表达能力。每份题卷上都有两个题目，可由应试人根据自己的实际情况任选一个题目进行准备和应考。

说话题占总分的40%，共40分。其中语音面貌分6个档次。说话题还要根据应试人说话是否流畅和是否使用了方言词语而扣分。在实际的测试中，可能要说的话还没说完，时间就到了，也许要说的话即将说完，时间还没到。遇到后者，要随机应变，可接着前面的话往下发挥，如说说前面那段故事给自己留下的感想、看法等。当然，在准备的时候，应该多考虑一些具体的说话内容。

进入考场，正式考试之前，每个应试人都有10~15分钟的准备时间，这个时候应试人都拿到了自己的试卷，要认真做好准备，建议首先选取说话的题目，确定内容，思考说话的大致条理，这样才不至于测试时无话可说。有的应试人把过多的时间放在查字典、读作品上了，这是不合适的，因为前三题都是有文字凭借的，而且都应在拿到相关教材后就下功夫去学习过。前两题中所有的字词读音，都可以在教材里学到，朗读也可通过教材提供的作品进行训练，因此针对前三题，绝大部分的准备工作应在测试前做好。教材虽然也提供了第四题说话的题目，但测试的随意性毕竟很大，所以区区十几分钟的时间不可能平摊到每一道题的准备上，应该侧重于说话的准备，其次才是读单双音节和朗读的准备。前三题的准备也可简要回顾一下所选作品中有哪些地方值得在测试时注意，并简要看一下第一、二题中有哪些字音还不太熟悉，以便对症下药，进行必要的查询。更多的准备应该放在说话题目选择、说话内容的确定和组织上。无话可说会丢很多分。大纲规定，如果应试人不能单向说话，而必须通过测试员的提问或者启发才能够开口，则会被扣 1 ~2 分。如果应试人说话的内容过少，说话时间不到 3 分钟，还会被扣掉更多的分数。

### 五、普通话水平测试等级标准

国家语言文字工作委员会颁布的《普通话水平测试等级标准》是划分普通话水平等级的全国统一标准。普通话等级标准分为三级六等，即一、二、三级，每个级别再分出甲、乙两个等次；一级甲等为最高，三级乙等为最低。应试人的普通话水平根据在测试中所获得的分值确定。普通话水平测试标准如下：

一级

甲等　朗读和自由交谈时，语音标准，词汇、语法正确无误，语调自然，表达流畅。测试总失分率在 3% 以内。

乙等　朗读和自由交谈时，语音标准，词汇、语法正确无误，语调自然，表达流畅。偶有字音、字调失误。测试总失分率在 8% 以内。

二级

甲等　朗读自由交谈时，声母、韵调基本标准，语调自然，表达流畅。少数难点音（平翘舌音、前后鼻尾音、边鼻音等）有时出现失误。词汇、语法极少有误。测试总失分率在 13% 以内。

乙等　朗读和自由交谈时，个别调值不准，声韵母发音有不到位现象。难点音较多（平翘舌音、前后鼻尾音、边鼻音、fu—hu、z—zh—j、送气不送气、i—ü 不分、保留浊塞音、浊塞擦音、丢介音、复韵母单音化等），失误较多。方言语调不明显，有使用方言词、方言语法的情况。测试总失分率在 20% 以内。

三级

甲等　朗读和自由交谈时，声韵母发音失误较多，难点音超出常见范围，声调调值多不准。方言语调较明显。词汇、语法有失误。测试总失分率在 30% 以内。

乙等　朗读和自由交谈时，声韵母发音失误较多，方言特征突出。方言语调明显。词汇、语法失误较多。外地人听其谈话有听不懂的情况。测试总失分率在 40% 以内。

## 六、普通话水平测试应试准备

1. 认真学习和训练

在语音基础中，我们对普通话声韵母和常用字词进行较为系统的学习和训练，但是要想达到理想的水平，还必须针对自己的学习实际，抓住重点，突破难点，进行强化训练，把知识转化为技能，并且达到相当熟练的程度。要把测试的字、词、文章通读1~2遍，把说话的题目仔细思索和归纳。还要认真学习和领会《普通话水平测试大纲》所提出的要求，了解测试的基本程序。

2. 进行模拟测试

进行模拟测试是为了检测平时训练成果，也是为了适应正式测试的环境和程序。测试的程序是先朗读后说话。朗读的次序是：读单音节字词；读双音节词语；读文章，对规定的60篇文章采用抽签的方式确定朗读的篇目；朗读完毕后再说话，从规定的题目中抽签选定。模拟测试可以采用这样的测试顺序，包括每一测试项目的时间记载，看自己的普通话水平达到什么程度，以便有针对性地进行训练。模拟测试可以由老师组织进行，也可以由几个同学组成测试小组，相互测试。模拟测试时，最好能录音，以便完毕后自己审听。

3. 调整心态

普通话基础训练扎实、每一个训练项目的内容都落实了，测试时就会有十足的把握，稳操胜券。但是，由于测试是在陌生的主试人面前进行的，一般是在两名主试人面前读说，有不少应试人难免心情紧张，本来胸有成竹，到头来实际水平不能得到正常的发挥，因此，应试人应该调整好自己的心态，既不要胆怯、慌张，也不能太随便或不重视，要沉着冷静，从容应试，考出好水平。

调整心态是指把自己紧张的心情调整到平常心情、平静心态。这里提供几种调整心态的方法，以供参考。

(1)心理暗示法

心理暗示指暗地里提示自己：我已经进行了充分的准备，所有的训练项目我都训练到了，所有的难点问题我都解决了，并进行了模拟测试，正式测试无外乎就是那些内容，它难不倒我，我一定能考出我的实际水平。总之，从正面提醒自己，切莫想到那些不利因素，给自己带来心理负担和压力。

(2)深呼吸法

按照生理学的观点，深呼吸能给体内带来充足的氧气，减缓心跳的速度，平衡心态。不少人都心情紧张、心慌意乱，此法不妨一试。

(3)"目中无人"法

有的人害怕陌生人，加上面对的是高水平的主试人，所以老想着自己面前是高水平的人、他们在如何挑剔我的问题，甚至有的人看见主试人的笔动一下，就以为给自己扣了多少分，这都是不必要的。测试时要想到：我的水平很高，没有谁能和我比，我读说的内容都是正确的、无可挑剔。

# 第二章 黑龙江方音辨正与训练

## 第一节 黑龙江方音辨正

黑龙江方言属于北方方言区的东北方言，语音接近于普通话标准音——北京语音。黑龙江方言形成的时间较短，只有二三百年的历史。黑龙江原为肃慎族的渔猎地区，早期居民主要是鄂温克、鄂伦春、达斡尔、赫哲等少数民族，汉族居民多数是由河北、山东等地迁来的。移民大致从元代开始，至明清之际逐渐增多。顺治十六年(公元1659年)，清廷规定某些犯人发往东北边疆，黑龙江省犯人的主要来源便是“三藩之乱”后被流放的士卒。康熙中叶之后，灾荒严重，迫使关内贫苦汉民大批迁到关外，与满族人杂居，特别是自嘉庆元年(公元1796年)以后，由于清政府禁垦令的废除，移民大量迁入，形成高峰。因为清廷所派遣的官员多来自北京，并且当地满族人也多用北京话交际，所以黑龙江方言是以北京话为基础，并吸收了其他方言的一些成分形成的，在语音方面比起北方方言区的其他地区，更接近于普通话，而且内部有着很强的一致性。但由于地域关系和历史沿革，加上各方言的渗透、影响，黑龙江方言在形成过程中与普通话在语音上也产生了一些明显差异，具体表现在声、韵、调几个方面。

在声母方面，北京音中的合口呼零声母字，黑龙江人大都读成 v 声母字，北京音中的开口呼零声母字，很多地区读成 n 声母字，如“爱(ài)”，读成 nài；相反，北京音中的 r 声母字，黑龙江多数地区读成齐齿呼、撮口呼零声母字，如把“人(rén)”读成 yín，把“入(rù)”读成 yù。舌尖前音 z、c、s 和舌尖后音 zh、ch、sh 不分更是黑龙江方音的一个突出问题。此外，还存在着送气音声母与不送气音声母、擦音声母与塞擦音声母的互混、误读现象。

在韵母方面，北京音中的单元音韵母 o 与声母 b、p、m、f 相拼时，黑龙江方音都读成 e。黑龙江语音中的复韵母 ai、uai、ao、iao 都比北京语音的动程窄，而这几个复韵母的韵腹 a 都比北京语音舌位略高。普通话中鼻韵母 uan 和 n、l 相拼，在黑龙江方言中则丢掉了韵头 u 变成了 an，如“卵(luǎn)”读成 lǎn，“暖(nuǎn)”读作 nǎn。至于不同韵母的误读现象较之声母情况更为复杂。

在声调方面，黑龙江方言和普通话一样，也有阴平、阳平、上声、去声四个调类，调型也基本相同，听起来和普通话似乎没有什么差别或差别不大。但正是这“不大”的差别成了黑龙江人提高普通话水平的真正难点或弱点。黑龙江方言的调值绝对音高较低，音域较之北京音要窄，在听感上声调高低升降不十分明显；在调类上，有相当一部分字的所属调类与普通话不同，最为突出的是黑龙江方言中的上声字明显多于普通话。

黑龙江方言尽管接近于普通话，但仍存在着一些差异，除上面提到的语音方面的差异外，还存在着大量的方言词汇和细微的语法差异（因本篇旨在纠正语音，词汇、语法等此不赘述）。因此，黑龙江人要学好普通话，也必须进行方音辨正，即明确普通话的语音规范，找出黑龙江方音中声、韵、调等方面和普通话的差别及对应关系，通过大量的训练，改方音为普通话标准音。

## 一、声母辨正

### 1. n 和开口呼零声母字

黑龙江方言中，除 ɑ 音节外没有开口呼零声母字。普通话中以 ɑ、o、e 开头的开口呼零声母字，黑龙江方言大都在其前面加上舌尖中鼻音 n，如“棉袄”、“欧洲”、“饥饿”、“安排”、“肮脏”中的“袄（ǎo）”、“欧（ōu）”、“饿（è）”、“安（ān）”、“肮（āng）”，黑龙江方音读成 nǎo、nōu、nè、nān、nāng。多年来，由于普通话的大力推广，这一方音在黑龙江省大多数城市，特别是青少年中已经得到克服，但在农村和中老年人群中这一方音仍存在。

这类易错读的常用字有：

| | | | | | | | | | | | | |
|---|---|---|---|---|---|---|---|---|---|---|---|---|
| ai | 哀 | 埃 | 挨 | 癌 | 皑 | 霭 | 蔼 | 矮 | 隘 | 艾 | 碍 | 爱 |
| an | 安 | 鞍 | 氨 | 庵 | 鹌 | 俺 | 案 | 按 | 黯 | 暗 | 岸 | |
| ang | 肮 | 昂 | 盎 | | | | | | | | | |
| ao | 熬 | 鏖 | 遨 | 嗷 | 鳌 | 翱 | 袄 | 傲 | 骜 | 奥 | 澳 | 懊 |
| ou | 讴 | 鸥 | 欧 | 殴 | 藕 | 偶 | 呕 | 沤 | 怄 | | | |
| e | 额 | 蛾 | 峨 | 俄 | 鹅 | 娥 | 讹 | 恶 | 噩 | 厄 | 扼 | 遏 |
| | 愕 | 萼 | 鳄 | 鄂 | 饿 | | | | | | | |
| en | 恩 | 摁 | | | | | | | | | | |

［练习］

（1）正音

ɑ

| | | | | | | |
|---|---|---|---|---|---|---|
| 悲哀 | 尘埃 | 挨近 | 挨打 | 癌症 | 皑皑 | 云霭 |
| 和蔼 | 矮小 | 狭隘 | 艾蒿 | 障碍 | 热爱 | 暧昧 |
| 安全 | 鞍山 | 氨气 | 庵堂 | 鹌鹑 | 俺们 | 案情 |

按摩　黯淡　黑暗　傲岸　肮脏　昂贵　熬菜
熬夜　鏖战　遨游　嗷嗷　鳌花　翱翔　棉袄
骄傲　奥妙　澳洲　懊悔

o

讴歌　海鸥　欧洲　欧阳　殴打　殴伤　莲藕
偶然　偶像　呕吐　作呕　沤麻　沤肥　怄气

e

匾额　额外　蛾子　峨眉　巍峨　俄顷
俄国　白鹅　企鹅　嫦娥　讹诈　恶心
凶恶　噩耗　厄运　扼杀　扼要　遏止
惊愕　花萼　鳄鱼　鄂伦春　鄂温克　饥饿
恩爱　摁钉　摁扣

(2)辨音

和蔼——喝奶　矮子——奶子　爱心——耐心
爱河——奈何　安眠——难眠　长安——长男
鳌头——挠头　袄子——脑子　熬心——闹心
母鹅——木讷　讹诈——哪吒

(3)绕口令

河边两只鹅,白鹅和灰鹅,哦哦爱唱歌。唱得渴又饿,昂首吸飞蛾,飞蛾啄不住,岸边去找窝。草窝暗又矮,只得去过河,河里真暖和,有吃也有喝,不能再挨饿,遨游真快活,安心唱爱歌。

2. r 和 y

黑龙江有些地方没有舌根后浊擦音 r,普通话中的 r 声母字,黑龙江方音分别读成齐齿呼或撮口呼的零声母字,即把“r”读成“y”。把“日头热,晒人肉”说成“yìtou yè,shài yínyòu”就成为黑龙江西部方言的一个重要特征。再如“入(rù)”读作 yù,声母由 r 变成 y,韵母由 u 变成 ü;“软(ruǎn)”读作 yuǎn,声母由 r 变成 y,韵母由 uan 变成了 üan。此外,“若”、“弱”等在黑龙江方言中不但变成了零声母字,而且韵母也发生了相应的变化,由 uo 变成了 iao,如“软弱(ruǎnruò)”读成了 yuǎnyào。普通话里 r 声母字比零声母字少得多,只要认真记住声母为 r 的常用字,反复练习,是可以分得清楚的。

声母为 r 的常用字主要有:

ran　髯 然 燃 染 冉 苒
rang　嚷 瓤 攘 让
rao　桡 饶 娆 绕

re　惹　热
ren　人　任　仁　荏　忍　认　妊　刃　韧　仞　纫
reng　扔　仍
ri　日
rong　容　溶　熔　蓉　榕　戎　绒　荣　嵘　茸　融　冗
rou　柔　糅　揉　蹂　肉
ru　濡　嚅　蠕　儒　孺　如　茹　汝　辱　乳　褥　入
ruan　阮　软
run　闰　润
ruo　若　偌　弱

［练习］

(1)正音

| | | | | | | | |
|---|---|---|---|---|---|---|---|
| 美髯 | 突然 | 燃料 | 沾染 | 冉冉 | 荏苒 | 嚷嚷 | 瓜瓤 |
| 沃壤 | 攘除 | 让座 | 桡骨 | 饶恕 | 富饶 | 妖娆 | 扰攘 |
| 骚扰 | 缠绕 | 惹祸 | 热忱 | 人才 | 姓任 | 委任 | 仁义 |
| 荏弱 | 忍让 | 认真 | 妊娠 | 利刃 | 柔韧 | 韧性 | 万仞 |
| 缝纫 | 扔掉 | 白扔 | 仍然 | 日夜 | 容忍 | 溶液 | 熔炼 |
| 芙蓉 | 榕树 | 戎装 | 丝绒 | 光荣 | 峥嵘 | 参茸 | 融化 |
| 冗长 | 冗杂 | 柔弱 | 杂糅 | 蹂躏 | 肉食 | 濡染 | 嗫嚅 |
| 蠕动 | 儒雅 | 妇孺 | 如愿 | 荣辱 | 被褥 | 乳臭 | 乳汁 |
| 入迷 | 软弱 | 闰年 | 润色 | 倘若 | | | |

(2)辨音

r－i

| | | | | | | | |
|---|---|---|---|---|---|---|---|
| 热药 | 热饮 | 人言 | 人烟 | 仁义 | 任意 | 任用 | 锐意 |
| 日夜 | 容易 | 溶液 | 熔岩 | 荣耀 | 肉眼 | 肉用 | 儒雅 |
| 儒医 | 如意 | 入夜 | 入眼 | 入药 | | | |

i－r

| | | | | | | | |
|---|---|---|---|---|---|---|---|
| 哑然 | 雅人 | 俨然 | 俨如 | 炎热 | 眼熟 | 妖娆 | 萦绕 |
| 要人 | 一日 | 异日 | 宜人 | 洋人 | 揖让 | 仪容 | 遗容 |
| 易容 | 悠然 | 油然 | 犹如 | | | | |

r－u

| | | | | | | | |
|---|---|---|---|---|---|---|---|
| 绕远 | 热源 | 人鱼 | 人猿 | 日月 | 日晕 | 荣誉 | 冗员 |
| 肉欲 | 如愿 | 入院 | 入狱 | 软玉 | 闰月 | | |

(3)绕口令

铜勺舀热油,铁勺舀凉油,铜勺舀了热油舀凉油,铁勺舀了凉油舀热油。舀油入炒勺,日日有佳肴。先炖鱿鱼块,后扒羊肉条。火在炉下燃,油在勺中熬,满锅同炎热,管它铜勺与铁勺。

3. v 和合口呼零声母字

黑龙江方言比普通话多一个声母 v(《汉语拼音方案》规定此字母用来拼写外来语、少数民族语言和方言)。普通话的合口呼零声母字,黑龙江人大都读成 v 声母,如“蛙、未、晚、稳、忘”等字,黑龙江方音读成 vā、vèi、vǎn、věn、vàng。u 自成音节时,站话同样读成 v,独成音节;东部、西部方言则有两种可能,可读 v,也可读 u,构成自由变体。

v 为唇齿浊擦音,发音同 f 相似,都是上齿和下唇构成阻碍,不同的是发 f 时声带不振动,是清擦音,v 声带振动,是浊擦音。在读 u 开头的零声母字时上下唇要对齐,嘴唇要拢圆,注意不要由上齿和下唇形成摩擦。

[练习]

| | | | | | | |
|---|---|---|---|---|---|---|
| 污染 | 诬陷 | 乌鱼 | 屋宇 | 无非 | 梧桐 | 芜杂 |
| 吴国 | 武力 | 妩媚 | 午饭 | 舞会 | 误解 | 务必 |
| 雾霭 | 物产 | 挖掘 | 蛙泳 | 娃娃 | 瓦解 | 袜子 |
| 窝藏 | 蜗居 | 倭寇 | 我们 | 沃土 | 斡旋 | 卧室 |
| 龌龊 | 歪斜 | 外观 | 威风 | 微分 | 巍巍 | 危亡 |
| 违反 | 维持 | 伪善 | 委曲 | 萎缩 | 未来 | 畏惧 |
| 卫生 | 弯腰 | 完美 | 顽固 | 惋惜 | 婉约 | 万福 |
| 温饱 | 文法 | 闻名 | 稳步 | 吻合 | 问候 | 汪洋 |
| 王冠 | 枉法 | 往往 | 忘我 | 望风 | 旺盛 | 翁婿 |
| 嗡嗡 | 蓊郁 | 瓮城 | | | | |

4. 不送气音声母和送气音声母

在普通话里,塞音声母和塞擦音声母都有“不送气”和“送气”的对立,b、d、g 和 p、t、k 相对应,j、z、zh 和 q、c、ch 相对应,这是汉语语音的特点之一。黑龙江方音的不送气音声母和送气音声母同普通话是完全一致的,都有区别意义的作用,但具体字的读音却有一些差别。在黑龙江方音中有些字的声母是送气的,在普通话中却是不送气的;反之,在黑龙江方音中有些字的声母是不送气的,在普通话中却是送气的。如“捕”,黑龙江方音读 pǔ,普通话标准音则读 bǔ;“浸”,黑龙江方音读 qǐn,普通话标准音则读 jìn;“糙”,黑龙江方音读 zào,普通话标准音则为 cāo。这类字并不太多,应找出规律,认真辨正。

下面是送气音和不送气音易错读的常见字:

(1)b、p 错读

b—p　胞　孢　贲(bēn)　庇　痹　裨(～益)　蝙　鳔　濒

屏(～弃)　泊(漂～)　跛　逋　捕　哺　卜(占～)

p—b　扒(～手)　琶　杷　湃　攀　咆　疱　毗　媲

譬　扁(piān，～舟)　剽　拼　嫔　泊(湖～)　泼　鄱　粕

(2)d、t 错读

d—t　傣　堤　提(～防)　蒂　缔　谛　滇　蝶　侗　胴　朵

t—d　挞　傥(tǎng)　悌　汀　囤(～粮)　饨

(3)g、k 错读

g—k　梏　犷　癸(guǐ)

k—g　恪　骷　岿

(4)j、q 错读

j－q　畸　笺　歼　毽　浸　阄　啾

q－j　翘(～首)　掮　悭(qiān)　憔　樵　衾　擎(引～)

渠　瞿　癯　鬈(quán)　蜷　绻(quǎn)　券

(5)z、c 错读

z－c　髭　纂　纵

c－z　糙　鹚　淙　琮(cóng)　簇　撮(～口呼)

(6)zh、ch 错读

zh－ch　咤　拯　撞　谆

ch－zh　猹(chá)　诧　嗔　瞋　痴　炽

[练习]

(1)正音

| | | | | | | |
|---|---|---|---|---|---|---|
| 同胞 | 孢子 | 贲门 | 虎贲 | 包庇 | 庇护 | 麻痹 |
| 裨益 | 蝙蝠 | 鱼鳔 | 濒临 | 屏弃 | 屏息 | 落泊 |
| 跛子 | 逋逃 | 逮捕 | 哺育 | 哺乳 | 卜辞 | 傣族 |
| 江堤 | 提防 | 芥蒂 | 缔结 | 真谛 | 谛听 | 滇池 |
| 蝴蝶 | 侗乡 | 胴体 | 花朵 | 桎梏 | 粗犷 | 癸丑 |
| 畸形 | 信笺 | 便笺 | 歼灭 | 毽子 | 浸泡 | 浸润 |
| 抓阄 | 啾啾 | 髭须 | 编纂 | 操纵 | 叱咤 | 拯救 |
| 包拯 | 撞击 | 谆谆 | 惊诧 | 嗔怪 | 瞋目 | 痴心 |
| 扒手 | 琵琶 | 枇杷 | 澎湃 | 攀登 | 攀谈 | 庖厨 |
| 咆哮 | 疱疹 | 毗连 | 毗邻 | 媲美 | 譬如 | 扁舟 |
| 剽悍 | 拼盘 | 嫔妃 | 湖泊 | 活泼 | 鄱阳 | 糟粕 |

| | | | | | | |
|---|---|---|---|---|---|---|
| 琥珀 | 鞭挞 | 挞伐 | 倜(tì)傥 | | 孝悌 | 沙汀 |
| 囤积 | 馄饨 | 恪守 | 骷髅 | 岿然 | 稽首 | 掮客 |
| 悭吝 | 憔悴 | 樵夫 | 衾枕 | 引擎 | 渠道 | 瞿秋白 |
| 清癯 | 卷发 | 蜷缩 | 缱绻 | 证券 | 国库券 | 粗糙 |
| 糙米 | 鸬鹚 | 淙淙 | 刘琮 | 簇生 | 一簇 | 撮口 |

(2)辨音

| | | | |
|---|---|---|---|
| 同胞 / 名庖 | 庇护 / 媲美 | 无裨于事 / 裨将 | 屏除 / 屏蔽 |
| 哺育 / 浦口 | 扒房 / 扒手 | 漂泊 / 水泊 | 提防 / 提高 |
| 稽留 / 稽首 | 再醮 / 砍樵 | 试卷 / 证券 | 宗宗 / 淙淙 |
| 一撮毛 / 撮合 | 叱咤 / 惊诧 | 挚爱 / 炽烈 | 囤子 / 囤积 |

5. 擦音声母和塞擦音声母

有的字普通话标准音是塞擦音,黑龙江方言却读成了擦音,有的字普通话是擦音,黑龙江方言却读成了塞擦音。

擦音和塞擦音误读现象的出现,究其原因有三:第一,北京话里有的字就有异读现象,如“机械”的“械”,在北京话里既读 xiè,又读 jiè,审音后标准音定为 xiè,在黑龙江方言中长期没有得到认真纠正;第二,有的字误读半边,以讹传讹形成一种带有普遍性的地方音,如“妊娠”的“娠”,标准音读 shēn,而很多人却按照“辰”的读音读为 chén;第三,有些多音多义字没有得到很好的辨析,如很多人把“校对”的“校(jiào)”,读成了“学校”的“校(xiào)”。

这类错读的字比送气音声母和不送气音声母字错读更少,常见的有:

(1)g、k 与 h 错读

g—h　红(gōng,女～)　胱

k—h　溘

h—g　翮(hé)　逅　怙

(2)j、q 与 x 错读

j—x　颊　酵　校(～对)

q—x　栖(～息)　蹊(～跷)　畦　挈

x—j　呷　痫　械　陉(xíng)　苋

x—q　纤(～细)　跹　朽　芎(xiōng)

(3)z、c 与 s 错读

c—s　赐　伺(～候)

s—c　缫　嗣

s—z　怂

(4)zh、ch 与 sh 错读

zh—sh　峙(对～)

ch—sh　刹(～那)　阐　偿　琛　茌(chí)

sh—ch　禅(shàn，～位)　娠　恃

[练习]

(1)正音

女红　膀胱　振翮　邂逅　怙恃　脸颊　发酵
酵母　栖身　栖息　蹊跷　菜畦　挈眷　呷茶
癫痫　洨河　机械　器械　井陉　苋菜　纤维
纤细　翩跹　哀朽　腐朽　川芎　恩赐　赐教
伺候　缫丝　子嗣　后嗣　怂恿　对峙　刹那
古刹　阐明　阐发　偿还　补偿　茌平　禅让
妊娠　依恃

(2)辨音

{女红 / 火红}　{栖息 / 恓惶}　{蹊跷 / 蹊径}　{纤夫 / 纤尘}

{伺候 / 伺机}　{剿灭 / 缫丝}　{刹那 / 刹车}　{对峙 / 繁峙}

{禅机 / 禅位}　{学校 / 校对}　{怂恿 / 纵容}　{盍往 / 溘然}

6. 舌尖前音声母和舌尖后音声母

声母 z、c、s 和 zh、ch、sh 的主要区别是发音部位不同。发 z、c、s 时，舌尖平伸与上齿背构成阻碍，因此叫舌尖前音，也称平舌音；发 zh、ch、sh 时，舌尖举起并后缩，与硬腭前部构成阻碍，因此叫舌尖后音，也称翘舌音。声母为 z、c、s 和 zh、ch、sh 的字互混，或称“平翘舌不分”，是黑龙江最严重的方音病之一，也是黑龙江人方音辨正的重点、难点。

声母为舌尖前音和舌尖后音的字互混有两种情况：

第一种情况，两组声母都存在，而且都能正确地发出，但一些普通话声母为舌尖前音的字，黑龙江方言习惯上却读舌尖后音，而普通话声母是舌尖后音的字，黑龙江方言却读成舌尖前音。这是黑龙江方言普遍存在的一种现象，涉及地域十分

广。但这类字并不太多,可以列举出来,而且有规律可循。比如,黑龙江方言中舌尖后音声母误读为舌尖前音声母的字比舌尖前音声母误读为舌尖后音声母的字要多,而且集中在某些音节上。黑龙江人把“zhai、zhuo、chai、chang、chun、shun”几个音节中的不少字都错读为舌尖前音声母字,如“摘、捉、拆、昌、春、顺”等;相反,“cè”音节中的很多字则错读为舌尖后音声母,如“测、策、册”等。这种现象只要认真对待,是容易克服的。

舌尖前音声母经常错读为舌尖后音声母的字主要有:

z—zh 攒(积～) 暂 仄 粽 邹 纂

c—ch 测 恻 厕 策 册 岑(cén) 促 撺 蹿 窜 篡 汆

s—sh 伞 森 寺 粟

舌尖后音声母常错读为舌尖前音声母的字主要有:

zh—z 斋 摘 宅 汁 专 砖 准 捉 拙

ch—c 差(出～) 拆 钗 柴 豺 搀 孱(～弱) 昌 娼 巢 斥 翅 充 崇 宠 垂 捶 春 唇 纯 蠢 戳

sh—s 赦 施 束 恕 墅 谁 税 吮(shǔn) 舜 瞬 顺 朔 硕 烁

[练习]

积攒 攒钱 暂时 短暂 平仄 粽子 邹忌
邹韬奋 编纂 测验 测定 恻隐 厕所 两侧
侧重 政策 策划 画册 纪念册 促进 督促
撺掇 逃窜 窜扰 篡夺 篡改 汆丸子 雨伞
森林 佛寺 粟米 书斋 斋戒 摘要 住宅
汁液 专家 专利 红砖 准备 标准 捕捉
拙劣 出差 差遣 拆信 裙钗 柴草 豺狼
掺假 搀扶 孱弱 潺潺 昌盛 猖狂 娼妇
晁盖 巢穴 充斥 斥责 翅膀 冒充 崇高
崇敬 宠爱 垂直 垂询 边陲 春天 唇舌
纯净 愚蠢 戳穿 赦免 实施 施展 束缚
约束 饶恕 别墅 税收 吮吸 一瞬 硕果
硕士 闪烁

第二种情况,黑龙江东部方言区有的地方实际口语中只有 z、c、s,没有 zh、ch、sh,有的则相反,只有 zh、ch、sh。还有些地区舌尖前音声母 z、c、s 和舌尖后音声母 zh、ch、sh 互为自由变体,声母为舌尖前音的字往往读成舌尖后音,声母为舌尖后音的字又常常读成舌尖前音。如“四十”读成 shìshí,而“时事”则读成 sísì,“制造”读成 zìzhào,而“自找”则说成 zhìzǎo。这种情况随意性很大,同一个字在不同的语言环境中往往有不同的读法,又无规律可循,几乎涉及以 z、c、s 和 zh、ch、sh 为声母的所有音节,因此纠正起来就非常困难。

解决上述难点,可以利用以下几种方法来进行分辨。

(1)汉字声旁类推的方法。例如“主(zhǔ)”声母为舌尖后音,以“主”为声旁的一些字“住、柱、注、驻、蛀”等一般也是舌尖后音,“曹(cáo)”的声母是舌尖前音,以“曹”为声旁的一些字“糟、遭、嘈、槽”等一般也是舌尖前音,但也有例外,如声旁为“串(chuàn)”的字,除“串”本字读舌尖后音,其余的“窜、撺、蹿”都读舌尖前音。需要注意的是,声旁类推分辨字音,要谨防“秀才识字读半边”、以讹传讹。

(2)记少不记多的方法。即利用普通话舌尖前音声母字少的特点,记忆少量的舌尖前音声母字(约占两者总和的 30%),帮助分辨相对应的舌尖后音声母字。

z、c、s 与 en 相拼的字很少。

如:z 与 en 相拼,只有怎、谮(zèn),其他的都读翘舌音,如珍、真、枕、镇等。

c 与 en 相拼,只有参(cēn、cān、shēn)、涔(cén)、岑,其他的都读翘舌音,如抻、嗔、琛等。

s 与 en 相拼只有一个森字,其余的都读翘舌音,如身、伸、深、神、婶、沈、肾、甚等。

汉语中平舌音占 30%,翘舌音占 70%。

(3)声韵拼合规律的方法。在普通话里,声母和韵母的拼合有一定的规律,可以利用这种拼合规律来分辨平舌音和翘舌音。比如:

平舌音 z、c、s 不能和 ua、uai、uang 相拼,所以,“抓、刷、唰、耍、拽、踹、揣、摔、甩、帅、衰、蟀、装、庄、撞、壮、窗、床、闯、创、疮、双、霜、爽”等字都念翘舌音。

翘舌音 sh 不能和 ong 相拼,所以,“松、嵩、怂、耸、宋、讼、颂、送、诵”等字都念平舌音。

[练习]

(1)正音

z + z

| | | | | | | |
|---|---|---|---|---|---|---|
| 咂嘴 | 栽赃 | 再造 | 在座 | 簪子 | 藏族 | 凿子 |
| 枣子 | 造作 | 啧啧 | 孜孜 | 自在 | 自尊 | 宗族 |
| 曾祖 | 粽子 | 走卒 | 走嘴 | 租子 | 做贼 | 做作 |

zh + zh

| | | | | | | |
|---|---|---|---|---|---|---|
| 扎针 | 债主 | 辗转 | 战争 | 长者 | 招致 | 照准 |
| 折中 | 蔗渣 | 针织 | 斟酌 | 诊治 | 珍重 | 郑重 |
| 征召 | 挣扎 | 整枝 | 正直 | 政治 | 蜘蛛 | 支柱 |

植株 踯躅(zhí zhú) 中转 忠贞 终止 种植
周折 主旨 主张 助长 住宅 注重 驻扎
专注 转折 庄重 茁壮 壮志 追逐 卓著

z + zh

杂志 栽植 载重 在职 暂住 赞助 造纸
增长 增殖 滋长 资质 辎重 锱铢 紫竹
字纸 自知 自治 宗旨 总之 族长 阻止
组织 诅咒 罪状 遵照 尊重 作证 坐镇
座钟 佐证

zh + z

渣滓 种子 宅子 毡子 章则 张嘴 长子
帐子 招租 沼泽 振作 赈灾 争嘴 正宗
知足 指责 治罪 制造 制作 种族 主宰
逐字 著作 铸造 专责 转载 转租 装载
壮族 追赃 追赠 准则

c + c

猜测 残存 仓促 苍翠 草刺 草丛 参差
层次 匆促 葱翠 从此 淙淙 粗糙 催促
摧残 璀璨 寸草 措辞

ch + ch

踟蹰 茶匙 查抄 拆除 潺潺 铲除 长城
长春 敞车 超产 超出 撑持 城池 惩处
秤锤 驰骋 赤忱 充斥 忡忡 重重 重茬
重唱 冲床 抽查 惆怅 愁肠 出差 出厂
出丑 初创 橱窗 穿插 船厂 唇齿 戳穿

c + ch

财产 彩绸 裁处 残喘 操场 操持 槽床
草虫 草创 辞呈 磁场 粗茶 促成 错车
错处

s + s

洒扫 缫丝 色素 瑟瑟 瑟缩 僧俗 思索
撕碎 四散 松散 送死 送丧 搜索 诉讼
簌簌 琐碎

sh + sh

山水 闪烁 善事 膳食 伤逝 赏识 上税
烧伤 韶山 少数 射手 设使 申述 绅士
神圣 审慎 生疏 盛暑 声势 省事 盛世
施舍 时事 实施 史诗 史实 世事 适时
誓师 收束 手术 舒适 熟识 赎身 顺势
述说 树梢 顺手 说书 硕士

s + sh

撒手 飒爽 散射 丧失 私塾 厮杀 死守
巳时 四十 四声 四书 松手 松鼠 讼师
搜身 嗾使 俗尚 素食 宿舍 诉说 算数
虽说 随时 岁数 燧石 损伤 唆使 缩手
所属 琐事

sh + s

上诉 哨所 申诉 神速 伸缩 深思 深邃
神色 生涩 生丝 绳索 失散 失色 时速
世俗 石笋 誓死 收缩 守岁 殊死 疏散
输送 熟思 曙色 栓塞 顺遂

(2)辨音

z—zh

钻台——转台 杂技——札记 资源——支援
资助——支柱 赞礼——站里 葬身——障身
草茶——找碴 造影——照影 增殖——争执
赠品——正品 赠言——诤言 在沪——债户
藻饰——找事 一遭——一朝 急躁——急诏
簪子——毡子 增兵——征兵 籽实——枳实
滋事——知事 五姊——五指 自学——治学
自愿——志愿 字典——质点 棕叶——中叶
综合——中和 祖父——主妇 钻营——专营

c—ch

残余——单于 残害——谗害 藏书——常输
槽头——潮头 草鸡——炒鸡 擦车——叉车
木材——木柴 蚕食——禅师 操守——抄手
册页——彻夜 岑寂——沉寂 词家——持家

词作——池座　至此——咫尺　致辞——至迟
次子——翅子　伺候——斥候　匆匆——憧憧
粗气——出气　粗布——初步　粗糙——出操
村庄——春装　撮子——戳子　从犯——重犯
从速——重塑　丛谈——重弹　凑手——臭手

s—sh

三春——山村　散光——闪光　桑蚕——伤残
扫房——少房　僧人——生人　丧事——伤逝
赛台——晒台　特色——特赦　私话——诗话
丝棉——失眠　死尸——史诗　死节——使节
四样——式样　寺院——试院　寺众——示众
后嗣——后事　俟机——事机　肆意——释义
四十——适时　俗语——熟语　宿敌——树敌
肃立——树立　诉说——述说　斯文——诗文
私事——失事　司法——施法　搜集——收集
遂意——睡意

(3)绕口令

山里有个寺，山外有个市，弟子三十三，师父四十四。三十三的弟子在寺里练写字，四十四的师父到市里去办事。三十三的弟子用了四十四小时，四十四的师父走了三十三里地，走了三十三里地就办了四十四件事，用了四十四小时才写了三十三个字。

7.其他

除了上述六种情况的声母需要辨正外，还有一些方音声母也需要辨正，只不过这些声母在黑龙江方言中和普通话的对应关系不很明显，数量也较少，需要特殊记忆。

(1)黑龙江方音(女性尤为明显)常出现 j、q、x 发音部位靠前或用舌叶音代替舌面音的现象，有时甚至把 j、q、x 发成 z、c、s，如把“沮丧(jǔsàng)”说成了 zǔsàng，把“俊俏(jùnqiào)”说成了 zùnqiào 等。

(2)n、r 与 l 相混。普通话中的个别以 n、r 为声母的字，在黑龙江方言中读成 l 声母字，如“鲜嫩”的“嫩(nèn)”读为 lèn，“扔掉”的“扔(rēng)”读为 lēng，“尖锐(jiānruì)”说成 jiānluǐ 等。

(3)m、n 有时分不清。普通话中的 m 声母字，在黑龙江方言中有的读为 n 声母字，如把“谬论(miùlùn)”说成 niùlùn，把“寻觅(mì)”说成“寻觅(nì)”等。

此外，还有些因“误读半边”而形成的习惯性错读，如“拈(niān)”读成 zhān，

“涎(xián)”读成 yán,“戛(jiá)”读成 gā;有些地名也经常读错,如把“东莞(guǎn)”说成“东莞(wǎn)”,“莒(jǔ)县”说成“莒(lǚ)县”等。从语音角度分析,这些也都属于声母的错读。

[练习]

(1)正音

| | | | | | |
|---|---|---|---|---|---|
| 狙击 | 沮丧 | 咀嚼 | 龃(jǔ)龉 | 俊美 | 竣工 |
| 疏浚 | 险峻 | 骏马 | 俊杰 | 鲜嫩 | 气馁 |
| 扔掉 | 仍然 | 花蕊 | 瑞雪 | 睿智 | 敏锐 |
| 谬论 | 荒谬 | 莠草 | 纰缪 | 商埠 | 谄媚 |
| 凄怆 | 棠棣(dì) | 忏悔 | 东莞 | 豢养 | 忌讳 |
| 围剿 | 缰绳 | 矜持 | 莒县 | 分娩 | 酿造 |
| 泥淖(nào) | | 蹒跚 | 龋齿 | 莘莘 | 湍急 |
| 涎水 | 混淆 | 萦绕 | | | |

(2)辨音

| | | | |
|---|---|---|---|
| 阻击<br>狙击 | 俊杰<br>隽永 | 寻觅<br>藏匿 | 纰缪<br>绸缪 |
| 商埠<br>阜新市 | 经纬<br>隐讳 | 涎水<br>怪诞 | 戛戛<br>嘎嘎 |

**二、韵母辨正**

黑龙江方言中,西部方言有 38 个韵母,比普通话少单元音韵母 o;东部方言部分地区只有 37 个韵母,除少 o 外,还少 i[ɿ]或 i[ʅ]。韵母的发音除个别复韵母和普通话有细微差别外,大体相同,因此黑龙江人正确掌握普通话韵母的发音并不困难。但落实到具体字的读音,就和普通话有不少差别,有的和普通话有一定的对应关系,有的没有明显的对应关系,需要认真辨正,逐个记忆。

1. ɑ

韵母 ɑ 在普通话和黑龙江方言中发音基本相同,韵母为 ɑ 和 ɑ 开头的复韵母、鼻韵母的字在黑龙江方言中同普通话读音不同的较少,如“咯血(kǎxiě)”说成 kèxiě,“按捺(ànnà)”说成 ànnài,常常是由于形近字误读成的地方音,比较容易纠正。

[练习]

| | | | | |
|---|---|---|---|---|
| 腌臜(āzā) | 按捺 | 喀什 | 咔嚓 | 咯血 |
| 咯痰 | 啁哳(zhāozhā) | | 蛤蟆 | 大纛 |

2. o

黑龙江方言在韵母方面和普通话的最大区别是没有圆唇音 o。普通话中的 o 韵母字，黑龙江方音大都归入 e 韵，如“波(bō)、坡(pō)、摸(mō)、佛(fó)”读成 bē、pē、mē、fé。另一小部分以“白”做声旁的字归入 ai 韵，如“伯(bó)、迫(pò)、陌(mò)”等读成 bǎi、pǎi、mài，把“水泊(pō)梁山”说成“水泊(bǎi)梁山”。

正确掌握 o 的发音并不难，只是唇形不同，发 e 时嘴向两旁展开，是不圆唇元音，而发 o 时嘴唇拢圆，是圆唇元音。严格地说，北京话 b、p、m、f 后面的 o，实际音值是 uo，音节本该拼写为 buo、puo、muo、fuo，因为韵头 u 的语音比较短暂，在拼写上省略了 u。

此外，o 韵母(包括 o 开头的复韵母、鼻韵母)字在黑龙江方言中还有两种情况需要注意：

(1)复韵母 ou 在声母 p、m、f 后多读为 ao，如“剖(pōu)、谋(móu)、否(fǒu)”等，黑龙江方音读作 pāo、máo、fǎo。而 ou 在其他声母后面，黑龙江方言中有的丢掉韵腹 o，变成了 u 韵母，如“咳嗽(sou)”说成“咳嗽(su)”，“扫帚(zhǒu)”叫作“扫帚(zhu)”。

(2)黑龙江方言中没有 nong 这个音节，普通话中读 nong 的字，黑龙江方言中大都读作 neng，如把“农(nóng)民”读作“农(néng)民”，“弄(nòng)好”说成“弄(nèng)好”。

[练习]

(1)正音

| | | | | | | |
|---|---|---|---|---|---|---|
| 拨款 | 波浪 | 琉璃 | 菠菜 | 饽饽 | 衣钵 | 剥削 |
| 播音 | 反驳 | 蓬勃 | 脖颈 | 渤海 | 鹁鸪 | 亳(bó)州 |
| 渊博 | 搏斗 | 胳膊 | 浅薄 | 跛子 | 颠簸 | 巨擘(bò) |
| 簸箕 | 萝卜 | 朴(pō)刀 | | 山坡 | 偏颇 | 泼辣 |
| 婆婆 | 鄱阳 | 叵测 | 笸箩 | 破绽 | 摸索 | 馍馍 |
| 模范 | 模仿 | 隔膜 | 蘑菇 | 嬷嬷 | 恶魔 | 抹杀 |
| 万俟(Mòqí 姓) | | 粉末 | 茉莉 | 唾沫 | 湮没 | 脉脉 |
| 莫非 | 冷漠 | 寂寞 | 蓦地 | 墨汁 | 默默 | 石磨 |
| 佛教 | 佛手 | 拜佛 | 漂泊 | 泊位 | 锡箔 | 布帛 |
| 帛书 | 伯父 | 伯仲 | 船舶 | 舶来品 | 柏林 | 湖泊 |
| 血泊 | 皤(pó)然 | | 糟粕 | 压迫 | 迫切 | 琥珀 |
| 魂魄 | 魄力 | 陌生 | 阡陌 | 解剖 | 剖析 | 掊击 |
| 牟取 | 眼眸 | 谋划 | 阴谋 | 绸缪 | 某人 | 否定 |
| 是否 | 击缶 | 嗾使 | 咳嗽 | 扫帚 | 农业 | 支农 |

浓淡 脓包 玩弄 粽子

(2)辨音

| | | | |
|---|---|---|---|
| 迫害<br>迫击炮 | 柏林<br>松柏 | 亳州<br>丝毫 | 颠簸<br>簸箕 |
| 落魄(bó)<br>落拓(tuò) | 萝卜<br>占卜 | 铜佛<br>仿佛 | 朴刀<br>朴素 |
| 牟取<br>牟平区 | 绸缪<br>纰缪 | 玩弄<br>里弄 | 都市<br>都是 |

(3)绕口令

婆婆和嬷嬷,来到山坡坡,婆婆默默采蘑菇,嬷嬷默默拔萝卜。婆婆拿了一个破簸箕,嬷嬷带了一个薄笸箩,婆婆采了半簸箕小蘑菇,嬷嬷拔了一笸箩大萝卜。婆婆采了蘑菇换饽饽,嬷嬷卖了萝卜买馍馍。

3. e

普通话中 e 韵母(包括 e 开头的复韵母、鼻韵母)字在黑龙江方言中有下面几种情况需要认真辨正:

(1)声母为 g、k 时,有些字在黑龙江方言中韵母由 e 变成 a,如"割(gē)地"大多叫"割(gā)地","疙(gē)瘩"说成"疙(gā)瘩"。而声母为 h 时有的字韵母则变成 ao,如"仙鹤(xiānhè)"说成 xiānháo。至于"阿弥陀佛"中的"阿(e)",很多人读为 a,既可说是方音,也可说是多音字辨析问题,也应注意纠正。

(2)声母为 z 时,黑龙江方言中韵母 e 大都变成 ai,如"责(zé)任"说成"责(zái)任","选择(zé)"说成"选择(zái)","平仄(zè)"说成"平仄(zǎi)"。

(3)由 e 充当韵腹的鼻韵母 eng,在黑龙江方言中有些字的韵腹变成了 i,如把"耕(gēng)地"说成"耕(jīng)地","更(gēng)夫"说成"更(jīng)夫"。

[练习]

(1)正音

| | | | | | | |
|---|---|---|---|---|---|---|
| 阿谀 | 阿附 | 割草 | 疙瘩 | 咯噔 | 咯吱 | 蛤蜊 |
| 蛤蚧 | 坷垃 | 木讷 | 口讷 | 阻塞 | 塞音 | 景色 |
| 色彩 | 责任 | 谴责 | 原则 | 恩泽 | 沼泽 | 平仄 |
| 仙鹤 | 时刻 | 悖谬 | 沸腾 | 迸发 | 迸裂 | 打更 |
| 更夫 | 春耕 | 棱镜 | 棱锥 | 抨击 | 怦怦 | 蚌埠 |
| 愤懑 | 对称 | 称职 | | | | |

(2)辨音

| | | | |
|---|---|---|---|
| 咯噔<br>咯血 | 阿谀<br>阿斗 | 蛤蚧<br>蛤蟆 | 坷垃<br>坎坷 |

{阻塞 塞车} {颜色 落(lào)色} {一丘之貉 貉子}

{蚌埠 鹬蚌相争} {拍手称快 称心如意}

4. i

i 韵母字(包括韵头或韵腹为 i 的字)在黑龙江方言中和普通话读法不同的数量不多,但情况较复杂,有对应关系的是下面几种情况:

(1)有些字在普通话中韵母为单韵母 i,而在黑龙江方言中韵母变成了复韵母 ei,如很多地方把"披(pī)衣"说成"披(pēi)衣","僻(pì)静"说成"僻(pèi)静"。

(2)在普通话中有些韵母是复韵母 ie 的字,在黑龙江方言中韵母变成了单韵母 i 或 e,如"液(yè)体"读成"液(yì)体","劣(liè)等"说成"劣(lě)等"。

(3)在普通话中有些字韵头或韵腹是 i,在黑龙江方言中则变成了 ü。如"屑(xiè)、弦(xián)、津(jīn)、窘(jiǒng)",黑龙江方音分别读作 xuè、xuán、jūn、jǔn。

[练习]

婢女　臂膀　臂助　供给　给予　曹丕　钢坯
披露　披阅　偏僻　僻静　悬崖　恶劣　挟持
要挟　倾斜　胆怯　怯懦　木屑　琐屑　赝品
赝本　琴弦　正弦　船舷　缺陷　陷落　天津
津贴　挑衅　寻衅　窘迫　迥异　颈椎　倾向
倾斜

5. u

普通话中的韵母为 u(包括 u 开头的复韵母、鼻韵母)的字,在黑龙江方言中和普通话读法不同的较多,情况较 i 韵母字更为复杂,需要认真分析辨正。

(1)普通话中的 u 韵母字在黑龙江方言中读为 ü 是一个突出现象。如"宿(sù)舍"叫作"宿(xǔ)舍","风俗(sú)"说成"风俗(xú)"。黑龙江有些地方没有 r 声母,也就自然没有 ru 音节,普通话中的 ru 音节黑龙江方言都归入 ü 零声母音节,如把"褥子(rùzi)"叫作 yùzi,把"如果"说成 yúguǒ。黑龙江方言中同样也没有 ruan 音节和 run 音节,普通话中这两个音节的字黑龙江方言同样归入 u 开头的零声母音节,如"软(ruǎn)"读 yuǎn、"闰(rùn)"读 yùn 等。这种情况在声母辨正中已经谈到,这里只把它们列出,不做重点训练。

(2)黑龙江方言没有 nuan、luan 两个音节,普通话中这两个音节字在黑龙江方言中丢掉了韵头 u,韵母由 uan 变成了 an。如"峦(luán)、卵(luǎn)、暖(nuǎn)"黑龙江方音分别读成 lán、lǎn、nǎn。

(3)普通话韵母是 uo 的字在黑龙江方言中错读情况较复杂,或读成 ao 韵,如把“绰（chuò）号”叫“绰（chāo）号”、“硕（shuò）士”叫“硕（sháo）士”；或读成 uai 韵，如把“收获（huò）”说成“收获（huái）”；或读成 ui 韵，如把“或（huò）者”说成“或（huǐ）者”。有的韵母则变成 u 或 e，如“唾（tuò）”读 tù、“糯（nuò）”读 nè 等。

（4）有的字在普通话中韵母为单韵母 u，而在黑龙江方言中则变作复韵母 uo，如“虏（lǔ）”读为 luǒ、“塑（sù）”读为 suò 等。

（5）“尉”和以“尉”为声旁的字在黑龙江方言中不读 wèi 而读 yù，其实 u 也变成了 ü。

［练习］

（1）正音

风俗　俗语　住宿　夙愿　虏获　俘虏　贿赂
塑料　塑造　追溯　绰约　宽绰　若干　硕果
硕士　媒妁　聒耳　聒噪　捕获　或者　懦弱
糯米　诺言　承诺　迷惑　唾液　唾弃　峰峦
金銮殿　痉挛

（2）辨音

{宿舍 星宿}　{腐儒 怯懦}　{呱呱叫 呱呱坠地}　{塑造 朔风}
{绰约 绰起}　{芍药 媒妁}　{山峦 山岚}　{上尉 尉迟}

（3）绕口令

有个懒汉本姓阮，提个篮子卖鸡卵，“卖卵”、“卖卵”使劲喊，谁都不来买鸡卵，不是鸡卵品种乱，而是鸡卵皮太软。卖不出鸡卵难买饭，回家吃饭路又远，胡乱烧把烂草取取暖，再吃掉篮子里几个软鸡卵。

6. ü

普通话中韵母以 ü 开头的复韵母、鼻韵母字在黑龙江方言中的读法不同，主要集中在 üe 韵母上。üe 自成音节或声母为 j、q、x 的字在黑龙江方言中有的韵母为 iao，如“跃（yuè）”读 yào，“学（xué）”读 xiáo，“觉（jué）”读 jiǎo，“雀（què）”读 qiǎo。

此外，黑龙江方音没有 nüe 和 lue 两个音节，普通话中 nüe 音节的字读成 yao（或 niao），把“虐（nüè）待”读成“虐（yào）待”，“疟（nüè）疾”说成“疟（yào）疾”；lüe 音节的字读为 liao（如“略”）或 luo（如“掠”）。

［练习］

酗酒　和煦　节约　隐约　飞跃　岳飞　山岳　奏乐
乐曲　自觉　觉悟　伯爵　咀嚼　主角　喜鹊　麻雀

学习　戏谑　疟疾　虐待　肆虐　约略　掠夺　掠取

## 三、声调辨正

### 1. 调值

调值是声调的实际读法，也就是音节的高低、升降、曲直、长短的变化形式。

普通话有四种基本调值：高平调、中升调、降升调、全降调，通常采用“五度标记法”来标记调值。具体方法是：用一条竖线做比较线，将声调的音高分为五度，在竖线上分别用1、2、3、4、5表示低音、半低音、中音、半高音、高音，然后在竖线左侧用带箭头的横线、斜线、曲线来表示不同调值的音高变化。图示如下：

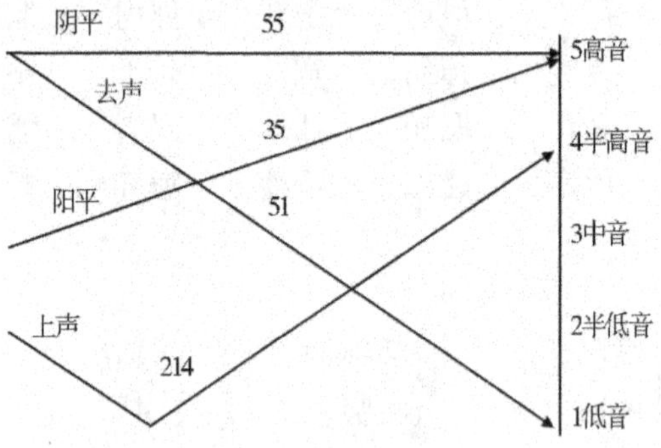


**图2－1　五度标记法**

| | | | | | |
|---|---|---|---|---|---|
| 55 | 高平调 | 声 | 东 | 击 | 西 |
| 35 | 中升调 | 人 | 民 | 和 | 平 |
| 214 | 降升调 | 勇 | 猛 | 果 | 敢 |
| 51 | 全降调 | 教 | 育 | 事 | 业 |

### 2. 调类

调类是把全部的字音按不同调值加以分类后，所得到的声调类别。一种方言或语言中有几种基本调值，它就有几种调类。每一种调类确定一种名称就是调名。普通话有四种基本调值，因而有四种调类。传统的汉语音韵学把这四种调类称为阴平、阳平、上声、去声，教学上也称为第一声、第二声、第三声、第四声。《汉语拼音方案》规定声调的符号（调号）为ˉ（阴平）、ˊ（阳平）、ˇ（上声）、ˋ（去声），这些调号的形状基本上是五度标记法的缩写。调号要标在音节的主要元音上。

[练习]

(1)改黑龙江方言的阴平为普通话的阳平、上声、去声

①正音

| | | | | | | |
|---|---|---|---|---|---|---|
| 扒手 | 蟠桃 | 膨胀 | 朦胧 | 焚烧 | 焚毁 | 汾酒 |
| 相逢 | 逢迎 | 芙蓉 | 嘀咕 | 嫡系 | 啼哭 | 悲啼 |
| 填充 | 填写 | 颓废 | 疾病 | 疾驰 | 级别 | 蜜橘 |
| 秋菊 | 发掘 | 其实 | 其他 | 囚犯 | 囚禁 | 泅水 |
| 袭击 | 抄袭 | 孱弱 | 潺潺 | 垂询 | 垂涎 | 赎买 |
| 秣秸 | 仍旧 | 嘈杂 | 曾经 | 昂贵 | 淫乐 | 呻吟 |
| 吟诗 | 邮票 | 邮局 | 愚蠢 | 跛脚 | 布匹 | 匹敌 |
| 瞟一眼 | 悱恻 | 诽谤 | 菲仪 | 讥讽 | 嘲讽 | 请帖 |
| 庚帖 | 一帖药 | 轨迹 | 应用 | 呼应 | 反映 | 映衬 |
| 罕见 | 稀罕 | 皎洁 | 针灸 | 悄然 | 少顷 | 顷刻 |
| 泥沼 | 沼泽 | 揣度 | 侮辱 | 欺侮 | 俨然 | 惊讶 |
| 傍晚 | 夫妇 | 当真 | 妥当 | 态度 | 姿态 | 画帖 |
| 安帖 | 勒逼 | 勒索 | 购买 | 克服 | 克复 | 技术 |
| 间接 | 间隔 | 内疚 | 镶嵌 | 拉纤 | 肖像 | 呼啸 |
| 积蓄 | 蓄谋 | 渲染 | 羼入 | 号召 | 召集 | 诏书 |
| 诤友 | 明智 | 智慧 | 汕头 | 涉及 | 牵涉 | 震慑 |
| 摄影 | 摄取 | 馈赠 | 赠言 | 恣意 | 恣肆 | 饲养 |
| 船坞 | 惊讶 | 应用 | 呼应 | 反映 | 映衬 | 寓言 |
| 公寓 | | | | | | |

②辨音

| | | | | |
|---|---|---|---|---|
| {填补 添补 | {孱弱 孱头 | {妥帖 请帖 | {一帖药 习字帖 | {悄悄 悄然 |
| {沼气 召开 | {揣摩 揣手 | {恰当 应当 | {当年(过去某一时间) 当年(就在本年) | |
| {中间 间接 | {肖像 姓肖 | {宣传 渲染 | {姿态 恣肆 | |
| {应该 应酬 | {芳菲 菲薄 | | | |

(2)改黑龙江方言的阳平为普通话的阴平、上声和去声

①正音

| | | | | | | |
|---|---|---|---|---|---|---|
| 逼迫 | 逼真 | 拨款 | 播种 | 播音 | 剥削 | 滂沱 |

胚胎 剽窃 缥缈 蒙骗 蒙蒙亮 敷衍 搭理
答应 点滴 河堤 提防 提溜 捞本 抡起
窥测 积累 积极 夹缝 夹击 阶段 嗟叹
宣传 功勋 摘要 摘花 知道 捉弄 捕捉
瞋目 嗔怪 痴呆 叔父 虽然 庵堂 凹陷
青蛙 蛙泳 女娲 邀请 迂腐 迂回 多少
地痞 抚恤 抚摩 俯视 抵达 抵触 水浒
绮丽 勉强 强迫 享受 享福 脊髓 衍文
手帕 莫非 沙漠 漠视 模范 束缚 奔赴
赴宴 重复 复习 颠覆 馥郁 负责 负约
侗族 胴体 采纳 纳罕 睥睨(pìnì) 过淋
淋病 瞭望 消耗 噩耗 电荷 负荷 候车
候鸟 华山 白桦 炫耀 眩晕 徇私 殉情
殉职 浙江 蔗糖 赤诚 家畜 教室 适当
益鸟 洋溢 友谊 异日 迎迓 火焰 烟火
釉质 呼吁 山芋 富裕

②辨音

{傍晚 / 滂沱} {蒙骗 / 蒙蔽} {蒙蒙亮 / 蒙蒙细雨} {答应 / 回答}
{提问 / 提防} {夹击 / 夹袄} {强盛 / 强求} {淋漓 / 过淋}
{荷花 / 荷重} {华北 / 华山}

(3)改黑龙江方言的上声为普通话的阴平、阳平和去声

①正音

褒贬 褒义 蝙蝠 针砭 瘪三 鱼鳖 一瞥
泼妇 泼辣 扑灭 嫔妃 贵妃 皮肤 踏实
竹篙 戈壁 搜刮 刮风 咖啡 茶几 几乎
跻身 将来 狙击 细菌 真菌 衾枕 侵犯
曲折 曲酒 珍惜 蟋蟀 休息 熄灭 屈膝
消减 剥削 砧木 砧板 油脂 脂肪 拙笨
拙劣 插秧 支撑 戳穿 蜿蜒 逶迤 危机
危难 椰子 依恋 依然 墙隅 舆论 泊位
苇箔 柏林 布帛 老伯 船舶 毗邻 疲劳

| | | | | | | |
|---|---|---|---|---|---|---|
| 忧郁 | 疲软 | 莆田 | 蒲扇 | 蒲公英 | 匍匐 | 仆从 |
| 女仆 | 模糊 | 幸福 | 辐射 | 幅度 | 一幅 | 蝙蝠 |
| 得到 | 得意 | 的确 | 间谍 | 蝴蝶 | 通牒 | 体坛 |
| 恬静 | 闾里 | 棕榈 | 改革 | 革新 | 瓜葛 | 蛤蚧 |
| 祖国 | 巾帼 | 扛活 | 贫瘠 | 结合 | 结束 | 节日 |
| 觉得 | 自觉 | 祈求 | 潜力 | 媳妇 | 求职 | 植树 |
| 殖民地 | 值班 | 执行 | 惩戒 | 崇高 | 推崇 | 濡湿 |
| 嗫嚅 | 蠕动 | 儒家 | 孺子 | 雌雄 | 雌蕊 | 丛刊 |
| 而且 | 吾辈 | 梧桐 | 宫闱 | 违心 | 桅杆 | 溃疡 |
| 包庇 | 麻痹 | 辟谣 | 精辟 | 譬如 | 冷僻 | 孤僻 |
| 发型 | 蝮蛇 | 腹稿 | 心腹 | 附近 | 附属 | 档案 |
| 档次 | 悼念 | 追悼 | 懦弱 | 承诺 | 潋滟 | 馥郁 |
| 恶劣 | 劣迹 | 掠夺 | 鸟瞰 | 抵抗 | 混乱 | 混浊 |
| 教诲 | 晦气 | 挥霍 | 鲫鱼 | 剑术 | 禁忌 | 监禁 |
| 校对 | 比较 | 迄今 | 鲜血 | 真挚 | 挚友 | 鸷鸟 |
| 旗帜 | 安置 | 秩序 | 稚气 | 实质 | 质疑 | 触及 |
| 接触 | 校舍 | 慎重 | 狩猎 | 载重 | 载体 | 暂时 |
| 短暂 | 纵然 | 一座 | 挫折 | 狭隘 | 觉悟 | 妄想 |
| 狂妄 | 保卫 | 卫生 | 亚洲 | 亚军 | | |

②辨音

| | | | | |
|---|---|---|---|---|
| 褒贬<br>针砭 | 干瘪<br>瘪三 | 践踏<br>踏实 | 不禁<br>禁止 | 记载<br>装载 |
| 山冈<br>岗位 | 曲折<br>曲调 | 的确<br>目的 | 瓜葛<br>姓葛 | 复辟<br>开辟 |

| | | | |
|---|---|---|---|
| 鱼目混珠<br>浑水摸鱼 | 弱不禁风<br>严禁烟火 | 三年五载<br>载歌载舞 | 窗明几净<br>曾几何时 |
| 开花结果<br>张口结舌 | 风尘仆仆<br>前仆后继 | | |

(4)改黑龙江方言的去声为普通话的阴平、阳平和上声

①正音

| | | | | | | |
|---|---|---|---|---|---|---|
| 奔波 | 奔腾 | 拼凑 | 姘居 | 豆腐泡 | 气氛 | 氛围 |
| 碉堡 | 剔除 | 挑剔 | 供给(jǐ) | 供求 | 玫瑰 | 瑰丽 |
| 苛求 | 苛刻 | 匡正 | 激烈 | 激情 | 羁绊 | 通缉 |
| 晶莹 | 水晶 | 茎叶 | 吸收 | 吸取 | 籼米 | 差错 |

| | | | | | | |
|---|---|---|---|---|---|---|
| 差距 | 淑女 | 稻菽 | 憎恨 | 憎恶 | 糙米 | 缩减 |
| 谙练 | 偎依 | 镇压 | 压迫 | 蹩脚 | 炮烙(luò) | |
| 炮制 | 凡是 | 凝结 | 寂寥 | 嫉妒 | 嫉恨 | 狼藉 |
| 书籍 | 籍贯 | 编辑 | 聚集 | 集结 | 及时 | 及格 |
| 立即 | 即使 | 倔强 | 乘车 | 乘客 | 坚持 | 持续 |
| 惭愧 | 颐和园 | 仪式 | 司仪 | 怡然 | 贻害 | 贻误 |
| 饴糖 | 延迟 | 延误 | 蜿蜒 | 筵席 | 喜筵 | 沿海 |
| 沿途 | 娱乐 | 愉快 | 愉悦 | 逾期 | 卑鄙 | 鄙视 |
| 癖好 | 谈吐 | 吐露 | 气馁 | 拟人 | 拟议 | 收敛 |
| 敛财 | 撒手锏 | 尽管 | 尽快 | 尽量 | 警戒 | 颈椎 |
| 长颈鹿 | 规矩 | 矩形 | 而且 | 暂且 | 处罚 | 处理 |
| 水藻 | 辞藻 | 编纂 | 济水 | 殒命 | 陨石 | |

②辨音

| | | | |
|---|---|---|---|
| 奔走 | 奔波劳碌 | 豆腐泡 | 供销 |
| 投奔 | 疲于奔命 | 泡沫 | 供词 |
| 差别 | 炮弹 | 强逼 | 僻静 |
| 差劲 | 炮制 | 倔强 | 癖好 |
| 尽早 | 处分 | 同舟共济 | |
| 尽情 | 处所 | 济济一堂 | |

**四、普通话四声**

普通话中有四个调类,我们统称为四声,即阴平、阳平、上声、去声。

1. 阴平又称第一声,高平调,调值55。发音时没有升降变化,由5度到5度,声音高而平直,声带始终均衡紧张。例如:江—山—多—娇。

2. 阳平又称第二声,中升调,调值35。发音时声音由中音3度升到高音5度。声音上扬,声带由较紧迅速过渡到紧。例如:闻—名—全—球。

3. 上声又称第三声,降升调,调值214。发音时声音先由半低音2度降到低音1度,再上升至半高音4度,声音曲折变化。声带由半松状态再松下去,紧接着再紧起来。例如:打—井—引—水。

4. 去声又称第四声,全降调,调值51。发音时声音由高音5度降到低音1度。声音由最高降到最低,声带由最紧张状态迅速过渡到最松弛状态。例如:运—动—大—会。

[练习]

词语的练习要注意节奏。

阴＋阴

| | | | | | | |
|---|---|---|---|---|---|---|
| 拼音 | 乌黑 | 将军 | 肌肤 | 惺忪 | 衣钵 | 标兵 |
| 脱销 | 搜刮 | 包装 | 悲观 | 卑微 | 逼真 | 边疆 |
| 撒娇 | 缫丝 | 沙发 | 杀菌 | 稍微 | 深究 | 书斋 |
| 双关 | 贪污 | 叨(tāo)光 | | 参加 | 鞭笞 | 签发 |
| 贴心 | 缉私 | 突击 | | | | |

阳＋阳

| | | | | | | |
|---|---|---|---|---|---|---|
| 识别 | 时宜 | 台词 | 台球 | 提拔 | 题材 | 调节 |
| 条幅 | 停泊 | 童仆 | 彤云 | 图谋 | 徒劳 | 团结 |
| 神奇 | 缠绵 | 残存 | 狭长 | 埋藏 | 责罚 | 嫌疑 |
| 鸿儒 | 红尘 | 逢迎 | 蓬莱 | 嘈杂 | 谗言 | 徜徉 |
| 翱翔 | 颓唐 | | | | | |

上＋上

| | | | | | | |
|---|---|---|---|---|---|---|
| 保险 | 爽朗 | 水藻 | 怂恿 | 抖擞 | 嗾(sǒu)使 | |
| 骨髓 | 水獭 | 讨好 | 体检 | 腼腆 | 给养 | 染指 |
| 谱写 | 口齿 | 索取 | 水果 | 野草 | 比拟 | 哺乳 |
| 梗阻 | 苟且 | 古典 | 采访 | 减免 | 所以 | 蚂蚁 |
| 矢口 | 只管 | | | | | |

去＋去

| | | | | | | |
|---|---|---|---|---|---|---|
| 报告 | 爆炸 | 备用 | 被动 | 辩护 | 便秘 | 塞外 |
| 要素 | 肆虐 | 寺院 | 巨匠 | 聚会 | 庇护 | 闭幕 |
| 绘画 | 净化 | 顺畅 | 税务 | 蕴蓄 | 孕育 | 慎重 |
| 渗透 | 拓片 | 烫发 | 速效 | 恶劣 | 热恋 | 唾弃 |
| 动荡 | 碧绿 | | | | | |

阴＋阳

| | | | | | | |
|---|---|---|---|---|---|---|
| 森严 | 生财 | 失迎 | 失职 | 收藏 | 收盘 | 思维 |
| 司仪 | 丝弦 | 贪婪 | 通读 | 通牒 | 湍急 | 拖延 |
| 脱俗 | 苍白 | 苍茫 | 仓皇 | 昌明 | 褒扬 | 搀扶 |
| 氛围 | 干涸 | | | | | |

阳＋阴

| | | | | | | |
|---|---|---|---|---|---|---|
| 得失 | 瑕疵 | 实施 | 蚕丝 | 劳资 | 联姻 | 连天 |
| 凌空 | 零星 | 聆听 | 崎岖 | 昙花 | 逃脱 | 淘金 |
| 投资 | 投机 | 填充 | 图书 | 提供 | 疑心 | 曾经 |
| 员工 | 国都 | | | | | |

阴＋上

诗史 施展 疏导 殊死 衰朽 搜捕 挑拣
推选 沧海 糙米 插曲 拆洗 掺假 丰满
粗犷 松散 酸软 霜雪 筛选 卑鄙 标榜
工笔 供给

上＋阴

捕捉 补充 本息 屏息 礼花 理科 贬低
吮吸 港湾 苟安 股东 损失 娶亲 采摘
妥帖 产生 阐发 爽约 统一 海关 果汁
软脂

阴＋去

高尚 失落 生僻 牲畜 收束 蔬粟 思绪
添置 通畅 通告 推断 推荐 吞噬 卑怯
丰硕 凹陷 依恋 依附 偷税 仓促 天堑
悲怆(chuàng)

去＋阴

肃杀 动机 进修 妊娠 便笺(jiān) 曝光 毕生
辨析 愤激 奋发 勒逼 路灯 近亲 变更
献身 特殊 退缩 贵妃 害羞 透支 象征
幸亏 乐观

阳＋上

拾取 蚀本 俗语 谈吐 提醒 提取 填补
填写 甜美 条款 调解 疗养 缠扰 桃李
遥远 囹圄(língyǔ) 遴选 宏伟 模拟 烦恼
怜悯 博览 聊且

上＋阳

彩虹 采集 点穴 典型 理疗 屏除 秉承
产权 阐明 渴求 朴实 坦途 挺拔 散文
史实 讨伐 讨饶 果然 裹挟 统筹 管辖
软席 诡谲(jué)

阳＋去

逃窜 淘汰 恬静 甜蜜 停顿 停业 渠道
迎迓 即刻 仆妇 闲适 明媚 执拗 独创
驳斥 淋浴 团聚 停顿 实质 神秘 投入

| | | | | | | |
|---|---|---|---|---|---|---|
| 搪塞 | 违拗(ào) | | | | | |
| 去＋阳 | | | | | | |
| 落实 | 调查 | 墨菊 | 继承 | 缔结 | 间谍 | 浩然 |
| 按摩 | 适宜 | 颂扬 | 探求 | 侍从 | 蔓延 | 漠然 |
| 奈何 | 耐烦 | 破格 | 触觉 | 促成 | 淡泊 | 诞辰 |
| 悼词 | 道德 | 覆辙 | | | | |
| 上＋去 | | | | | | |
| 史册 | 使劲 | 耸立 | 朗诵 | 忐忑 | 袒护 | 讨价 |
| 讨厌 | 挑衅 | 整顿 | 凛冽 | 审慎 | 抢掠 | 沮丧 |
| 稿件 | 坦率 | 险恶 | 恐怖 | 琐屑 | 贬斥 | 捕获 |
| 哺育 | 赏赐 | | | | | |
| 去＋上 | | | | | | |
| 恰巧 | 候补 | 候审 | 后悔 | 布匹 | 恻隐 | 耗损 |
| 庆典 | 懊恼 | 赦免 | 素养 | 诉苦 | 供品 | 怪癖 |
| 盥(guàn)洗 | | 惯匪 | 谅解 | 烈火 | 劣等 | 探险 |
| 备品 | 立法 | 汉语 | | | | |

# 第二节 轻声 儿化 变调

## 一、轻声

轻声是音节连续时产生的一种音变现象，轻声音节总是出现在其他音节后面，或是夹在词语中间，一般不出现在一个词或句子的开头。所有轻声音节都要失去它原来的调值，但是轻声音节在音的高低上又会受前面音节调值的影响而产生差异。一般情况下，前面音节是上声，后面的轻声就稍高，例如“走着(zǒuzhe)”、“紫的(zǐde)”；前面音节是阴平、阳平或去声，后面的轻声就低。

轻声使普通话语音变得更加丰富，有些轻声还具有区别词义或区分词性的作用。例如：

东西 { dōngxi 物体<br>dōngxī 方向

运气 { yùnqì 词组，武术、气功的一种炼身方法<br>yùnqi 名词，幸运

1. 普通话语音在以下几种情况下常读轻声

(1)结构助词“的、地、得”等，例如：

他们的　欢快地　吃得饱

(2)语气助词“吗、吧、啦、呀、嘛、哇、啊”等，例如：

行吗　走吧　快啦　没啊

(3)时态助词“着、了、过”等，例如：

哭着　笑了　写过

(4)名词或代词的后缀“子、头、们”等，例如：

椅子　骨头　咱们

(5)名词或代词的方位词“上、下、里、边、面”等，例如：

桌上　楼下　屋里　右边

(6)动词或形容词后面的趋向动词“来、去、起来、下去”等，例如：

走来　过去　爬起来　干下去

(7)某些量词“个、些、封”等，例如：

三个　那些　写封信

(8)作为宾语的人称代词“你、我、他”，例如：

说你　请我　叫他

(9)叠音词的第二个音节和重叠动词的第二、第四个音节，例如：

奶奶　聊聊　研究研究　讨论讨论

(10)口语中有一批双音节词第二个音节习惯上读轻声，例如：

骆驼　玻璃　耳朵　吓唬

2. 拼读下列词语

胳膊 gēbo　功夫 gōngfu　脑袋 nǎodai　窗户 chuānghu

阔气 kuòqi　耳朵 ěrduo　溜达 liūda　便宜 piányi

亮堂 liàngtang　俏皮 qiàopi　故事 gùshi　拳头 quántou

什么 shénme　尾巴 wěiba　衣服 yīfu　月亮 yuèliang

厉害 lìhai——利害 lìhài　琢磨 zuómo——琢磨 zhuómó

蛇头 shétóu——舌头 shétou　地道 dìdao——地道 dìdào

精神 jīngshen——精神 jīngshén　大爷 dàye——大爷 dàyé

自然 zìrán——自然 zìran　合计 héji——合计 héjì

来路 láilù——来路 láilu　大方 dàfang——大方 dàfāng

3. 轻声词语表

说明

（1）本表供普通话水平测试第二项——读多音节词语（100个音节）测试使用。

（2）本表根据《普通话水平测试实施纲要》的《普通话水平测试用普通话词语表》编制。

（3）本表共收词546条（其中“子”尾词206条），按汉语拼音字母顺序排列。

（4）条目中的非轻声音节只标本调，不标变调；条目中的轻声音节，注音不标调号，如“明白 míngbai”。

| | | | | | |
|---|---|---|---|---|---|
| 爱人 | àiren | 别扭 | bièniu | 窗户 | chuānghu |
| 案子 | ànzi | 饼子 | bǐngzi | 窗子 | chuāngzi |
| 巴掌 | bāzhang | 拨弄 | bōnong | 锤子 | chuízi |
| 靶子 | bǎzi | 脖子 | bózi | 刺猬 | cìwei |
| 把子 | bàzi | 簸箕 | bòji | 凑合 | còuhe |
| 爸爸 | bàba | 补丁 | bǔding | 村子 | cūnzi |
| 白净 | báijing | 不由得 | bùyóude | 耷拉 | dāla |
| 班子 | bānzi | 不在乎 | búzàihu | 答应 | dāying |
| 板子 | bǎnzi | 步子 | bùzi | 打扮 | dǎban |
| 帮手 | bāngshou | 部分 | bùfen | 打点 | dǎdian |
| 梆子 | bāngzi | 财主 | cáizhu | 打发 | dǎfa |
| 膀子 | bǎngzi | 裁缝 | cáifeng | 打量 | dǎliang |
| 棒槌 | bàngchui | 苍蝇 | cāngying | 打算 | dǎsuan |
| 棒子 | bàngzi | 差事 | chāishi | 打听 | dǎting |
| 包袱 | bāofu | 柴火 | cháihuo | 大方 | dàfang |
| 包涵 | bāohan | 肠子 | chángzi | 大爷 | dàye |
| 包子 | bāozi | 厂子 | chǎngzi | 大夫 | dàifu |
| 豹子 | bàozi | 场子 | chǎngzi | 带子 | dàizi |
| 杯子 | bēizi | 车子 | chēzi | 袋子 | dàizi |
| 被子 | bèizi | 称呼 | chēnghu | 耽搁 | dānge |
| 本事 | běnshi | 池子 | chízi | 耽误 | dānwu |
| 本子 | běnzi | 尺子 | chǐzi | 单子 | dānzi |
| 鼻子 | bízi | 虫子 | chóngzi | 胆子 | dǎnzi |
| 比方 | bǐfang | 绸子 | chóuzi | 担子 | dànzi |
| 鞭子 | biānzi | 除了 | chúle | 刀子 | dāozi |
| 扁担 | biǎndan | 锄头 | chútou | 道士 | dàoshi |
| 辫子 | biànzi | 畜生 | chùsheng | 稻子 | dàozi |

| | | | | | |
|---|---|---|---|---|---|
| 灯笼 | dēnglong | 疯子 | fēngzi | 关系 | guānxi |
| 凳子 | dèngzi | 福气 | fúqi | 官司 | guānsi |
| 提防 | dīfang | 斧子 | fǔzi | 罐头 | guàntou |
| 笛子 | dízi | 盖子 | gàizi | 罐子 | guànzi |
| 底子 | dǐzi | 甘蔗 | gānzhe | 规矩 | guīju |
| 地道 | dìdao | 杆子 | gānzi | 闺女 | guīnü |
| 地方 | dìfang | 杆子 | gǎnzi | 鬼子 | guǐzi |
| 弟弟 | dìdi | 干事 | gànshi | 柜子 | guìzi |
| 弟兄 | dìxiong | 杠子 | gàngzi | 棍子 | gùnzi |
| 点心 | diǎnxin | 高粱 | gāoliang | 锅子 | guōzi |
| 调子 | diàozi | 膏药 | gāoyao | 果子 | guǒzi |
| 钉子 | dīngzi | 稿子 | gǎozi | 蛤蟆 | háma |
| 东家 | dōngjia | 告诉 | gàosu | 孩子 | háizi |
| 东西 | dōngxi | 疙瘩 | gēda | 含糊 | hánhu |
| 动静 | dòngjing | 哥哥 | gēge | 汉子 | hànzi |
| 动弹 | dòngtan | 胳膊 | gēbo | 行当 | hángdang |
| 豆腐 | dòufu | 鸽子 | gēzi | 合同 | hétong |
| 豆子 | dòuzi | 格子 | gézi | 和尚 | héshang |
| 嘟囔 | dūnang | 个子 | gèzi | 核桃 | hétao |
| 肚子 | dǔzi | 根子 | gēnzi | 盒子 | hézi |
| 肚子 | dùzi | 跟头 | gēntou | 红火 | hónghuo |
| 缎子 | duànzi | 工夫 | gōngfu | 猴子 | hóuzi |
| 对付 | duìfu | 弓子 | gōngzi | 后头 | hòutou |
| 对头 | duìtou | 公公 | gōnggong | 厚道 | hòudao |
| 队伍 | duìwu | 功夫 | gōngfu | 狐狸 | húli |
| 多么 | duōme | 钩子 | gōuzi | 胡萝卜 | húluóbo |
| 蛾子 | ézi | 姑姑 | gūgu | 胡琴 | húqin |
| 儿子 | érzi | 姑娘 | gūniang | 糊涂 | hútu |
| 耳朵 | ěrduo | 谷子 | gǔzi | 护士 | hùshi |
| 贩子 | fànzi | 骨头 | gǔtou | 皇上 | huángshang |
| 房子 | fángzi | 故事 | gùshi | 幌子 | huǎngzi |
| 废物 | fèiwu | 寡妇 | guǎfu | 活泼 | huópo |
| 份子 | fènzi | 褂子 | guàzi | 火候 | huǒhou |
| 风筝 | fēngzheng | 怪物 | guàiwu | 伙计 | huǒji |

机灵　jīling
脊梁　jǐliang
记号　jìhào
记性　jìxing
夹子　jiāzi
家伙　jiāhuo
架势　jiàshi
架子　jiàzi
嫁妆　jiàzhuang
尖子　jiānzi
茧子　jiǎnzi
剪子　jiǎnzi
见识　jiànshi
毽子　jiànzi
将就　jiāngjiu
交情　jiāoqing
饺子　jiǎozi
叫唤　jiàohuan
轿子　jlàozi
结实　jiēshi
街坊　jiēfang
姐夫　jiěfu
姐姐　jiějie
戒指　jièzhi
金子　jīnzi
精神　jīngshen
镜子　jìngzi
舅舅　jiùjiu
橘子　júzi
句子　jùzi
卷子　juànzi
咳嗽　késou
客气　kèqi
空子　kòngzi
口袋　kǒudai
口子　kǒuzi
扣子　kòuzi
窟窿　kūlong
裤子　kùzi
快活　kuàihuo
筷子　kuàizi
框子　kuàngzi
困难　kùnnan
阔气　kuòqi
喇叭　lǎba
篮子　lánzi
懒得　lǎnde
浪头　làngtou
老婆　lǎopo
老实　lǎoshi
老太太　lǎotàitai
老头子　lǎotóuzi
老爷　lǎoye
老子　lǎozi
姥姥　lǎolao
累赘　léizhui
篱笆　líba
里头　lǐtou
力气　lìqi
厉害　lìhai
利落　lìluo
利索　lìsuo
例子　lìzi
栗子　lìzi
痢疾　lìji
连累　liánlei
帘子　liánzi
凉快　liángkuai
粮食　liángshi
两口子　liǎngkǒuzi
料子　liàozi
林子　línzi
翎子　língzi
领子　lǐngzi
溜达　liūda
聋子　lóngzi
笼子　lóngzi
炉子　lúzi
路子　lùzi
轮子　lúnzi
萝卜　luóbo
骡子　luózi
骆驼　luòtuo
妈妈　māma
麻烦　máfan
麻利　máli
马虎　mǎhu
码头　mǎtou
买卖　mǎimai
麦子　màizi
馒头　mántou
忙活　mánghuo
冒失　màoshi
帽子　màozi
眉毛　méimao
媒人　méiren
妹妹　mèimei
门道　méndao
眯缝　mīfeng
迷糊　míhu
面子　miànzi
苗条　miáotiao

| | | | | | |
|---|---|---|---|---|---|
| 苗头 | miáotou | 皮子 | pízi | 扫帚 | sàozhou |
| 名堂 | míngtang | 痞子 | pǐzi | 沙子 | shāzi |
| 名字 | míngzi | 屁股 | pìgu | 傻子 | shǎzi |
| 明白 | míngbai | 片子 | piānzi | 扇子 | shànzi |
| 模糊 | móhu | 便宜 | piányi | 商量 | shāngliang |
| 蘑菇 | mógu | 骗子 | piànzi | 晌午 | shǎngwu |
| 木匠 | mùjiang | 票子 | piàozi | 上司 | shàngsi |
| 木头 | mùtou | 漂亮 | piàoliang | 上头 | shàngtou |
| 那么 | nàme | 瓶子 | píngzi | 烧饼 | shāobing |
| 奶奶 | nǎinai | 婆家 | pójia | 勺子 | sháozi |
| 难为 | nánwei | 婆婆 | pópo | 少爷 | shàoye |
| 脑袋 | nǎodai | 铺盖 | pūgai | 哨子 | shàozi |
| 脑子 | nǎozi | 欺负 | qīfu | 舌头 | shétou |
| 能耐 | néngnai | 旗子 | qízi | 身子 | shēnzi |
| 你们 | nǐmen | 前头 | qiántou | 什么 | shénme |
| 念叨 | niàndao | 钳子 | qiánzi | 婶子 | shěnzi |
| 念头 | niàntou | 茄子 | qiézi | 生意 | shēngyi |
| 娘家 | niángjia | 亲戚 | qīnqi | 牲口 | shēngkou |
| 镊子 | nièzi | 勤快 | qínkuai | 绳子 | shéngzi |
| 奴才 | núcai | 清楚 | qīngchu | 师父 | shīfu |
| 女婿 | nǚxu | 亲家 | qìngjia | 师傅 | shīfu |
| 暖和 | nuǎnhuo | 曲子 | qǔzi | 虱子 | shīzi |
| 疟疾 | nüèji | 圈子 | quānzi | 狮子 | shīzi |
| 拍子 | pāizi | 拳头 | quántou | 石匠 | shíjiang |
| 牌楼 | páilou | 裙子 | qúnzi | 石榴 | shíliu |
| 牌子 | páizi | 热闹 | rènao | 石头 | shítou |
| 盘算 | pánsuan | 人家 | rénjia | 时候 | shíhou |
| 盘子 | pánzi | 人们 | rénmen | 实在 | shízai |
| 胖子 | pàngzi | 认识 | rènshi | 拾掇 | shíduo |
| 狍子 | páozi | 日子 | rìzi | 使唤 | shǐhuan |
| 盆子 | pénzi | 褥子 | rùzi | 世故 | shìgu |
| 朋友 | péngyou | 塞子 | sāizi | 似的 | shìde |
| 棚子 | péngzi | 嗓子 | sǎngzi | 事情 | shìqing |
| 脾气 | píqi | 嫂子 | sǎozi | 柿子 | shìzi |

| | | | | | |
|---|---|---|---|---|---|
| 收成 | shōucheng | 妥当 | tuǒdang | 星星 | xīngxing |
| 收拾 | shōushi | 唾沫 | tuòmo | 猩猩 | xīngxing |
| 首饰 | shǒushi | 挖苦 | wāku | 行李 | xíngli |
| 叔叔 | shūshu | 娃娃 | wáwa | 性子 | xìngzi |
| 梳子 | shūzi | 袜子 | wàzi | 兄弟 | xiōngdi |
| 舒服 | shūfu | 晚上 | wǎnshang | 休息 | xiūxi |
| 舒坦 | shūtan | 尾巴 | wěiba | 秀才 | xiùcai |
| 疏忽 | shūhu | 委屈 | wěiqu | 秀气 | xiùqi |
| 爽快 | shuǎngkuai | 为了 | wèile | 袖子 | xiùzi |
| 思量 | sīliang | 位置 | wèizhi | 靴子 | xuēzi |
| 算计 | suànji | 位子 | wèizi | 学生 | xuésheng |
| 岁数 | suìshu | 蚊子 | wénzi | 学问 | xuéwen |
| 孙子 | sūnzi | 稳当 | wěndang | 丫头 | yātou |
| 他们 | tāmen | 我们 | wǒmen | 鸭子 | yāzi |
| 它们 | tāmen | 屋子 | wūzi | 衙门 | yámen |
| 她们 | tāmen | 稀罕 | xīhan | 哑巴 | yǎba |
| 台子 | táizi | 席子 | xízi | 胭脂 | yānzhi |
| 太太 | tàitai | 媳妇 | xífu | 烟筒 | yāntong |
| 摊子 | tānzi | 喜欢 | xǐhuan | 眼睛 | yǎnjing |
| 坛子 | tánzi | 瞎子 | xiāzi | 燕子 | yànzi |
| 毯子 | tǎnzi | 匣子 | xiázi | 秧歌 | yāngge |
| 桃子 | táozi | 下巴 | xiàba | 养活 | yǎnghuo |
| 特务 | tèwu | 吓唬 | xiàhu | 样子 | yàngzi |
| 梯子 | tīzi | 先生 | xiānsheng | 吆喝 | yāohe |
| 蹄子 | tízi | 乡下 | xiāngxia | 妖精 | yāojing |
| 挑剔 | tiāoti | 箱子 | xiāngzi | 钥匙 | yàoshi |
| 挑子 | tiāozi | 相声 | xiàngsheng | 椰子 | yēzi |
| 条子 | tiáozi | 消息 | xiāoxi | 爷爷 | yéye |
| 跳蚤 | tiàozao | 小伙子 | xiǎohuǒzi | 叶子 | yèzi |
| 铁匠 | tiějiang | 小气 | xiǎoqi | 一辈子 | yíbèizi |
| 亭子 | tíngzi | 小子 | xiǎozi | 衣服 | yīfu |
| 头发 | tóufa | 笑话 | xiàohua | 衣裳 | yīshang |
| 头子 | tóuzi | 谢谢 | xièxie | 椅子 | yǐzi |
| 兔子 | tùzi | 心思 | xīnsi | 意思 | yìsi |

| | | | | | |
|---|---|---|---|---|---|
| 银子 | yínzi | 张罗 | zhāngluo | 竹子 | zhúzi |
| 影子 | yǐngzi | 丈夫 | zhàngfu | 主意 | zhǔyi |
| 应酬 | yìngchou | 丈人 | zhàngren | 主子 | zhǔzi |
| 柚子 | yòuzi | 帐篷 | zhàngpeng | 柱子 | zhùzi |
| 冤枉 | yuānwang | 帐子 | zhàngzi | 爪子 | zhuǎzi |
| 院子 | yuànzi | 招呼 | zhāohu | 转悠 | zhuànyou |
| 月饼 | yuèbing | 招牌 | zhāopai | 庄稼 | zhuāngjia |
| 月亮 | yuèliang | 折腾 | zhēteng | 庄子 | zhuāngzi |
| 云彩 | yúncai | 这个 | zhège | 壮实 | zhuàngshi |
| 运气 | yùnqi | 这么 | zhème | 状元 | zhuàngyuan |
| 在乎 | zàihu | 枕头 | zhěntou | 锥子 | zhuīzi |
| 咱们 | zánmen | 镇子 | zhènzi | 桌子 | zhuōzi |
| 早上 | zǎoshang | 芝麻 | zhīma | 字号 | zìhao |
| 怎么 | zěnme | 知识 | zhīshi | 自在 | zìzai |
| 扎实 | zhāshi | 侄子 | zhízi | 粽子 | zòngzi |
| 眨巴 | zhǎba | 指甲 | zhǐjia | 祖宗 | zǔzong |
| 栅栏 | zhàlan | 指头 | zhǐtou | 嘴巴 | zuǐba |
| 宅子 | zháizi | 种子 | zhǒngzi | 作坊 | zuōfang |
| 寨子 | zhàizi | 珠子 | zhūzi | 琢磨 | zuómo |

## 二、儿化

er 在普通话里是一个比较特殊的韵母,它不同声母相拼,也不能同其他音素组合成复合韵母,可以自成音节。er 自成的音节很少,常见的有“耳、而、儿、饵、尔、二、贰、迩”等。此外,er 常附在其他音节后边,使这个音节发生变化,成为一个带卷舌动作的韵母,这就是儿化现象。儿化后的韵母称儿化韵。带儿化韵的音节,一般用两个汉字来表示。用汉语拼音字母写这些儿化音节时,需在原来的音节之后加上“r”。

1. 儿化的作用

(1)区别词性,例如:

个(量词)——个儿(名词)　　盖(动词)——盖儿(名词)

(2)区别词义,例如:

信(信件)——信儿(消息)

末(最后)——末儿(细碎的或呈粉状的东西)

(3)表示喜爱、温婉的感情色彩,例如:

小曲儿　　大婶儿　　慢慢儿走

(4)表示细、小、轻、微等意义,例如:

小鸟儿　　门缝儿　　一会儿　　小孩儿

2. 儿化发音的规律

(1)便于卷舌的,如韵母为 a、o、e、u 的音节,儿化后主要元音基本不变,后面直接加上卷舌动作。例如:

唱歌儿 chànggēr　　山坡儿 shānpōr　　水珠儿 shuǐzhūr

(2)不便于卷舌的有以下几种情况:

①韵母 i、u 儿化后在原韵母之后加上 er,i、u 仍保留,例如:

玩意儿 wányìr 读作 wányìer　　小曲儿 xiǎoqǔr 读作 xiǎoqǔer

②韵母是舌尖元音 i(前、后),儿化后失去原韵母加 er,例如:

瓜子儿 guāzǐr 读作 guāzěr　　果汁儿 guǒzhīr 读作 guǒzhēr

③以 i 或 n 为韵尾的韵母,儿化后丢掉韵尾,主要元音后面加 r,例如:

一块儿 yíkuàir 读作 yíkuàr　　冰棍儿 bīnggùnr 读作 bīnggùr

④韵母 in、un 儿化后,丢掉韵尾 n,主要元音保留,后面加上 er;韵母 ing 儿化后,丢掉韵尾 ng,主要元音保留,后面加上鼻化的 er,例如:

手印儿 shǒuyìnr 读作 shǒuyìer　　花瓶儿 huāpíngr 读作 huāpíer

⑤以 ng 为韵尾的韵母,儿化后丢掉韵尾 ng,主要元音鼻化,同时在鼻化元音后加 r,例如:

瓜瓤儿 guāráng r 读作 guārár　　板凳儿 bǎndèngr 读作 bǎndèr

⑥韵母 ia、ua、ao、ou、uo 和 iao、iou 等,儿化后主要元音或韵尾基本不变,直接加 r,例如:

一下儿 yíxiàr　　鲜花儿 xiānhuār

手稿儿 shǒugǎor　　封口儿 fēngkǒur

知了儿 zhīliǎor　　小牛儿 xiǎoniúr

3. 拼读下列词语

| | | | | | |
|---|---|---|---|---|---|
| ǎi dèng er<br>矮凳儿 | bá jiān er<br>拔尖儿 | bàng wǎn er<br>傍晚儿 | bāo gān er<br>包干儿 | bǎo bèi er<br>宝贝儿 | chà bu lí er<br>差不离儿 |
| chà diǎn er<br>差点儿 | chà dào er<br>岔道儿 | dǎ dǔn er<br>打盹儿 | dǎ gé er<br>打嗝儿 | dǎ gǔn er<br>打滚儿 | diǎn tóu er<br>点头儿 |
| diàn quān er<br>垫圈儿 | diàn yǐng er<br>电影儿 | diào hào er<br>调号儿 | ěr chuí er<br>耳垂儿 | ěr gēn er<br>耳根儿 | ěr duo yǎn er<br>耳朵眼儿 |
| fěn tiáo er<br>粉条儿 | fēng kǒu er<br>封口儿 | fēng chē er<br>风车儿 | gòu wèi er<br>够味儿 | guā zǐ er<br>瓜子儿 | guà míng er<br>挂名儿 |
| huāng shén er<br>慌神儿 | huáng huā er<br>黄花儿 | huí huà er<br>回话儿 | jiè tiáo er<br>借条儿 | jìn tóu er<br>劲头儿 | jìng kuàng er<br>镜框儿 |

| | | | | | |
|---|---|---|---|---|---|
| kǔ tóu er | kù chǎ er | là cháng er | lái huí er | kòu er | lái jìn er |
| 苦头儿 | 裤衩儿 | 腊肠儿 | 来回儿 | 扣儿 | 来劲儿 |
| lái tóu er | mén dòng er | míng piàn er | mó tè er | mí er | nào qì er |
| 来头儿 | 门洞儿 | 名片儿 | 模特儿 | 谜儿 | 闹气儿 |
| ní rén er | pài tóu er | qǐ jìn er | qǐ míng er | pái er | qǔ lè er |
| 泥人儿 | 派头儿 | 起劲儿 | 起名儿 | 牌儿 | 取乐儿 |
| rén yǐng er | rén yuán er | shǒu wàn er | suàn bàn er | qǔ er | suì bù er |
| 人影儿 | 人缘儿 | 手腕儿 | 蒜瓣儿 | 曲儿 | 碎步儿 |
| tì shēn er | tǔ dòu er | wán yì er | wài hào er | xiāng shuǐ er | xiāng dǐ er |
| 替身儿 | 土豆儿 | 玩意儿 | 外号儿 | 香水儿 | 箱底儿 |
| xié yǎn er | xié bāng er | yào piàn er | yóu chuō er | zhēn yǎn er | zhuǎn wān er |
| 斜眼儿 | 鞋帮儿 | 药片儿 | 邮戳儿 | 针眼儿 | 转弯儿 |
| zǒu wèi er | | | | | |
| 走味儿 | | | | | |

4. 儿化词语表

说明

(1)本表供普通话水平测试第二项——读多音节词语(100个音节)测试使用。

(2)本表根据《普通话水平测试实施纲要》的《普通话水平测试用儿化词语表》编制。

(3)本表共有儿化音节189条,按词语汉语拼音字母顺序排列。

(4)本表儿化音节,在书面上一律加“儿”,但并不表明在任何使用场合都必须儿化;即使儿化,也不表明在任何书面形式中都必须加“儿”。

(5)本表所列儿化韵母按照《汉语拼音方案》注音,只在韵母的基本形式后面加r,如“一会儿 yīhuìr”,不标语音上的实际变化。

A

挨个儿 āigèr

B

| | | |
|---|---|---|
| 把门儿 bǎménr | 板擦儿 bǎncār | 半道儿 bàndàor |
| 半截儿 bànjiér | 包干儿 bāogānr | 包圆儿 bāoyuánr |
| 被窝儿 bèiwōr | 别针儿 biézhēnr | 鼻梁儿 bíliángr |
| 笔杆儿 bǐgǎnr | 冰棍儿 bīnggùnr | 脖颈儿 bógěngr |

C

| | | |
|---|---|---|
| 茶馆儿 cháguǎnr | 差点儿 chàdiǎnr | 唱歌儿 chànggēr |
| 抽空儿 chōukòngr | 出圈儿 chūquānr | |

D

| | | |
|---|---|---|
| 打盹儿 dǎdǔnr | 打嗝儿 dǎgér | 打晃儿 dǎhuàngr |
| 打鸣儿 dǎmíngr | 打杂儿 dǎzár | 打转儿 dǎzhuànr |

| | | |
|---|---|---|
| 大褂儿 dàguàr | 大伙儿 dàhuǒr | 大婶儿 dàshěnr |
| 大腕儿 dàwànr | 旦角儿 dànjuér | 蛋黄儿 dànhuángr |
| 蛋清儿 dànqīngr | 刀把儿 dāobàr | 刀背儿 dāobèir |
| 刀刃儿 dāorènr | 灯泡儿 dēngpàor | 垫底儿 diàndǐr |
| 掉价儿 diàojiàr | 顶牛儿 dǐngniúr | 豆角儿 dòujiǎor |
| 豆芽儿 dòuyár | 逗乐儿 dòulèr | 肚脐儿 dùqír |

E

| | | |
|---|---|---|
| 儿媳妇儿 érxífur | 耳垂儿 ěrchuír | 耳膜儿 ěrmór |

F

| | | |
|---|---|---|
| 饭馆儿 fànguǎnr | 饭盒儿 fànhér | 粉末儿 fěnmòr |

G

| | | |
|---|---|---|
| 赶趟儿 gǎntàngr | 钢镚儿 gāngbèngr | 高跟儿鞋 gāogēnrxié |
| 哥们儿 gēmenr | 瓜瓤儿 guārángr | 瓜子儿 guāzǐr |
| 拐弯儿 guǎiwānr | 果冻儿 guǒdòngr | |

H

| | | |
|---|---|---|
| 好玩儿 hǎowánr | 号码儿 hàomǎr | 合群儿 héqúnr |
| 红包儿 hóngbāor | 后跟儿 hòugēnr | 胡同儿 hútòngr |
| 壶盖儿 húgàir | 花盆儿 huāpénr | 花瓶儿 huāpíngr |
| 花样儿 huāyàngr | 火罐儿 huǒguànr | 火锅儿 huǒguōr |
| 火苗儿 huǒmiáor | 火星儿 huǒxīngr | |

J

| | | |
|---|---|---|
| 记事儿 jìshìr | 加塞儿 jiāsāir | 加油儿 jiāyóur |
| 夹缝儿 jiāfèngr | 脚印儿 jiǎoyìnr | 叫好儿 jiàohǎor |
| 酒盅儿 jiǔzhōngr | 锯齿儿 jùchǐr | 绝着儿 juézhāor |

K

| | | |
|---|---|---|
| 开春儿 kāichūnr | 口哨儿 kǒushàor | 坎肩儿 kǎnjiānr |
| 口罩儿 kǒuzhàor | 开窍儿 kāiqiàor | 快板儿 kuàibǎnr |

L

| | | |
|---|---|---|
| 拉链儿 lāliànr | 老伴儿 lǎobànr | 老本儿 lǎoběnr |
| 老头儿 lǎotóur | 泪珠儿 lèizhūr | 脸蛋儿 liǎndànr |
| 脸盘儿 liǎnpánr | 聊天儿 liáotiānr | 梨核儿 líhúr |
| 露馅儿 lòuxiànr | 落款儿 luòkuǎnr | |

M

| | | |
|---|---|---|
| 麻花儿 máhuār | 毛驴儿 máolǘr | 冒尖儿 màojiānr |

没词儿 méicír　　没谱儿 méipǔr　　没准儿 méizhǔnr
门洞儿 méndòngr　　门槛儿 ménkǎnr　　门口儿 ménkǒur
门铃儿 ménlíngr　　蜜枣儿 mìzǎor　　棉球儿 miánqiúr
面条儿 miàntiáor　　名牌儿 míngpáir　　摸黑儿 mōhēir
模特儿 mótèr　　墨水儿 mòshuǐr　　墨汁儿 mòzhīr

N

纳闷儿 nàmènr　　脑瓜儿 nǎoguār　　年头儿 niántóur
纽扣儿 niǔkòur

P

胖墩儿 pàngdūnr　　跑调儿 pǎodiàor　　跑腿儿 pǎotuǐr

R

绕远儿 ràoyuǎnr　　人影儿 rényǐngr　　人缘儿 rényuánr

S

嗓门儿 sǎngménr　　砂轮儿 shālúnr　　扇面儿 shànmiànr
石子儿 shízǐr　　收摊儿 shōutānr　　手绢儿 shǒujuànr
手套儿 shǒutàor　　送信儿 sòngxìnr　　蒜瓣儿 suànbànr
碎步儿 suìbùr

T

痰盂儿 tányúr　　提成儿 tíchéngr　　天窗儿 tiānchuāngr
挑刺儿 tiāocìr　　跳高儿 tiàogāor　　透亮儿 tòuliàngr
图钉儿 túdīngr

W

玩意儿 wányìr　　围嘴儿 wéizuǐr

X

戏法儿 xìfǎr　　线轴儿 xiànzhóur　　香肠儿 xiāngchángr
小辫儿 xiǎobiànr　　小丑儿 xiǎochǒur　　小葱儿 xiǎocōngr
小孩儿 xiǎoháir　　小曲儿 xiǎoqǔr　　小人儿书 xiǎorénrshū
小说儿 xiǎoshuōr　　小偷儿 xiǎotōur　　小瓮儿 xiǎowèngr
小鞋儿 xiǎoxiér　　小熊儿 xiǎoxióngr　　笑话儿 xiàohuàr
鞋带儿 xiédàir　　心眼儿 xīnyǎnr　　杏仁儿 xìngrénr

Y

牙签儿 yáqiānr　　牙刷儿 yáshuār　　烟卷儿 yānjuǎnr
眼镜儿 yǎnjìngr　　药方儿 yàofāngr　　一点儿 yīdiǎnr
一会儿 yīhuìr　　一块儿 yīkuàir　　一下儿 yīxiàr

一阵儿 yīzhènr　　衣兜儿 yīdōur　　邮戳儿 yóuchuōr
有劲儿 yǒujìnr　　有数儿 yǒushùr　　鱼漂儿 yúpiāor
雨点儿 yǔdiǎnr

Z

杂院儿 záyuànr　　在哪儿 zàinǎr　　在这儿 zàizhèr
栅栏儿 zhàlánr　　找碴儿 zhǎochár　　照片儿 zhàopiānr
针鼻儿 zhēnbír　　主角儿 zhǔjuér　　抓阄儿 zhuājiūr
走神儿 zǒushénr　　走味儿 zǒuwèir　　做活儿 zuòhuór

**三、变调**

由于邻近音节声调的影响，有些音节的声调往往要发生变化，这些声调变化现象叫变调。普通话里明显的变调现象有上声的变调和“一”、“不”的变调等。

1. 上声的变调

(1)上声在非上声前，读半上，即由 214 变为 211，丢掉后半段“14”上升的尾巴。例如：

上声 + 阴平　摆脱 bǎituō　　火车 huǒchē
上声 + 阳平　祖国 zǔguó　　导游 dǎoyóu
上声 + 去声　感谢 gǎnxiè　　挑战 tiǎozhàn

上声在轻声前调值也变成半上声。例如：奶奶、尾巴、口袋。

(2)两个上声相连，前面一个上声字调值变为 35，近乎阳平。例如：

古典 gǔdiǎn　　理想 lǐxiǎng　　简短 jiǎnduǎn

(3)三个上声相连，开头、当中的上声音节有两种变调。

①当词语的结构是双音节 + 单音节时，开头、当中的上声音节调值由 214 变为 35，和阳平调值一样。例如：

展览馆 zhǎnlǎnguǎn　　洗脸水 xǐliǎnshuǐ　　水彩笔 shuǐcǎibǐ

②当词语的结构是单音节 + 双音节，开头音节处在被强调的逻辑重音时，读作“半上”，当中音节则按两字组变调规律变为 35。例如：

冷处理 lěngchǔlǐ　　小拇指 xiǎomǔzhǐ　　纸老虎 zhǐlǎohǔ

2.“一”、“不”的变调

| 原调 | 单念或在末尾念原调 | 在去声前变阳平 | | 在非去声前变去声 | |
|---|---|---|---|---|---|
| yī<br>一<br>(阴平) | 一、二、三<br>第一、三十一 | 一 | 月<br>日<br>万 | 一 | 天<br>年<br>起 |

| 原调 | 单念或在非去声前念原调 | 在去声前变阳平 | |
|---|---|---|---|
| bù<br>不<br>(去声) | 不！我不。<br>不说(阴平)<br>不来(阳平)<br>不好(上声) | 不 | 去<br>对<br>怕 |

3.重叠形容词的变调

(1)单音节形容词重叠，无论是何种声调，后一音节读阴平，这时多伴有儿化。例如：

zǎozāor(de)　　hǎohāor(de)　　mànmānr(de)
早早(的)　　好好(的)　　慢慢(的)

(2)“ABB”式形容词，后边的叠音后缀读成阴平。例如：

hēiqīqī　　liàngtāngtāng　　lǜyōuyōu　　hóngtōngtōng
黑漆漆　　亮堂堂　　绿油油　　红彤彤

(3)“AABB”式重叠后的形容词，第二音节读轻声，后两个音节读阴平。例如：

rènrenzhēnzhēn　　shūshufūfū　　kuàikuailēlē
认认真真　　舒舒服服　　快快乐乐

4.训练

(1)读准下列词语中上声的变调

①上声在非上声前读半上

抵消 dǐxiāo　　美观 měiguān　　宰割 zǎigē　　起飞 qǐfēi
强求 qiǎngqiú　　矩形 jǔxíng　　体罚 tǐfá　　否决 fǒujué
俯瞰 fǔkàn　　韭菜 jiǔcài　　长辈 zhǎngbèi　　审讯 shěnxùn
老实 lǎoshí　　爽快 shuǎngkuài　　妥当 tuǒdàng　　嗓子 sǎngzi

②上声在上声前读阳平

统领 tǒnglǐng　　考取 kǎoqǔ　　可喜 kěxǐ　　改写 gǎixiě
取舍 qǔshě　　主宰 zhǔzǎi　　武打 wǔdǎ　　爽朗 shuǎnglǎng

(2)读准下列词语中“一”的变调

①在去声前读阳平(以下“一”字标变调)

| | | | |
|---|---|---|---|
| 一律 yílǜ | 一瞬 yíshùn | 一贯 yíguàn | 一致 yízhì |

②在非去声前读去声(以下“一”字标变调)

| | | | |
|---|---|---|---|
| 一边 yìbiān | 一端 yìduān | 一天 yìtiān | 一经 yìjīng |
| 一旁 yìpáng | 一群 yìqún | 一头 yìtóu | 一时 yìshí |
| 一起 yìqǐ | 一所 yìsuǒ | 一举 yìjǔ | 一口 yìkǒu |

(3)读准下列词语中“不”的变调

在去声前读阳平(以下“不”字标变调)

| | | | |
|---|---|---|---|
| 不对 búduì | 不怕 búpà | 不用 búyòng | 不是 búshì |
| 不论 búlùn | 不错 búcuò | 不测 búcè | 不愧 búkuì |

(4)读准下列重叠形容词的变调

| | |
|---|---|
| 快快儿(的)kuàikuāir(de) | 远远儿(的)yuǎnyuānr(de) |
| 白花花 báihuāhuā | 亮晶晶 liàngjīngjīng |
| 漂漂亮亮 piàopiaoliāngliāng | 整整齐齐 zhěngzhengqīqī |

# 第三章　朗读

## 第一节　正确运用语流音变知识

声母、韵母、声调发音准确只是说好普通话的基本条件，而要把普通话说得纯正、自然，还必须了解和掌握一串音节相连时普通话所发生的语流音变现象。本项测试就要求应试人对短文中涉及的变调、轻声、儿化及语气词“啊”的音变等一系列语流音变现象进行准确的表达。

### 一、朗读的基本要求

1. 读准短文中的上声变调

第二章“读多音节词语”部分中介绍了上声变调的规律。其实，上声变调问题在朗读短文中同样存在。请看下面几段话中加点的上声字，它们在语流中都发生了一定的变化，不读原来的214调值了。

（1）上声在非上声（阴平、阳平、去声）音节前变成半上，调值为21，比如下面例句中的这些加点的上声字：

当达瑞为父亲取报纸的时候，一个主意诞生了。当天他就按响邻居的门铃，对他们说，每个月只需付给他一美元，他就每天早上把报纸塞到他们的房门底下。大多数人都同意了，很快他有了七十多个顾客。

作品4号《达瑞的故事》

一个人的一生，只能经历自己拥有的那一份欣悦，那一份苦难，也许再加上他亲自闻知的那一些关于自身以外的经历和经验。

作品6号《读书人是幸福人》

我在运动场打秋千跌断了腿，在前往医院的途中一直抱着我的，是我妈。爸把汽车停在急诊室门口，他们叫他驶开，说那空位是留给紧急车辆停放的。爸听了便叫嚷道：“你以为这是什么车？旅游车？”

作品10号《父亲的爱》

我在漂泊他乡的岁月，心中总涌动着故乡的河水，梦中总看到弓样的小桥。当我访南疆探北国，眼帘闯进座座雄伟的长桥时，我的梦变得丰满了，增添了赤橙黄绿青蓝紫。

作品 18 号《家乡的桥》

年少的时候，我们差不多都在为别人而活，为苦口婆心的父母活，为循循善诱的师长活，为许多观念、许多传统的约束力而活。年岁逐增，渐渐挣脱外在的限制与束缚，开始懂得为自己活，照自己的方式做一些自己喜欢的事……

作品 32 号《朋友和其他》

(2)上声在上声音节前面，前一个上声变成直上，近似于阳平，调值为 35，比如下面例句中的这些加点的上声字：

它补过天，在天上发过热、闪过光，我们的先祖或许仰望过它，它给了他们光明、向往、憧憬；而它落下来了，在污土里，荒草里，一躺就是几百年！

作品 3 号《丑石》

啊，是对我的美好前途的憧憬支撑着她活下去，为了给她那荒唐的梦至少加一点真实的色彩，我只能继续努力，与时间竞争，直到一九三八年我被征入空军。巴黎很快失陷，我辗转调到英国皇家空军。刚到英国就接到了母亲的来信。

作品 42 号《我的母亲独一无二》

"所有时间里的事物，都永远不会回来。你的昨天过去，它就永远变成昨天，你不能再回到昨天。爸爸以前也和你一样小，现在也不能回到你这么小的童年了；有一天你会长大，会像外祖母一样老；有一天你度过了你的时间，就永远不会回来了。"爸爸说。

作品 14 号《和时间赛跑》

瞧，它多美丽，娇巧的小嘴，啄理着绿色的羽毛，鸭子样的扁脚，呈现出春草的鹅黄。水手们把它带到舱里，给它"搭铺"，让它在船上安家落户，每天，把分到的一塑料筒淡水匀给它喝，把从祖国带来的鲜美的鱼肉分给它吃，天长日久，小鸟和水手的感情日趋笃厚。

作品 22 号《可爱的小鸟》

最大的有九层那么高，最小的还不如一个手掌大。这些彩塑个性鲜明，神态各异。有慈眉善目的菩萨，有威风凛凛的天王，还有强壮勇猛的力士……

作品 29 号《莫高窟》

2. 读准短文中"一"的变调

"一"在语句中受它后面一个音节声调的影响而产生变调现象，它的变调规律是：

(1)"一"在单用、表示序数或在词句末尾时读原调阴平，如下面例句中加点的"一"：

这是入冬以来,胶东半岛上第一场雪。

作品5号《第一场雪》

其中之一,就是近几年从中国移植来的"友谊之莲"。

……

在这些日子里,我看到了不少多年不见的老朋友,又结识了一些新朋友。大家喜欢涉及的话题之一,就是古长安和奈良。

作品24号《莲花和樱花》

为了揭开这个秘密,一九五八年美国地理学会派出一支考察队,他们把一种经久不变的带色染料溶解在海水中,观察染料是如何随着海水一起沉下去。

作品34号《神秘的"无底洞"》

三年后,这位十七岁的男孩儿在第六届足球锦标赛上独进二十一球,为巴西第一次捧回了金杯。一个原来不为世人所知的名字——贝利,随之传遍世界。

作品41号《天才的造就》

可以在这儿建大楼盖商厦,但一不准砍树,二不准挪树,必须把它原地精心养起来,成为香港闹市中的一景。

作品47号《香港:最贵的一棵树》

(2)"一"在非去声(阴平、阳平、上声)音节前变为去声,如下面例句中加点的"一":

一根根长长的引线,一头系在天上,一头系在地上,孩子同风筝都在天与地之间悠荡,连心也被悠荡得恍恍惚惚了,好像又回到了童年。

作品9号《风筝畅想曲》

你是一弯银色的新月,给人间普照光辉;你是一把闪亮的镰刀,割刈着欢笑的花果;你是一根晃悠悠的扁担,挑起了彩色的明天!

作品18号《家乡的桥》

一锅小米稀饭,一碟大头菜,一盘自家酿制的泡菜,一只巷口买回的烤鸭,简简单单,不像请客,倒像家人团聚。

作品32号《朋友和其他》

山是一层比一层深,一叠比一叠奇,层层叠叠,不知还会有多深多奇。

作品38号《泰山极顶》

苏东坡的朋友张鹗拿着一张宣纸来求他写一幅字,而且希望他写一点儿关于养生方面的内容。

作品54号《赠你四味长寿药》

(3)"一"在去声音节前面变阳平,如下面例句中加点"一":

它的干呢,通常是丈把高,像是加以人工似的,一丈之内,绝无旁枝;它所有的丫枝呢，一律向上，而且紧紧靠拢，也像是加以人工似的，成为一束，绝无横斜逸出。

作品1号《白杨礼赞》

揪着草，攀着乱石，小心探身下去，又鞠躬过了一个石穹门，便到了汪汪一碧的潭边了。

作品25号《绿》

后来你目睹了一次牡丹的落花，你相信所有的人都会为之感动；一阵清风徐来，娇艳鲜嫩的盛期牡丹忽然整朵整朵地坠落，铺撒一地绚丽的花瓣。

作品30号《牡丹的拒绝》

在里约热内卢的一个贫民窟里，有一个男孩子，他非常喜欢足球，可是又买不起，于是就踢塑料盒，踢汽水瓶，踢从垃圾箱里捡来的椰子壳。他在胡同里踢，在能找到的任何一片空地上踢。

有一天，当他在一处干涸的水塘里猛踢一个猪膀胱时，被一位足球教练看见了。他发现这个男孩儿踢得很像是那么回事，就主动提出要送给他一个足球。

作品41号《天才的造就》

在大地上，在晨光或烈日下，它拖着沉重的犁，低头一步又一步，拖出了身后一列又一列松土，好让人们下种。

作品57号《中国的牛》

(4)“一”夹在重叠动词中间一般轻读，属于“重・次轻”的轻重音格式，比如：

看一看　听一听　试一试　尝一尝

3. 读准短文中“不”的变调

在练习读短文时，还要特别注意“不”在语流中的变调。“不”的变调规律是：

(1)“不”单用或在词句末尾读原调去声，比如：

不！我不！敢于说“不”。

(2)“不”在非去声（阴平、阳平、上声）音节前面也读原调去声，如下面例句中加点的“不”：

布鲁诺很不满意老板的不公正待遇。

他们的丧失是不可补偿的。时间有诸多的不平等，财富的不平等，权利的不平等，而阅读能力的拥有或丧失却体现为精神的不平等。

作品6号《读书人是幸福人》

返航时，人们爱不释手，恋恋不舍地想把它带到异乡。可小鸟憔悴了，给水，不喝！喂肉，不吃！油亮的羽毛失去了光泽。是啊，我们有自己的祖国，小鸟也有它的归宿，人和动物都是一样啊，哪儿也不如故乡好。

作品22号《可爱的小鸟》

香港人不忍看着它被砍伐，或者被移走，便跟要占用这片山坡的建筑者谈条件。

作品 47 号《香港:最贵的一棵树》

那么多的绿叶,一簇堆在另一簇的上面,不留一点儿缝隙。

作品 48 号《鸟的天堂》

(3)“不”在去声音节前面变阳平,如下面例句中加点的“不”:

它不像汉白玉那样的细腻,可以刻字雕花,也不像大青石那样的光滑,可以供来浣纱捶布。它静静地卧在那里,院边的槐阴没有庇覆它,花儿也不再在它身边生长。

作品 3 号《丑石》

不过年年叔叔给家乡写信,总不忘提起儿时的放风筝。

作品 9 号《风筝畅想曲》

你不要总希望轰轰烈烈的幸福,它多半只是悄悄地扑面而来。你也不要企图把水龙头拧得更大,那样它会很快地流失。……幸福绝大多数是朴素的。它不会像信号弹似的,在很高的天际闪烁红色的光芒。

作品 40 号《提醒幸福》

老师天天笑眯眯地看着我说:“你一点儿也不笨。”

作品 51 号《一个美丽的故事》

从未见过开得这样盛的藤萝,只见一片辉煌的淡紫色,像一条瀑布,从空中垂下,不见其发端,也不见其终极,只是深深浅浅的紫……

作品 59 号《紫藤萝瀑布》

(4)“不”夹在词语中间一般轻读,属于“重 · 次轻”的轻重音格式,如下面例句中加点的“不”:

胡适说,这份写得确实不错,仅用了十二个字。但我的白话电报却只用了五个字:“干不了,谢谢!”

作品 15 号《胡适的白话电报》

在纽约有许多百万富翁,但也有不少贫困的家庭。后者白天开不起暖气,供不起午餐,孩子的营养全靠学校里免费的中饭,甚至可以多拿些回家当晚餐。

作品 23 号《课不能停》

“请耐心等上几分钟,”卡廷说,“瞧,我正在削一支柳笛,差不多就要做好了,完工后就送给你吧!”

作品 28 号《迷途笛音》

“春天到了,可是我什么也看不见!”这富有诗意的语言,产生这么大的作用,就在于它有非常浓厚的感情色彩。

作品 53 号《语言的魅力》

它们还没有走近,我们已经预计斗不过畜生,恐怕难免踩到田地泥水里,弄得鞋袜又泥又湿了。

作品 57 号《中国的牛》

如果自己的方言里本身就有入声(一种听起来又短又促的音调),比如吴方言、闽方言、客家方言、粤方言等等,读短文时一定要避免把“一”、“不”读成入声,也不要把它们都读成阴平。

4. 读准短文中“啊”的音变

(1)“啊”是用在句尾的语气助词。由于受前一个音节末尾因素的影响,“啊”常常会与它前面一个音节末尾的音素发生合音变化,其变化规律是:

“啊”之前的末尾音素是舌面元音 a、o、e、i、ü(除 u 外)时,“啊”音变为 ya,如下面例句中加点的“啊”:

这使我们都很惊奇,这又怪又丑的石头,原来是天上的啊!

作品 3 号《丑石》

今天早晨,天放晴了,太阳出来了。推开门一看,嗬!好大的雪啊!

作品 5 号《第一场雪》

你砸他们,说明你很正直善良,且有批评不良行为的勇气,应该奖励你啊!

……

他流着眼泪后悔地喊道:“陶……陶校长你打我两下吧!我砸的不是坏人,而是自己的同学啊……”

作品 39 号《陶行知的“四块糖果”》

再如:好大啊　真美啊　是你哥啊　奇怪啊　我不回啊
还会节余啊　怎么这么破啊

(2)“啊”之前的末尾因素是 u(包括 ao、iao)时,“啊”音变为 wa,如下面例句中加点的“啊”:

在它看来,狗该是多么庞大的怪物啊!

作品 27 号《麻雀》

再如:好大的树啊　钱塘潮啊　摇啊摇　飘啊飘　快瞧啊　真臭啊

(3)“啊”之前的末尾音素是前鼻韵尾 n 时,“啊”音变为 na。如下面例句中加点的“啊”:

大约潭是很深的,故能蕴蓄着这样奇异的绿;仿佛蔚蓝的天融了一块在里面似的,这才这般的鲜润啊。

作品 25 号《绿》

再如:当心啊　好近啊　亲人啊　不笨啊　不懂就问啊

(4)“啊”之前的末尾音素是前鼻韵尾 ng 时,“啊”音变为 nga,如下面例句中加点的“啊”:

清晨，当第一束阳光射进舷窗时，它便敞开美丽的歌喉，唱啊唱，嘤嘤有韵，宛如春水淙淙。

作品 22 号《可爱的小鸟》

再如：路很长啊　快来帮啊　冲啊　多危险的山峰啊　去游泳啊

(5)"啊"之前的末尾音素是 i[前]、i[后]时，把 i[前]或 i[后]作为"啊"的韵头，连读成词，如下面例文中加点的"啊"：

是啊，我们有自己的祖国，小鸟也有它的归宿，人和动物都是一样的啊，哪儿也不如故乡好！

作品 22 号《可爱的小鸟》

是啊，请不要见笑。我崇敬那只小小的、英勇的鸟儿，我崇敬它那种爱的冲动和力量。

作品 27 号《麻雀》

再如：第一次啊　什么词啊　老师啊　好事啊　快点吃啊

(6)"啊"作为叹词时不发生音变，仍然读作 ɑ，如下面例句中加点的"啊"：

啊！小桥呢？它躲起来了？

……

啊！蜕变的桥传递了家乡进步的消息，透露了家乡富裕的声音。

作品 18 号《家乡的桥》

啊，是对我的美好前途的憧憬支撑着她活下去，为了给她那荒唐的梦至少加一点真实的色彩，我只能继续努力，与时间竞争……

作品 42 号《我的母亲独一无二》

5. 读准短文中的轻声音节

朗读短文时还要注意读准轻声音节。轻声音节的读音规律和具体读法，前文已有介绍，这里不再赘述。但朗读短文时为了读好轻声词还须注意以下几点：

(1)复习轻声音节的读音规律，特别是有规律可循的那些轻声词，在作品中出现的频率很高，要引起足够的重视。比如：

①短文中的这些助词和名词、代词的后缀读轻声：

助词：笔直的　耐心地　长得很美　笑着回答　拒绝了　调查过
睡了吗　火光啊　进来吧　摇摇欲坠呢

名词的后缀：日子　孩子　桃子　样子　儿子　椅子　小伙子
前头　想头

在运用这一条规律时，必须学会区别读轻声的"子、头"和不读轻声的"子、头"。作为名词后缀的"子、头"没有实际意义，读轻声。还有一些"子、头"也处在词语的末尾，但它们都有实际的词义，比如"分子"、"质子"中的"子"有"派生"、

"附属"之意，不能读轻声；"枝头"的"头"是指"顶端"，"尽头"的"头"是指"末端"，这些"头"都不能读轻声，而应该读它们的原调。

代词的后缀：他们 我们 你们 人们 同学们 朋友们

②短文中下面这些AA式重叠动词的第二个音节读轻声：

看看 想想 转转 装装 尝尝 走走 摸摸

③短文中下面这些表示人称的叠音词的第二个音节读轻声：

奶奶 爸爸 妈妈 姐姐 弟弟 叔叔 太太

以上这三类属于必读轻声词，读作"重·最轻"的轻重音格式。必读轻声词在朗读作品里的注音形式是轻声音节不注声调符号，比如：

笔直的(bǐzhíde) 孩子(háizi) 我们(wǒmen)

看看(kànkan) 姐姐(jiějie)

④短文中下面这些名词、代词后的方位词一般读轻声：

高原上 集市上 头上 荒草里 沙漠里 地里 哪里

那里 这里 东边 西边 上边 前边

⑤短文中下面这些动词、形容词之后的趋向动词一般读轻声：

回来 下来 进来 送上 抛下 钉上 想起

出来 讨厌起它来 划起桨来 扑下身来

⑥下面这些"不"夹在词语中间时一般读轻声：

算不得 干不了 是不是 好不好 叫不出

禁不住 看不透 差不多 买不起

以上这三类属于一般轻声词，它们一般情况下轻读，读作"重·次轻"的轻重音格式。一般轻声词在朗读作品里注音形式是轻声音节标注声调符号，但在其前面加"·"，比如：

高原上(gāoyuán·shàng) 那里(nà·lǐ) 进来(jìn·lái)

钉上(dīng·shàng) 划起桨来(huá·qǐjiǎng·lái)

干不了(gàn·bùliǎo)

(2)按照作品中的注音，把无规律可循的必读轻声词在作品中做好标记，多加练习，例如短文中的这些必读轻声词：

告诉 喜欢 在乎 舒坦 价钱 便宜 石榴 答应

苍蝇 舒坦 收拾 名字 合同 头发 力气 事情

认识 栅栏 畜生 眼睛 耳朵

还有一些没有规律可循的一般轻声词，也应该尽量记住它们，使自己的普通话说得更自然、更纯正一些。

例如短文中出现的这些一般轻声词：

没有　觉得　薪水　牢骚　抱怨　知道　别人　邻居

机会　小心　显得　好处　价钱　体面　力量　菩萨

琵琶　牡丹　新鲜　愿意　讲究

(3)复习轻声音节的读音方法，掌握轻声音节在不同声调的音节之后的音高形式，力求读得准确、自然。

(4)正确判断容易混淆的轻声词。

容易混淆的轻声词有三种类型，以短文中的句子为例：

①以“子”为词尾的词语：

▲“子”为词缀，没有实际意义的读轻声，例如：

终有一日，村子(cūnzi)里来了一个天文学家。

作品3号《丑石》

我曾见过北京什刹海拂地的绿杨，脱不了鹅黄的底子(dǐzi)，似乎太淡了。

作品25号《绿》

但是等到我的眼睛注意地看那里时，我却看不见一只鸟的影子(yǐngzi)。

作品48号《鸟的天堂》

有个塌鼻子(bízi)的小男孩儿，因为两岁时得过脑炎，智力受损，学习起来很吃力。

作品51号《一个美丽故事》

▲“子”为合成词中有实际意义的语素，不读轻声，例如：

球员们不论国籍，只效力自己的俱乐部，他们比赛时的激情中完全没有爱国主义的因子(yīnzǐ)。

作品11号《国家荣誉感》

莲子(liánzǐ)的颜色正在由青转紫，看来已经成熟了。

作品24号《莲花和樱花》

忽然，从附近一棵树上飞下一只黑胸脯的老麻雀，像一颗石子(shízǐ)似的落到狗的跟前。

作品27号《麻雀》

一种对于生活童子(tóngzǐ)般的热爱和对美好事物无限向往的生命感情。

作品37号《态度创造快乐》

还有“棋子”、“铜子”、“电子”、“原子”等词都属于这种情况。

②以“头”为词尾的词语：

▲“头”为词缀，没有实际意义的读轻声，例如：

而火光却依然停在前头(qiántou)，闪闪发亮，令人神往——

作品16号《火光》

这使我们都很惊奇。这又怪又丑的石头(shítou),原来是天上的呀!

作品3号《丑石》

▲"头"为合成词中的有实际意义的语素,不读轻声,例如:

这个农民一个钟头(zhōngtóu)以后还会弄来几箱西红柿,据他看价格非常公道。

作品2号《差别》

素常,烟雾腾腾的山头(shāntóu),显得眉目分明。

作品38号《泰山极顶》

你也不要企图把水龙头(shuǐlóngtóu)拧得更大,那样它会很快地流失。

作品40号《提醒幸福》

西部是华夏文明的源头(yuántóu)。

作品45号《西部文化和西部开发》

站在历史的枝头(zhītóu)微笑,可以减免许多烦恼。

作品55号《站在历史的枝头微笑》

③AA式重叠词语:

▲动词AA式重叠,第二个音节读轻声。例如:

假日到河滩上转转(zhuànzhuan),看见许多孩子在放风筝。

作品9号《风筝畅想曲》

请同学们根据我这个意思,用文言文写一个回电,看看(kànkan)究竟是白话文省字,还是文言文省字?

作品15号《胡适的白话电报》

不过这些柱子并未与天花板接触,只不过是装装(zhuāngzhuang)样子。

作品19号《坚守你的高贵》

今晚我们过一个收获节,请你们父亲也来尝尝(chángchang)我们的新花生,好不好?

作品26号《落花生》

但是母亲摸摸(mōmo)孙儿的小脑瓜,变了主意:"还是走小路吧。"

作品33号《散步》

▲称呼人的名词或少数非人称名词AA式重叠,第二个音节读轻声,例如:

那时候我正在读一些天文学的书,也认得一些星星(xīngxing)……

作品8号《繁星》

那哀痛的日子,断断续续地持续了好久,爸爸(bàba)妈妈(māma)也不知道如何安慰我。

作品14号《和时间赛跑》

姐姐(jiějie)说:“花生的味美。”哥哥(gēge)说:“花生可以榨油。”

作品26号《落花生》

老太太(lǎotàitai)穿着破旧,身体虚弱,但脸上的神情却是那样祥和兴奋。

作品37号《态度创造快乐》

▲形容词AA式重叠,第二个音节不读轻声。例如:

一个个峡谷和悬崖,迎面驶来,又向后移去,仿佛消失在茫茫(mángmáng)的远方,而火光却依然停在前头,闪闪(shǎnshǎn)发亮,令人神往……

作品16号《火光》

匆匆过往的行人纷纷(fēnfēn)止步,把钱投进这些老人身旁的白色木箱内,然后向他们微微(wēiwēi)鞠躬,从他们手中接过一朵花。

作品21号《捐诚》

你需要静静(jìngjìng)地以平和之心,体验它的真谛。

作品40号《提醒幸福》

街上过往的行人很多,看了木牌上的字都无动于衷,有的还淡淡(dàndàn)一笑,便姗姗(shānshān)而去了。

作品53号《语言的魅力》

▲副词AA式重叠,第二个音节不读轻声。例如:

设若单单(dāndān)是有阳光,那也算不了出奇。

作品17号《济南的冬天》

然而,恰恰(qiàqià)是这座不留姓名的坟墓,比所有挖空心思用大理石和奢华装饰建造的坟墓更扣人心弦。

作品35号《世间最美的坟墓》

水面假如成河道模样,往往(wǎngwǎng)安排桥梁。

作品36号《苏州园林》

房间内的一切已变得井然有序,而且有两杯刚刚(gānggāng)倒好的红酒,在淡淡的香水气息里还漾着微波。

作品50号《一分钟》

▲名词AA式重叠,表示“每一”、“所以”等附加意义的,第二个音节不读轻声,例如:

现实的世界是人人(rénrén)都有的,而后一个世界却为读书人所独有。

作品6号《读书人是幸福人》

而现代社会,科技昌达,信息快捷,事事(shìshì)上网,世界真是太小太小,国家的界限似乎也不那么清晰了。

作品11号《国家荣誉感》

6. 读准短文中的儿化词

对短文中的儿化词，要力求读得准确、自然。要做到这一点，就必须了解不同儿化词的不同读法。例如朗读作品中的这些儿化词：

(1)在音节后直接加卷舌动作 r 的：

枣儿　那儿　这儿　火儿　鸟儿　口儿　一头儿
银条儿　雪球儿　雪末儿　椰子壳儿　小家伙儿　乡巴佬儿　线头儿

(2)在音节后加 er 的：

一髻儿　云彩丝儿

(3)去掉末尾音节的韵尾，再加卷舌动作 r 的：

味儿　圈儿　玩儿　一会儿　一阵儿　一点儿
那点儿　男孩儿　女孩儿　小孩儿　树尖儿　有点儿
美人儿　汽水儿　一丁点儿　小心眼儿　脸蛋儿

(4)去掉末尾音节的韵尾，主要元音鼻化，再加卷舌动作 r 的：

胡同儿

另外，有些词语中的“儿”并不是儿化韵，不产生“儿化”这种变音。朗读中要格外注意短文中的这几个非儿化词：

院边的槐阴没有庇覆它，花儿(huā'ér)也不再在它身边生长。

作品 3 号《丑石》

风儿(fēng'ér)俯临，在这座无名者之墓的树木之间飒飒响着……

作品 35 号《世间最美的坟墓》

“小姐，在你们国家有没有小孩儿患小儿(xiǎo'ér)麻痹？谁给他们医疗费？”

作品 21 号《捐诚》

它用身体掩护着自己的幼儿(yòu'ér)……

作品 27 号《麻雀》

但是母亲摸摸孙儿(sūn'ér)的小脑瓜，改变了主意：“还是走小路吧。”

作品 33 号《散步》

我注视着我的女儿(nǚ'ér)们所养的蚕正在结茧，这使我很感兴趣。

作品 43 号《我的信念》

## 二、读短文时应该注意的其他问题

1. 读好短文中的长句

有些短文中存在一些拗口难读的长句，如果处理不好，就会犯停顿、断句不当的错误，影响测试成绩。这就需要注意以下两点：

(1)朗读前要根据表情达意的需要合理安排停连的位置。

(2)生理上需要的停歇(如换气)必须服从内容表达的需要，不能因句子过长而随意停顿，造成"停顿、断句不当"的失误，破坏语意的完整性。

下面是朗读作品中典型的长句，在无标点符号而需要做短暂停顿地方加了"｜"进行提示，请按照提示练读这些长句。

这是虽在北方的风雪的压迫下｜却保持着倔强挺立的一种树！

作品 1 号《白杨礼赞》

美国的送报员｜总是把报纸｜从花园篱笆的一个特制的管子里塞进去。

作品 4 号《达瑞的故事》

我们那条胡同的左邻右舍的孩子们放的风筝｜几乎都是叔叔编扎的。

作品 9 号《风筝畅想曲》

爸爸等于给我一个谜语，这谜语｜比课本上的"日历挂在墙壁，一天撕去一页，使我心里着急"｜和"一寸光阴一寸金，寸金难买寸光阴"还让我感到可怕；也比作文本上的"光阴似箭，日月如梭"｜更让我觉得有一种说不出的滋味。

作品 14 号《和时间赛跑》

一连串的问题，使我这个｜有生以来头一次在众目睽睽之下｜让别人擦鞋的异乡人，从近乎狼狈的窘态中｜解脱出来。我们像朋友一样聊起天儿来……

作品 21 号《捐诚》

森林｜维护地球生态环境的这种"能吞能吐"的特殊功能｜是其他任何物体｜都不能取代的。

作品 31 号《"能吞能吐"的森林》

然而，恰恰是这座不留姓名的坟墓，比所有挖空心思｜用大理石和奢华装饰建造的坟墓｜更扣人心弦。

作品 35 号《世间最美的坟墓》

身陷苦难｜却仍为荷花的盛开｜欣喜赞叹不已，这是一种趋于澄明的境界，一种旷达洒脱的胸襟，一种面临磨难｜坦荡从容的态度，一种对生活童子般的热爱｜和对美好事物无限向往的生命情感。

作品 37 号《态度创造快乐》

育才小学校长陶行知｜在校园看到学生王友｜用泥块砸自己班上的同学，陶行知当即喝止了他，并令他放学后到校长室去。

作品 39 号《陶行知的"四块糖果"》

然而有一天，我发现｜母亲正仔细地用一小块碎面包｜擦那给我煎牛排用的油锅。我明白了｜她称自己为素食者的｜真正原因。

作品 42 号《我的母亲独一无二》

著名教育家班杰明｜曾经接到一个青年人的求救电话，并与那个向往成功、渴望指点的青年人｜约好了见面的时间和地点。

……

可是，没等青年人｜把满腹的｜有关人生和事业的疑难问题｜向班杰明讲出来，班杰明就非常客气地说道："干杯。你可以走了。"

作品 50 号《一分钟》

"晚食以当肉"，意思是｜人生该用已饥方食、未饱先止｜代替对美味佳肴的贪吃无厌。

作品 54 号《赠你四味长寿药》

人活着，最要紧的是｜寻觅到那片代表着生命绿色｜和人类希望的丛林，然后选一高高的枝头｜站在那里观览人生，消化痛苦，孕育歌声，愉悦世界！

作品 55 号《站在历史的枝头微笑》

2. 读好短文中的音译外来词

短文中出现的音译外来词（主要是人名、地名等一些专有名词），应该按所有汉字的普通话声母、韵母、声调读，不能按外语的发音改变汉字的声母、韵母或声调。如果不明白这一点，按外语的读音习惯去读这些词语，那么就要付出每个音节扣 0.1 分的惨重代价。请按测试要求读一读下面这些词语：

人名：

| | | |
|---|---|---|
| Bù lǔ nuò<br>布鲁诺 | Bǐ dé Fú léi tè<br>彼得·弗雷特 | Ā nuò dé<br>阿诺德 |
| Kǎ tíng<br>卡廷 | Dá ruì<br>达瑞 | Liè fū Tuō ěr sī tài<br>列夫·托尔斯泰 |
| Lái yī ēn<br>莱伊恩 | Bān jié míng<br>班杰明 | Ràng Bǐ hào lè<br>让·彼浩勒 |

地名或专有名词：

| | | |
|---|---|---|
| Gē lún bō<br>哥伦波 | Lǐ yuē rè nèi lú<br>里约热内卢 | Wēn zé Shì<br>温泽市 |
| Bā lí<br>巴黎 | Sà wén hé pàn<br>萨文河畔 | Lún dūn<br>伦敦 |
| Wò tài huá<br>渥太华 | Ruì shì<br>瑞士 | Niǔ yuē<br>纽约 |

Xīn jiā pō 新加坡　　Xī là Yà gè sī Gǔ chéng 希腊亚各斯古城　　Nài sī Chéng 耐斯城

3. 朗读短文的其他要求

(1) 自然流畅。

(2) 不添字、漏字、改字。

(3) 避免回读。

(4) 语速要适中。

总的来说，朗读短文这个测试项目与普通话水平测试的总目标是一致的，其主要目的不是评定应试人的朗读水平，不是评定应试人对于朗读技巧掌握的熟练程度，而主要是测查朗读中声、韵、调准确不准确，连读、音变掌握得好不好，语气、语调、停顿、断句是不是准确，语速是不是适中以及朗读自然流畅的程度。当然，如果能在此基础上熟练运用朗读技巧，读得声情并茂、生动感人，那就无异于锦上添花、如虎添翼了。

## 第二节　朗读技巧

### 一、朗读技巧之一——停顿

1. 什么是停顿？

停顿是指朗读过程中声音的断和连。我们在朗读时，既不能一字一停，断断续续地进行，也不能字字相连，一口气念到底。无论朗读者还是听众，无论生理要求还是心理要求，朗读中的停顿都必不可少。它既是显示语法结构的需要，更是准确表达语言、清晰传达感情的需要。

2. 停顿与标点符号的关系

(1) 一致关系。书面语中的标点符号有着不可忽视的作用。多数情况下，书面语中有标点符号的地方和朗读时需要停顿的地方是一致的。

一般来说，句号、问号、感叹号的停顿比分号长些；分号的停顿要比逗号长些；逗号的停顿比顿号长些；而冒号的停顿则有较大的伸缩性，它的停顿有时相当于句号，有时相当于分号，有时只相当于逗号。如：

俗话说，“瑞雪兆丰年”。这话有充分的科学根据，并不是一句迷信的成语。寒冬大雪，可以冻死一部分越冬的害虫；融化的水渗进土层深处，又能供应庄稼生长的需要。我相信这一场十分及时的大雪，一定会促进明年春季作物，尤其是小麦的丰收。有经验的老农把雪比作是“麦子的棉被”。冬天“棉被”盖得越厚，明春麦子就长得越好，所以又有这样一句谚语：“冬天麦盖三层被，来年枕着馒头睡。”

——节选自峻青《第一场雪》（作品 5 号）

这段中凡是有标点的地方，朗读时都必须停顿，而且要根据不同的标点符号，设计长短不同的停顿。

(2)不一致关系。书面语的标点同朗读中的停顿有时也有不一致的地方。可以分为以下两种情况：

①没有标点却要停顿，如：

一连串的问题，使我这个有生以来头一次在众目睽睽之下让别人擦鞋的异乡人，从近乎狼狈的窘态中解脱出来。

——节选自青白《捐诚》(作品 21 号)

朗读这句时，必须在“使我这个”后做一停顿，才能将语意明晰地传达给听众。如果一口气念下去，中间不做停顿，则必然混沌一片、模糊不清。再如：

外祖母生前｜最疼爱我，我无法排除｜自己的忧伤，每天在学校的操场上｜一圈儿又一圈儿地跑着，跑得累倒在地上，扑在草坪上痛哭。

——节选自林清玄《和时间赛跑》(作品 14 号)

②句中有标点，却不停顿。请看下面一段话：

我说：“花生的价钱便宜，谁都可以买来吃，都喜欢吃。这就是它的好处。”

——节选自许地山《落花生》(作品 26 号)

在句中画线的地方可以不停顿，一口气读完，这样处理可以突出“我”急于表现的心理。

3. 各种不同性质的停顿

(1)顺应语法的停顿。这类停顿可以依据标点来处理，有时可以突破标点的限制。这里较难把握的是停顿的时间长度。前面讲过，一般来说，从段落间、句间到句中，停顿的时间长度依次减少，但并非绝对。这方面的例子很多。试比较下面两个段落的停顿时间：

①我的狗站住了，向后退了退……看来，它也感到了这种力量。

我赶紧唤住惊慌失措的狗，然后我怀着崇敬的心情，走开了。

——节选自屠格涅夫《麻雀》，巴金译(作品 27 号)

②读小学的时候，我的外祖母去世了。外祖母生前最疼爱我，我无法排除自己的忧伤，每天在学校的操场上一圈儿又一圈儿地跑着，跑得累倒在地上，扑在草坪上痛哭。

那哀痛的日子，断断续续地持续了很久，爸爸妈妈也不知道如何安慰我。他们知道与其骗我说外祖母睡着了，还不如对我说实话：外祖母永远不会回来。

——节选自林清玄《和时间赛跑》(作品 14 号)

很显然,①段的段落停顿时值比②段的要短,究其原因,还是段落表达的文意有差异。前者面对的是突发事件,情况危急,由于语速加快,自然就无法从容镇定了;而后者诉说的是一段伤感的往事,于朦胧回忆中缓缓道来,语速缓慢,停顿的时间自然也就长了。

(2)显示层次的停顿。文章的层次可以借助于朗读者的停顿得到显示。一般来说,文章中段落这样的大层次比较容易划分,而一段文字,甚至一句话中,也往往有更小更细的层次,划分这些层次并用朗读中的停顿表现出来,并不是一件容易的事。如:

要是等到同伴们下工后/发现他不见了/再来找他的话,很可能会因流血过多而死去。

——节选自《难以想象的抉择》(原朗读作品21号)

一连串的问题,使我这个/有生以来/头一次/在众目睽睽之下/让别人擦鞋的异乡人,从近乎狼狈的窘态中解脱出来。

——节选自青白《捐诚》(作品21号)

有一次,丽娜不厌其烦地描述/她八岁那年/如何勇敢地/从城西换一趟车/走到城东……

——节选自艾菲《我不再羡慕……》(原朗读作品19号)

(3)体现呼应的停顿。文章中呼应关系在朗读时主要通过停顿来体现。全篇整体性的呼应较易把握,而文章中局部的呼应关系,往往由于朗读者忽略而造成呼应中断或呼应模糊,从而影响语言的表达。如:

鸟儿将巢安在繁花嫩叶当中,高兴起来了,呼朋引伴地卖弄清脆的喉咙,唱出婉转的曲子,跟轻风流水应和着。

——节选自朱自清《春》(原朗读作品5号)

不少人读到"唱出婉转的曲子"时,停顿时间过长,影响了整个句流的连贯性。再如:

你的昨天过去,它就永远变成昨天,你不能回到昨天。

——节选自林清玄《和时间赛跑》(作品14号)

(4)指向强调的停顿。为了突出句中某些重要词语,引起听众的注意,加深听众的印象,可以在这些词语的前面或后面稍加停顿,这便是强调性的停顿。如:

瞧,它多美丽,娇巧的小嘴,啄理着绿色的羽毛,鸭子样的扁脚,呈现出春草的鹅黄。

——节选自王文杰《可爱的小鸟》(作品22号)

"娇巧的小嘴"和"鸭子样的扁脚"的后面,在其他作品中或许就没有了标点符号,但不论有没有标点符号,强调的停顿都是不可缺少的。这颇有些像电影手法上的定格。

(5)区别语意的停顿。书面语中某些有歧义的短语和句子,可以用朗读的停顿来解释其不同的语法结构,从而表达不同的意义。如:

①咬伤/猎人的狗(动宾短语)

②咬伤猎人的/狗(偏正短语)

③通知到/了(补充短语)

④通知/到了(主谓短语)

⑤我不相信他是/坏人(他不是坏人)

⑥我不相信/他是坏人(他是坏人)

(6)镜头切换停顿。电影中常常会对陷入沉思的人物采用定格镜头,而不是马上切换画面。例如下面的段落:

读小学的时候,我的外祖母去世了。外祖母生前最疼爱我,我无法排除自己的忧伤,每天在学校的操场上一圈儿又一圈儿地跑着,跑得累倒在地上,扑在草坪上痛哭。

那哀痛的日子,断断续续地持续了很久……

——节选自林清玄《和时间赛跑》(作品14号)

后来我们家搬到镇上去了,过几年我也上了中学。有一天放学回家,在火车上,看见斜对面一位短头发、圆圆脸的女孩儿,一身素净的白衣黑裙。/我想她一定不认识我了。/火车很快到站了,我随着人群挤向门口,她也走近了,叫我的名字。/这是她第一次和我说话。

——节选自苦伶《永远的记忆》(作品52号)

上面两个段落,一个是段落之间的停顿较长,一个是句间停顿较长;相反,如果接得太快,意境和美感就没有了。

## 二、朗读技巧之二——语速

1. 什么是语速

语速是指朗读时在一定的时间里音节数量的多少。单位时间内的音节数量多,语速就快,反之就慢。朗读各种文章,要恰当地表现各种不同的生活现象和人们各不相同的思想感情,就必须采取与之相适应的朗读速度。

例如:

巴尼·罗伯格是美国缅因州的一个伐木工人。一天早晨,巴尼像平时一样驾着吉普车去森林干活。由于下过一场暴雨,路上到处坑坑洼洼。他好不容易把车开到路的尽头。他走下车,拿了斧子和电锯,朝着林子深处又走了大约两英里路。

巴尼打量了一下周围的树木,决定把一棵直径超过两英尺的松树锯倒。出人意料的是：松树倒下时，上端猛地撞在附近的一棵大树上，一下子松树弯成了一张弓，旋即又反弹回来，重重地压在巴尼的右腿上。

——节选自《难以想象的抉择》（原朗读作品 21 号）

第一段描写的是伐木工人日复一日的工作场景和程序，悠闲甚至有些懒散，语速自然不宜加快。从“出人意料的是”开始，突然倒下的大树划破了宁静的空气，一组惊心动魄的画面出现在我们面前。惊悚、恐慌导致心跳加快，语速骤然急促起来。

夜色在笑语中渐渐沉落，朋友起身告辞，没有挽留，没有送别，甚至也没有问归期。

——节选自杏林子《朋友和其他》（作品 32 号）

2. 影响语速的各种因素

（1）不同的场面。急剧变化发展的场面宜快读；平静、严肃的场面宜慢读。前者如原朗读作品 21 号《难以想象的抉择》，后者如新大纲作品 32 号《朋友和其他》（原朗读作品 7 号）。

（2）不同的心情。紧张、焦急、慌乱、欢畅的心情宜快读；沉重、悲痛、缅怀、悼念、失望的心情宜慢读。

前者如：

我的狗慢慢向它靠近。忽然，从附近一棵树上飞下一只黑胸脯的老麻雀，像一颗石子似的落到狗的跟前。老麻雀全身倒竖着羽毛，惊恐万状，发出绝望、凄惨的叫声，接着向露出牙齿、大张着的狗嘴扑去。

老麻雀是猛扑下来救护幼雀的。它用身体掩护着自己的幼儿……但它整个小小的身体因恐怖而战栗着，它小小的声音也变得粗暴嘶哑，它在牺牲自己！

——节选自屠格涅夫《麻雀》，巴金译（作品 27 号）

后者如：

读小学的时候，我的外祖母去世了。外祖母生前最疼爱我，我无法排除自己的忧伤，每天在学校的操场上一圈儿又一圈儿地跑着，跑得累倒在地上，扑在草坪上痛哭。

那哀痛的日子，断断续续地持续了很久，爸爸妈妈也不知道如何安慰我。他们知道与其骗我说外祖母睡着了，还不如对我说实话：外祖母永远不会回来了。

——节选自林清玄《和时间赛跑》（作品 14 号）

（3）不同的话语方式。辩论、争吵、急呼，宜快读；闲谈、絮语、教诲，宜慢读。

前者如：

一次，胡适正讲得得意的时候，一位姓魏的学生突然站了起来，生气地问：“胡先生，难道说白话文就毫无缺点吗？”胡适微笑着回答说：“没有。”那位学生更加激动了："肯定有！白话文废话太多，打电报用字多，花钱多。"

——节选自陈灼主编《实用汉语中级教程》（上）中《胡适的白话电报》（作品15号）

后者如：

"什么是永远不会回来呢？"我问着。"所有时间里的事物，都永远不会回来。你的昨天过去，它就永远变成昨天，你不能再回到昨天。爸爸以前也和你一样小，现在也不能回到你这么小的童年了；有一天你会长大，你会像外祖母一样老；有一天你度过了你的时间，就永远不会回来了。"爸爸说。

——节选自林清玄《和时间赛跑》（作品14号）

（4）不同的叙述方式。作者的抨击、斥责、控诉、雄辩，宜快读；一般的记叙、说明、追忆，则宜慢读。

前者如：

上大学三年级的时候，女同学好像什么事都羡慕男生，"下辈子再也不做女人"这句话挂在口头……学习成绩差了，知识面窄了羡慕男同学，软弱时哭了就骂自己是个女人没出息，连失恋也怪自己是个女人，甚至连男人可以在夏天穿短裤、背心，理短发都羡慕得要死。

——节选自艾菲《我不再羡慕……》（原朗读作品19号）

后者如：

小学的时候，有一次我们去海边远足，妈妈没有做便饭，给了我十块钱买午餐。好像走了很久，很久，终于到海边了，大家坐下来便吃饭，荒凉的海边没有商店，我一个人跑到防风林外面去，级任老师要大家把吃剩的饭菜分给我一点儿。有两三个男生留下一点儿给我，还有一个女生，她的米饭拌了酱油，很香。我吃完的时候，她笑眯眯地看着我，短头发，脸圆圆的。

——节选自苦伶《永远的记忆》（作品52号）

（5）不同的人物性格。年轻、机警、泼辣的人物的言语、动作易快读；年老、稳重、迟钝的人物的言语、动作宜慢读。

前者如：

天快黑时，老鼠回来了，肚子吃得鼓鼓的，嘴巴油光光的。猫问："你大姐生了啥呀？""生个白胖小子。"猫又问："起个什么名字？"老鼠转一转眼珠说："叫，叫一层。"

……

天黑了，老鼠回来了，腆着肚子，满嘴都是油。猫问："你二姐生了啥呀？""生个白胖丫头"。"起个什么名字？""叫一半。"

——节选自《"猫"和"老鼠"》（原朗读作品28号）

“爸,我可以问您一个问题吗?”

“什么问题?”“爸,您一小时可以赚多少钱?”“这与你无关,你为什么问这个问题?”父亲生气地说。

“我只是想知道,请告诉我,您一小时赚多少钱?”小孩儿哀求道。“假如你一定要知道的话,我一小时赚二十美金。”

“哦,”小孩儿低下了头,接着又说,“爸,可以借我十美金吗?”父亲发怒了:“如果只是要借钱去买毫无意义的玩具的话,给我回到你的房间睡觉去。好好想想为什么你会那么自私。我每天辛苦工作,没时间和你玩儿小孩子的游戏。”

——节选自唐继柳编译《二十美金的价值》(作品 7 号)

后者如:

父亲说:“你们爱吃花生吗?”

我们争着答应:“爱!”

“谁能把花生的好处说出来?”

姐姐说:“花生的味美。”

哥哥说:“花生可以榨油。”

我说:“花生的价钱便宜,谁都可以买来吃,都喜欢吃。这就是它的好处。”

父亲说:“花生的好处很多,有一样最可贵:它的果实埋在地里,不像桃子、石榴、苹果那样,把鲜红嫩绿的果实高高地挂在枝头上,使人一见就生爱慕之心。你们看它矮矮地长在地上,等到成熟了,也不能立刻分辨出来它有没有果实,必须挖出来才知道。”

——节选自许地山《落花生》(作品 26 号)

3. 关于语速的转换

朗读任何一篇文章,都不能自始至终采用一成不变的速度。朗读者要根据作者的感情起伏和情节的发展变化适时调整自己的语速。在朗读过程中实现语速的转换是朗读成功的重要一环,如《难以想象的抉择》(原朗读作品 21 号,例见前)。

4. 注意事项

语速加快时,要特别注意吐字的清晰,不能因语速加快而含混不清,甚至“吃字”;语速放缓时,要特别注意声音的明朗实在,不能因读得慢而给人疲疲沓沓、松松垮垮的印象。总之,要力求做到“快而不乱”和“慢而不拖”。其实要做到后者也不难,关键在于你朗读时是不是投入了真实的情感。

### 三、朗读技巧之三——重音

1. 什么是重音

朗读中,为了准确地表达语意和情感,会强调那些起重要作用的词或短语,被强调的这些词或短语通常叫重音或重读。

组成句子的词和短语在表达基本语意和思想感情的时候，其音强通常不是处在同一个平面上的。有的词、短语在表达语意和思想感情时显得十分重要，而与之相比较，另外一些词和短语就处于一个较为次要的地位，这种差异通常用音强来体现。

同样一句话，如果把不同的词或短语定为重音，由于重音不同，整个句子的意思和语气也会随之发生很大的变化。如：

我知道你会唱歌。（别人未必知道）

我知道你会唱歌。（我不是不知道）

我知道你会唱歌。（别人会不会我不管）

我知道你会唱歌。（你就别谦虚了）

我知道你会唱歌。（别的我就不清楚了）

再如下面两句话，如果把加点的音节作为重音加以强调，整句话的语意立即突显出来，内容也会一下子变得丰富起来。如：

有一次，丽娜不厌其烦地描述她八岁那年如何勇敢地从城西换一趟车走到城东，我突然想到，我八岁的时候独自翻过几座大山，把我养的一头老黄牛从深山里找回来，从此我不再羡慕丽娜。

——节选自艾菲《我不再羡慕……》（原朗读作品 19 号）

他极其认真地想了半天，然后极认真地写，那作文极短。

——节选自张玉庭《一个美丽的故事》（作品 51 号）

2. 确定重音的依据

依据结构。有些句子平平常常，没有特别的感情色彩，也没什么特别强调的意味。这些句子的重音可以依据其语法结构来确定。一般而言，需要重读的有短句中的谓语、宾语、定语、状语、补语和某些代词。这类重音叫作语法重音或意群。这类重音在朗读时不必过分强调，只要比其他音节读得稍重些就可以了。

依据语音和感情。有些句子或由于构造复杂，或由于表意曲折，或由于感情特殊，其重音往往不能一下子确定，必须联系上下文细加观察，认真推敲，尤其要把句子放到特定的语言环境中加以考察，才能确定其重音，通常把这类重音叫作逻辑重音（强调重音）或感情重音，它同语法重音有时是一致的，有时则是不一致的。当逻辑重音和语法重音不一致时，后者必须服从前者。

3. 重音的类型

（1）强调语意区别的重音。这类重音意在显示语意中的某些差异，这些差异往往是句意的焦点所在，必须加以强调。主要有两种：

①并列性的重音。

我和母亲走在前面，我的妻子和儿子走在后面。小家伙突然叫起来：“前面是妈妈和儿子,后面也是妈妈和儿子。"我们都笑了。

——节选自莫怀戚《散步》(作品 33 号)

②对比性的重音。如《我不再羡慕……》(原朗读作品 19 号,例见前)。

(2)强调句子关系的重音。这类重音意在表现句子(特别是复句)中各种不同的语法关系,以此来强调句子存在某种内在的逻辑语义关系。例如:转折性的重音。

说也奇怪,和新朋友会谈文学、谈哲学、谈人生道理等等,和老朋友却只话家常,柴米油盐,细细碎碎,种种琐事。很多时候,心灵的契合已经不需要太多的言语来表达。

——节选自杏林子《朋友和其他》(作品 32 号)

于是,每逢大雪而小学不停课时,都有家长打电话去骂。妙的是,每个打电话的人,反应全一样——先是怒气冲冲地责问,然后满口道歉,最后笑容满面地挂上电话。

——节选自刘墉《课不能停》(作品 23 号)

一种血缘情感开始在全身的血管里燃起来,而且立刻热血沸腾。

——节选自冯骥才《国家荣誉感》(作品 11 号)

纽约的冬天常有大风雪,扑面的雪花不但令人难以睁开眼睛,甚至呼吸都会吸入冰冷的雪花。

——节选自刘墉《课不能停》(作品 23 号)

过了这么多年,藤萝又开花了,而且开得这样盛,这样密,紫色的瀑布遮住了粗壮的盘虬卧龙般的枝干,不断地流着,流着,流向人的心底。

——节选自宗璞《紫藤萝瀑布》(作品 59 号)

4. 注意事项

(1)重音的力度把握到什么程度,是初学朗读者的一个难点。我们只能说重音是相对的,它必须是一个音节链中相对音量较大的成分。此外,重读音节还会导致音长的增加,这是很自然的连带特征。

(2)重音有时与语调容易纠缠不清。其本质的区别在于重音是点而语调是线,重音的落脚点是一个词或一个短语,而语调则贯穿整个句子乃至句群。打个比方,重音是平地隆起的土丘,而语调则是绵延起伏的山峦。

### 四、朗读技巧之四——语调

1. 什么是语调

为适应思想感情表达的需要,说话或朗读时,语句总是要有高低升降的变化,这种变化就形成了语调。

语调是有声语言所特有的，它是句子的语音标志之一，任何句子都带有一定的语调。语调变化是口语或朗读（朗诵）中表达各种语气的实际需要。借助语调，有声语言才有极强的表现力和感染力。

同样一个“我”字，采用不同的语调可以回答各种不同的问题：

谁是主任？——我。（语调平稳，句尾稍抑）

你的手机在响！——我？（语调渐升，句尾稍扬）

谁负得了这个责任？——我！（语调降得既快且低）

你来当导游！——我?!（语调曲折）

可见，朗读中的语调是细致而复杂的，它可以表达各种丰富的感情。

2. 四种基本的语调

语调虽说千变万化，但基本类型只有以下四种：

（1）平调——语调平稳，没有什么重读或强调的显著变化。一般的叙述、说明，以及表示迟疑、深思、冷淡、悼念、追忆等思想感情的句子用这种语调。如：

说也奇怪，和新朋友会谈文学、谈哲学、谈人生道理等等，和老朋友却只话家常，柴米油盐，细细碎碎，种种琐事。很多时候，心灵的契合已经不需要太多的言语来表达。

——节选自杏林子《朋友和其他》（作品 32 号）

我们在田野散步：我，我的母亲，我的妻子和儿子。

——节选自莫怀戚《散步》（作品 33 号）

（2）升调——语调由低逐渐升高。常用于表示疑问、反诘、惊异、命令、呼唤、号召的句子。如：

天快黑时，老鼠回来了，肚子吃得鼓鼓的，嘴巴油光光的。猫问：“你大姐生了啥呀？”“生个白胖小子。”猫又问：“起个什么名字？”老鼠转一转眼珠说：“叫，叫一层。”

——节选自《“猫”和“老鼠”》（原朗读作品 28 号）

（3）降调——语调由高逐渐降低，末尾音节低而短。这种语调常用来表示肯定、祈使、允许和感叹的语气。如：

“因为原来不够，但现在凑够了。”孩子回答：“爸，我现在有二十美金了，我可以向您买一个小时的时间吗？明天请早一点儿回家——我想和您一起吃晚餐。”

——节选自唐继柳编译《二十美金的价值》（作品 7 号）

（4）曲调——语调曲折变化，对句子中某些音节，特别地加重、加高或延长，形成一种升降曲折的调子。这种语调常用来表示夸张、强调、反语等较为特殊的语气，在儿童故事等体裁的作品中较为常见。如：

猫又问：“起个什么名字？”老鼠转一转眼珠说：“叫，叫一层。”

……

“起个什么名字?”“叫一半。”

……

“我三姐也生了个白胖小子,起名叫见底。”

——节选自《“猫”和“老鼠”》(原朗读作品28号)

3. 句群语调的把握

前面所说的语调多是从词、短语角度而言,实际上朗读中更难处理的是句群的语调,我们也称之为语势。譬如:

你可能没有成为一个美丽的词,一个引人注目的句子,一个惊叹号,但你依然是这生命的立体诗篇中的一个音节、一个停顿、一个必不可少的组成部分。

——节选自本杰明·拉什《站在历史的枝头微笑》(作品55号)

从句意上讲,这是个转折关系的复句,前后两段句意有主从关系,这就决定了语调上扬部分是在主句而不是从句。这也再次证明了技巧的运用是建立在对作品理解的基础之上,你所要做的就是恰到好处。再如:

他想这么便宜的西红柿,老板肯定会要进一些的,所以他不仅带回了一个西红柿做样品,而且把那个农民也带来了,他现在正在外面等回话呢。

——节选自张健鹏、胡足青主编《故事时代》中《差别》(作品2号)

上面是一个因果关系的复句,主句是语调上扬的部分。

4. 注意事项

(1)朗读中的语调是一个涉及面很广的较为复杂的问题,上面分的这四种基本类型,只是一个大体分类,或者说是对语调基本情况的一个大体描述,只是一个框框,给语调分类也绝不是硬要把丰富多彩的语调变化强行纳入一些简单的公式,因为这不容易做到。

(2)不要把这里说的语调类型同书面语中的陈述句、祈使句、疑问句、感叹句等句子类型完全或简单等同起来。书面语中句子的语气类型远不能概括口语中千变万化的语调。

(3)朗读中的语调在其表现中,始终同断和连、快和慢、轻和重等技巧联系在一起。

(4)朗读是一种语言艺术。就篇章而言,这种艺术性主要通过语调加以体现。朗读语言同生活语言的主要差异就在于语调。生活语言当然也有语调,但那种语调一般没有多少起伏变化,显得自然、从容。而朗读的语调则有明显的起伏变化,能使语意表达得更加顺畅、明晰、突出。如果没有这种富于变化、恰如其分的语调,朗读就无异于一般的生活语言了。

(5)朗读中语调的表现又不同于艺术表演(如朗诵、话剧表演)中语调的表现。

表演语言的语调带有明显的夸张性。如果把这种夸张性搬到朗读中,就会使朗读显得既不自然,也不真实。朗读的语调介于生活语言和表演语言之间,没有语调的起伏变化固然不行,起伏变化过大同样也会失去朗读的分寸。

## 第三节 各种文体的朗读

文学作品的体裁多种多样,由于不同的文体各有特色,因而对朗读的要求也有所不同。

### 一、诗歌的朗读

1. 了解诗歌风格和背景

(1)风格

知人论世,知人论诗,不同诗人其人生道路不同,所处的时代、阶级地位也不同,因而作品表现出的感情、体现出的诗歌风格也不同。因此,从诗歌风格中我们能体会到作者的感情,以便准确朗读。例如:朗读李白的《山中问答》。

问余何意栖碧山,
笑而不答心自闲。
桃花流水窅然去,
别有天地非人间。

首先了解作者的诗歌风格:李白命运多舛,当初踌躇满志,来到京城想干一番事业,但在君王眼里只是一个玩物。于是内心苦闷,寄情山水,云游四海,抒写了很多描摹大自然的诗歌,形成豪放飘逸的诗歌风格。但因壮志难酬,豪放飘逸之中常含对现实不满之情。从诗歌风格中,把握了诗歌的感情基调,这样就能读出感情。

(2)背景

背景往往对主旨感情有所提示,因此从背景中我们能了解到作者当时的心情是喜、是忧还是痛。这样有利于把握诗歌的感情基调,更好地指导朗读。例如:朗读杜审言的《渡湘江》。

迟日园林悲昔游,
今春花鸟作边愁。
独怜京国人南窜,
不是湘江水北流。

杜审言,义乌人,唐中宗时曾被贬到南方极偏远的峰州。研读背景就能体会诗人远离京国,正在南下途中,故为江水北流而感叹,哀愁之情力透纸背。从诗歌背景中,把握了诗歌的感情基调,这样就能有把握朗读好诗歌的感情。

2. 体会诗歌的意境和意象

（1）意境

意境是诗歌美的集中体现，是诗歌突出的艺术特征之一，是诗人的主观情思与客观景物相交融而创造出来的浑然一体的艺术境界。意境熔铸诗人成熟的思想、独特的个性、美学理想和艺术才能等多方面内容，而诗人的思想感情又蕴含在诗的形象之中。

挖掘诗歌意境，有利于朗读诗歌。例如：朗读李白的《望庐山瀑布》。

日照香炉生紫烟，
遥看瀑布挂前川，
飞流直下三千尺，
疑是银河落九天。

诗人想象大胆，神思天外，写出庐山瀑布壮美、宏大的气势，抒发了诗人热爱祖国河山、积极进取的精神，可谓情与景的高度统一。把握了诗歌意境，就能做到有感情地朗读诗歌。

（2）意象

所谓意象就是客观物象经过创作主体独特的情感活动而创造出来的一种艺术形象。简单地说，意象就是寓“意”之“象”，就是用来寄托主观情思的客观物象。意象是构成优美诗篇的基础，也是读者对诗的审美评价和依据。不同意象有着不同的意义。比如：“柳”意离别，“秋风”意失意，“满月”意相思，“梧桐细雨”意凄梦悲凉，“见流水”意思年华……例如：朗读李白的《宣州谢朓楼饯别校书叔云》。

弃我去者，昨日之日不可留；乱我心者，今日之日多烦忧。长风万里送秋雁，对此可以酣高楼。蓬莱文章建安骨，中间小谢又清发。俱怀逸兴壮思飞，欲上青天揽明月。抽刀断水水更流，举杯消愁愁更愁。人生在世不称意，明朝散发弄扁舟。

本诗中画线的诗句，诗人用水流无限，比喻愁之长；一江春水，比喻愁之深；抽刀断水的奇妙比喻，更写出诗人的悲愁似水难以斩断。细细体会把握了诗歌的意象，就能做到有感情地朗读诗歌。

3. 掌握诗歌的朗读技巧

在把握诗歌风格、背景、意境及意象后，还必须掌握朗读技巧，如音调高低、音量大小、声音强弱、速度快慢，有对比、有起伏、有变化，使整个朗读犹如一曲优美的乐章。

下面举三个例子谈谈诗歌朗读的技巧。

例1 《春晓》

这是一首格律诗，朗读这首诗时，应该注意每个字都要吐音清晰，读出诗的节奏。每行诗句都可处理为三处停顿：

春眠/不觉/晓，
处处/闻啼/鸟。
夜来/风雨/声，
花落/知多/少。

念到“晓”、“鸟”、“少”时，字音要适当延长，略带吟诵的味道，使听众能感觉出诗的音韵美和节奏感。

前两句是写诗人早上醒来后看到的景物，朗诵时要用柔和、舒缓的语调，音量不要过大。“鸟”字的尾音可稍向上扬，表现出诗人见到的是春光明媚、鸟语花香的明朗景象。后两句写诗人想起昨天夜里又刮风又下雨，不知园子里的花被打落了多少。在读“花落知多少”时，要想象出花落满园的景象。可重读“落”字，再逐渐减轻“知多少”三个字的音量，表现出诗人对落花的惋惜心情。

例2 《我的“自白”书》

任脚下响着沉重的铁镣，
任你把皮鞭举得高高，
我不需要什么自白，
哪怕胸口对着带血的刺刀！
人，不能低下高贵的头，
只有怕死鬼才乞求“自由”；
毒刑拷打算得了什么？
死亡也无法叫我开口！
对着死亡我放声大笑，
魔鬼的宫殿在笑声中动摇；
这就是我——一个共产党员的自白，
高唱凯歌，
埋葬蒋家王朝！

这是陈然同志被捕以后在特务们逼迫他写自白书时写的。这首诗既是一个共产党员崇高内心世界的真实写照，又是对蒋家王朝必然灭亡的庄严宣判。全诗感情真挚，充满激情，充分表现了先烈坚定的革命信念和大义凛然的革命气节。在朗读这首诗的时候，要表现出作者视死如归的英雄气概和对敌人极端蔑视的口气，语调要高昂有力。

第一节，两个“任”字表现了革命先烈不怕敌人毒刑拷打的坚强意志，要读得重些；“不需要”三个字的语气是坚定的；“哪怕胸口对着带血的刺刀！”这个句子表示强调肯定的语气，“血”字的尾音要稍微拖长，并且往下降，表现出对敌人残酷屠杀的轻蔑。

第二节,“人”和“怕死鬼”形成对比,要读得稍重;“自白”的尾音要拖长,表示出是所谓的自白的意思;“毒刑拷打算得了什么?”一句要读出反问的语气。

第三节,是全诗高潮,朗诵时要感情奔放,语调昂扬,表现出共产党人誓与敌人斗争到底的英雄气概和坚信革命必胜的乐观主义精神。

如果我们能领会诗的意境,就能深刻感受作者坚贞不屈的英雄气概,激起我们与诗的内容相应的感情,再恰当地掌握重音和停顿,朗诵时就会感情充沛,节奏鲜明,使听众受到强烈感染。

例3 《向日葵》

不知太阳上有啥秘密,白天仰着脸——瞧呀,瞅呀,引逗得你哟　夜晚低着头——那么好奇?思来想去……

这是一首歌谣诗,这首诗的想象很新颖、奇特,能充分展现少年儿童聪慧敏捷的思维特点,因而充满纯真稚嫩的儿童情趣。

这首诗开头就把向日葵拟人化了。由“我”向它提出一个十分有趣的问题,既是“我”的疑问,也会引起小听众认真思索。朗诵这两句时,速度不能太快,要注意自然停顿,以引起小听众的思考。

“不知/太阳上/有啥/秘密”,这一句重音应落在“不知”、“秘密”上,“知”和“啥”两个字的尾音可以适当拖长。

第二句要强调“好奇”,必须加重语气,“奇”字的尾音要渐弱。

第三句可以结合儿童的天真、顽皮表现出来,语调轻快,头部、眼神可适当转动。

最后一句要和第三句形成鲜明对比,速度放慢,语调轻缓,注意停顿,给小听众留下联想和回味的余地。

总之,朗诵诗歌时,要注意节奏鲜明,并根据作品的基本节奏采取相应的速度。该轻快的要朗诵得轻快些,该沉重的要朗诵得沉稳、稍慢些。就一首诗来说,朗诵速度也不是固定不变的,而要根据表现作品内容的需要来决定,并有一定变化。

**诗歌朗读训练**

1. 朗诵叶挺的《囚歌》(注意句调的处理)

为人进出的门紧锁着,(→平调)(冷眼相看)
为狗爬出的洞敞开着。(→平调)
一个声音高叫着:(↗曲调)(嘲讽)
爬出来吧,给你自由!(↘曲调)(诱惑)
我渴望自由,(→)(庄严)
但我深深地知道,(→平调)
人的身躯怎能从狗洞子里爬出!(↑升调)(蔑视、愤慨、反击)

我希望有一天,(→平调)

地下的烈火,(稍向上扬)(语意未完)

将我连这活棺材一齐烧掉,(↓降调)(毫不犹豫)

我应该在烈火与热血中得到永生!(↓降调)(沉着、坚毅、充满自信)

2. 朗诵《四月的纪念》

(男)二十岁/我爬出青春的沼泽/像一把伤痕累累的六弦琴/喑哑在流浪的主题里/你来了——

(女)我走向你

(男)用风铃草一样亮晶晶的眼神

(女)你说你喜欢我的眼睛

(男)擦拭着我裸露的孤独

(女)孤独　为什么你总是孤独

(男)真的

(女)真的吗

(男)第一次

(女)第一次吗

(男)太阳　暖融融的手

(女)暖融融的

(男)轻轻的

(女)轻轻的

(男)碰着我了

(女)碰着你了吗

(男)于是　往事再也没有冻结怨了

(女)冻结怨吧

(男)我捧起我的歌

(女)捧起你的歌

(男)捧起一串串曾被辜负的音符

(女)捧起一串串曾被辜负的音符

(男)走进一个春日的黄昏

(女)一个黄昏　一个没有皱纹的黄昏

(男)和黄昏里不再失约的车站

(女)不再失约　永远不再失约

(男)四月的那个夜晚　没有星星和月亮

(女)没有星星　也没有月亮　那个晚上很平常

(男)我用沼泽的经历交换了你过去的故事

(女)谁都无法遗忘　沼泽那么泥泞　故事那么忧伤

(男)这时候　你在我的视网膜里潮湿起来

(女)我翻着膝盖上的一本诗集　一本惠特曼的诗集

(男)我看见你是一只纯白的飞鸟

(女)我在想　你在想什么

(男)我知道　美丽的笼子囚禁了你　也养育了你绵绵的孤寂和优美的沉静

(女)是的　囚禁了我　也养育了我

(男)我知道　你没有料到会突然在一个早晨开始第一次放飞而且正好碰到下雨

(女)是的　第一次放飞就碰到了下雨

(男)我知道　雨水打湿了羽毛　沉重的翅膀也忧伤你的心

(女)是的　雨水忧伤了我的心

(男)没有发现吧

(女)你在看着我吗

(男)我湿热的脉搏正在升起一个无法诉说的冲动

(女)真想抬起眼睛看着你

(男)可你却没有抬头

(女)没有抬头　我还在翻着那本惠特曼的诗集

(男)是的　我知道我并不是岩石　也并不是堤坝

(女)不是岩石　不是堤坝

(男)并不是可以依靠的坚实的大树

(女)也不是坚实的大树

(男)可是　如果你愿意

(女)你说如果我愿意

(男)我会的　我会勇敢地　用我并不宽阔的肩膀　和一颗高原培植出来忠实的心　为你支撑起一块永远没有委屈的天空

(女)你说　如果我愿意

(男)是的　如果你愿意

(合)如果你(我)愿意

## 二、散文的朗读

散文是指篇幅短小,题材多样,形式自由,情文并茂且富有意境的文章体裁。其特点是通过叙述、描写、抒情、议论等表现手法,创造出一种自由灵活、形散神凝、生动感人的艺术境界。散文是作者从主观视点来观察世界万物,有所感悟,于是有感而发。读散文,听散文,是跟着作者去看去想,最终和作者想到一块儿。因为是一个看、想、感悟的过程,所以散文朗诵的基调是平缓的,没有太大的起伏;即使在作品的高潮部分,也不会像演讲那样异峰突起、慷慨激昂。朗诵时要用中等的速度、柔和的音色,一般用拉长而不用加重的方法来处理强调重音。

散文虽然不像大部分诗歌那样有规整的节奏和严格的韵律,但是也讲究节奏和韵律美。散文的局部和某些句子也有对称结构。例如:“风,轻悄悄的;草,软绵绵的。”在朗诵时,我们可以用相同的语调来读这对语句,使文中的韵律美表现出来。

散文也有不同类型。有的散文以抒情为主,不写人和事。例如朱自清先生著名的散文《荷塘月色》《匆匆》,都是抒发作者的感受。有的文章虽然也会出现一些事物,但这些事物都是虚写而不是实写,是概括而不是具体的。例如朱自清先生在著名散文《春》中描写春天、赞美春天,发出“一年之计在于春”的感想,从而激发对生活的热爱。基调是热情、愉快的。我们应该用明朗、甜美的嗓音去读。文中虽然有山有水,有花有鸟,还有人,但这些都不是具体的。我们朗读这一类型散文时,完全可以用作者的感受为线索。朗诵《春》时,一开始是一种殷切期盼的情感,在朗诵“山朗润起来了,水涨起来了,太阳的脸红起来了”时,要把三个层次读出来,把春天越来越近、人们越来越欣喜的心情读出来。中间部分,从各个方面描写春天,也表现了作者对春天的热爱。我们可以用减低速度、降低音量的方法把描写和抒情区别开来。最后三小节,用娃娃、小姑娘、青年来比喻春天,表现了人们对新的一年的憧憬和希望,情绪也随之转向高昂。音量、语速也应随之步步提高。

另外一种类型的散文稍有不同。这些散文中穿插着一些人和事。有时,正是这些人和事给了作者启示,由此产生感慨。那么,我们怎样朗读这种类型的散文呢?总的说来,我们应该将其人其事作为散文的一个组成部分,而不是把其作为一个故事来读。例如曹展的散文《雪花飘啊飘》就是这一类作品。这篇散文从作者主观视角出发,描写自己从雪地上母女情深的画面受到感染,反思自己成年后不如幼年时那样体谅、关爱母亲。经过反思,激发了对双亲的爱。文中,一开头作者回答母亲的叮嘱,用的是漫不经心的语气,紧接着就出现了雪地中嬉戏的一对母女。对母女俩的描写以及小女儿天真无邪、活泼可爱的声音,还有文章最后作者反思时沉重的语气,这些都是需要在朗诵中加以渲染的,但是它们又必须表现为作者整个感情线索中的有机组成部分,受到作者感情线索的制约,并非自由、游离的。这段母女雪中嬉戏的故事在作者整个思想脉络中作为参照物而存在,虽然很短,却包括了这样一些情节:

(1)母女俩雪地里嬉戏

(2)母亲摔倒了

(3)我拉起她

(4)她扶起女儿

(5)女儿给妈妈拍雪,问妈妈疼不疼

(6)妈妈笑得很舒心

如果是独立故事,朗读时很难说应该强调哪儿。如果说朗诵者要强调扶起妈妈助人为乐,你也很难说不对。现在有了对比,作为参照物,那么在作者看来,在作者听来,哪些地方会留下特别深刻的印象呢?一定是跟自己反差特大的地方了。那就是“为妈妈拍雪”、“扶妈妈走路”,还有就是那一声“妈妈你疼不疼”。因为正是这一笔,使作者想到自己幼年时对母亲的深情,也猛然发现自己成年之后的变化,并且真正领悟了父母对自己的爱!正由于此,才激发了作者对父母强烈的爱。

所以我们在朗诵时要强调的是(5)和(6),这样才能使这段故事成为全文的组成部分并在全文起到画龙点睛的作用。

**朗读指导**

**《春》**

《春》是一篇优美的散文,作者抓住了春天景物的主要特征,描绘出一幅幅动人的春景。文章洋溢着轻松、明快的气息,应带着欣喜的语气去读,语调上扬。整体节奏为轻快型,中间又有舒缓型交错,形成文章节奏回环往复的特点。

盼望着,盼望着,东风来了,春天的脚步近了。

这一段是对盼春的描写,节奏舒缓,为下文轻快型节奏做铺垫。此时春天尚未来临,人们热切地盼望她的到来。“盼望着,盼望着”这一反复手法的运用,将渴望的心情描写得淋漓尽致。朗读时要注意把握这两个小短句的层次性,中间不停顿,就情感而言,应一次比一次强烈,语调上扬。“东风来了”表明春天已近,“春天的脚步”后面用一个强调性停顿,拟人手法表明春天确实到了,读出对春天到来的欣喜之情。

一切都像刚睡醒的样子,欣欣然张开了眼,山/朗润起来了,水/涨起来了,太阳的脸/红起来了。

这一段是对春天总体景象的勾勒,也是绘春的开始,应用轻快型节奏,程度稍轻,并逐渐递进。“刚睡醒”、“张开”为强调性重音,概括写出春回大地、万物复苏的动态景象。“朗润”、“涨”、“红”为强调性重音,具体写春天“山”、“水”、“太阳”的动感和色彩。

小草/偷偷地从土里钻出来,嫩嫩的,绿绿的。园子里,田野里,瞧去,一大片一大片满是的。坐着,躺着,打两个滚,踢几脚球,赛几趟跑,捉几回迷藏。风/轻悄悄的,草/软绵绵的。

绘春图首先从草写起,节奏为舒缓型与轻快型交错。“偷偷地”、“钻”为强调性重音,写出了春天小草顽强的生命力,又带着可爱的神态。“嫩嫩的”、“绿绿的”为比喻性重音,写出小草生长的清新、颜色的可爱。“一大片一大片满是的”,“满”读时气息饱满,体会小草迅速蔓延的情景。“坐着,躺着”是一组,中速,“打两个滚,踢几脚球,赛几趟跑,捉几回迷藏”是一组,节奏变得欢快,读出人们在春景中尽情欢乐的情景。“风轻悄悄的,草软绵绵的”,应放慢节奏,好像人们被这美好的春景陶醉。

桃树、杏树、梨树,你不让我,我不让你,都开满了花赶趟儿。红的像火,粉的像霞,白的像雪。花里带着甜味儿;闭了眼,树上仿佛已经满是桃儿、杏儿、梨儿。花下成千成百的蜜蜂/嗡嗡地闹着,大小的蝴蝶飞来飞去。野花遍地是:杂样儿,有名字的,没名字的,散在草丛里,像眼睛,像星星,还眨呀眨的。

这是一幅绝妙的春花图,整段节奏为轻快型。“桃树、杏树、梨树,你不让我,我不让你,都开满了花赶趟儿。”拟人的写法,道出了春天蓬勃向上的力量,抓住拟人的双方加以强调,用轻快型节奏最合适不过。“红的像火,粉的像霞,白的像雪”中间不停顿,读出花儿闹春的气氛。“满是”、“闹”、“飞来飞去”,是联想到的图景,应把声音拉出去,把握住声音的虚实结合。最后又写春花,把花香具体化、形象化了。野花的描写,“像眼睛,像星星”,中间不停顿,突出了杂、多,更是万紫千红。野花本是静止的,作者化静为动,平添几分情趣。

“吹面不寒杨柳风”,不错的,像母亲的手抚摸着你。风里带来些新翻的泥土的气息,混着青草味儿,还有各种花的香,都在微微润湿空气里酝酿。鸟儿将巢安在繁花嫩叶当中,高兴起来了,呼朋引伴地卖弄清脆的喉咙,唱出婉转的曲子,跟轻风流水应和着。牛背上牧童的短笛,这时候也成天嘹亮地响着。

绘春的第三个步骤是春风图,节奏为轻快型中交织着舒缓型。风本无形,作者却用自己的笔抓住了春风中事物的特点,以此来描绘无形的春风。“抚摸”是触觉的感受,为重音轻读,读出春风的温柔。接下来一句,写了芳香、土气、青草,这是嗅觉感受,用抒情的色彩、舒缓的语气读。接下来鸟语、笛韵互相应和,读时突出听觉方面的感受。要找到鸟儿、短笛在风中穿透的感觉,有一种从远处听的感觉。

雨/是最寻常的,一下/就是三两天,可别恼。看,像牛毛,像花针,像细丝,密密地斜织着,人家屋顶上/全笼着一层薄烟。树叶儿/却绿得发亮,小草儿/也青得逼你的眼。傍晚时候,上灯了,一点点黄晕的光,烘托出/一片安静而和平的夜。在乡下,小路上,石桥边,有撑起伞/慢慢走着的人,地里还有/工作的农民,披着蓑/戴着笠。他们的房屋,稀稀疏疏的,在雨里静默着。

绘春的第四个步骤是春雨图,节奏为轻快型与舒缓型交错,为下一段做铺垫。“最寻常”强调春雨连绵不断。“别恼”是转折性重音,然后向你具体介绍春雨的特色。“像牛毛,像花针,像细丝”,三个比喻从小到大,声音的走势由低到高。读时用气声托出,体会烟雨迷蒙那种情景。“绿”、“逼”为情感性重音,写出了雨中空气的清新。接着又展现一幅雨夜图,节奏变得舒缓,“慢慢”、“静默”应重音轻读,要突出人们雨中的惬意。

天上风筝渐渐多了,地上孩子也多了。城里乡下,家家户户,老老小小,也赶趟儿似的,一个个都出来了。舒活舒活筋骨,抖擞抖擞精神,各做各的一份事去。“一年之计在于春”,刚起头儿,有的是工夫,有的是希望。

最后描绘的是迎春图,节奏为轻快型,程度稍重。两个“多”字,一个比一个读得重,传达出孩子们无限喜悦。接下来写所有人的活动,节奏更加轻快,春天给所有人带来了青春活力。两个“有的”得重读,强调春天带给人们无限美好希望。

春天像刚落地的娃娃,从头到脚都是新的,它生长着。

春天像小姑娘,花枝招展的,笑着,走着。

春天像健壮的青年,有铁一般的胳膊和腰脚,领着我们上/前/去。

这是文章的第三个部分——颂春,是在以上各段具体记叙的基础上对春的歌颂,节奏为轻快型。三个排比句,概括春天的风貌,进一步点明题旨。语气色彩应是逐渐加重,程度依次为轻、中、重。“新的,它生长着”要模仿小孩,读得声音清脆;“笑着,走着”应该适当拉长,展现小姑娘的“花枝招展”;“上前去”应一字一顿,气息饱满,坚定有力,表达自己要珍惜大好春光、努力“上前去”的心情。

### 三、小说的朗读

小说是语言的艺术,而语言又是语音和语义的组合体。朗读是体会语言精美的良方。小说的美是读出来的,边朗读边建构形象,感知人物美。

“小说”就是讲故事。讲故事最重要的就是“引人入胜”,要让别人听得津津有味。怎样才能做到这一点呢?

那就是:渲染气氛,交代脉络,塑造人物。

首先说说如何渲染气氛。任何一个故事都有气氛的问题。气氛是轻松愉快的,还是沉重不幸的?是富有哲理的,还是幽默风趣的?不同的气氛要用不同的嗓音来表现。例如《齐白石买菜》说的是老画家想买点儿白菜,卖菜的小伙子认出了他,提出要用画来换,是轻松愉快的作品。我们要用明亮的嗓音、跳跃的节奏来朗诵。《最后一课》写的是一位教师在国家领土将沦陷之际坚持上完最后一堂母语课时的悲痛心情,气氛是庄严、沉重的。我们要用低沉的嗓音、缓慢的节奏来朗诵。这是自始至终贯穿整个作品的。

其次说说怎样交代作品的脉络。故事总有开头、结尾,事件也总有发生、发展、高潮和结局,这就是脉络。开头用慢速,多停顿,使听众听得清楚明白;中途娓娓道来，要从容不迫；关键之处要运用重音，停顿引起听众注意高潮的到来，要用节奏语速的变化来表现，否则就会显得平淡无奇。

最后，故事中如果有人物出现，就要用声音来塑造人物形象。人们的嗓音频率跟年龄有关。所以，读小伙子的话，就要提高频率；读老先生的话，就要降低频率。人物的喜、怒、哀、乐都可以用嗓音来表现。

下面，我们以《齐白石买菜》这篇故事为例，来讨论小说的朗读方法。

**齐白石买菜**

一天早晨，齐白石上街买菜，看见一乡下小伙子的白菜又大又新鲜，就问："多少钱一斤？"小伙子正要答话，仔细一看，心想，哦！这不是大画家齐白石吗？就笑了笑说："你要白菜，不卖！"齐白石一听，不高兴地说："那你干吗来了？"小伙子忙说："我的白菜用画换。"齐白石明白了，看来这小伙子认出我了，就说："用画换？可以啊，不知怎样换法？"小伙子说："你画一棵白菜，我就给你一车白菜。"齐白石不由笑出了声："小伙子，你可吃大亏了！""不亏，您画我就换。""行。"齐白石也来了兴致："快拿纸墨来！"小伙子买来纸墨，齐白石提笔抖腕，一幅淡雅清素的水墨《白菜图》很快就画出来了。

这篇故事轻松活泼，富有生活气息。因此我们可以选用自然、松弛的嗓音来朗读，完全不需要夸张。这样，故事的背景和气氛（生活中感觉的菜市场）就出来了。

从故事脉络来看。一开始就是普通的讨价还价，接着小伙子认出了老画家情况有了变化：不卖，要换。这一过程又分为以下几个小阶段：

小伙子认出："正要答话……齐白石吗？"用低声表示内心活动。

欲擒故纵："就笑了笑……不卖！"扬声，故做冷淡。

齐白石不高兴："齐白石一听……干吗来了？"声音低沉，稍重，表示老人气愤。

小伙子解释："我的白菜用画换。"语调下抑，表示诚恳。

老人明白："齐白石……换法？"先抑后扬。

商量办法："小伙子说：您画一棵白菜……行。"松弛自然，生活化。体现幽默风趣。

画画过程："齐白石也来了兴致……画出来了。"高潮，声音明快，体现一挥而就。

有时候我们会选择一些带有讽刺意味的小故事，这时候，我们也不妨运用一些夸张的朗诵方法。例如有篇小故事，说的是郑板桥辞官回乡，两袖清风。风雨之夜有小偷小摸，郑板桥吟诗退贼。在这个故事中，小偷的心理活动跟诗人的吟诗声交替出现。我们可以用低声来读小偷的内心独白，用较夸张的语调来吟诗，形成对比。这样不但增加了朗读的生动，而且可以用小偷的猥琐来反衬诗人坦荡的胸怀，加强了感染力。

**朗读练习**

## 语言的魅力(节选)

在繁华的巴黎大街的路旁,站着一个衣衫褴褛、头发斑白、双目失明的老人。

他不像其他乞丐那样伸手向过路行人乞讨,而是在身旁立一块木牌,上面写着:"我什么也看不见!"街上过往的行人很多,看了木牌上的字都无动于衷,有的还淡淡一笑,便姗姗而去了。

这天中午,法国著名诗人让·彼浩勒也经过这里。他看看木牌上的字,问盲老人:"老人家,今天上午有人给你钱吗?"

盲老人叹息着回答:"我,我什么也没有得到。"说着,脸上的神情非常悲伤。

让·彼浩勒听了,拿起笔悄悄地在那行字的前面添上了"春天到了,可是"几个字,就匆匆地离开了。

晚上,让·彼浩勒又经过这里,问那个盲老人下午的情况,盲老人笑着回答说:"先生,不知为什么,下午给我钱的人多极了!"让·彼浩勒听了,摸着胡子满意地笑。

"春天到了,可是我什么也看不见!"这富有诗意的语言,产生这么大的作用,就在于它有非常浓厚的感情色彩。是的,春天是美好的,那蓝天白云,那绿树红花,那莺歌燕舞,那流水人家,怎么不叫人陶醉呢?但这良辰美景,对于一个双目失明的人来说,只是一片漆黑。当人们想到这个盲老人,一生中竟连万紫千红的春天都不曾看到,怎能不对他产生同情之心呢?

**简析**

《语言的魅力》通过一位盲老人在巴黎大街上乞讨由失败到成功过程的记叙,让读者看到了诗意语言的魅力和人类情感的力量。透过先叙后议的文字,作者似乎在向读者揭示人间需要爱这一主旨。是啊!盲老人上午在"我什么也看不见"的情态中,没乞讨到一分钱,而下午在"春天到了,可是我什么也看不见"的情态中,却乞讨到了极多的钱。这是因为上午的情态让行人只是感到老人眼睛瞎了,而下午的情态,透过"春天到了……"让行人觉得老人眼虽瞎但心没有瞎。他尽管什么也看不见,却存有向往春天的愿望。他向往自然的春天,一定更向往人类的春天,一个残疾人尚能存有对人类、对生活的美好向往抑或爱的奉献的善良心灵,何况没有残疾的健康人呢?行人正是透过外表看到了实质,看到盲老人那颗闪闪发光的美好、善良的心灵,被其感动,甚至是不经意地受到了一次崇高的爱的教育,于是纷纷解囊相助。当然,这一过程与诗人让·彼浩勒不无关系,实际上是让·彼浩勒一颗晶莹剔透的爱心,通过盲老人告知了行人,呼唤着行人心底的爱,行人心底的爱终于被唤醒。有了对文章这样的认识,朗读就有了依托。本文朗读的基调应是舒缓中含有激情,读叙述部分平稳而不平淡,读议论部分感叹而富有节奏。

文章第一节叙述盲老人上午的乞讨情况。第一、二两句写老人,第三句写行人。朗读要注意老人的清苦和行人的不屑一顾形成对比。朗读语气要沉重些。首句缓起,语势平和,"褴褛"、"斑白"、"失明"读得稍重些,以突出老人生活的悲哀。次句偏正复句,写老人乞讨的特殊情态,前面偏句语势上行气息稍紧,后面正句语势下行气息偏松,木牌上的话,朗读时口腔要完全松开,气息沉降,以读出无可奈何的语气。第三句用复句写行人,语调偏高,前三个分句的语势都由低到高,"无动于衷"、"淡淡一笑"为感情重音,要读出漠然的语气,最后一个分句语势下抑缓收。第二至第五节叙写诗人让·彼浩勒巧帮盲老人使之乞讨成功的情形。朗读这一部分要注意人物语言与叙述语言的差异,叙述语言舒缓平和,语势变化小,人物语言个性鲜明,语势落差大。人物身份不同也导致其语言的语气不同,同一人物的情绪发生变化,其语言的语气也要跟着发生变化。

诗人让·彼浩勒中午问盲老人的话,语气轻柔,语速较慢,"钱"可读得稍重些,以表现让·彼浩勒是一个充满爱心的诗人以及他对盲老人窘境的关切。盲老人的问答,气息松,空发虚声,声音又低又拖,要读出无可奈何的叹息语气。晚上盲老人乞讨到了钱,当让·彼浩勒问及时,其回答和中午的回答形成鲜明对比,气息饱满,发实声,声音偏高偏快,要凸现兴奋而意外的高兴语气。盲老人不知道是让·彼浩勒帮了他的忙,让·彼浩勒做了好事没有声张。读第四小节时要展示让·彼浩勒的崇高形象,语调平稳坚定,要读出敬佩的证据,"悄悄"为感情重音,可采用低缓而坚定的声音形式来处理。

文章最后一节是对盲老人乞讨成功的感叹性议论。读这一节声音要富有感染力,语调宜夸张些。第一句为陈述句,引号里的话强起稍快上行,重读"春天"、"什么",接着语势稍抑平行,至句末渐缓稍顿平收,"诗意"、"这么"、"感情"为呼应性重音。第二句为感叹反问句,低起缓行,至排比短语处语势转为上行,声音拉紧,至第四个短语处语势转抑,声音放松,蓄势后语势又转为上行,声音渐紧渐高,要读出反问的语气。第三句为陈述句,语调平和,重读"良辰美景"、"失明"、"漆黑",要注意其间的呼应感。最后一句为感叹反问句,平起缓行,至"春天"处稍许停顿,以突出其后"不曾看到",进而引出人们对盲老人的"同情之心"。"同情之心"为感情重音,声音无须高强,可采用低沉含蓄加一字一顿的声音形式来处理,这样可引发听者心灵的震颤和对全文主旨的思考。

**四、议论文的朗读**

议论文是指有感而发,对某一件事表示自己的意见、观点、看法而形成的一篇文章,包括演讲稿、辩护词以及随笔等。从广义上说,也有人把随笔归入散文,但随笔跟抒情散文是完全不同的文体,随笔是一种议论文。

议论文有明确的观点,符合逻辑的论证过程,它应该脉络清楚,条理分明,重点突出。所以,议论文的朗读应该具有以下几个特点。

1. 声音明亮清晰。这是因为在文章中要明确地亮出作者的观点,而且是毫不犹豫,为了表现坚决,应该使用明亮的音色,发音时要使自己的发音器官肌肉紧绷。这样声音就不至于显得拖泥带水。

2. 重音作用明显。因为在议论文中有大量的议论,为了论证,一定会有所强调,所以语句重音就显出特别重要的作用。

3. 层次分明。议论文中的思考和议论必然有一定的脉络和思路,由此一步步带着听众走向结论,所以必须层次分明,朗读时必须运用音量的大小、速度的快慢等因素逐步推进到结论的出现,这也就是全文的高潮所在。

下面,我们以《理解万岁》为例,来具体说说议论文的朗读方法。

**理解万岁**

记得《论语·学而》中有那么一句话:“患不知人也。”意思是,可担忧的是不理解别人。

的确,理解、相知是人类那么宝贵的一种境界。理解自然、理解社会、理解人生……人类不也就是在这种境界之升华中运行的吗?

——乘着创世纪的挪亚方舟。理解是那只窥探到大自然,衔回了橄榄枝的鸽子;

——沿着千回百折的汨罗江,理解是屈原感叹社会而传唱于今的骚体长辞;

——拨着高山流水般的琴声,理解是蔡锷小凤仙人生难得一知己的知音一曲。

自然界在理解中求达平衡,社会在理解中求达和谐,而更重要的是人类在理解中求达进化。

人是需要理解的。每个人都渴望理解自己,也渴望理解他人,更渴望被他人理解。

不理解自己的人,是难以把握自己的人生航向的;不理解他人的人,是难以团结生活和事业的同盟军的;不被他人理解的人,则难以挣脱孤独和苦闷的阴影。而只有理解自己,也理解他人,同时让他们理解的人,才能在求索的漫漫路途中不昏不聩,不傲不矜,不伶不孑。

有时候,理解是一股热源,它能给人以无穷无尽的力量。镇守在亚热带南中国边疆的战士们,被短短一曲“十五的月亮”吟出了泉水般的泪水,他们紧紧抱在一起,陶醉在被理解之中,久久也不松开。一旦他们重新卧在堑壕里,那颗心便会化成山一样的屏障。

有时候,理解是一架罗盘,它能改变人一生的走向。在工读学校里,一道理解的目光,竟能使那误入歧途的年轻人怦然心动、反省、疚悔,以至作为一个真正的人重新崛起。

有时候，理解是一道霓虹；它能给原本庄重的生活增添绮丽。读一读马克思给燕妮的书信吧，伟人对理解的渴求，以及被理解后的欢愉和情爱，难道不会给你，给我们或新或深的启迪吗？

当然，要达到这个境界，并不是件轻而易举的事。恢宏的宇宙，繁复的社会，神秘的自然，以及大千世界，芸芸众生，要达到相互间那种完全彻底的默契无懈的理解，从现阶段人类的认识能力、幻想能力、道德能力、智商凝聚力及科学技术水平来看，还十分遥远。那么就一点一滴开始吧，理解自己的同志和朋友、父母和妻儿、理解自己周围的每棵小草，每片树叶，每粒尘土和每缕风，每束光吧！

**简析**

《理解万岁》这篇短文从《论语·学而篇》中的一句话："患不知人也"说起，论述了"理解是人类一种宝贵的境界"这个道理。在论述时，全文十个小节又从五个不同的层面加以阐述。这五个层面环环相扣，结构严密。

第一层面：开题与立论。第一小节——引用《论语》，提出话题。第二小节——论点：理解是人类宝贵的境界。

第二层面：历史的回顾。第三小节——人所共知的历史事实。第四小节——自然、社会的发展规律。

第三层面：人们需要它。第五小节——人渴望相互理解。第六小节——理解与否，影响巨大。

第四层面：理解是什么。第七小节——理解是热源，给人力量。第八小节——理解是罗盘，改变方向。第九小节——理解是霓虹，增添绮丽。

第五层面：怎样达到它。第十小节——从一点一滴开始。

我们可以清楚地看出，全文重点在第四层面。在这一层中作者用了三个小节来反复论证，同时也在这一层中用了很具体生动的事实来证明自己的论点。由此可见，作者说到这儿，倾注了感情，眼前似乎出现了堑壕里的战士、误入歧途的青年、历史上的伟人；耳边似乎听见了"十五的月亮"的歌声……因此我们在朗诵时，也要把这一层面作为重点来处理。我们在朗诵这几个小节时，一定要倾注我们的热情，例如：朗诵"紧紧"、"久久"、"山一样的"应该有重音，以体现理解给人的力量如何巨大；朗诵"怦然心动"、"反省"、"疚悔"时，音要一个比一个高而强，体现理解所带来的这些行动像一个又一个的台阶一样，把跌入深渊的人托上彼岸；在朗诵"霓虹"、"绮丽"、"书信"、"渴求"时，要把声音放得很柔和，不用加强而用延长的方法来处理重音，使声音充分表现出人们被理解之后的欢欣。

既然全文是以第四层面为中心的，前面的三个层面就要为第四层面做铺垫。第一层面用平实的语调，体现庄重；第二层面用较为缓慢低沉的语调，体现沧桑感；

第三层面逐步加快节奏和语速，从反面说时可以稍稍放慢放低，以便和正面说有所对比。这样就可以和第四层面相衔接。而最后一个层面，应该是引起听众深深思考的一节。朗读时要放慢语速加重语气，给人以“语重心长”的感觉。在这一小节，有些重音是决不能忽视的：“一点一滴”、“小草”、“树叶”、“尘土”、“风”、“光”。

也许有人会问，为什么要把重音放在草和叶上，朋友、父母就不重要吗？当然重要！父母、朋友，怎么说也比草、叶重要。请注意，这儿特别说的是“一点一滴”，是指要从身边最不容易注意的地方做起。因此后边一连串的人和事物是由大到小来排列的，不信，我们看看：和尘土相比，小草和树叶是不是还算大的？但是跟风和光相比，尘土是不是还算“有形”的？所以，这儿是由大到小排列的。作者的意思是：要是你连微不足道的东西都能理解，那你就能达到这个宝贵的境界了。由此可见作者要强调的正是那最小的东西。这也就是我们为什么要把树叶、尘土处理为重音的缘故。

**朗读练习**

分析并朗读下篇议论文。

**也谈责任**

自从来到这个世界以后，有一件行李便被安置在我们的背包中，无论经历多少长途跋涉，都不可能缺少它。这件行李被我们称为责任。

责任常常是双向的。父母对子女有抚养的责任，子女又对父母有赡养的责任；个人对社会有奉献的责任，同时社会也有对个人的责任，比如，社会有对未成年人的义务教育的责任。

能够承担责任的被称赞为勇者。古人常以“天下兴亡，匹夫有责”为训，才有历史上种种惊天动地之举。而不能承担责任的是懦夫。要承担责任，光有勇气是不够的，还必须付出艰辛的劳动。不信，让你看这样一个故事。

一个11岁的美国男孩在踢足球时，不小心将邻居家的玻璃打碎，邻居愤怒不已，向他索赔12.5美元。这12.5美元在当时可是天文数字，足够买下125只生蛋的母鸡了。男孩儿把闯祸的事告诉了父亲，并且忏悔。见儿子为难的样子，父亲拿出了12.5美元，说：“这笔钱是我借给你的，一年后要分毫不差地还给我。”男孩赔了钱之后，便开始艰苦地打工。终于，经过半年的努力，他把这“天文数字”分毫不差地还给了父亲。这个男孩就是后来的美国总统罗纳德·里根。他还回忆说：“通过自己的劳动来承担过失，使我懂得了到底什么是责任。”

的确，承担责任是需要付出艰苦劳动的。有的责任是我们应当承担的，不可以逃避的。但是，承担责任也要有一定原则，有的责任是不可以盲目地承担的，要量力而行。当我们在做事之前，要对整件事有个大概的了解，正确地估计一下自己的能力。否则，你将会迎来不堪设想的后果。

有时候，也会常常发生不负责任的事情，它们往往会酿成悲剧。

1982 年 5 月 28 日，一列火车向关内行驶，一位铁路工人把起道机放在路线上，没拿下来，便去买冰棍。结果造成了震惊中外的火车翻车事故。造成 10 节车厢报废，3 名旅客丧生。这次事故，原因无疑是这位工人没有尽自己的义务和责任。

责任是诚信的表现。尽管它有苦有甜，但是，该承担的我们都必须承担。让我们承担起肩上的责任时，高呼一声："扛起来吧，做一个坚强的勇者！"

## 五、说明文的朗读

1. 说明文的朗读基调

说明文具有条理清楚、结构严谨的特点，朗读时不应像朗读诗歌、寓言等文章要投入一定的情感。说明文的朗读基调应较平实，在语速、停顿等方面可以用叙述的语气把文章读得正确，强调说明文中所介绍事物的特点，使听众理解说明文的内容，在朗读中发展思维。

### 太阳

有这么一个传说：古时候，天上有 10 个太阳，晒得地面寸草不生，人们热得受不了，就找一个箭法很好的人射掉 9 个，只留下一个，地面上才不那么热了。其实，太阳离我们有 1.5 亿公里远。到太阳上去，如果步行，日夜不停地走，差不多要走 3 500年；就是坐飞机，也要飞二十几年。这么远，箭哪能射得到呢？

我们看到太阳，觉得它并不大，实际上它大得很，130 万个地球才能抵得上一个太阳。因为太阳离地球太远了，所以我们看上去只有一个盘子那么大。

太阳会发光，会发热，是个大火球。太阳的温度很高，表面温度有 6 000 摄氏度，就是钢铁碰到它，也会变成气；中心温度估计是表面温度的 2 500 倍。

太阳虽然离我们很远很远，但是它和我们的关系非常密切。有了太阳，地球上的庄稼和树木才能发芽，长叶，开花，结果；鸟、兽、虫、鱼才能生存、繁殖。如果没有太阳，地球上就不会有植物，也不会有动物。我们吃的粮食、蔬菜、水果、肉类，穿的棉、麻、毛、丝，都和太阳有密切的关系。埋在地下的煤炭，看起来好像跟太阳没有关系，其实离开太阳也不能形成。因为煤炭是由远古时代的植物埋在地层底下变成的。

地面上的水被太阳晒着的时候，吸收了热，变成了水蒸气。水蒸气遇冷，凝成了无数小水滴，飘浮在空中，变成云。云层里的小水滴越聚越多，就变成雨或雪落下来。

太阳晒着地面，有些地区吸收的热量多，那里的空气就比较热；有些地区吸收的热量少，那里的空气就比较冷。空气有冷有热，才能流动，成为风。

太阳光有杀菌的能力，我们可以利用它来预防和治疗疾病。

地球上的光明和温暖，都是太阳送来的，如果没有太阳，地球上将到处黑暗，到处是寒冷，没有风、雪、雨、露，没有草、木、鸟、兽，自然也不会有人。一句话，没有太阳，就没有我们这个美丽可爱的世界。

例如《太阳》一文，为了说明太阳离我们很远，开头引用了一个神话故事，这个神话故事的引用是为了帮助我们理解说明事物的状况，我们朗读时，可以区别于一般神话故事带着神秘的感情色彩的朗读，而应用较平实的叙述的语气来朗读。强调太阳离我们远，传说中的“箭能射到太阳”和“箭射不到太阳”，中间用了连词“其实”连接，为了让听众形象地感受太阳的远，朗读时可以将“其实”适当加强语气，又让人体会到“其实”这个连词含有转折的意思，引导听众关注句与句之间的条理和顺序。

介绍太阳的特点时，文中那些枯燥的数据说明，我们也要通过朗读，读出那些特点来。文章第一段写的就是太阳离地球很远的特点，“其实，太阳离我们有 1.5 亿公里远。到太阳上去，如果步行，日夜不停地走，差不多要走 3 500 年；就是坐飞机，也要飞二十几年。这么远，箭哪能射得到呢?”文中用了数字、举例、类比等说明方法，充分体现了太阳离地球很远的特点。把“其实”、“1.5 亿”、“太阳”、“步行”、“日夜不停”、“3 500 年”、“坐飞机”、“二十几年”等词语都重读，并且从“就是坐飞机”开始，语速稍微加快，这样太阳远的特点就很清晰深刻地印在我们的脑海中了。最后一句是疑问句，我们可以用若有所思的语气来读，效果会很好。

2. 逻辑感受

说明文对科学知识的说明，是按序列层层展开的，为了把握说明文内在的逻辑结构，在朗读时主要靠正确的停顿、节奏的变化来感受文章的内在逻辑结构。

例如《蛇与庄稼》中第一段，叙述了广东沿海地区发生的一次大规模的海啸后，庄稼得不到好收成，后来一位老农说破了秘密，老农说破秘密时的一段话是因果关系：原来洪水淹没了田地的时候，藏在洞里的蛇都给淹死了，田鼠却窜出洞来，因为没有了吃田鼠的蛇，田鼠繁殖得特别快，庄稼叫田鼠糟蹋得特别严重，所以庄稼就歉收了。在这一段话中，老农为了说清蛇与庄稼的关系，从现象分析，看到问题的实质，层层递进，我们朗读时，通过语调的变化来表达文章的内在逻辑结构。“藏在洞里的蛇都淹死了，田鼠却窜出洞来……因为没有了吃田鼠的蛇”读得稍慢，而“田鼠繁殖得特别快，庄稼叫田鼠糟蹋得特别严重”，读的时候应加快语速。“所以庄稼就歉收了”可以用平常的语速读。

**朗读练习**

朗读并分析下篇说明文。

### 人类能在地球上生活多久(节选)

人类能在地球上生活多久？这既涉及可持续发展战略，涉及地球为人类的生存和发展所提供的资源，也涉及地球的外在环境究竟能在多少年内维持不变。

太阳是决定地球外在环境最重要的因素。根据近代天文学家的理论，太阳将持续而稳定地向地球提供光和热，地球绕着太阳旋转的平均半径，将长期维持不变，至多只有极小的摆动，这一过程将至少还持续 40 亿年。过了 40 亿年后，太阳将逐渐膨胀而演化为红巨星，最后将地球完全吞吃到它的“肚子”里。

太阳对地球的影响实在是太巨大了，“只要太阳吼一吼，地球立即抖一抖”。至于人类，却承受不了地球的任何抖动！不过，太阳为地球持续提供长达 4 000 万年的光和热却是没有问题的。因为在 4 000 万年的年代里，所消耗的能量还不到太阳总量的 1%！所以，研究人类在地球上持续生存和发展的问题，至少要以人类在地球上持续生存 4 000 万年为奋斗目标！

但是人类面临的真正威胁，却是来自人类自身。如果人们认为 400 年前伽利略是近代科学之父的话，那么这 400 年来，科学、技术以及工业、农业的发展，就远远超过自有人类历史以来的 400 万年间的成就。与此同时，近 400 年来所消耗的地球上的资源，也大大超过了在 400 万年间人类所消耗的资源总量！如果按照现在消耗不断增长的趋势发展下去，试问 4 000 年后乃至 4 000 万年后的地球将是什么样的面貌？

地球上的资源可分为两类：一类是可再生资源，另一类是不可再生资源。虽然人类可以用消耗可再生资源的办法补充一些不可再生资源，但这在数量上毕竟是有限度的。所以，人类的生存和发展的问题，归根结底将取决于地球上的资源能在多少年内按照某些资源的消耗标准维持人类的正常生活。

其实，4 000 万年只是一个保守的说法，太阳的光和热，完全可能持续更长一些时间。即使太阳系内出现某些反常事件，如小行星撞击地球，但也不太可能在 4 000万年内发生，而且人们完全能发射有超强破坏力的导弹，使小行星改变航道；所以，地球上的居民，至少在相当长的一个时期内，是大可不必“杞人无事忧天倾”的！

但是，真正值得忧虑的，是人能否控制人类自身！

## 第四节　作品导读(60 篇)

作品 1 号

那是力争上游的一种树，笔直的干(gàn)，笔直的枝。它的干呢，通常是丈把高，像是加以人工似的(shìde)，一丈以内，绝无旁枝；它所有的丫枝(yāzhī)呢，一律向上，而且紧紧靠拢，也像是加以人工似的，成为一束，绝无横斜逸出；它的宽大的叶子也是片片向上，几乎(jīhū)没有斜生的，更不用说倒垂了；它的皮，光滑而有银色的晕圈(yùnquān),微微泛出淡青色。这是虽在北方的风雪的压迫下却保持着倔强(juéjiàng)挺立的一种树!哪怕只有碗来粗细罢,它却努力向上发展,高到丈许,两丈,参天耸立,不折不挠,对抗着西北风。

这就是白杨树,西北极普通的一种树,然而决不是平凡的树!

它没有婆娑(pósuō)的姿态,没有屈曲(qūqū)盘旋的虬枝(qiúzhī),也许你要说它不美丽,——如果美是专指"婆娑"或"横斜逸出"之类而言,那么白杨树算不得树中的好女子;但是它却是伟岸,正直,朴质,严肃,也不缺乏温和,更不用提它的坚强不屈与挺拔,它是树中的伟丈夫!当你在积雪初融的高原上走过,看见平坦的大地上傲然挺立这么一株或一排白杨树,难道你就只觉得树只是树,难道你就不想到它的朴质,严肃,坚强不屈,至少也象征了北方的农民;难道你竟一点儿(yīdiǎnr)也不联想到,在敌后的广大土//地上,到处有坚强不屈,就像这白杨树一样傲然挺立的守卫他们家乡的哨兵!难道你又不更远一点想到这样枝枝叶叶靠紧团结,力求上进的白杨树,宛然象征了今天在华北平原纵横决荡用血(xuè)写出新中国历史的那种精神(jīngshén)和意志。

节选自茅盾《白杨礼赞》

作品 2 号

两个同龄的年轻人同时受雇于一家店铺,并且拿同样的薪水(xīnshuǐ)。

可是一段时间后,叫阿诺德的那个小伙子青云直上,而那个叫布鲁诺的小伙子却仍(réng)在原地踏步。布鲁诺很不满意老板的不公正待遇。终于有一天他到老板那儿(nàr)发牢骚(láosāo)了。老板一边耐心地听着他的抱怨,一边在心里盘算(pánsuan)着怎样向他解释清楚他和阿诺德之间的差别(chābié)。

"布鲁诺先生,"老板开口说话了,"您现在到集市上去一下,看看今天早上(zǎoshang)有什么卖的。"

布鲁诺从集市上回来向老板汇报说,今早集市上只有一个农民拉了一车土豆在卖。

"有多少?"老板问。

布鲁诺赶快戴上帽子又跑到集上,然后回来告诉老板一共四十袋土豆。

"价格是多少?"

布鲁诺又第三次跑到集上问来了价格。

"好吧,"老板对他说,"现在请您坐到这把椅子上一句话也不要说,看看阿诺德怎么说。"

阿诺德很快就从集市上回来了。向老板汇报说到现在为止只有一个农民在卖土豆,一共四十口袋(kǒudai),价格是多少多少;土豆质量很不错,他带回来一个让老板看看。这个农民一个钟头以后还会弄来几箱西红柿,据他看价格非常公道

(gōngdao)。昨天他们铺子的西红柿卖得很快,库存已经不//多了。他想这么便宜(piányi)的西红柿,老板肯定会要进一些的,所以他不仅带回了一个西红柿做样品,而且把那个农民也带来了,他现在正在外面等回话呢。

此时老板转向了布鲁诺,说:“现在您肯定知道为什么阿诺德的薪水比您高了吧!”

节选自张健鹏、胡足青主编《故事时代》中《差别》

作品3号

我常常遗憾我家门前那块丑石:它黑黝黝(hēiyǒuyǒu)地卧在那里,牛似的模样(múyàng);谁也不知道是什么时候留在这里的,谁也不去理会它。只是麦收时节,门前摊了麦子,奶奶总是说:这块丑石,多占地面呀,抽空把它搬走吧。

它不像汉白玉那样的细腻,可以刻字雕花,也不像大青石那样的光滑,可以供(gōng)来浣纱(huànshā)捶布;它静静地卧在那里,院边的槐阴没有庇覆(bìfù)它,花儿(huā'ér)也不再在它身边生长。荒草便繁衍(fányǎn)出来,枝蔓(zhīmàn)上下,慢慢地,它竟锈上了绿苔、黑斑。我们这些做孩子的,也讨厌起它来,曾合伙要搬走它,但力气(lìqi)又不足;虽时时咒骂它,嫌弃(xiánqì)它,也无可奈何,只好任它留在那里了。

终有一日,村子里来了一个天文学家。他在我家门前路过,突然发现了这块石头,眼光立即(lìjí)就拉直了。他再没有离开,就住了下来;以后又来了好些人,都说这是一块陨石(yǔnshí),从天上落下来已经有二三百年了,是一件了不起(liǎobùqǐ)的东西(dōngxi)。不久便来了车,小心翼翼地将它运走了。

这使我们都很惊奇。这又怪又丑的石头,原来是天上的啊(ya)!它补过天,在天上发过热、闪过光,我们的先祖或许仰望过它,它给了他们光明、向往、憧憬(chōngjǐng);而它落下来了,在污土里,荒草里,一躺就//是几百年了!

我感到自己的无知,也感到了丑石的伟大,我甚至怨恨它这么多年竟会默默地忍受着这一切!而我又立即深深地感到它那种不屈于误解、寂寞的生存的伟大。

节选自贾平凹《丑石》

作品4号

在达瑞八岁的时候,有一天他想去看电影。因为(yīnwèi)没有钱,他想是向爸妈要钱,还是自己挣钱(zhèngqián)。最后他选择了后者。他自己调制(tiáozhì)了一种汽水,向过路的行人出售。可那时正是寒冷的冬天,没有人买,只有两个人例外——他的爸爸和妈妈。

他偶然有一个和非常成功的商人谈话的机会。当他对商人讲述了自己的“破产史”后,商人给了他两个重要的建议:一是尝试为别人解决一个难题;二是把精力集中在你知道的、你会的和你拥有的东西上。

这两个建议很关键。因为对于一个八岁的孩子而言，他不会做的事情很多。于是他穿过大街小巷，不停地思考：人们会有什么难题，他又如何利用这个机会？

一天，吃早饭时父亲（fùqin）让达瑞去取报纸。美国的送报员总是把报纸从花园篱笆（líba）的一个特制的管子里塞（sāi）进来。假如你想穿着睡衣舒舒服服（shūshūfúfú）地吃早饭和看报纸，就必须离开温暖的房间，冒着寒风，到花园去取。虽然路短，但十分麻烦（máfan）。

当达瑞为父亲取报纸的时候，一个主意（zhǔyi 或 zhúyi）诞生了。当天（dāngtiān）他就按响邻居（línju）的门铃，对他们说，每个月只需付给他一美元，他就每天早上把报纸塞到他们的房门底下。大多数人都同意了，很快他有//了七十多个顾客。一个月后，当他拿到自己赚（zhuàn）的钱时，觉得自己简直是飞上了天。

很快他又有了新的机会，他让他的顾客每天把垃圾袋放在门前，然后由他早上运到垃圾桶里，每个月加一美元。之后他还想出了许多孩子赚钱的办法，并把它集结（jíjié）成书，书名为《儿童挣钱的二百五十个主意》。为此，达瑞十二岁时就成了畅销书作家，十五岁有了自己的谈话节目，十七岁就拥有了几百万美元。

节选自博多·舍费尔《达瑞的故事》，刘志明译

作品 5 号

这是入冬以来，胶东半岛上第一场雪。

雪纷纷扬扬，下得很大。开始还伴着一阵儿（yīzhènr）小雨，不久就只见大片大片的雪花，从彤云密布的天空中飘落下来。地面上一会儿（yīhuìr）就白了。冬天的山村，到了夜里就万籁俱寂（wànlài-jùjì），只听得雪花簌簌地（sùsùde）不断往下落，树木的枯枝被雪压断了，偶尔咯吱一声响。

大雪整整下了一夜。今天早晨，天放晴了，太阳出来了。推开门一看，嗬！好大的雪啊（ya）！山川、河流、树木、房屋，全都罩上了一层厚厚的雪，万里江山，变成了粉妆玉砌的世界。落光了叶子的柳树上挂满了毛茸茸（máoróngróng）亮晶晶的银条儿（yíntiáor）；而那些冬夏常青的松树和柏树上，则挂满了蓬松松沉甸甸（chéndiāndiān）的雪球儿。一阵风吹来，树枝轻轻地摇晃，美丽的银条儿和雪球儿簌簌地落下来，玉屑（yùxiè）似的雪末儿（xuěmòr）随风飘扬，映着清晨的阳光，显出一道道五光十色的彩虹。

大街上的积雪足有一尺多深，人踩上去，脚底下发出咯吱咯吱的响声。一群群孩子在雪地里堆雪人，掷（zhì）雪球，那欢乐的叫喊声，把树枝上的雪都震落下来了。

俗话说，“瑞雪兆丰年”。这个话有充分的科学根据，并不是一句迷信的成语。寒冬大雪，可以冻死一部分越冬的害虫；融化了的水渗进土层深处，又能供应

(gōngyìng)//庄稼(zhuāngjia)生长的需要。我相信这一场十分及时的大雪,一定会促进明年春季作物,尤其是小麦的丰收。有经验的老农把雪比作是“麦子的棉被”。冬天“棉被”盖得越厚,明春麦子就长得越好,所以又有这样一句谚语:“冬天麦盖三层被,来年枕着馒头(mántou)睡。”

我想,这就是人们为什么把及时的大雪称为“瑞雪”的道理吧。

节选自峻青《第一场雪》

作品 6 号

我常想读书人是世间幸福人,因为他除了拥有现实的世界之外,还拥有另一个更为(gèngwéi)浩瀚(hàohàn)也更为丰富的世界。现实的世界是人人都有的,而后一个世界却为(wéi)读书人所独有。由此我想,那些失去或不能阅读的人是多么的不幸,他们的丧失是不可补偿的。世间有诸多(zhūduō)的不平等,财富的不平等,权力的不平等,而阅读能力的拥有或丧失却体现为精神的不平等。

一个人的一生,只能经历自己拥有的那一份欣悦,那一份苦难,也许再加上他亲自闻知的那一些关于自身以外的经历和经验。然而,人们通过阅读,却能进入不同时空的诸多他人的世界。这样,具有阅读能力的人,无形间获得了超越有限生命的无限可能性。阅读不仅使他多识了草木虫鱼之名,而且可以上溯(shàngsù)远古下及未来,饱览存在的与非存在的奇风异俗。

更为重要的是,读书加惠于人们的不仅是知识(zhīshi)的增广,而且还在于精神的感化与陶冶(táoyě)。人们从读书学做人,从那些往哲先贤以及当代才俊的著述中学得(xuédé)他们的人格。人们从《论语》(《Lúnyǔ》)中学得智慧的思考,从《史记》中学得严肃的历史精神,从《正气歌》中学得人格的刚烈,从马克思学得人世//的激情,从鲁迅学得批判精神,从托尔斯泰学得道德的执着(zhízhuó)。歌德的诗句刻写着睿智(ruìzhì)的人生,拜伦的诗句呼唤着奋斗的热情。一个读书人,一个有机会拥有超乎个人生命体验的幸运人。

节选自谢冕《读书人是幸福人》

作品 7 号

一天,爸爸下班回到家已经很晚了,他很累也有点儿(yǒudiǎnr)烦,他发现五岁的儿子靠在门旁正等着他。

“爸,我可以问您一个问题吗?”

“什么问题?”“爸,您一小时可以赚多少钱?”“这与你无关,你为什么问这个问题?”父亲生气地说。

“我只是想知道,请告诉我,您一小时赚多少钱?”小孩儿(xiǎoháir)哀求道。“假如你一定要知道的话,我一小时赚二十美金。”

“哦,”小孩儿低下了头,接着又说,“爸,可以借我十美金吗?”父亲发怒了:“如果你只是要借钱去买毫无意义的玩具的话，给我回到你的房间睡觉去。好好想想为什么你会那么自私。我每天辛苦工作，没时间和你玩儿（wánr）小孩子的游戏。”

小孩儿默默地回到自己的房间关上门。

父亲坐下来还在生气。后来，他平静下来了。心想他可能对孩子太凶了——或许孩子真的很想买什么东西，再说他平时很少要过钱。

父亲走进孩子的房间：“你睡了吗？”“爸，还没有，我还醒着。”孩子回答。

“我刚才可能对你太凶了，”父亲说，“我不应该（yīnggāi）发那么大的火儿（huǒr）——这是你要的十美金。”“爸，谢谢您。”孩子高兴地从枕头下拿出一些被弄皱的钞票，慢慢地数着。

“为什么你已经有钱了还要？”父亲不解地问。

“因为原来不够，但现在凑够了。”孩子回答：“爸我现在有//二十美金了，我可以向您买一个小时的时间吗？明天请早一点儿回家——我想和您一起吃晚餐。”

节选自唐继柳编译《二十美金的价值》

作品 8 号

我爱月夜，但我也爱星天。从前在家乡七八月的夜晚在庭院里纳凉的时候，我最爱看天上密密麻麻的繁星。望着星天，我就会忘记一切，仿佛（fǎngfú）回到了母亲的怀里似的。

三年前在南京我住的地方（dìfang）有一道后门，每晚我打开后门，便看见一个静寂（jìngjì）的夜。下面是一片菜园，上面是星群密布的蓝天。星光在我们的肉眼里虽然微小，然而它使我们觉得（juéde）光明无处不在。那时候我正在读一些天文学的书，也认得一些星星（xīngxing），好像它们就是我的朋友，它们常常在和我谈话一样。

如今在海上，每晚和繁星相对，我把它们认得（rènde）很熟了。我躺在舱面上，仰望（yǎngwàng）天空。深蓝色的天空里悬着无数半明半昧（bànmíng-bànmèi）的星。船在动，星也在动，它们是这样低，真是摇摇欲坠（yáoyáo-yùzhuì）呢！渐渐地我的眼睛模糊（móhu）了，我好像看见无数萤火虫在我的周围飞舞。海上的夜是柔和的，是静寂的，是梦幻的。我望着许多认识的星，我仿佛看见它们在对我眨眼，我仿佛听见它们在小声说话。这时我忘记了一切。在星的怀抱中我微笑着，我沉睡着。我觉得自己是一个小孩子，现在睡在母亲的怀里了。

有一夜，那个在哥伦波船上的英国人指给我看天上的巨人。他用手指着：//那四颗明亮的星是头，下面的几颗是身子（shēnzi），这几颗是手，那几颗是腿和脚，还有三颗星算是腰带。经他这一番指点，我果然看清楚（qīngchu）了那个天上的巨人。看，那个巨人还在跑呢！

节选自巴金《繁星》

作品9号

假日到河滩上转转,看见许多孩子在放风筝(fēngzheng)。一根根长长的引线,一头(yītóur)系(jì)在天上,一头系在地上,孩子同风筝都在天与地之间悠荡,连心也被悠荡得恍恍惚惚了,好像又回到了童年。

儿时放的风筝,大多是自己的长辈或家人编扎(biānzā)的,几根削(xiāo)得很薄(báo)的篾(miè),用细纱线扎成各种鸟兽的造型,糊(hú)上雪白的纸片,再用彩笔勾勒出面孔与翅膀的图案。通常扎得最多的是“老雕”、“美人儿”、“花蝴蝶”等。

我们家前院就有位叔叔,擅扎风筝,远近闻名。他扎的风筝不只体型好看,色彩艳丽,放飞得高远,还在风筝上绷一叶用蒲苇(púwěi)削成的膜片,经风一吹,发出“嗡嗡”(wēngwēng)的声响,仿佛是风筝的歌唱,在蓝天下播扬,给开阔的天地增添无尽的韵味,给驰荡的童心带来几分疯狂。

我们那条胡同(hútòngr)的左邻右舍的孩子们放的风筝几乎(jīhū)都是叔叔编扎的。他的风筝不卖钱,谁上门去要,就给谁,他乐意自己贴钱买材料。

后来,这位叔叔去了海外,放风筝也渐与孩子们远离了。不过年年叔叔给家乡写信,总不忘提起儿时的放风筝。香港回归之后,他在家信中说到,他这只被故乡放飞到海外的风筝,尽管飘荡游弋(yóuyì)、经沐(mù)风雨,可那线头儿(xiàntóur)一直在故乡和//亲人手中牵着,如今飘得太累了,也该要回归到家乡和亲人身边来了。

是的。我想,不光是叔叔,我们每个人都是风筝,在妈妈手中牵着,从小放到大,再从家乡放到祖国最需要的地方去啊(ya)!

节选自李恒瑞《风筝畅想曲》

作品10号

爸不懂得(dǒngde)怎样表达爱,使我们一家人融洽(róngqià)相处(xiāngchǔ)的是我妈。他只是每天上班下班,而妈则把我们做过的错事开列清单,然后由他来责骂我们。

有一次我偷了一块糖果,他要我把它送回去,告诉(gàosu)卖糖的说是我偷来的,说我愿意替他拆箱卸货作为赔偿。但妈妈(māma)却明白(míngbai)我只是个孩子。

我在运动场打秋千跌断了腿,在前往医院的途中一直抱着我的,是我妈。爸把汽车停在急诊室门口,他们叫他驶开,说那空位(kòngwèi)是留给紧急车辆停放的。爸听了便叫嚷道:“你以为这是什么车?旅游车?”

在我生日会上,爸总是显得有些不大相称(xiāngchèn)。他只是忙于吹气球,布置餐桌,做杂务。把插着蜡烛的蛋糕推过来让我吹的,是我妈。

我翻阅照相册时，人们总是问："你爸爸（bàba）是什么样子的？"天晓得！他老是忙着替别人拍照。妈和我笑容可掬（xiàoróng-kějū）地一起拍的照片（zhàopiàn），多得不可胜数（bùkěshèngshǔ）。

我记得妈有一次叫他教我骑自行车。我叫他别放手，但他却说是应该放手的时候了。我摔倒之后，妈跑过来扶我，爸却挥手要她走开。我当时生气极了，决心要给他点（diǎnr）颜色看。于是我马上爬上自行车，而且自己骑给他看。他只是微笑。

我念大学时，所有的家信都是妈写的。他除//了寄支票外，还寄过一封短柬给我，说因为我不在草坪上踢足球了，所以他的草坪长得很美。

每次我打电话回家，他似乎都想跟我说话，但结果总是说："我叫你妈来接。"

我结婚（jiéhūn）时，掉眼泪的是我妈。他只是大声擤（xǐng）了一下鼻子，便走出房间。

我从小到大都听他说："你到哪里去？什么时候回家？汽车有没有汽油？不，不准去。"爸完全不知道怎样表达爱。除非……

会不会是他已经表达了，而我却未能察觉？

节选自艾尔玛·邦贝克《父亲的爱》

作品 11 号

一个大问题一直盘踞在我脑袋（nǎodai）里：

世界杯怎么会有如此巨大的吸引力？除去足球本身的魅力之外，还有什么超乎其上而更伟大的东西？

近来观看世界杯，忽然从中得到了答案：是由于一种无上崇高的精神（jīngshén）情感——国家荣誉感！

地球上的人都会有国家的概念，但未必时时都有国家的感情。往往人到异国，思念家乡，心怀故国，这国家概念就变得有血（xiě）有肉，爱国之情来得非常具体。而现代社会，科技昌达，信息快捷，事事上网，世界真是太小太小，国家的界限似乎（sìhū）也不那么清晰了。再说足球正在快速世界化，平日里各国球员频繁转会，往来随意，致使越来越多的国家联赛都具有国际的因素。球员们不论国籍，只效力于自己的俱乐部，他们比赛时的激情中完全没有爱国主义的因子（yīnzǐ）。

然而，到了世界杯大赛，天下大变。各国球员都回国效力，穿上与光荣的国旗同样色彩的服装。在每一场比赛前，还高唱国歌以宣誓对自己祖国的挚爱（zhì'ài）与忠诚。一种血缘（xuèyuán）情感开始在全身的血管里燃烧起来，而且立刻热血（rèxuè）沸腾。

在历史年代，国家间经常发生对抗，好男儿（nán'ér）戎装（róngzhuāng）卫国。国家的荣誉往往需要以自己的生命去换//取。但在和平时代，唯有这种国家之间大规模对抗性的大赛，才可以唤起那种遥远而神圣的情感，那就是：为祖国而战！

节选自冯骥才《国家荣誉感》

作品 12 号

夕阳落山不久，西方的天空，还燃烧着一片橘红色的晚霞。大海，也被这霞光染成了红色，而且比天空的景色更要壮观。因为它是活动的，每当一排排波浪涌起的时候(shíhou)，那映照在浪峰上的霞光，又红又亮，简直就像一片片霍霍燃烧着的火焰，闪烁着，消失了。而后面的一排，又闪烁着，滚动着，涌了过来。

天空的霞光渐渐地淡下去了，深红的颜色变成了绯红(fēihóng)，绯红又变为浅红。最后，当这一切红光都消失了的时候，那突然显得高而远了的天空，则呈现(chéngxiàn)出一片肃穆的神色。最早出现的启明星，在这蓝色的天幕上闪烁起来了。它是那么大，那么亮，整个广漠的天幕上只有它在那里放射着令人注目的光辉，活像一盏悬挂在高空的明灯。

夜色加浓，苍空中的"明灯"越来越多了。而城市各处的真的灯火也次第亮了起来，尤其是围绕(wéirào)在海港周围山坡上的那一片灯光，从半空倒映在乌蓝的海面上，随着波浪，晃动着，闪烁着，像一串流动着的珍珠，和那一片片密布在苍穹(cāngqióng)里的星斗互相辉映，煞(shà)是好看。

在这幽美的夜色中，我踏着软绵绵(ruǎnmiánmián)的沙滩，沿着海边，慢慢地向前走去。海水，轻轻地抚摸着细软的沙滩，发出温柔的//唰唰声。晚来的海风，清新而又凉爽。我的心里，有着说不出的兴奋(xīngfèn)和愉快。

夜风轻飘飘地吹拂着，空气中飘荡着一种大海和田禾相混合(hùnhé)的香味儿，柔软的沙滩上还残留着白天太阳炙晒(zhìshài)的余温。那些在各个工作岗位上劳动了一天的人们，三三两两地来到这软绵绵的沙滩上，他们浴着凉爽的海风，望着那缀满了星星的夜空，尽情地说笑，尽情地休憩(xiūqì)。

节选自峻青《海滨仲夏夜》

作品 13 号

生命在海洋里诞生绝不是偶然的，海洋的物理和化学性质，使它成为孕育(yùnyù)原始生命的摇篮。

我们知道，水是生物的重要组成部分，许多动物组织的含水量在百分之八十以上，而一些海洋生物的含水量高达百分之九十五。水是新陈代谢(xīnchén-dàixiè)的重要媒介(méijiè)，没有它，体内的一系列生理和生物化学反应就无法进行，生命也就停止。因此，在短时期内动物缺水要比缺少食物更加危险。水对今天的生命是如此重要，它对脆弱的原始生命，更是举足轻重(jǔzú-qīngzhòng)了。生命在海洋里诞生，就不会有缺水之忧。

水是一种良好的溶剂。海洋中含有许多生命所必需的无机盐，如氯化钠

(lǜhuànà)、氯化钾、碳酸盐、磷酸盐(línsuānyán),还有溶解氧,原始生命可以毫不费力地从中吸取它所需要的元素。

水具有很高的热容量,加之海洋浩大,任凭夏季烈日暴晒(pùshài),冬季寒风扫荡,它的温度变化却比较(bǐjiào)小。因此,巨大的海洋就像是天然的“温箱”,是孕育原始生命的温床。

阳光虽然为(wéi)生命所必需,但是阳光中的紫外线却有扼杀(èshā)原始生命的危险。水能有效地吸收紫外线,因而(yīn'ér)又为(wèi)原始生命提供(tígōng)了天然的“屏障”(píngzhàng)。

这一切都是原始生命得以产生和发展的必要条件。

节选自童裳(cháng)亮《海洋与生命》

作品 14 号

读小学的时候(shíhou),我的外祖母去世了。外祖母生前最疼爱我,我无法排除自己的忧伤,每天在学校的操场上一圈儿(quānr)又一圈儿地跑着,跑得累倒在地上,扑在草坪上痛哭。

那哀痛的日子(rìzi),断断续续地持续了很久,爸爸(bàba)妈妈(māma)也不知道如何安慰我。他们知道与其骗我说外祖母睡着(shuìzháo)了,还不如对我说实话:外祖母永远不会回来了。

“什么是永远不会回来呢?”我问着。

“所有时间里的事物,都永远不会回来。你的昨天过去,它就永远变成昨天,你不能再回到昨天。爸爸以前也和你一样小,现在也不能回到你这么小的童年了;有一天你会长大,你会像外祖母一样老;有一天你度过了你的时间,就永远不会回来了。”爸爸说。

爸爸等于给我一个谜语,这谜语比课本上的“日历挂在墙壁,一天撕去一页,使我心里着急(zháojí)”和“一寸光阴一寸金,寸金难买寸光阴”还让我感到可怕;也比作文本上的“光阴似箭,日月如梭”更让我觉得(juéde)有一种说不出的滋味。

时间过得那么飞快,使我的小心眼儿里不只是着急,还有悲伤。有一天我放学回家,看到太阳快落山了,就下决心说:“我要比太阳更快地回家。”我狂奔回去,站在庭院前喘气的时候,看到太阳//还露着(lòuzhe)半边脸,我高兴地跳跃起来,那一天我跑赢了太阳。以后我就时常做那样的游戏,有时和太阳赛跑,有时和西北风比快,有时一个暑假才能做完的作业,我十天就做完了;那时我三年级,常常把哥哥五年级的作业拿来做。每一次比赛胜过时间,我就快乐得不知道怎么形容。

如果将来我有什么要教(jiāo)给我的孩子,我会告诉(gàosu)他:假若你一直和时间比赛,你就可以成功!

节选自林清玄《和时间赛跑》

作品 15 号

三十年代初，胡适（HúShì）在北京大学任教授。讲课时他常常对白话文大加称赞，引起一些只喜欢文言文而不喜欢白话文的学生的不满。

一次，胡适正讲得得意的时候，一位姓魏的学生（xuésheng）突然站了起来，生气地问："胡先生，难道说白话文就毫无缺点吗？"胡适微笑着回答说："没有。"那位学生更加激动了："肯定有！白话文废话太多，打电报用字多，花钱多。"胡适的目光顿时变亮了。轻声地解释说："不一定吧！前几天有位朋友（péngyou）给我打来电报，请我去政府部门工作，我决定不去，就回电拒绝了。复电是用白话写的，看来也很省字。请同学们根据我这个意思（yìsi），用文言文写一个回电，看看究竟是白话文省字，还是文言文省字？"胡教授刚说完，同学们立刻认真地写了起来。

十五分钟过去，胡适让同学举手，报告用字的数目，然后挑了一份用字最少的文言电报稿，电文是这样写的：

"才疏学浅，恐难胜任，不堪从命。"白话文的意思是：学问不深，恐怕很难担任这个工作，不能服从安排。

胡适说，这份写得确实不错，仅用了十二个字。但我的白话电报却只用了五个字：

"干不了（gànbuliǎo），谢谢（xièxie）！"

胡适又解释说："干不了"就有才疏学浅、恐难胜任的意思；"谢谢"既//对朋友的介绍表示感谢，又有拒绝的意思。所以，废话多不多，并不看它是文言文还是白话文，只要注意选用字词，白话文是可以比文言文更省字的。

节选自陈灼主编《实用汉语中级教程》（上）中《胡适的白话电报》

作品 16 号

很久以前，在一个漆黑的秋天的夜晚，我泛舟在西伯利亚一条阴森森的河上。船到一个转弯处，只见前面黑黢黢（hēiqūqū）的山峰下面一星火光蓦地（mòde）一闪。

火光又明又亮，好像就在眼前……

"好啦，谢天谢地！"我高兴地说，"马上就到过夜的地方（dìfang）啦！"

船夫扭头朝身后的火光望了一眼，又不以为然地划桨来。

"远着呢！"

我不相信他的话，因为（yīnwèi）火光冲破朦胧的夜色，明明就在那儿（nàr）闪烁。不过船夫是对的，事实上，火光的确（díquè）还远着呢。

这些黑夜的火光的特点是：驱散黑暗，闪闪发亮，近在眼前，令人神往。乍一看，再划几下就到了……其实却还远着呢！……

我们在漆黑如墨的河上又划了很久。一个个峡谷和悬崖，迎面驶来，又向后移去，仿佛消失在茫茫的远方，而火光却依然停在前头(qiántou)，闪闪发亮，令人神往——依然是这么近，又依然是那么远……

现在，无论是这条被悬崖峭壁的阴影笼罩的漆黑的河流，还是那一星明亮的火光，都经常浮现在我的脑际，在这以前和在这以后，曾有许多火光，似乎近在咫尺(zhǐchǐ)，不止使我一人心驰神往。可是生活之河却仍然在那阴森森的两岸之间流着，而火光也依旧非常遥远。因此，必须加劲划桨……

然而，火光啊(nga)……毕竟……毕竟就//在前头！

节选自柯罗连科《火光》，张铁夫译

作品 17 号

对于一个在北平住惯的人，像我，冬天要是不刮风，便觉得(juédé)是奇迹；济南(Jǐnán)的冬天是没有风声的。对于一个刚由伦敦回来的人，像我，冬天要能看得见日光，便觉得是怪事；济南的冬天是响晴的。自然，在热带的地方，日光永远是那么毒，响亮的天气，反有点儿(yǒudiǎnr)叫人害怕。可是，在北方的冬天，而能有温晴的天气，济南真得(děi)算个宝地。

设若单单是有阳光，那也算不了(suànbuliǎo)出奇。请闭上眼睛(yǎnjing)想：一个老城，有山有水，全在天底下晒着阳光，暖和(nuǎnhuo)安适地睡着，只等春风来把它们唤醒，这是不是理想的境界？小山整把济南围了个圈儿(quānr)，只有北边缺着点口儿(kǒur)。这一圈小山在冬天特别可爱，好像是把济南放在一个小摇篮里，它们安静不动地低声地说："你们放心吧，这儿(zhèr)准保暖和。"真的，济南的人们在冬天是面上含笑的。他们一看那些小山，心中便觉得有了着落(zhuóluò)，有了依靠。他们由天上看到山上，便不知不觉地想起：明天也许就是春天了吧？这样的温暖，今天夜里山草也许就绿起来了吧？就是这点儿幻想不能一时实现，他们也并不着急(zháojí)，因为(yīnwèi)这样慈善的冬天，干什么还希望别的呢！

最妙的是下点儿小雪呀。看吧，山上的矮松越发的青黑，树尖儿(jiānr)上//顶着一髻儿(yījìr)白花，好像日本看护妇(kānhùfù)。山尖儿全白了，给蓝天镶上一道银边(yínbiānr)。山坡上，有的地方雪厚点儿，有的地方草色还露着(lòuzhe)；这样，一道儿白，一道儿暗黄，给山们穿上一件带水纹儿的花衣；看着看着，这件花衣好像被风儿(fēng'ér)吹动，叫你希望看见一点儿更美的山的肌肤。等到快日落的时候，微黄的阳光斜射在山腰上，那点儿薄(báo)雪好像忽然害羞，微微露出点儿粉色。就是下小雪吧，济南是受不住(shòubuzhù)大雪的，那些小山太秀气(xiùqi)。

节选自老舍《济南的冬天》

作品 18 号

纯朴的家乡村边有一条河，曲曲弯弯（qūqū-wānwān），河中架一弯石桥，弓样的小桥横跨两岸。

每天，不管是鸡鸣晓月，日丽中天，还是月华泻地，小桥都印下串串足迹，洒落串串汗珠。那是乡亲（xiāngqīn）为了追求多棱（duōléng）的希望，兑现（duìxiàn）美好的遐想。弯弯小桥，不时荡过轻吟低唱，不时露出（lùchū）舒心的笑容。

因而，我稚小（zhìxiǎo）的心灵，曾将心声献给小桥：你是一弯银色的新月，给人间普照光辉；你是一把闪亮的镰刀，割刈（gēyì）着欢笑的花果；你是一根晃悠悠的扁担（biǎndan），挑起了彩色的明天！哦，小桥走进我的梦中。

我在漂泊（piāobó）他乡的岁月，心中总涌动着故乡的河水，梦中总看到弓样的小桥。当我访南疆探北国，眼帘闯进座座雄伟的长桥时，我的梦变得丰满了，增添了赤橙黄绿青蓝紫。

三十多年过去，我带着满头霜花回到故乡，第一（dì-yī）紧要的便是去看望小桥。

啊！小桥呢？它躲起来了？河中一道长虹，浴着朝霞熠熠（yìyì）闪光。哦，雄浑的大桥敞开胸怀，汽车的呼啸、摩托（mótuō）的笛音、自行车的丁零，合奏着进行交响乐；南来的钢筋、花布，北往的柑橙、家禽，绘出交流欢跃图……

啊！蜕变（tuìbiàn）的桥，传递了家乡进步的消息（xiāoxi），透露了家乡富裕的声音。时代的春风，美好的追求，我蓦地（mòdì）记起儿时唱//给小桥的歌，哦，明艳艳的太阳照耀了，芳香甜蜜的花果捧来了，五彩斑斓的岁月拉开了！

我心中涌动的河水，激荡起甜美的浪花。我仰望一碧蓝天，心底轻声呼喊：家乡的桥啊（wa），我梦中的桥！

节选自郑莹《家乡的桥》

作品 19 号

三百多年前，建筑设计师莱伊恩受命设计了英国温泽市政府大厅。他运用工程力学的知识（zhīshi），依据自己多年的实践，巧妙地设计了只用一根柱子支撑的大厅天花板。一年以后，市政府权威人士进行工程验收时，却说只用一根柱子支撑天花板太危险，要求莱伊恩再多加几根柱子。

莱伊恩自信只要一根坚固的柱子足以保证大厅安全，他的“固执（gùzhi）”惹恼了市政官员，险些被送上法庭。他非常苦恼，坚持自己原先的主张吧，市政官员肯定会另找人修改设计；不坚持吧，又有悖（yǒubèi）自己为人的准则。矛盾了很长一段时间，莱伊恩终于想出了一条妙计，他在大厅里增加了四根柱子，不过这些柱子并未与天花板接触，只不过是装装（zhuāngzhuang）样子。

三百多年过去了，这个秘密始终没有被人发现。直到前两年，市政府准备修缮

(xiūshàn)大厅的天花板,才发现莱伊恩当年的"弄虚作假"。消息传出后,世界各国的建筑专家和游客云集,当地政府对此也不加掩饰,在新世纪到来之际,特意将大厅作为一个旅游景点对外开放,旨(zhǐ)在引导人们崇尚(chóngshàng)和相信科学。

作为一名建筑师,莱伊恩并不是最出色的。但作为一个人,他无疑非常伟大,这种//伟大表现在他始终恪守(kèshǒu)着自己的原则,给高贵的心灵一个美丽的住所,哪怕是遭遇到最大的阻力,也要想办法抵达胜利。

节选自游宇明《坚守你的高贵》

作品20号

自从传言有人在萨文河畔散步时无意发现了金子(jīnzi)后,这里便常有来自四面八方的淘金者。他们都想成为富翁,于是寻遍了整个河床,还在河床上挖出很多大坑,希望借助它们找到更多的金子。的确,有一些人找到了,但另外一些人因为(yīnwèi)一无所得而只好扫兴归去。

也有不甘心落后的,便驻扎(zhùzhā)在这里,继续寻找。彼得·弗雷特就是其中一员。他在河床附近买了一块没人要的土地,一个人默默地工作。他为了找金子,已把所有的钱都押在这块土地上。他埋头苦干了几个月,直到土地全变成了坑坑洼洼(kēngkēng-wāwā),他失望了——他翻遍了整块土地,但连一丁点儿(yīdīngdiǎnr)金子都没看见。

六个月后,他连买面包的钱都没有了。于是他准备离开这儿(zhèr)到别处去谋生。

就在他即将(jíjiāng)离去的前一个晚上,天下起了倾盆大雨,并且一下就是三天三夜。雨终于停了,彼得走出小木屋,发现眼前的土地看上去好像和以前不一样:坑坑洼洼已被大水冲刷平整,松软的土地上长出一层绿茸茸(lǜróngróng)的小草。

"这里没找到金子,"彼得忽有所悟地说,"但这土地很肥沃,我可以用来种花,并且拿到镇上去卖给那些富人,他们一定会买些花装扮他们华丽的客厅。//如果真是这样的话,那么我一定会赚(zhuàn)许多钱。有朝一日我也会成为富人……"

于是他留了下来。彼得花了不少精力培育花苗,不久田地里长满了美丽娇艳的各色鲜花。

五年以后,彼得终于实现了他的梦想——成了一个富翁。"我是唯一的一个找到真金的人!"他时常不无骄傲地告诉(gàosu)别人,"别人在这儿找不到金子后便远远地离开,而我的'金子'是在这块土地里,只有诚实的人用勤劳才能采集到。"

节选自陶猛译《金子》

作品 21 号

我在加拿大学习期间遇到过两次募捐,那情景至今使我难以忘怀。

一天,我在渥太华(Wòtàihuá)的街上被两个男孩子拦住去路,他们十来岁,穿得整整齐齐,每人头上戴着个做工精巧、色彩鲜艳的纸帽,上面写着“为帮助患小儿麻痹(mábì)的伙伴募捐”。其中的一个,不由分说就坐在小凳上给我擦起皮鞋来,另一个则彬彬有礼地发问:“小姐,您是哪国人?喜欢渥太华吗?”“小姐,在你们国家有没有小孩儿(xiǎoháir)患小儿麻痹?谁给他们医疗费?”一连串的问题,使我这个有生以来头一次在众目睽睽(zhòngmù-kuíkuí)之下让别人擦鞋的异乡人,从近乎狼狈的窘态(jiǒngtài)中解脱出来。我们像朋友(péngyou)一样聊起天儿(tiānr)来……

几个月之后,也是在街上。一些十字路口处或车站坐着几位老人。他们满头银发(yínfà),身穿各种老式军装,上面布满了大大小小形形色色的徽章、奖章,每人手捧一大束鲜花,有水仙、石竹、玫瑰(méigui)及叫不出名字的,一色雪白。匆匆过往的行人纷纷止步,把钱投进这些老人身旁的白色木箱内,然后向他们微微鞠躬,从他们手中接过一朵花。我看了一会儿(yīhuìr),有人投一两元,有人投几百元,还有人掏出支票填好后投进木箱。那些老军人毫不注意人们捐多少钱,一直不//停地向人们低声道谢。同行(tóngxíng)的朋友告诉我,这是为纪念二次大战中参战的勇士,募捐救济残废军人和烈士遗孀(yíshuāng),每年一次;募捐的人可谓踊跃,而且秩序井然,气氛(qìfēn)庄严。有些地方(dìfang),人们还耐心地排着队。我想,这是因为他们都知道(zhīdao):正是这些老人们的流血牺牲换来了包括他们信仰自由在内的许许多多。

我两次把那微不足道的一点儿钱捧给他们,只想对他们说声“谢谢(xièxie)”。

节选自青白《捐诚》

作品 22 号

没有一片绿叶,没有一缕炊烟,没有一粒泥土,没有一丝花香,只有水的世界,云的海洋。

一阵台风袭(xí)过,一只孤单的小鸟无家可归,落到被卷到海洋里的木板上,乘(chéng)流而下,姗姗而来,近了,近了!……

忽然,小鸟张开翅膀,在人们头顶盘旋了几圈儿(quānr),“噗啦(pūlā)”一声落到了船上。许是累了?还是发现了“新大陆”?水手撵它它不走,抓它,它乖乖地落在掌心。可爱的小鸟和善良的水手结成(jiéchéng)了朋友(péngyou)。

瞧,它多美丽,娇巧的小嘴,啄理(zhuólǐ)着绿色的羽毛,鸭子样的扁脚,呈现(chéngxiàn)出春草的鹅黄。水手们把它带到舱里,给它“搭铺”,让它在船上安家落户,每天,把分到的一塑料(sùliào)筒淡水匀给它喝,把从祖国带来的鲜美的鱼肉分给它吃,天长日久,小鸟和水手的感情日趋笃厚(dǔhòu)。清晨,当第一束(shù)阳光射进舷窗(xiánchuāng)时,它便敞开美丽的歌喉,唱啊(nga)唱,嘤嘤有韵,宛如春水淙淙(cóngcóng)。人类给它以生命,它毫不悭吝(qiānlìn)地把自己的艺术青春奉献给了哺育它的人。可能都是这样?艺术家们的青春只会献给尊敬他们的人。

小鸟给远航生活蒙上了一层浪漫色调,返航时,人们爱不释手,恋恋不舍地想把它带到异乡。可小鸟憔悴(qiáocuì)了,给水,不喝!喂肉,不吃!油亮的羽毛失去了光泽。是啊(ra),我//们有自己的祖国,小鸟也有它的归宿,人和动物都是一样啊(nga),哪儿(nǎr)也不如故乡好!

慈爱的水手们决定放开它,让它回到大海的摇篮去,回到蓝色的故乡去。离别前,这个大自然的朋友与水手们留影纪念。它站在许多人的头上,肩上,掌上,胳膊(gēbo)上,与喂养过它的人们,一起融进那蓝色的画面……

节选自王文杰《可爱的小鸟》

作品 23 号

纽约的冬天常有大风雪,扑面的雪花不但令人难以睁开眼睛(yǎnjing),甚至呼吸都会吸入冰冷的雪花。有时前一天晚上还是一片晴朗,第二天拉开窗帘,却已经积雪盈尺,连门都推不开了。

遇到这样的情况,公司、商店常会停止上班,学校也通过广播,宣布停课。但令人不解的是,唯有公立小学,仍然开放。只见黄色的校车,艰难地在路边接孩子,老师则一大早就口中喷着热气,铲去车子(chēzi)前后的积雪,小心翼翼(xiǎoxīn-yìyì)地开车去学校。

据统计,十年来纽约的公立小学只因为(yīnwèi)超级暴风雪停过七次课。这是多么令人惊讶的事。犯得着(fàndezháo)在大人都无须上班的时候让孩子去学校吗?小学的老师也太倒霉了吧?

于是,每逢大雪而小学不停课时,都有家长打电话去骂。妙的是,每个打电话的人,反应全一样——先是怒气冲冲地责问,然后满口道歉,最后笑容满面地挂上电话。原因是,学校告诉家长:

在纽约有许多百万富翁,但也有不少贫困的家庭。后者白天开不起暖气,供不起(gōngbuqǐ)午餐,孩子的营养全靠学校里免费的中饭,甚至可以多拿些回家当(dàng)晚餐。学校停课一天,穷孩子就受一天冻,挨(ái)一天饿,所以老师们宁愿(nìngyuàn)自己苦一点儿,也不能停//课。

或许有家长会说:何不让富裕的孩子在家里,让贫穷的孩子去学校享受暖气和营养午餐呢?

学校的答复是:我们不愿让那些穷苦的孩子感到他们是在接受救济,因为施舍的最高原则是保持受施者的尊严。

节选自刘墉《课不能停》

作品 24 号

十年，在历史上不过是一瞬间(shùnjiān)。只要稍加注意，人们就会发现：在这一瞬间里，各种事物都悄悄经历了自己的千变万化。

这次重新访日，我处处感到亲切和熟悉(shúxī)，也在许多方面发觉了日本的变化。就拿奈良(Nàiliáng)的一个角落来说吧，我重游了为(wèi)之感受很深的唐招提寺，在寺内各处匆匆走了一遍，庭院依旧，但意想不到还看到了一些新的东西(dōngxi)。其中之一，就是近几年从中国移植来的"友谊之莲"。

在存放鉴真遗像的那个院子(yuànzi)里，几株中国莲昂然挺立，翠绿的宽大荷叶正迎风而舞，显得十分愉快(yúkuài)。开花的季节已过，荷花朵朵已变为莲蓬(liánpeng)累累(lěilěi)。莲子(liánzǐ)的颜色正在由青转紫，看来已经成熟了。我禁不住(jīnbuzhù)想："因"已转化为"果"。

中国的莲花开在日本，日本的樱花开在中国，这不是偶然。我希望这样一种盛况延续不衰。可能有人不欣赏花，但决不会有人欣赏落在自己面前的炮弹。

在这些日子(rìzi)里，我看到了不少多年不见的老朋友，又结识(jiéshí)了一些新朋友。大家喜欢涉及的话题之一，就是古长安和古奈良。那还用得着(yòngdezháo)问吗？朋友们缅怀(miǎnhuái)过去，正是瞩望(zhǔwàng)未来。瞩目于未来的人们必将获得未来。

我不例外，也希望一个美好的未来。

为//了(wèile)中日人民之间的友谊，我将不浪费今后生命的每一瞬间。

节选自严文井《莲花和樱花》

作品 25 号

梅雨潭闪闪的绿色招引着我们，我们开始追捉她那离合的神光了。揪着草，攀着乱石，小心探身下去，又鞠躬过了一个石穹门(shíqióngmén)，便到了汪汪一碧的潭边了。

瀑布(pùbù)在襟袖(jīnxiù)之间，但是我的心中已没有瀑布了。我的心随潭水的绿而摇荡。那醉人的绿呀！仿佛一张极大极大的荷叶铺(pū)着，满是奇异的绿呀。我想张开两臂抱住她，但这是怎样一个妄想啊(nga)。

站在水边，望到那面，居然觉着有些远呢！这平铺着，厚积着的绿，着实(zhuóshí)可爱。她松松地皱缬(zhòuxié)着，像少妇拖着的裙幅；她滑滑的明亮着，像涂了"明油"一般，有鸡蛋清那样软，那样嫩；她又不杂些尘滓(chénzǐ)，宛然一块温润的碧玉，只清清的一色——但你却看不透她！

我曾见过北京什刹海(Shíchàhǎi)拂地(fúdì)的绿杨，脱不了鹅黄的底子

(dǐzi),似乎太淡了。我又曾见过杭州虎跑寺(Hǔpáosì)近旁高峻而深密的“绿壁”,丛叠着无穷的碧草与绿叶的,那又似乎太浓了。其余呢,西湖的波太明了,秦淮河的也太暗了。可爱的,我将什么来比拟(bǐnǐ)你呢? 我怎么比拟得出呢? 大约潭是很深的,故能蕴蓄(yùnxù)着这样奇异的绿;仿佛蔚蓝的天融了一块在里面似的,这才这般的鲜润啊(na)。

那醉人的绿呀! 我若能裁你以为带,我将赠给那轻盈的//舞女,她必能临风飘举了。我若能挹(yì)你以为眼,我将赠给那善歌的盲妹,她必能明眸善睐(míngmóu-shànlài)了。我舍不得(shěbudé)你;我怎舍得你呢? 我用手拍着你,抚摩(fǔmó)着你,如同一个十二三岁的小姑娘。我又掬(jū)你入口,便是吻着她了。我送你一个名字(míngzi),我从此叫你“女儿绿”,好吗?

第二次到仙岩的时候,我不禁(bùjīn)惊诧(jīngchà)于梅雨潭的绿了。

节选自朱自清《绿》

作品 26 号

我们家的后园有半亩空地(kòngdì),母亲(mǔqin)说:“让它荒着怪可惜的,你们那么爱吃花生,就开辟出来种花生吧。”我们姐弟几个都很高兴,买种(mǎizhǒng),翻地,播种(bōzhǒng),浇水,没过几个月,居然收获了。

母亲说:“今晚我们过一个收获节,请你们父亲(fùqin)也来尝尝我们的新花生,好不好(hǎobuhǎo)?”我们都说好。母亲把花生做成了好几样食品,还吩咐(fēnfù)就在后园的茅亭里过这个节。

晚上天色不太好,可是父亲也来了,实在很难得(nándé)。

父亲说:“你们爱吃花生吗?”

我们争着答应(dāying):“爱!”

“谁能把花生的好处(hǎochu)说出来?”

姐姐(jiějie)说:“花生的味(wèir)美。”

哥哥(gēge)说:“花生可以榨油。”

我说:“花生的价钱(jiàqian)便宜(piányi),谁都可以买来吃,都喜欢吃。这就是它的好处。”

父亲说:“花生的好处很多,有一样最可贵:它的果实埋在地里,不像桃子(táozi)、石榴(shíliu)、苹果那样,把鲜红嫩绿的果实高高地挂在枝头上,使人一见就生爱慕之心。你们看它矮矮地长在地上,等到成熟了,也不能立刻分辨出来它有没有果实,必须挖出来才知道。”

我们都说是,母亲也点点头。

父亲接下去说:“所以你们要像花生,它虽然不好看,可是很有用,不是外表好看而没有实用的东西(dōngxi)。”

我说："那么，人要做有用的人，不要做只讲体面（tǐmian），而对别人没有好处的人了。"//

父亲说："对。这是我对你们的希望。"

我们谈到夜深才散。花生做的食品都吃完了，父亲的话却深深地印在我的心上。

节选自许地山《落花生》

作品 27 号

我打猎归来，沿着花园的林荫（línyīn）路走着。狗跑在我前边。

突然，狗放慢脚步，蹑足潜行（nièzú-qiánxíng），好像嗅（xiù）到了前边有什么野物。

我顺着林荫路望去，看见了一只嘴边还带黄色、头上生着柔毛的小麻雀（máquè）。风猛烈地吹打着林荫路上的白桦树（báihuàshù），麻雀从巢里跌落下来，呆呆地伏在地上，孤立无援地张开两只羽毛还未丰满的小翅膀。

我的狗慢慢向它靠近。忽然，从附近一棵树上飞下一只黑胸脯（xiōngpú）的老麻雀，像一颗石子（shízǐ）似的（shìde）落到狗的跟前。老麻雀全身倒竖（dàoshù）着羽毛，惊恐万状，发出绝望、凄惨的叫声，接着向露出（lùchū）牙齿、大张着的狗嘴扑去。

老麻雀是猛扑下来救护幼雀的。它用身体掩护着自己的幼儿（yòu'ér）……但它整个小小的身体因恐怖而战栗（zhànlì）着，它小小的声音也变得粗暴嘶哑，它在牺牲自己！

在它看来，狗该是多么庞大的怪物啊（wa）！然而它还是不能站在自己高高的、安全的树枝上……一种比它的理智更强烈的力量，使它从那儿（nàr）扑下身来。

我的狗站住了，向后退了退……看来，它也感到了这种力量（lìliàng）。

我赶紧唤住惊慌失措的狗，然后我怀着崇敬（chóngjìng）的心情，走开了。

是啊（ra），请不要见笑。我崇敬那只小小的、英勇的鸟儿（niǎo'ér），我崇敬它那种爱的冲动和力量。

爱，我//想，比死和死的恐惧更强大。只有依靠它，依靠这种爱，生命才能维持下去，发展下去。

节选自屠格涅夫《麻雀》，巴金译

作品 28 号

那年我六岁。离我家仅一箭之遥的小山坡旁，有一个早已被废弃的采石场，双亲从来不准我去那儿（nàr），其实那儿风景十分迷人。

一个夏季的下午，我随着一群小伙伴偷偷上那儿去了。就在我们穿越了一条孤寂的小路后，他们却把我一个人留在原地，然后奔（bēn）向"更危险的地带"了。

等他们走后，我惊慌失措（jīnghuāngshīcuò）地发现，再也找不到要回家的那条孤寂的小道了。像只无头的苍蝇（cāngying），我到处乱钻，衣裤上挂满了芒刺。太阳已落山，而此时此刻，家里一定开始吃晚餐了，双亲正盼着我回家……想着想着，我不由得（bùyóude）背靠着一棵树，伤心地呜呜大哭起来……

突然，不远处传来了声声柳笛。我像找到了救星，急忙循声（xúnshēng）走去。一条小道边的树桩上坐着一位吹笛人，手里还正削（xiāo）着什么。走近细看，他不就是被大家称为“乡巴佬儿（xiāngbalǎor）”的卡廷（Kǎtíng）吗？

“你好，小家伙儿（xiǎojiāhuor），”卡廷说，“看天气多美，你是出来散步的吧？”

我怯生生地点点头，答道：“我要回家了。”

“请耐心等上几分钟，”卡廷说，“瞧，我正在削一支柳笛，差不多就要做好了，完工后就送给你吧！”

卡廷边削边不时把尚未成形的柳笛放在嘴里试吹一下。没过多久，一支柳笛便递到我手中。我俩在一阵阵清脆悦耳的笛音//中，踏上了归途……

当时，我心中只充满感激，而今天，当我自己也成了祖父时，却突然领悟到他用心之良苦！那天当他听到我的哭声时，便判定我一定迷了路，但他并不想在孩子面前扮演“救星”的角色（juésè），于是吹响柳笛以便让我能发现他，并跟着他走出困境！就这样，卡廷先生（xiānsheng）以乡下人（xiāngxiarén）的纯朴，保护了一个小男孩儿（xiǎonánháir）强烈的自尊。

节选自唐若水译《迷途笛音》

作品 29 号

在浩瀚无垠（wúyín）的沙漠里，有一片美丽的绿洲，绿洲里藏着一颗闪光的珍珠。这颗珍珠就是敦煌莫高窟。它坐落在我国甘肃省敦煌市三危山和鸣沙山的怀抱中。

鸣沙山东麓（dōnglù）是平均高度为十七米的崖壁。在一千六百多米长的崖壁上，凿（záo）有大小洞窟七百余个，形成了规模宏伟的石窟群。其中四百九十二个洞窟中，共有彩色塑像（sùxiàng）两千一百余尊，各种壁画共四万五千多平方米。莫高窟是我国古代无数艺术匠师留给人类的珍贵文化遗产。

莫高窟的彩塑，每一尊都是一件精美的艺术品。最大的有九层楼那么高，最小的还不如一个手掌大。这些彩塑个性鲜明，神态各异。有慈眉善目的菩萨（púsa），有威风凛凛（wēifēng-lǐnlǐn）的天王，还有强壮勇猛的力士……

莫高窟壁画的内容丰富多彩，有的是描绘古代劳动人民打猎、捕鱼、耕田、收割的情景，有的是描绘人们奏乐、舞蹈、演杂技的场面，还有的是描绘大自然的美丽风光。其中最引人注目的是飞天。壁画上的飞天，有的臂挎花篮，采摘鲜花；有的反弹琵琶（pípa），轻拨银弦；有的倒悬身子（shēnzi），自天而降；有的彩带飘拂，漫天遨游(áoyóu);有的舒展着双臂,翩翩起舞(piānpiān-qǐwǔ)。看着这些精美动人的壁画,就像走进了//灿烂辉煌的艺术殿堂。

莫高窟里还有一个面积(miànjī)不大的洞窟——藏经洞。洞里曾藏有我国古代的各种经卷、文书、帛画(bóhuà)、刺绣、铜像等共六万多件。由于清朝政府腐败无能,大量珍贵的文物被外国强盗掠走。仅存的部分经卷,现在陈列于北京故宫等处。

莫高窟是举世闻名的艺术宝库。这里的每一尊彩塑、每一幅壁画、每一件文物,都是中国古代人民智慧的结晶。

节选自小学《语文》第六册中《莫高窟》

作品 30 号

其实你在很久以前并不喜欢牡丹(mǔdan),因为它总被人作为富贵膜拜。后来你目睹了一次牡丹的落花,你相信所有的人都会为(wéi)之感动:一阵清风徐来,娇艳鲜嫩的盛期牡丹忽然整朵整朵地坠落(zhuìluò),铺撒(pūsǎ)一地绚丽(xuànlì)的花瓣。那花瓣落地时依然鲜艳夺目,如同一只奉上祭坛的大鸟脱落的羽毛,低吟着壮烈的悲歌离去。

牡丹没有花谢花败之时,要么烁于(shuòyú)枝头,要么归于泥土,它跨越委顿(wěidùn)和衰老,由青春而死亡,由美丽而消遁(xiāodùn)。它虽美却不吝惜(lìnxī)生命,即使(jíshǐ)告别也要展示给人最后一次的惊心动魄。

所以在这阴冷的四月里,奇迹不会发生。任凭游人扫兴和诅咒,牡丹依然安之若素(ānzhī-ruòsù)。它不苟且(gǒuqiě)、不俯就、不妥协、不媚俗,甘愿自己冷落自己。它遵循自己的花期自己的规律,它有权利为自己选择每年一度的盛大节日。它为什么不拒绝寒冷?

天南海北的看花人,依然络绎不绝(luòyì-bùjué)地涌入洛阳城。人们不会因牡丹的拒绝而拒绝它的美。如果它再被贬谪(biǎnzhé)十次,也许它就会繁衍(fányǎn)出十个洛阳牡丹城。

于是你在无言的遗憾中感悟到,富贵与高贵只是一字之差(chā)。同人一样,花儿(huā'ér)也是有灵性的,更有品位之高低。品位这东西为(wéi)气为魂为//筋骨为神韵,只可意会。你叹服牡丹卓尔不群(zhuó'ěrbùqún)之姿,方知品位是多么(duōme)容易被世人忽略或是漠视的美。

节选自张抗抗《牡丹的拒绝》

作品 31 号

森林涵养水源,保持水土,防止水旱灾害的作用非常大。据专家测算,一片十万亩面积的森林,相当于一个两百万立方米的水库,这正如农谚所说的:"山上多栽树,等于修水库。雨多它能吞,雨少它能吐。"

说起森林的功劳,那还多得很。它除了(chúle)为人类提供(tígōng)木材及许多种生产、生活的原料之外，在维护生态环境方面也是功劳卓著（zhuózhù），它用另一种“能吞能吐”的特殊功能孕育了人类。因为地球在形成之初，大气中的二氧化碳（èryǎnghuàtàn）含量很高，氧气很少，气温也高，生物是难以生存的。大约在四亿年之前，陆地才产生了森林。森林慢慢将大气中的二氧化碳吸收，同时吐出新鲜氧气，调节气温：这才具备了人类生存的条件，地球上才最终有了人类。

森林，是地球生态系统的主体，是大自然的总调度室（diàodùshì），是地球的绿色之肺。森林维护地球生态环境的这种“能吞能吐”的特殊功能是其他任何物体都不能取代的。然而，由于地球上的燃烧物增多，二氧化碳的排放量急剧增加，使得地球生态环境急剧恶化，主要表现为全球气候（qìhòu）变暖，水分蒸发加快，改变了气流的循环，使气候变化加剧，从而引发热浪、飓风（jùfēng）、暴雨、洪涝及干旱。

为了//使地球的这个“能吞能吐”的绿色之肺能恢复健壮，以改善生态环境，抑制全球变暖，减少水旱等自然灾害，我们应该大力造林、护林，使每一座荒山都绿起来。

节选自《中考语文课外阅读试题精选》中《“能吞能吐”的森林》

作品 32 号

朋友（péngyou）即将远行。

暮春时节，又邀了几位朋友在家小聚，虽然都是极熟的朋友，却是终年难得一见，偶尔电话里相遇，也无非是几句寻常话。一锅小米稀饭，一碟大头菜，一盘自家酿制（niàngzhì）的泡菜，一只巷口买回的烤鸭，简简单单，不像请客，倒像家人团聚。

其实，友情也好，爱情也好，久而久之都会转化为亲情。

说也奇怪，和新朋友会谈文学、谈哲学、谈人生道理等等，和老朋友却只话家常，柴米油盐，细细碎碎，种种琐事。很多时候（shíhou），心灵的契合（qìhé）已经不需要太多的言语来表达。

朋友新烫了个头，不敢回家见母亲，恐怕惊骇（jīnghài）了老人家（lǎorenjia），却欢天喜地来见我们，老朋友颇能以一种趣味性的眼光欣赏这个改变。

年少的时候，我们差不多（chàbuduō）都在为别人而活，为苦口婆心的父母活，为循循善诱（xúnxún-shànyòu）的师长活，为许多观念、许多传统的约束力而活。年岁逐增，渐渐挣脱（zhèngtuō）外在的限制与束缚（shùfù），开始懂得为自己活，照自己的方式做一些自己喜欢的事，不在乎（zàihu）别人的批评意见，不在乎别人的诋毁流言，只在乎那一份随心所欲的舒坦（shūtan）自然。偶尔，也能够纵容自己放浪一下，并且有一种恶作剧的窃喜。

就让生命顺其自然，水到渠成吧，犹如窗前的//乌桕（wūjiù），自生自落之间，自有一份圆融丰满的喜悦。春雨轻轻落着，没有诗，没有酒，有的只是一份相知相属(xiāngzhǔ)的自在(zìzài)自得。

夜色在笑语中渐渐沉落,朋友起身告辞,没有挽留,没有送别,甚至也没有问归期。

已经过了大喜大悲的岁月,已经过了伤感流泪的年华,知道了聚散原来是这样的自然和顺理成章,懂得这点,便懂得珍惜每一次相聚的温馨,离别便也欢喜。

节选自杏林子《朋友和其他》

作品 33 号

我们在田野散步:我,我的母亲,我的妻子(qīzi)和儿子(érzi)。

母亲本不愿出来的。她老了,身体不好,走远一点儿就觉得很累。我说,正因为如此,才应该(yīnggāi)多走走。母亲信服地点点头,便去拿外套。她现在很听我的话,就像我小时候很听她的话一样。

这南方初春的田野,大块小块的新绿随意地铺(pū)着,有的浓,有的淡,树上的嫩芽(nènyá)也密了,田里的冬水也咕咕地起着水泡。这一切都使人想着一样东西——生命。

我和母亲走在前面,我的妻子和儿子走在后面。小家伙突然叫起来:"前面是妈妈和儿子,后面也是妈妈和儿子。"我们都笑了。

后来发生了分歧:母亲要走大路,大路平顺;我的儿子要走小路,小路有意思(yìsi)。不过,一切都取决于我。我的母亲老了,她早已习惯听从她强壮的儿子;我的儿子还小,他还习惯听从他高大的父亲;妻子呢,在外面,她总是听我的。一霎时(shàshí)我感到了责任的重大。我想找一个两全的办法,找不出;我想拆散一家人,分成两路,各得其所,终不愿意。我决定委屈(wěiqu)儿子,因为我伴同他的时日还长。我说:"走大路。"

但是母亲摸摸孙儿(sūn'ér)的小脑瓜,变了主意(zhǔyi 或 zhúyi):"还是走小路吧。"她的眼随小路望去:那里有金色的菜花,两行整齐的桑树,//尽头一口水波粼粼(línlín)的鱼塘。"我走不过去的地方(dìfang),你就背着我。"母亲对我说。

这样,我们在阳光下,向着那菜花、桑树和鱼塘走去。到了一处,我蹲下来,背起了母亲;妻子也蹲下来,背起了儿子。我和妻子都是慢慢地,稳稳地,走得很仔细,好像我背上的同她背上的加起来,就是整个世界。

节选自莫怀戚《散步》

作品 34 号

地球上是否真的存在"无底洞"?按说地球是圆的,由地壳(dìqiào)、地幔(dìmàn)和地核三层组成,真正的"无底洞"是不应存在的,我们所看到的各种山洞、裂口、裂缝,甚至火山口也都只是地壳浅部的一种现象。然而中国一些古籍却多次提到海外有个深奥莫测的无底洞。事实上地球上确实有这样一个"无底洞"。

它位于希腊亚各斯古城的海滨。由于濒临(bīnlín)大海,大涨潮时,汹涌的海水便会排山倒海般地涌入洞中,形成一股湍湍(tuāntuān)的急流。据测,每天流入洞内的海水量达三万多吨。奇怪的是,如此大量的海水灌入洞中,却从来没有把洞灌满。曾有人怀疑,这个"无底洞",会不会就像石灰岩地区的漏斗、竖井、落水洞一类的地形。然而从二十世纪三十年代以来,人们就做了多种努力企图寻找它的出口,却都是枉费心机(wǎngfèi-xīnjī)。

为了揭开这个秘密,一九五八年美国地理学会派出一支考察队,他们把一种经久不变的带色染料溶解在海水中,观察染料是如何随着海水一起沉下去。接着又察看了附近海面以及岛上的各条河、湖,满怀希望地寻找这种带颜色的水,结果令人失望。难道是海水量太大把有色水稀释得太淡,以致无法发现?

至今谁也不知道为什么这里的海水会没完没了(méiwán-méiliǎo)地"漏"下去,这个"无底洞"的出口又在哪里,每天大量的海水究竟都流到哪里去了?

节选自罗伯特·罗威尔《神秘的"无底洞"》

作品35号

我在俄国见到的景物再没有比托尔斯泰墓更宏伟、更感人的。

完全按照托尔斯泰的愿望,他的坟墓成了世间最美的,给人印象最深刻的坟墓。它只是树林中的一个小小的长方形土丘,上面开满鲜花——没有十字架,没有墓碑,没有墓志铭,连托尔斯泰这个名字也没有。

这个比谁都感到受自己的声名所累(lěi)的伟人,却像偶尔(ǒu'ěr)被发现的流浪汉,不为(wéi)人知的士兵,不留名姓地被人埋葬了。谁都可以踏进他最后的安息地,围在四周的稀疏的木栅栏(zhàlan)是不关闭的——保护列夫·托尔斯泰得以安息的没有任何别的东西,唯有人们的敬意;而通常,人们却总是怀着好奇,去破坏伟人墓地的宁静。

这里,逼人的朴素禁锢(jìngù)住任何一种观赏的闲情,并且不容许你大声说话。风儿(fēng'ér)俯临,在这座无名者之墓的树木之间飒飒(sàsà)响着,和暖(hénuǎn)的阳光在坟头儿(féntóur)嬉戏;冬天,白雪温柔地覆盖这片幽暗的土地。无论你在夏天或冬天经过这儿,你都想象不到,这个小小的、隆起的长方体里安放着一位当代最伟大的人物。

然而,恰恰是这座不留姓名的坟墓,比所有挖空心思(xīnsi)用大理石和奢华装饰建造的坟墓更扣人心弦(xián)。在今天这个特殊的日子里,//到他的安息地来的成百上千人中间,没有一个有勇气,哪怕仅仅从这幽暗的土丘上摘下一朵花留作纪念。人们重新感到,世界上再没有比托尔斯泰最后留下的、这座纪念碑式的朴素坟墓,更打动人心的了。

节选自茨威格《世间最美的坟墓》,张厚仁译

作品 36 号

我国的建筑，从古代的宫殿到近代的一般住房，绝大部分（bùfen）是对称（duìchèn）的，左边怎么样，右边怎么样。苏州园林可绝不讲究（jiǎngjiu）对称，好像故意避免似的（shìde）。东边有了一个亭子或者一道回廊，西边决不会来一个同样的亭子或者一道同样的回廊。这是为什么？我想，用图画来比方（bǐfang），对称的建筑是图案画，不是美术画，而园林是美术画，美术画要求自然之趣，是不讲究对称的。

苏州园林里都有假山和池沼（chízhǎo）。

假山的堆叠，可以说是一项艺术而不仅是技术。或者是重峦叠嶂（chóngluán-diézhàng），或者是几座小山配合着竹子花木，全在乎（zàihu）设计者和匠师们生平多阅历，胸中有丘壑（qiūhè），才能使游览者攀登的时候忘却苏州城市，只觉得身在山间。

至于池沼，大多引用活水。有些园林池沼宽敞（kuānchang），就把池沼作为全园的中心，其他景物配合着布置。水面假如成河道模样（múyàng），往往安排桥梁。假如安排两座以上的桥梁，那就一座一个样，决不雷同。

池沼或河道的边沿很少砌齐整（qízhěng）的石岸，总是高低屈曲任其自然。还在那儿（nàr）布置几块玲珑的石头（shítou），或者种些花草。这也是为了取得从各个角度看都成一幅画的效果。池沼里养着金鱼或各色鲤鱼，夏秋季节荷花或睡莲开//放，游览者看“鱼戏莲叶间”，又是入画的一景。

节选自叶圣陶《苏州园林》

作品 37 号

一位访美中国女作家，在纽约遇到一位卖花的老太太（lǎotàitai）。老太太穿着（chuānzhuó）破旧，身体虚弱，但脸上的神情却是那样祥和兴奋（xīngfèn）。女作家挑了一朵花说：“看起来，你很高兴。”老太太面带微笑地说：“是的，一切都这么美好，我为什么不高兴呢？”“对烦恼，你倒真能看得开。”女作家又说了一句。没料到，老太太的回答更令女作家大吃一惊：“耶稣在星期五被钉上十字架时，是全世界最糟糕的一天，可三天后就是复活节。所以，当我遇到不幸时，就会等待三天，这样一切就恢复正常了。”

“等待三天”，多么富于哲理的话语，多么乐观的生活方式。它把烦恼和痛苦抛下，全力去收获快乐。

沈从文在“文革”期间，陷入了非人的境地。可他毫不在意，他在咸宁时给他的表侄、画家黄永玉写信说：“这里的荷花真好，你若来……”身陷苦难却仍为（wèi）荷花的盛开欣喜赞叹不已，这是一种趋于澄明（chéngmíng）的境界，一种旷达洒脱（sǎtuō）的胸襟，一种面临磨难坦荡从容的气度，一种对生活童子（tóngzǐ）

般的热爱和对美好事物无限向往的生命情感。

由此可见,影响一个人快乐的,有时并不是困境及磨难,而是一个人的心态。如果把自己浸泡在积极、乐观、向上的心态中,快乐必然会//占据你的每一天。

节选自《态度创造快乐》

作品38号

泰山极顶看日出,历来被描绘成十分壮观的奇景。有人说:登泰山而看不到日出,就像一出大戏没有戏眼,味儿(wèir)终究有点儿(diǎnr)寡淡。

我去爬山那天,正赶上个难得的好天,万里长空,云彩(yúncai)丝儿都不见,素常,烟雾腾腾的山头,显得眉目分明。同伴们都欢喜地说:"明天早晨准可以看见日出了。"我也是抱着这种想头(xiǎngtou),爬上山去。

一路从山脚往上爬,细看山景,我觉得挂在眼前的不是五岳独尊的泰山,却像一幅规模惊人的青绿山水画,从下面倒(dào)展开来。在画卷中最先露出(lòuchū)的是山根底下那座明朝建筑岱宗坊(Dàizōngfāng),慢慢地便现出王母池、斗母宫(Dǒumǔgōng)、经石峪。山是一层比一层深,一叠比一叠奇,层层叠叠,不知还会有多深多奇。万山丛中,时而点染着极其工细的人物。王母池旁的吕祖殿里有不少尊明塑(sù),塑着吕洞宾等一些人,姿态神情是那样有生气,你看了,不禁(bùjīn)会脱口赞叹说:"活啦!"

画卷继续展开,绿阴森森的柏洞露面(lòumiàn)不太久,便来到对松山。两面奇峰对峙(duìzhì)着,满山峰都是奇形怪状的老松,年纪怕都上千岁了,颜色竟那么浓,浓得好像要流下来似的。来到这儿你不妨权当(quándāng)一次画里的写意人物,坐在路旁的对松亭里,看看山色,听听流//水和松涛。

一时间,我又觉得自己不仅是在看画卷,却又像是在零零乱乱翻着一卷历史稿本。

节选自杨朔《泰山极顶》

作品39号

育才小学校长陶行知在校园看到学生王友用泥块砸自己班上的同学,陶行知当即喝止(hèzhǐ)了他,并令他放学后到校长室去。无疑,陶行知是要好好教育这个"顽皮"的学生。那么他是如何教育的呢?

放学后,陶行知来到校长室,王友已经等在门口准备挨(ái)训了。可一见面,陶行知却掏出一块糖果送给王友,并说:"这是奖给你的,因为你按时来到这里,而我却迟到了。"王友惊疑地接过糖果。

随后,陶行知又掏出一块糖果放到他手里,说:"这第二块糖果也是奖给你的,因为当我不让你再打人时,你立即就住手了,这说明你很尊敬我,我应该奖你。"王友更惊疑了,他眼睛睁得大大的。

陶行知又掏出第三块糖果塞到王友手里，说："我调查过了，你用泥块砸那些男生，是因为他们不守游戏规则，欺负女生；你砸他们，说明你很正直善良，且有批评不良行为的勇气，应该奖励你啊（ya）！"王友感动极了，他流着泪后悔地喊道："陶……陶校长你打我两下吧！我砸的不是坏人，而是自己的同学啊（ya）……"

陶行知满意地笑了，他随即掏出第四块糖果递给王友，说："为你正确地认识错误，我再奖给你一块糖果，只可惜我只有这一块糖果了。我的糖果//没有了，我看我们的谈话也该结束了吧！"说完，就走出了校长室。

节选自《教师博览·百期精华》中《陶行知的"四块糖果"》

作品 40 号

享受幸福是需要学习的，当它即将（jíjiāng）来临的时刻需要提醒。人可以自然而然地学会感官（gǎnguān）的享乐，却无法天生地掌握幸福的韵律（yùnlǜ）。灵魂的快意同器官的舒适像一对孪生（luánshēng）兄弟，时而相傍相依，时而南辕北辙（nányuán-běizhé）。

幸福是一种心灵的震颤。它像会倾听音乐的耳朵一样，需要不断的训练。

简而言之，幸福就是没有痛苦的时刻。它出现的频率（pínlǜ）并不像我们想象的那样少。人们常常只是在幸福的金马车已经驶过去很远时，捡起地上的金鬃毛说，原来我见过它。

人们喜爱回味幸福的标本，却忽略它披着露水散发清香的时刻。那时候我们往往步履（bùlǚ）匆匆，瞻前顾后（zhānqián-gùhòu）不知在忙着什么。

世上有预报台风的，有预报蝗灾的，有预报瘟疫的，有预报地震的。没有人预报幸福。

其实幸福和世界万物一样，有它的征兆（zhēngzhào）。

幸福常常是朦胧（ménglóng）的，很有节制地向我们喷洒甘霖。你不要总希望轰轰烈烈的幸福，它多半只是悄悄地扑面而来。你也不要企图把水龙头拧（nǐng）得更大，那样它会很快地流失。你需要静静地以平和之心，体验它的真谛（zhēndì）。

幸福绝大多数是朴素的。它不会像信号弹似的，在很高的天际闪烁红色的光芒。它披着本色的外//衣，亲切温暖地包裹起我们。

幸福不喜欢喧嚣（xuānxiāo）浮华，它常常在暗淡中降临。贫困中相濡以沫（xiāngrúyǐmò）的一块糕饼，患难中心心相印的一个眼神，父亲一次粗糙（cūcāo）的抚摸，女友一张温馨的字条……这都是千金难买的幸福啊（wa）。像一粒粒缀在旧绸子上的红宝石，在凄凉中愈发熠熠（yìyì）夺目。

节选自毕淑敏《提醒幸福》

作品 41 号

在里约热内卢的一个贫民窟里，有一个男孩子，他非常喜欢足球，可是又买不起，于是就踢塑料盒，踢汽水瓶，踢从垃圾箱里拣来的椰子壳。他在胡同（hútòngr）里踢，在能找到的任何一片空地上踢。

有一天，当他在一处干涸（gānhé）的水塘里猛踢一个猪膀胱（pángguāng）时，被一位足球教练看见了。他发现这个男孩儿踢得很像是那么回事，就主动提出要送给他一个足球。小男孩儿得到足球后踢得更卖劲（màijìnr）了。不久，他就能准确地把球踢进远处随意摆放的一个水桶里。

圣诞节到了，孩子的妈妈说："我们没有钱买圣诞礼物送给我们的恩人，就让我们为他祈祷吧。"

小男孩儿跟随妈妈祈祷完毕，向妈妈要了一把铲子便跑了出去。他来到一座别墅前的花园里，开始挖坑。

就在他快要挖好坑的时候，从别墅（biéshù）里走出一个人来，问小孩儿在干什么，孩子抬起满是汗珠的脸蛋儿，说："教练，圣诞节到了，我没有礼物送给您，我愿给您的圣诞树挖一个树坑。"

教练把小男孩儿从树坑里拉上来，说："我今天得到了世界上最好的礼物。明天你就到我的训练场去吧。"

三年后，这位十七岁的男孩儿在第六届足球锦标赛上独进二十一球，为巴西第一次捧回了金杯。一个原//来不为（wéi）世人所知的名字——贝利，随之传遍世界。

节选自刘燕敏《天才的造就》

作品 42 号

记得我十三岁时，和母亲住在法国东南部的耐斯城。母亲没有丈夫，也没有亲戚（qīnqi），够清苦的，但她经常能拿出令人吃惊的东西，摆在我面前。她从来不吃肉，一再说自己是素食者。然而有一天，我发现母亲正仔细地用一小块碎面包擦那给我煎牛排用的油锅。我明白（míngbai）了她称自己为（wéi）素食者的真正原因。

我十六岁时，母亲成了耐斯市美蒙旅馆的女经理。这时，她更忙碌了。一天，她瘫在椅子上，脸色苍白，嘴唇发灰。马上找来医生，做出诊断：她摄取（shèqǔ）了过多的胰岛素。直到这时我才知道母亲多年一直对我隐瞒的疾痛（jítòng）——糖尿病。

她的头歪向枕头一边，痛苦地用手抓挠胸口。床架上方，则挂着一枚我一九三二年赢得耐斯市少年乒乓球（pīngpāngqiú）冠军的银质奖章。

啊，是对我的美好前途的憧憬（chōngjǐng）支撑着她活下去，为了给她那荒唐的梦至少加一点真实的色彩，我只能继续努力，与时间竞争，直至一九三八年我被征入空军。巴黎很快失陷，我辗转调到英国皇家空军。刚到英国就接到了母亲的来信。这些信是由在瑞士的一个朋友秘密地转到伦敦，送到我手中的。

现在我要回家了，胸前佩戴着醒目的绿黑两色的解放十字绶//带（shòudài），上面挂着五六枚我终生难忘的勋章，肩上还佩戴着军官肩章。到达旅馆时，没有一个人跟我打招呼。原来，我母亲在三年半以前就已经离开人间了。

在她死前的几天中，她写了近二百五十封信，把这些信交给她在瑞士的朋友，请这个朋友定时寄给我。就这样，在母亲死后的三年半的时间里，我一直从她身上吸取着力量和勇气——这使我能够继续战斗到胜利那一天。

节选自罗曼·加里《我的母亲独一无二》

作品 43 号

生活对于任何人都非易事，我们必须有坚韧不拔的精神（jīngshén）。最要紧的，还是我们自己要有信心。我们必须相信，我们对每一件事情都具有天赋的才能，并且，无论付出任何代价，都要把这件事完成，当事情（shìqing）结束的时候，你要能问心无愧地说："我已经尽（jìn）我所能了。"

有一年的春天，我因病被迫在家里休息数周。我注视着我的女儿们所养的蚕正在结茧（jiéjiǎn），这使我很感兴趣。望着这些蚕执着（zhízhuó）地、勤奋地工作，我感到我和它们非常相似（xiāngsì）。像它们一样，我总是耐心地把自己的努力集中在一个目标上。我之所以如此，或许是因为有某种力量在鞭策着我——正如蚕被鞭策着去结茧一般。

近五十年来，我致力于科学研究，而研究，就是对真理的探讨。我有许多美好快乐的记忆。少女时期我在巴黎大学，孤独地过着求学的岁月；在后来献身科学的整个时期，我丈夫和我专心致志，像在梦幻中一般，坐在简陋的书房里艰辛地研究，后来我们就在那里发现了镭（léi）。

我永远追求安静的工作和简单的家庭生活。为了实现这个理想，我竭力保持宁静的环境，以免受人事的干扰和盛名的拖累。

我深信，在科学方面我们有对事业而不//是对财富的兴趣。我的唯一奢望（shēwàng）是在一个自由国家中，以一个自由学者的身份从事研究工作。

我一直沉醉于世界的优美之中，我所热爱的科学也不断增加它崭新的远景。我认定科学本身就具有伟大的美。

节选自玛丽·居里《我的信念》，剑捷译

作品 44 号

我为什么非要教书不可？是因为（yīnwèi）我喜欢（xǐhuan）当教师的时间安排表和生活节奏。七、八、九三个月给我提供（tígōng）了进行回顾、研究、写作的良机，并将三者有机融合，而善于回顾、研究和总结正是优秀教师素质中不可缺少的成分。

干这行给了我多种多样的"甘泉"去品尝，找优秀的书籍去研读，到"象牙塔"

和实际世界里去发现。教学工作给我提供了继续学习的时间保证,以及多种途径、机遇和挑战。

然而,我爱这一行的真正原因,是爱我的学生。学生们在我的眼前成长、变化。当教师意味着亲历“创造”过程的发生——恰似亲手赋予(fùyǔ)一团泥土以生命,没有什么比目睹它开始呼吸更激动人心的了。

权利我也有了:我有权利去启发诱导,去激发智慧的火花,去问费心思考的问题,去赞扬回答的尝试,去推荐书籍,去指点迷津(míjīn)。还有什么别的权利能与之相比呢?

而且,教书还给我金钱和权利之外的东西,那就是爱心。不仅有对学生的爱,对书籍的爱,对知识的爱,还有老师才能感受到的对“特别”学生的爱。这些学生,有如冥顽不灵(míngwán-bùlíng)的泥块,由于接受了老师的炽爱才勃发了生机。

所以,我爱教书,还因为,在那些勃发生机的“特别”学//生身上,我有时发现自己和他们呼吸相通,忧乐与共。

节选自彼得·基·贝得勒《我为什么当教师》

作品 45 号

中国西部我们通常是指黄河与秦岭相连一线以西,包括西北和西南的十二个省、市、自治区。这块广袤(guǎngmào)的土地面积(miànjī)为五百四十六万平方公里,占国土总面积的百分之五十七;人口二点八亿,占全国总人口的百分之二十三。

西部是华夏文明的源头。华夏祖先的脚步是顺着水边走的:长江上游出土过元谋人牙齿化石,距今约一百七十万年;黄河中游出土过蓝田人头盖骨,距今约七十万年。这两处古人类都比距今约五十万年的北京猿人资格更老。

西部地区是华夏文明的重要发源地。秦皇汉武以后,东西方文化在这里交汇融合,从而有了丝绸之路的驼铃声声,佛院深寺的暮鼓晨钟(mùgǔ-chénzhōng)。敦煌莫高窟是世界文化史上的一个奇迹,它在继承汉晋艺术传统的基础上,形成了自己兼收并蓄(jiānshōu-bìngxù)的恢宏气度,展现出精美绝伦的艺术形式和博大精深的文化内涵。秦始皇兵马俑、西夏王陵、楼兰古国、布达拉宫、三星堆、大足石刻等历史文化遗产,同样为(wéi)世界所瞩目,成为中华文化重要的象征。

西部地区又是少数民族及其文化的集萃地,几乎(jīhū)包括了我国所有的少数民族。在一些偏远的少数民族地区,仍(réng)保留//了一些久远时代的艺术品种,成为珍贵的“活化石”,如纳西古乐、戏曲、剪纸、刺绣、岩画等民间艺术和宗教艺术。特色鲜明、丰富多彩,犹如一个巨大的民族民间文化艺术宝库。

我们要充分重视和利用这些得天独厚的资源优势,建立良好的民族民间文化生态环境,为西部大开发做出贡献。

节选自《中考语文课外阅读试题精选》中《西部文化和西部开发》

作品 46 号

高兴，这是一种具体的被看得到摸得着（mōdezháo）的事物所唤起的情绪。它是心理的，更是生理的。它容易来也容易去，谁也不应该（yīnggāi）对它视而不见失之交臂，谁也不应该总是做那些使自己不高兴也使旁人不高兴的事。让我们说一件最容易做也最令人高兴的事吧，尊重你自己，也尊重别人，这是每一个人的权利，我还要说这是每一个人的义务。

快乐，它是一种富有概括性的生存状态、工作状态。它几乎是先验的，它来自生命本身的活力，来自宇宙、地球和人间的吸引，它是世界的丰富、绚丽、阔大、悠久的体现。快乐还是一种力量，是埋在地下的根脉（gēnmài）。消灭一个人的快乐比挖掘（wājué）掉一棵大树的根要难得多。

欢欣，这是一种青春的、诗意的情感。它来自面向着未来伸开双臂奔跑的冲力，它来自一种轻松而又神秘、朦胧而又隐秘的激动，它是激情即将到来的预兆，它又是大雨过后的比下雨还要美妙得多也久远得多的回味……

喜悦，它是一种带有形而上色彩的修养的境界。与其说它是一种情绪，不如说它是一种智慧、一种超拔、一种悲天悯人（bēitiān-mǐnrén）的宽容和理解，一种饱经沧桑的充实和自信，一种光明的理性，一种坚定//的成熟，一种战胜了烦恼和庸俗的清明澄澈（chéngchè）。它是一潭清水，它是一抹（mǒ）朝霞，它是无边的平原，它是沉默的地平线。多一点儿、再多一点儿喜悦吧，它是翅膀，也是归巢。它是一杯美酒，也是一朵永远开不败的莲花。

节选自王蒙《喜悦》

作品 47 号

在湾仔，香港最热闹（rènao）的地方（dìfang），有一棵榕树，它是最贵的一棵树，不光在香港，在全世界，都是最贵的。

树，活的树，又不卖，何言其贵？只因它老，它粗，是香港百年沧桑的活见证，香港人不忍看着它被砍伐，或者被移走，便跟要占用这片山坡的建筑者谈条件：可以在这儿建大楼盖商厦，但一不准砍树，二不准挪树，必须把它原地精心养起来，成为香港闹市中的一景。太古大厦的建设者最后签了合同，占用这个大山坡建豪华商厦的先决条件是同意保护这棵老树。

树长在半山坡上，计划将树下面的成千上万吨山石全部掏空取走，腾出地方来盖楼。把树架在大楼上面，仿佛它原本是长在楼顶似的。建设者就地造了一个直径十八米、深十米的大花盆，先固定好这棵老树，再在大花盆底下盖楼，光这一项就花了两千三百八十九万港币，堪称是最昂贵的保护措施了。

太古大厦落成之后，人们可以乘滚动扶梯一次到位，来到太古大厦的顶层。出后门，那儿是一片自然景色。一棵大树出现在人们面前，树干有一米半粗，树冠直径足有二十多米,独木成林,非常壮观,形成一座以它为中心的小公园,取名叫“榕圃”(Róngpǔ)。树前面//插着铜牌,说明缘由。此情此景,如不看铜牌的说明,绝对想不到巨树根底下还有一座宏伟的现代大楼。

节选自舒乙《香港:最贵的一棵树》

作品 48 号

我们的船渐渐地逼近榕树了。我有机会看清它的真面目:是一棵大树,有数不清的丫枝,枝上又生根,有许多根一直垂到地上,伸进泥土里。一部分树枝垂到水面,从远处看,就像一棵大树斜躺在水面上一样。

现在正是枝繁叶茂的时节。这棵榕树好像在把它的全部生命力展示给我们看。那么多的绿叶,一簇(cù)堆在另一簇的上面,不留一点缝隙(fèngxì)。翠绿的颜色明亮地在我们的眼前闪耀,似乎每一片树叶上都有一个新的生命在颤动(chàndòng),这美丽的南国的树!

船在树下泊(bó)了片刻,岸上很湿,我们没有上去。朋友说这里是“鸟的天堂”,有许多鸟在这棵树上做窝,农民不许人去捉它们。我仿佛听见几只鸟扑翅的声音,但是等到我的眼睛注意地看那里时,我却看不见一只鸟的影子。只有无数的树根立在地上,像许多根木桩。地是湿的,大概涨潮时河水常常冲上岸去。“鸟的天堂”里没有一只鸟,我这样想到。船开了,一个朋友拨(bō)着船,缓缓地流到河中间去。

第二天,我们划着船到一个朋友的家乡去,就是那个有山有塔的地方。从学校出发,我们又经过那“鸟的天堂”。

这一次是在早晨,阳光照在水面上,也照在树梢上。一切都//显得非常光明。我们的船也在树下泊了片刻。

起初四周围非常清静。后来忽然起了一声鸟叫。我们把手一拍,便看见一只大鸟飞了起来,接着又看见第二只,第三只。我们继续拍掌,很快地这个树林就变得很热闹了。到处都是鸟声,到处都是鸟影。大的、小的、花的、黑的,有的站在枝上叫,有的飞起来,在扑翅膀。

节选自巴金《鸟的天堂》

作品 49 号

有这样一个故事。

有人问:世界上什么东西的气力(qìlì)最大?回答纷纭得很,有的说“象”,有的说“狮”,有人开玩笑似的说:是“金刚”,金刚有多少气力,当然大家全不知道。

结果(jiéguǒ),这一切答案完全不对,世界上气力最大的,是植物的种子(zhǒngzi)。一粒种子所可以显现出来的力,简直是超越一切。

人的头盖骨,结合得非常致密(zhìmì)与坚固,生理学家和解剖(jiěpōu)学者用尽了一切的方法，要把它完整地分出来，都没有这种力气。后来忽然有人发明了一个方法，就是把一些植物的种子放在要剖析的头盖骨里，给它以温度与湿度，使它发芽。一发芽，这些种子便以可怕的力量，将一切机械力(jīxièlì)所不能分开的骨骼(gǔgé)，完整地分开了。植物种子的力量之大，如此如此。

这，也许特殊了一点儿，常人不容易理解。那么，你看见笋的成长吗？你看见过被压在瓦砾和石块下面的一棵小草的生长吗？它为着向往阳光，为着达成它的生之意志，不管上面的石块如何重，石与石之间如何狭，它必定要曲曲折折(qūqū-zhézhé)地，但是顽强不屈地透到地面上来。它的根往土壤钻，它的芽往地面挺，这是一种不可抗的力，阻止它的石块，结果也被它掀翻，一粒种子的力量的大，如//此如此。

没有一个人将小草叫作“大力士”，但是它的力量之大，的确是世界无比。这种力，是一般人看不见的生命力。只要生命存在，这种力就要显现。上面的石块，丝毫不足以阻挡。因为它是一种“长期抗战”的力；有弹性，能屈能伸的力；有韧性，不达目的不止的力。

节选自夏衍《野草》

作品 50 号

著名教育家班杰明曾经接到一个青年人的求救电话，并与那个向往成功、渴望指点的青年人约好了见面的时间和地点。

待那个青年如约而至时，班杰明的房门敞开着，眼前的景象却令青年人颇感意外——班杰明的房间里乱七八糟、狼藉(lángjí)一片。

没等青年人开口，班杰明就招呼道：“你看我这房间，太不整洁了，请你在门外等候一分钟，我收拾(shōushi)一下，你再进来吧。”一边说着，班杰明就轻轻地关上了房门。

不到一分钟的时间，班杰明就又打开了房门并热情地把青年人让进客厅。这时，青年人的眼前展现出另一番景象——房间里的一切已变得井然有序，而且有两杯刚刚倒好的红酒，在淡淡的香水气息里还漾(yàng)着微波。

可是，没等青年人把满腹的有关人生和事业的疑难问题向班杰明讲出来，班杰明就非常客气(kèqi)地说道：“干杯。你可以走了。”

青年人手持酒杯一下子愣住了，既尴尬(gāngà)又非常遗憾地说：“可是，我……我还没向您请教呢……”

“这些……难道还不够吗？”班杰明一边微笑着一边扫视着自己的房间，轻言细语地说，“你进来又有一分钟了。”

“一分钟……一分钟……”青年人若有所思地说：“我懂了，您让我明白了一分钟的时间可以做许//多事情，可以改变许多事情的深刻道理。”

班杰明舒心地笑了。青年人把杯里的红酒一饮而尽，向班杰明连连道谢后，开心地走了。

其实,只要把握好生命的每一分钟,也就把握了理想的人生。

节选自纪广洋《一分钟》

作品 51 号

有个塌鼻子的小男孩儿,因为两岁时得过脑炎,智力受损,学习起来很吃力。打个比方,别人写作文能写二三百字,他却只能写三五行。但即便(jíbiàn)这样的作文,他同样能写得很动人。

那是一次作文课,题目是《愿望》。他极其认真地想了半天,然后极认真地写,那作文极短。只有三句话:我有两个愿望,第一个是,妈妈天天笑眯眯地看着我说:"你真聪明。"第二个是,老师天天笑眯眯地看着我说:"你一点儿也不笨。"

于是,就是这篇作文,深深地打动了他的老师,那位妈妈式的老师不仅给了他最高分,在班上带感情地朗读了这篇作文,还一笔一画地批道:你很聪明,你的作文写得非常感人,请放心,妈妈肯定会格外喜欢你的,老师肯定会格外喜欢你的,大家肯定会格外喜欢你的。

捧着作文本,他笑了,蹦蹦跳跳地回家了,像只喜鹊(xǐquè)。但他并没有把作文本拿给妈妈看,他是在等待,等待着一个美好的时刻。

那个时刻终于到了,是妈妈的生日——一个阳光灿烂的星期天:那天,他起得特别早,把作文本装在一个亲手做的美丽的大信封里,等着妈妈醒来。妈妈刚刚睁眼醒来,他就笑眯眯地走到妈妈跟前说:"妈妈,今天是您的生日,我要//送给您一件礼物。"

果然,看着这篇作文,妈妈甜甜地涌出了两行热泪,一把搂住小男孩儿,搂得很紧很紧。

是的,智力可以受损,但爱永远不会。

节选自张玉庭《一个美丽的故事》

作品 52 号

小学的时候,有一次我们去海边远足,妈妈没有做便饭,给了我十块钱买午餐。好像走了很久,很久,终于到海边了,大家坐下来便吃饭,荒凉的海边没有商店,我一个人跑到防风林外面去,级任老师要大家把吃剩的饭菜分给我一点儿。有两三个男生留下一点儿给我,还有一个女生,她的米饭拌了酱油,很香。我吃完的时候,她笑眯眯地看着我,短头发(tóufa),脸圆圆的。

她的名字叫翁香玉。

每天放学的时候,她走的是经过我们家的一条小路,带着一位比她小的男孩儿,可能是弟弟。小路边是一条清澈(qīngchè)见底的小溪,两旁竹阴覆盖,我总是远远地跟在后面。夏日的午后特别炎热,走到半路她会停下来,拿手帕(shǒupà)

在溪水里浸湿(jìnshī),为小男孩儿擦脸。我也在后面停下来,把肮脏的手帕弄湿了擦脸,再一路远远跟着她回家。

后来我们家搬到镇上去了,过几年我也上了中学。有一天放学回家,在火车上,看见斜对面一位短头发、圆圆脸的女孩儿,一身素净(sùjing)的白衣黑裙。我想她一定不认识(rènshi)我了。火车很快到站了,我随着人群挤向门口,她也走近了,叫我的名字(míngzi)。这是她第一次和我说话。

她笑眯眯的,和我一起走过月台。以后就没有再见过//她了。

这篇文章收在我出版的《少年心事》这本书里。

书出版后半年,有一天我忽然收到出版社转来的一封信,信封上是陌生的字迹,但清楚地写着我本名。

信里面说她看到了这篇文章心里非常激动,没想到在离开家乡,漂泊(piāobó)异地这么久之后,会看见自己仍然在一个人的记忆里,她自己也深深记得这其中的每一幕,只是没想到越过遥远的时空,竟然另一个人也深深记得。

节选自苦伶《永远的记忆》

作品 53 号

在繁华的巴黎大街的路旁,站着一个衣衫褴褛(lánlǚ)、头发斑白、双目失明的老人。他不像其他乞丐那样伸手向过路行人乞讨,而是在身旁立一块木牌,上面写着:"我什么也看不见!"街上过往的行人很多,看了木牌上的字都无动于衷,有的还淡淡一笑,便姗姗(shānshān)而去了。

这天中午,法国著名诗人让·彼浩勒也经过这里。他看看木牌上的字,问盲老人:"老人家,今天上午有人给你钱吗?"

盲老人叹息着回答:"我,我什么也没有得到。"说着,脸上的神情非常悲伤。

让·彼浩勒听了,拿起笔悄悄地在那行字的前面添上了"春天到了,可是"几个字,就匆匆地离开了。

晚上,让·彼浩勒又经过这里,问那个盲老人下午的情况。盲老人笑着回答说:"先生,不知为什么,下午给我钱的人多极了!"让·彼浩勒听了,摸着胡子满意地笑了。

"春天到了,可是我什么也看不见!"这富有诗意的语言,产生这么大的作用,就在于它有非常浓厚的感情色彩。是的,春天是美好的,那蓝天白云,那绿树红花,那莺歌燕舞(yīnggē-yànwǔ),那流水人家(rénjiā),怎么不叫人陶醉呢?但这良辰美景,对于一个双目失明的人来说,只是一片漆黑。当人们想到这个盲老人,一生中竟连万紫千红的春天//都不曾看到,怎能不对他产生同情之心呢?

节选自小学《语文》第六册中《语言的魅力》

作品 54 号

有一次，苏东坡的朋友张鹗（Zhāng'È）拿着一张宣纸来求他写一幅（fú）字，而且希望他写一点儿关于养生方面的内容。苏东坡思索了一会儿，点点头说："我得到了一个养生长寿古方，药只有四味，今天就赠给你吧。"于是，东坡的狼毫在纸上挥洒起来，上面写着："一曰无事以当贵，二曰早寝（qǐn）以当富，三曰安步以当车，四曰晚食以当肉。"

这哪里有药？张鹗一脸茫然地问。苏东坡笑着解释说，养生长寿的要诀，全在这四句里面。

所谓"无事以当贵"，是指人不要把功名利禄、荣辱过失考虑得太多，如能在情志上潇洒大度，随遇而安，无事以求，这比富贵更能使人终其天年。

"早寝以当富"，指吃好穿好、财货充足，并非就能使你长寿。对老年人来说，养成良好的起居习惯，尤其是早睡早起，比获得任何财富更加宝贵。

"安步以当车"，指人不要过于讲求安逸、肢体不劳，而应多以步行来替代骑马乘车，多运动才可以强健体魄，通畅气血（qìxuè）。

"晚食以当肉"，意思是人应该用已饥方食、未饱先止代替对美味佳肴（jiāyáo）的贪吃无厌。他进一步解释，饿了以后才进食，虽然是粗茶淡饭，但其香甜可口会胜过山珍；如果饱了还要勉强（miǎnqiǎng）吃，即使美味佳肴摆在眼前也难以//下咽。

苏东坡的四味"长寿药"，实际上是强调了情志、睡眠、运动、饮食四个方面对养生长寿的重要性，这种养生观点即使在今天仍然值得借鉴。

节选自蒲昭和《赠你四味长寿药》

作品 55 号

人活着，最要紧的是寻觅（xúnmì）到那片代表着生命绿色和人类希望的丛林，然后选一高高的枝头站在那里观览（guānlǎn）人生，消化痛苦，孕育歌声，愉悦（yúyuè）世界！

这可真是一种潇洒的人生态度，这可真是一种心境爽朗的情感风貌。

站在历史的枝头微笑，可以减免许多烦恼。在那里，你可以从众生相（zhòngshēngxiàng）所包含的甜酸苦辣、百味人生中寻找你自己，你境遇中的那点儿苦痛，也许相比之下，再也难以占据一席之地，你会较容易地获得从不悦中解脱灵魂的力量，使之不致变得灰色。

人站得高些，不但能有幸早些领略到希望的曙光，还能有幸发现生命的立体的诗篇。每一个人的人生，都是这诗篇中的一个词、一个句子或者一个标点。你可能没有成为一个美丽的词，一个引人注目的句子，一个惊叹号，但你依然是这生命的立体诗篇中的一个音节、一个停顿、一个必不可少的组成部分（bùfen）。这足以使你放弃前嫌，萌生为人类孕育新的歌声的兴致，为世界带来更多的诗意。

最可怕的人生见解，是把多维的生存图景看成平面。因为那平面上刻下的大多是凝固了的历史——过去的遗迹；但活着的人们，活得却是充满着新生智慧的，由//不断逝去的“现在”组成的未来。人生不能像某些鱼类躺着游，人生也不能像某些兽类爬着走，而应该（yīnggāi）站着向前行，这才是人类应有的生存姿态。

节选自本杰明·拉什《站在历史的枝头微笑》

作品 56 号

中国的第一大岛、台湾省的主岛台湾，位于中国大陆架的东南方，地处（dìchǔ）东海和南海之间，隔（gé）着台湾海峡和大陆相望。天气晴朗的时候，站在福建沿海较高的地方，就可以隐隐约约地望见岛上的高山和云朵。

台湾岛形状狭长，从东到西，最宽处只有一百四十多公里；由南至北，最长的地方约有三百九十多公里。地形像一个纺织用的梭子。

台湾岛上的山脉纵贯南北，中间的中央山脉犹如全岛的脊梁（jǐliang）。西部为海拔近四千米的玉山山脉，是中国东部的最高峰。全岛约有三分之一的地方是平地，其余为山地。岛内有缎带般的瀑布，蓝宝石似的湖泊（húpō），四季常青的森林和果园，自然景色十分优美。西南部的阿里山和日月潭，台北市郊的大屯山风景区，都是闻名世界的游览胜地。

台湾岛地处热带和温带之间，四面环海，雨水充足，气温受到海洋的调剂，冬暖夏凉，四季如春，这给水稻和果木生长提供（tígōng）了优越的条件。水稻、甘蔗、樟脑是台湾的“三宝”。岛上还盛产鲜果和鱼虾。

台湾岛还是一个闻名世界的“蝴蝶王国”。岛上的蝴蝶共有四百多个品种，其中有不少是世界稀有的珍贵品种。岛上还有不少鸟语花香的蝴//蝶谷，岛上居民利用蝴蝶制作的标本和艺术品，远销许多国家。

节选自《中国的宝岛——台湾》

作品 57 号

对于中国的牛，我有着一种特别尊敬的感情。

留给我印象最深的，要算在田垄（tiánlǒng）上的一次“相遇”。

一群朋友郊游，我领头在狭窄的阡陌（qiānmò）上走，怎料迎面来了几头耕牛，狭道容不下人和牛，终有一方要让路。它们还没有走近，我们已经预计斗不过畜生（chùsheng），恐怕难免踩到田地泥水里，弄得鞋袜又泥又湿了。正踟蹰（chíchú）的时候，带头的一头牛，在离我们不远的地方停下来，抬起头看看，稍迟疑一下，就自动走下田去。一队耕牛，全跟着它离开阡陌，从我们身边经过。

我们都呆了，回过头来，看着深褐色的牛队，在路的尽头消失，忽然觉得自己受了很大的恩惠。

中国的牛，永远沉默地为人做着沉重的工作。在大地上，在晨光或烈日下，它拖着沉重的犁，低头一步又一步，拖出了身后一列又一列松土，好让人们下种（xiàzhǒng）。等到满地金黄或农闲时候，它可能还得担当搬运负重的工作；或终日绕（rào）着石磨，朝同一方向，走不计程的路。

在它沉默的劳动中，人便得到应得的收成（shōucheng）。

那时候，也许，它可以松一肩重担，站在树下，吃几口嫩草。偶尔摇摇尾巴（wěiba），摆摆耳朵（ěrduo），赶走飞附身上的苍蝇（cāngying），已经算是它最闲适的生活了。

中国的牛，没有成群奔跑的习//惯，永远沉沉实实的，默默地工作，平心静气。这就是中国的牛。

节选自小思《中国的牛》

作品 58 号

不管我的梦想能否成为事实，说出来总是好玩儿的：

春天，我将要住在杭州。二十年前，旧历的二月初，在西湖我看见了嫩柳与菜花，碧浪与翠竹。由我看到的那点儿春光，已经可以断定，杭州的春天必定会教（jiào）人整天生活在诗与图画之中。所以，春天我的家应当（yīngdāng）是在杭州。

夏天，我想青城山应当算作最理想的地方。在那里，我虽然只住过十天，可是它的幽静已拴住了我的心灵。在我所看见过的山水中，只有这里没有使我失望。到处都是绿，目之所及，那片淡而光润的绿色都在轻轻地颤动（chàndòng），仿佛要流入空中与心中似的。这个绿色会像音乐，涤清（díqīng）了心中的万虑。

秋天一定要住北平。天堂是什么样子，我不知道，但是从我的生活经验去判断，北平之秋便是天堂。论天气，不冷不热。论吃的，苹果、梨、柿子、枣儿（zǎor）、葡萄，都每样有若干种。论花草，菊花种类之多，花式之奇，可以甲天下。西山有红叶可见，北海可以划船——虽然荷花已残，荷叶可还有一片清香。衣食住行，在北平的秋天，是没有一项不使人满意的。

冬天，我还没有打好主意（zhúyi），成都或者相当合适，虽然并不怎样和暖（hénuǎn），可是为了水仙，素心蜡梅，各色的茶花，仿佛就受一点儿寒//冷，也颇值得去了。昆明的花也多，而且天气比成都好，可是旧书铺与精美而便宜（piányi）的小吃远不及成都那么多。好吧，就暂这么规定：冬天不住成都便住昆明吧。

在抗战中，我没能发国难财。我想，抗战胜利以后，我必能阔起来。那时候，假若飞机减价，一二百元就能买一架的话，我就自备一架，择黄道吉日慢慢地飞行。

节选自老舍《住的梦》

作品 59 号

我不由得(bùyóude)停住了脚步。

从未见过开得这样盛的藤萝,只见一片辉煌的淡紫色,像一条瀑布(pùbù),从空中垂下,不见其发端,也不见其终极,只是深深浅浅的紫,仿佛在流动,在欢笑,在不停地生长。紫色的大条幅上,泛着点点银光,就像迸溅(bèngjiàn)的水花。仔细看时,才知那是每一朵紫花中的最浅淡的部分,在和阳光互相挑逗。

这里除了光彩,还有淡淡的芳香。香气似乎也是浅紫色的,梦幻一般轻轻地笼罩着我。忽然记起十多年前,家门外也曾有过一大株紫藤萝,它依傍一株枯槐(kūhuái)爬得很高,但花朵从来都稀落,东一穗西一串伶仃(língdīng)地挂在树梢,好像在察言观色,试探什么。后来索性连那稀零的花串也没有了。园中别的紫藤花架也都拆掉,改种了果树。那时的说法是,花和生活腐化有什么必然关系。我曾遗憾地想:这里再看不见藤萝花了。

过了这么多年,藤萝又开花了,而且开得这样盛,这样密,紫色的瀑布遮住了粗壮的盘虬卧龙(pánqiú-wòlóng)般的枝干,不断地流着,流着,流向人的心底。

花和人都会遇到各种各样的不幸,但是生命的长河是无止境的。我抚摸了一下那小小的紫色的花舱,那里满装了生命的酒酿(jiǔniàng),它张满了帆(fān),在这//闪光的花的河流上航行。它是万花中的一朵,也正是由每一个一朵,组成了万花灿烂的流动的瀑布。

在这浅紫色的光辉和浅紫色的芳香中,我不觉加快了脚步。

节选自宗璞《紫藤萝瀑布》

作品 60 号

在一次名人访问中,被问及上个(20)世纪最重要的发明是什么时,有人说是电脑,有人说是汽车,等等。但新加坡的一位知名人士却说是冷气机。他解释(jiěshì),如果没有冷气,热带地区如东南亚国家,就不可能有很高的生产力,就不可能达到今天的生活水准。他的回答实事求是,有理有据。

看了上述报道,我突发奇想:为什么没有记者问:“二十世纪最糟糕的发明是什么?”其实二〇〇二年十月中旬,英国的一家报纸就评出了“人类最糟糕的发明”。获此“殊荣”的,就是人们每天大量使用的塑料袋。

诞生于上个(20)世纪三十年代的塑料袋,其家族包括用塑料制成的快餐饭盒、包装纸、餐用杯盘、饮料瓶、酸奶杯、雪糕杯等等。这些废弃物形成的垃圾,数量多、体积大、重量轻、不降解(jiàngjiě),给治理工作带来很多技术难题和社会问题。

比如,散落在田间、路边及草丛中的塑料餐盒,一旦被牲畜(shēngchù)吞食,就会危及健康甚至导致死亡。填埋废弃塑料袋、塑料餐盒的土地,不能生长庄稼和树木,造成土地板结(bǎnjié)。而焚烧处理这些塑胶垃圾,则会释放出多种化学有毒气体,其中一种称为二噁英(èr' èyīng)的化合物,毒性极大。

此外,在生产塑料袋、塑料餐盒的//过程中使用的氟利昂,对人体免疫系统和生态环境造成的破坏也极为严重。

节选自林光如《最糟糕的发明》

# 第四章　命题说话

命题说话是口语训练的基本形式，也是普通话水平测试的一项重要内容。

命题说话是要求应试者在没有任何文字凭借的情况下，围绕既定的题目进行三分钟的单项临场表达。因此，它与前两道测试题的要求不同，在命题说话时，处在语流中每个音节的声、韵、调不可能像读单音节字词、双音节词语时读得完全“到位”，而且音节之间、词语之间的停顿也没有统一的模式，要根据表情达意的需要灵活掌握。命题说话与作品朗读也不同，朗读是有文字凭借的，而命题说话是根据现场抽定的话题题目临时组织语言，不可能也不允许照着事先准备好的稿子来说。另外，朗读的作品是书面语言，而命题说话运用的是口头语言。

## 第一节　命题说话的基本要求

### 一、选用口语色彩较浓的词语

一般来说，口语多用双音节词语、多音节词语、形象化词语和语气词，同时轻声、儿化音的出现比较频繁，给人一种浅显、朴素、自然、富有生活气息的感觉。书面语常用的词语比较严谨、庄重、简洁。说话时，要注意选用口语色彩较浓的词语，尽量不用那些听起来“文气”很足的词或冷僻词。根据要求对下列各题进行判断：

1. 下列词语哪些常用于口头，哪些常用于书面？

A. 聊天儿—谈话　畏惧—害怕　看—观看　心—心扉　遗忘—忘

B. 恐吓—吓唬　愤怒—生气　口角—顶嘴　色彩—彩色　穷—贫穷

C. 吝啬—小气　来—莅临　冷—寒冷　住—居住　飞—飞翔

D. 乞讨—要饭　丢掉—遗失　望—凝望　长相—相貌　擅长—拿手

E. 爸爸—父亲　便—就　和—与　嘴—口腔　走—步行

2. 下面一段话中哪些词语不够口语化？请用口语化词语替换它们。

我们家是一个三口之家，格外和睦、温馨。我父亲在一家公司供职，我母亲是一位护士。我父亲对我颇为疼爱。有一件事情令我久久不能忘怀。那年盛夏的一个傍晚，母亲采购了许多蔬菜和水果……

3. 请把下面一段话改为口语化的表述。

那是一个非常寒冷的黄昏,我孤独地在小河边徘徊,心中思念着远在家乡的慈母。落日映照在流淌着的河水上,河水反射出万道跃动着的炫目的金光。这时,一个非常美丽的小女孩挑着一对小桶来到河边挑水,打断了我的遐想……

## 二、选择口语化句式

口语化句式比较松散,句子比较短小、简洁,常常会有表示强调的重复,较少使用长句、多重复句和关联词语。而书面语句式常用结构复杂的长句、复句甚至多重复句,修辞成分用得比较多。请比较下面各组句子,选择出口语化句式。

(1)我高中时的班主任是一个高个子、大眼睛、性格比较内向、不苟言笑的人。

我高中时的班主任,高个子,大眼睛,性格比较内向,平常不大说笑。

(2)小朋友,你用橡皮泥制作的这些小动物非常生动形象,你的确是一个聪明的孩子!

小朋友,这些小动物是你捏的?太好了,活灵活现的!你真聪明!

(3)记得那是三年前的一个阳光明媚的早晨……

三年前的一天早上,天气很好,很早,太阳就出来了……

(4)在海边,也是生来第一次。我们尽情玩耍、游泳、拾贝壳、跑沙滩、尝海鲜……

这是我平生首次来到海边。我们尽情地嬉戏着,或在蔚蓝的海水中畅游,或在银白的沙滩上奔跑,或捡拾五彩缤纷的贝壳,或品尝各式各样美味的海鲜……

## 三、不要背诵稿子

命题说话的测试目的就是要检测应试者在没有文字凭借下说普通话的准确程度和规范程度,可是,有些应试者为了使自己更有把握,把所有说话题目都写成文章背诵出来。其实,这样做的效果反而很差。

这项测试的评分标准里有一条:"语言基本流畅,口语化较差,有背诵稿子的表现。扣0.5分、1分。"换句话说,即使说得基本流畅,但一听就是事先写成书面稿背出来的,还得扣分。因为"背诵"和"说"在语调、语气、表情等方面存在很大不同。在测试中背诵稿子,必定会失掉不少分。所以,绝对不要费尽心思地写稿子、背稿子,这是一种吃力不讨好的做法。

大家平时说话总是顺口说来,这才会流畅、自然,测试时也应该追求这样的说话效果。一个简单有效的练习方法是:准备话题时列出简单的说话提纲,然后按提纲的思路练说(练说时最好计时),随机添加内容。

以"难忘的旅游"为例:

(1)登泰山;
(2)时间、季节、同行的人、交通工具;
(3)路上所见所闻;
(4)到山下的情景;
(5)登山的过程;
(6)登上山顶的所见所闻;
(7)这次引发的感想。
再以“我所在的集体”为例:
(1)××学校××专业××班;
(2)人数、男女生分布情况;
(3)生源的构成情况;
(4)简介班干部;
(5)班集体的鲜明特点;
(6)同学们的学习情况;
(7)生活在这个集体的感受。
这样说话才会有较大的灵活度,避免考场上因为忘记一句话而陷入窘境。

## 四、避免口头禅

口语化表达要求简洁、明快,但需要临时组织语言,这就难免会出现短暂的思维滞后,不少应试者往往会以一些无表意作用的口头词为思维提供缓冲的时间,以便组织下面要说的话。在一段口语中,偶尔出现这样的情况是正常的,但当这些词语在语言表达中形成定式,机械地、反复地出现,就形成了“口头禅”。口头禅不仅提供大量无用信息,还使句子支离破碎,严重影响语意的完整性和流畅度。

现在请找出下面常见的口头禅中自己口语里习惯使用的那些,在平常说话时有意识地避免它们的出现。

| | | | | |
|---|---|---|---|---|
| 嗯……嗯 | 呀……呀 | 这个 | 这一个 | 那个 |
| 那种 | 那么 | 然后 | 后来 | 反正 |
| 是不是 | 是吧 | 是吗 | 对吧 | 对吗 |
| 对不对 | 就是 | 就是说 | 基本上 | 啊……啊 |
| 当然 | 当然啦 | 本来 | 本来嘛 | ……的时候 |

## 五、避免涉及可能激起强烈情绪波动的内容

人在心境平和、轻松愉快的情况下,思维敏捷,思路宽广,口头表达也流畅;相反,在极度愤怒或过分悲伤等负面情绪中,往往会思维条理混乱,表达断断续续、杂

乱无章。所以,在准备话题内容时,尽量不要涉及那些有可能引起自己情绪过度起伏的内容(比如痛失亲人、家庭变故等等),以免仅仅由于情绪的原因而导致说话不流畅,大大影响测试成绩。

### 六、避免简单重复

命题说话这一测试项,是检测应试者围绕一个主题用普通话进行自然表达时的规范程度,因此,在考场上说话的状态与平时的说话状态应基本相同。有极少数应试者为了掩盖自己发音的真实情况,尽量少说不同音节的词语,蓄意对付测试。例如,有位应试者这样讲“我的假日生活”:

我的假日生活丰富多彩,最主要的就是钓鱼。去年暑假我到一个鱼塘边钓了三小时鱼。钓上来了一条鱼,两条鱼,三条鱼,四条鱼,五条鱼,六条鱼……

一直数到三分钟。三分钟之内“鱼”和“一”到“十”的数目字说了无数遍,这显示然不是正常的表达状态,不能够反映应试者说普通话的真实水平,反倒会失去很多分数。

### 七、掌握好说话的速度

测试中,说话的速度也是有讲究的,应该不急不躁,不快不慢,娓娓道来。有些应试者说话速度太快,像打机关枪似的“嗒嗒嗒嗒”一阵猛扫。于是,语音错误、方言词语、方言语法、病句不经意间全冒出来了,不知不觉中就被扣掉了很多分。还有些应试者说话速度太慢,拖拖沓沓,断断续续,因而在流畅度方面丢掉不少分。

那么,到底用怎样的速度说话呢?一般来说,应该使用比平常说话稍慢一点儿的语速。这样,就可以边想边说,边注意发音,边斟酌用词用句。这样的语速既不影响说话的流畅度,又使自己有了边说边选择的可能性。对于发音方面困难比较大的应试者,这个办法尤其合适。

命题说话评分的主要依据是应试者普通话语音的标准度、词语语法的规范度和言语的流畅度,因此所有努力都必须紧扣这三个方面进行。千万不要本末倒置或舍本求末,白白丢掉自己本来应得的分数。用录音的方法练习说话,是一条很有效的途径。因为自己说话时往往难以发现读音、用词、句法方面的毛病,而从一个旁观者的角度听自己的录音、找自己的毛病时,就明白自己的不足了。具体方法是:录一遍,听一遍,检查纠正之后再录一遍……这样几遍练下来,效果一定很不错。

# 第二节 话题分析与训练

命题说话的测试难点除了普通话的语音准确和上面讲的基本要求以外，还要注意审题、理清表达思路。

## 一、审题

拿到规定的话题后，首先要审题：该“话题”的主要内容应该是什么；从哪个角度说、用什么方式说最能体现该话题的中心，最能发挥自己的长处。

审题关系到应试者对话题的理解，只有理解话题的主要内容，才有可能帮助应试者集中注意力，理清说话的主线，沿着主线搜集说话的材料，充实说话的内容，从而使说话具备一个清晰的目标。

## 二、设计

1. 在理解话题中心的前提下，根据自己的经验、阅历准备围绕“话题”的叙说材料（事例、情节等）。

2. 迅速地组织材料，构思说话的框架（拟分几个层次来表达），设计每个层次的阐说重点。为了便于把握说话的整体结构，建议分别以一个主题词或一句话来概括各层的表达内容，以提高自己的整体把握能力，明确各层的表达要点，避免慌乱。

3. 考试中要注意以下三点：

（1）语速不要太快，可以慢条斯理；

（2）在总体框架指导下，沿着各段落中心词语的提示，可以边想边说，要敢于发挥；

（3）对语音、词汇、语法的规范可适当注意，但是不要考虑过多而迷失说话的方向。

## 三、训练

为了帮助应试者更有效地进行“命题说话”测试的准备，迅速驾驭不同话题，我们对《普通话水平测试大纲》所附的30个话题中的部分话题做出分析，对每个话题所要把握的要领及内容开掘的方法提出一些建议。

1. 我的愿望（或理想）

审题：

（1）愿望或理想一般都是一个尚未实现的，内心觉得有意义、有价值的憧憬。

(2)可以是当初的愿望、最后通过努力实现的憧憬,但主要内容要落实在“憧憬”上。叙说时要突出这个“愿望”(或理想)在自己心目中的价值与意义。

开掘方法:

(1)可以从个人(自身)的意义,也可以从对他人、对社会的意义谈这一“愿望”与向往。

(2)不能忘记为了这个愿望你所做过的努力与努力的过程。必要时,可以适当展开在你为之努力过程中那些感动自己、感动他人的小故事。

2. 我的学习生活

审题:

(1)抓住“学习生活”这个主题,也就是你学习、进取的过程。

(2)既然是“我”的学习生活,就一定有不同于他人的特点与过程,酸甜苦辣、曲折平坦,自己的感受最深,要道出自己的学习经历与切身感受才好。

开掘方法:

(1)学习有理论知识上的进修,也有实践中、专业上的学习,可以选最有内容的方面说。

(2)学习过程有“得”也有“失”,往往存在很多矛盾。有些人有专门的学习机会却并不珍惜,等到想学的时候,又缺少机会。即使在同等机会下,不同人的学习效果也往往不尽相同,这又涉及学习的方法与态度。应试者可以结合自己的经历来叙说、总结,可说的内容一定不会少。

3. 我尊敬的人

审题:既然是被你所“尊敬”的人,一定是为你所了解的,且他身上一定有值得你尊敬、佩服的地方,突出他的优秀品质或值得你尊敬的行为是该话题的重点。

开掘方法:

(1)只要具备上述特点,这个人无论是同事、朋友、父母、英雄人物或平凡者都可以说。

(2)被你所尊敬的人不一定在每一个方面都伟大。生活中没有完人,只要这个人在某一方面确实突出,而且不乏真实与感动,就可以成为话题。

(3)叙说要以生活中的真实例证来说明这个人被自己“尊敬”的理由,但不要面面俱到,例证的选取要典型。叙说时不妨穿插一些生动的事例。

4. 我喜爱的动物(或植物)

审题:

(1)既然某个动物(或植物)被你喜爱,一定有被你喜爱的理由,那就是这一动物(植物)在你眼中的可爱之处,这是话题的要点所在。

(2)可以集中说动物,也可以集中说植物,不必两样兼叙,那样反而会冲淡话题的中心。

(3)可以说你熟悉一类动物(植物),也可说你熟悉一个具体的动物(植物)。一般而言,具体的叙说对象更容易阐说得生动、具象。

开掘方法:

(1)先对你喜爱的对象进行一番介绍,介绍要形象、逼真,尽可能让听者从你的介绍中得到一种直觉感。

(2)要用具体事例说明你所描写对象的可爱、可贵,如果能在描述中带上真实的感情则更能打动听者。

5. 童年的记忆

审题:"童年的记忆"是要你通过回忆,叙说儿时的那些让你难以忘却的某件事或某个经历,它们往往对你的成长有一定教育或启迪意义。

开掘方法:

(1)必须以具体经历与感受来叙述"记忆",这就不能缺少具体的事例。你也可以用说故事的方法引出主题。

(2)童年的记忆有正面的,也有负面的,正面的"记忆"是启迪,负面的"记忆"是反思、教训,对个人的成长也有意义,只是叙说之后要善于总结。

6. 难忘的旅行

审题:

谈"旅行"不能缺少旅行的主要过程(主要经过),"难忘"是因为这一旅行一定给你留下了值得记忆、值得回味的价值与意义,这是本话题要突出的重点,也是值得你总结的内容。

开掘方法:

(1)本话题一般都是自己某次旅游的亲身经历,如果缺少这种实际经历,或者你的旅游缺少"难忘"的感受,不必拘泥于现实话题,宜另寻角度,可广义地理解为"旅游",比如,观看世界名胜的旅游纪录片,阅读某一本历史纪实的书,均等于你进行了一番历史的或现实的旅游经历,不妨以此为切入点。

(2)"旅游"一定有准备、开始、经历、结束等几个过程,过程的叙说不宜琐碎,要突出重点和有意义的情节,然后才能总结出难忘的地方,好让听者产生共鸣。

7. 谈谈社会公德(或职业道德)

审题:

这是个议论性的话题。无论社会公德也好,职业道德也好,都是每一个社会成员必须遵守的社会基本道德准则,因为社会是由全体成员组成的,它不属于个人。本话题重在揭示社会公德或职业操守与个人行为之间谁服从谁的道理。不宜有一叶障目的偏激观点。

开掘方法：

(1)可以从某些不符合社会公德的典型行为引出话题，说明加强社会公德心教育的必要性与迫切性。

(2)可以从某些商业赢利部门职业道德败坏的典型例证谈起，分析这一社会弊病产生的原因、后果及社会根源的必要与整治的措施与建议。

(3)可以从榜样的行为谈起，在正反例证的对比中阐述你的观点，提出中肯的建议。

(4)有阅历的应试者不妨从某些先进国家或先进地区的成功经验中运用对比论证提出有益的建议。

8. 我喜欢的明星(或其他知名人士)

审题：

需要介绍你心中的“明星”、“知名人士”的特点、专长以及你喜欢他(她)的理由。

开掘方法：

(1)可以选择你心目中的一位演艺明星(歌星、影星、笑星等)。

(2)可以介绍一位你喜爱的知名人士(如企业家、科学家、政治家、音乐家、画家、舞蹈家、文学家、教育家、慈善事业家、杰出青年、英雄等)。

(3)介绍知名人士时，思路可开阔些，可不拘泥于现代，古今中外的知名人士都可以作为你的话题。

9. 谈谈对环境保护的认识

审题：

要求从你个人认识的角度谈谈环境保护的意义所在。建议以我们身边已被我们切身感受到的典型例证说明环境保护与我们社会、与我们每个人之间的利害关系。例证越典型越能说明问题。

开掘方法：

(1)可以结合身边的事实，用算账的方法来揭示以污染环境换取眼前蝇头小利的惨重后果，以说明环境保护的重要性、迫切性；

(2)可以列举我们身边一系列的环境污染所造成的恶果，并提出生存危机的警示；

(3)可以介绍成功的环保经验，启示我们努力的方向；

(4)深刻地分析我国在经济发展的当今造成某些环境破坏的原因，在人的主观意识上、制度上还存在的问题，以及根治的措施。

10. 购物(消费)的感受

审题:

这是一个宽泛的话题。无论是谈消费过程还是消费结果,本话题重点在"感受"。在消费行为中,男性与女性的感受、富人与穷人的感受不尽相同。即使同样的一次消费行为(比如一起喝酒),彼此的感受也不一样。建议应试者能从自己的理解与认知出发,选择一个恰当的角度,将话题说得生活化些、具体些,这样能更贴近生活本身。

开掘方法:

(1)无论是男性还是女性,可以就自己的切身体会谈消费感受;

(2)可以从观察者的角度,谈谈几种消费者在消费过程中的心理特点;

(3)可以从商家角度谈如何利用消费者的不同"感受"促成营销;

(4)根据你的了解,可以剖析正品与假冒伪劣商品对于消费者所形成的截然不同的消费感受,不妨幽默些;

(5)可以剖析当今某些广告从哪些方面间接或直接地反映了消费者的某种消费心理与消费感受。

## 第三节　命题说话中常出现的问题与解决方法

### 一、经常出现的问题

1. 表达紧张

紧张是应试者在"说话"测试中最常遇到的问题,很多人因过度紧张导致测试水平下降,不如平时放松状态下说得好。

(1)紧张的表现

①打乱说话的思路,即使准备得很熟的说话内容临场亦容易忘记;一旦忘记准备好的内容就即会加剧紧张心理,导致叙说过程的混乱或间断。

②面对考官无法把握说话的中心,导致说话的整体质量与流畅度下降。

③没有精力顾及语音等内容的规范,容易暴露应试者普通话方面的弱点,影响应试者的情绪和信心。

(2)紧张的原因

①习惯性紧张,因平时缺少在陌生场合表达的经验,缺少实践。

②平时很少说普通话,或普通话尚存较明显的弱点,认为"说话"太难,信心一直不足,因此对考试产生不必要的恐惧感。

③对测试的期望值过高,但自身语音等项存在弱点,因而自己又不太自信,这

一矛盾造成心理压力过大。

2. 表达内容贫乏

(1)说话内容贫乏的表现

①拿到一个话题后,不知道从哪儿说起,抓不住中心,更理不出表达的层次。

②觉得“话题”并不难,但只是一般地理解,缺乏深入的思考与分析。因此,真要说起来似乎也就那么几句话,没有更多的内容。

③事先背好了几篇稿件,但是抽到的不是自己准备的题目,因而临时手忙脚乱,没有理想的说话内容,只能东拼西凑,表达缺乏连贯性。

(2)说话内容贫乏的原因

①没有打开自己的言语思路。应试者拿到试题后,首先考虑的不是话题的中心、要面对表达内容与表达结构进行总体构架,而只想到一些具体的话语。有的只注重如何开头,此后的表达步骤如何安排考虑得少。因为只想到具体的话语,抛开了中心,所以往往只局限于一点,甚至一两个具体的语句,总觉得没有更多东西可说,连续说三分钟就十分勉强。

②有些应试者临场容易犯急躁的毛病,诸如语音面貌、词汇规范等不应该在“说话”考项中过分担心的东西考虑得太多,不能静下心来将注意力集中在“话题”与表达层次的安排上,致使表达战战兢兢、如履薄冰。表达时额外顾虑太多、思维不专注是不能对话题内容做出快速反应的主要原因,因言语思维不连贯,说话亦很难连贯。

③有些应试者不相信自己的应变能力,不是主动地对应试话题做积极的临场思考,而是无法摆脱已准备好的材料,至多不过是对现成材料做临场的修修补补,结果暴露出表达不连贯、没有准确的中心、背诵稿件等明显问题。活性的言语思维不能发挥,往往受到死的现成材料的钳制,从而影响言语思维的畅通。

3. 说话不流畅、不自然

(1)说话不流畅、不自然的表现

①想一句说一句,表达时断时续,整个语言表达缺乏连贯性。

②反反复复、颠三倒四,表达不得要领。有时甚至一个词一个词地说,语句本身不完整。

(2)说话不流畅、不自然的原因

①有些应试者言语思维不顺畅,在思考、设计某一话题时,思维不能一贯到底,容易出现中断或间歇性断裂。思维中断,表达自然中断。

②有些应试者言语思维没有问题,但因一直缺乏表达实践(不爱说话),因而口讷;因担心语音出现太多问题,所以呈现一个词一个词地“朗读”的情况,缺少口语的顺畅感。

③有的应试者思维与表达都没有问题，私下的表达很流畅，但是一到公开表达时就变得断断续续。其主要原因不是紧张，而是将写文章的方法搬到说话上来了，遣词、造句一律都书面化，抛弃了平时的表达习惯，完全改用另外一种方式说话，似乎认为只有这样才说得美，才说得“像模像样”。这无疑是大错。写在书面上的稿用于“读”还可以，要用于“说”简直太难了。大家都知道，书面语与口语不但遣词造句的形式不一样，风格不一样，思维方式也不尽相同，硬将用于写的东西拿来“说”，自然十分勉强、不自然。

## 二、方法与建议

1. 解决说话紧张的方法与建议

说话紧张有不同的原因，有的应试者是心理原因，有的应试者是普通话语音面貌不理想，还有的是经验缺乏带来的紧张，必须区别对待。

（1）对于习惯性紧张的应试者的建议

①进行“说话”练习时，多让别人（最好有陌生者参与）帮忙听听，逐渐使说话者心理适应说话的客观环境。这一训练需要一个过程，要坚持不懈，不能操之过急。

②应试过程中尽量做到注意力集中，高度专注于自己的话题内容。这是忘掉客观环境、排除心理干扰因素的最好办法。紧张往往是对自己的表现、环境反应太在意而造成的心理压力。

（2）对于语音负担压力较大的应试者的建议

①应试前切切实实地加强语音基本功的训练，运用语音规律掌握几种有针对性的训练方法。

②语音练习首先要注意“质”，其次以一定的“量”作为巩固保证，真正落实语音零件的标准化。低标准的练习只能进一步巩固练习者自身固有的语音缺点。

③将语音练习落实到词、句与语流之中。严格地说，单个孤立的标准音节是很难进入自然语流的，自然语流并不等于孤立音节的简单相加。

④运用朗读形式练习并巩固规范的语音、语流。

⑤从日常生活表达练起，要给“说话”多留一点儿练习时间，多说之外还要多听、多琢磨。只有真正了解自己的问题所在，并掌握正确的纠正方法，练习才有实效。

（3）对于缺乏实践经验与临场经验者的建议

①平时多利用发言的机会大胆开口，对自己的要求不要太苛刻，不要为自己订立不切实际的目标。正视自己的弱点，同时客观地肯定自己的进步，逐步树立表达信心。

②面对考官时不要在心理上将自己放在其对立面或“受审”的位置,要理解在人格上、尊严上,应试者与考官平等。考官的责任是配合、支持应试者的考试,应试者要从积极方面思考,为自己树立取胜信心。

2. 解决说话内容贫乏的方法与建议

(1)打开言语思路。想问题不要过分关注某一点,应加强发散性思维能力的培养,多动脑筋,多参加实践。

(2)认真审题。所谓“审题”就是拿到说话命题后,对话题做一番研究,找出表达的中心。

比如对“我的业余生活”这个话题,首先要抓住“业余生活”的特点。一般人的业余生活不外乎读书、进修、体育锻炼、文艺生活、交友、旅游等,你可以先做一般介绍,再选定具有代表意义的一项或几项作为重点叙说的内容。其次要抓住话题的限定语“我”,是“我”的“业余生活”而不是别人的。“我”的业余生活自然有不同于别人的内容与特点,抓住了“特点”自然就有了说的素材。把握这两点就能使你的话题不但有内容,而且有“说”的角度。审题不仔细、不深入,说话就不可能有明确的中心和思路,即使话题展开了,也免不了拼拼凑凑,拼拼凑凑自然要影响说话的质量。

(3)认真设计。如果只有审题而没有设计,表达的中心仍然不能落实,说话可能仍无序。

“认真设计”指在确定说话的中心后,围绕中心进行有条理的布局:分几个部分来阐述;先说什么,后说什么;各部分之间怎样连接。待说话的整体结构确立后,再来设计开头和结尾。相比较而言,开头和结尾的形式并不重要,关键是说的中心内容和层次的安排。有些应试者在如何开头这部分不必要地花了大量时间和精力,致使说话内容的设计仓促、草率,不能不说这是犯了战略上的错误,因为说话毕竟不像写文章那样,允许你有充足的时间慢慢琢磨。说话的开头和结尾做到自然、切题就可以了。

在说话层次的把握上,有些应试者因为紧张,表达时往往容易忘记各层次间的有机联系。为此,应试者先要为所说的每一个层次确定一个主题词语,然后用若干个主题词语来统领、把握。这样全篇的说话内容就不会乱。

3. 解决说话不流利的方法与建议

(1)合理地将说话训练与语音训练分成两个相对独立的部分,说话训练时不要过多地考虑语音,以解除说话训练中过多的心理负担与障碍,“说话”应以准确流利为目标。与此同时,利用其他时间针对语音上存在的主要问题寻找对路的纠正方法,有效提高语音训练的质量。这样分工才能做到双赢。

(2)有意识地培养在有干扰的情况下集中注意力的能力。在表达前将说话内容思考透彻,抓住一条清晰、完整的话题线索。

(3)多实践,善于在实践中不断总结。逐渐加强将言语思维变成有声话语的转换能力。

(4)分清口语与书面语的界限,在说话训练中尽量抛开文字形式的牵制,逐渐养成口语思维的习惯,培养自己以我口表达我心的自信心与能力。

这里要特别说说以背稿形式代替说话的现象,“说话”测试本是即兴的表达与发挥,不应该事先准备。事先拟稿、考试背稿就不叫即兴发挥,严格地说,它不能算说话,至多不过是背诵。稿背得越熟,应试者对稿的依赖性就越强,从而受到稿的牵制就越明显,也越不利于自由发挥。难怪有人反映准备好了的现成内容往往用不上。当然,初学普通话的人起步阶段的表达往往有背稿的过程,但这只能是一个短暂的过渡,不能将这一过程当作目标。如果形成背稿的习惯,对普通话的自由表达与发挥无疑有害,会造成离了稿就说不成“话”的结果。

# 第五章 教学口语与训练

教师口语主要包括教学口语与教育口语，是教师在传道、授业、解惑中使用的口头言语。教师在教学与教育活动中，以自己的综合素质与综合能力为基础，用带有书面色彩的口头言语，面对学生进行语音准确、语句流畅、语义精彩的言语表达，让学生在循循善诱、娓娓道来的言语表述中获取知识，懂得道理，掌握技能。

## 第一节 教学口语概说

### 一、教学口语的含义与作用

教学口语，是指教师根据教学任务，针对学生心理特征，使用特定的教材，按照科学的理论和方法，在有效的时间里为达到某种预期效果而使用的工作用语，是一种有声语言的艺术。教师是凭借教学口语传递知识、指导训练、启迪智慧、陶冶情操的，教学口语的优劣，直接关系到教学活动的成败。精心设计的、优秀的教学口语能让学生快乐学习、有效学习，因此不管是已经站在讲台上的教师，还是即将走上讲台的未来的教师都得勤奋练习，练就过硬的教学口语技能。语言艺术是用汗水浇灌而成的，毛泽东曾经说，语言这东西不是随便就可以学好的，非下苦功不可。俗话说，三年胳膊两年腿，十年练不好一张嘴。

苏霍姆林斯基说：教育的语言修养在极大程度上决定着学生在课堂上的脑力劳动的效率。我国杰出的教育家叶圣陶先生说：凡是当教师的人绝无例外地要学好语言，才能做好教育工作和教学工作。教师掌握教学口语、提高教学口语能力有无比重要的意义和作用，具体表现在：一能有效地提高教学的效率和质量。教师的语言准确流畅、简洁清晰、音量适中、快慢有致、难易合度、针对性强，并善于化抽象为具体、化枯燥为乐趣、化深奥为浅显、化平淡为神奇，就能使学生爱听、乐听，这样既可提高教学质量，让学生有效地学习，又可消除学生的紧张感，让学生快乐地学习。二能有效地激发起学生的思维力和创造力。教师的教学目的主要是发展学生的智能、激发学生的思维力和创造力。成功的教学语言，或巧置矛盾，适时点拨；或迂问曲答，引而不发；或欲露先藏，曲径通幽；或故设迷津，暗中指点，总是能有效地诱导学生积极思考，使学生主动地、创造性地完成学习任务。三能给学生学习语言提供示范。中小学阶段,正是学生学习、掌握语言的重要时期,他们在学习语言的过程中模仿能力极强,教师的语言自然也成为他们模仿的对象,如果教师的教学语言发音正确、吐字清晰、用词精当、言之有序、表达顺畅、生动优美,不但提升了老师在学生心目中的位置,而且老师艺术化的口语也成为学生模仿的材料,让他们自己有自觉说好普通话的强烈愿望,会在这方面积极主动地训练自己,从而让自己受益一辈子。

## 二、教学口语的要求

教学口语不同于一般口语,它应是经过精心设计的、优化的口语。教师要在有限时间里完成有一定数量和一定质量要求的教学任务,老师对使用的语言必须进行设计、优化,使其言之有物,言之有理,言之有序,言之有情,言之有趣。因此要想提高教学效率,必须注重锤炼我们的教学语言。教师的语言应该符合准确性、生动性、教育性、针对性、启发性等要求。

1. 准确性

准确性包括三方面内容。一是用标准的普通话,二是教学内容准确,三是语言符合逻辑。

标准的普通话是指教师的教学口语必须遵循普通话的语音、词汇、语法的规范,这就要求老师对自己读不准的字音、理解不了的词语,一定要去查字典、词典,或请教其他人,等弄准确了之后再去读或说。对普通话语音面貌不好、方音很重的老师来说,更要花大气力训练,提高普通话水平,不然的话,就会闹出把“这位同学,我问(wèn)你”说成“这位同学,我吻(wěn)你”,把“一对老夫妻住在一个小木棚(péng)里”读成“一对老夫妻住在一个小木盆(pén)里”诸如此类的笑话。

老师在课堂上应该准确传授知识内容,不能出现知识内容方面的错误。不管是自己教的课的专业知识,还是与自己教学有联系的其他学科知识,都得等弄明白、搞清楚之后再说,决不允许想当然、信口胡说。如,一个老师在讲“滔”字的意义时说:“滔,它的本义是水大,你们看一下这个字形,它左边有三点水,上面有四点水,这么多水,你们说水大不大?”这个教师的解释是错误的。这个“滔”是形声字,左边三点水表示这个字与水有关系,右边“舀”表示这个字的读音,与这个字表示的意义没有关系。

教学语言还应该具有严格的逻辑结构,做到紧扣中心,抓住重点,注重表述的层次性、条理性以及语句组织的严密性、关联性。如一位老师在教“异面直线所成角”的概念是这样讲的:

“我们知道,两条相交直线的相互位置关系,可以用角的数量来描述,但是两条异面直线并不相交,我们又怎样用数量对它们的相互关系做进一步的描述呢?我们是不是也能用角的大小来描述呢？假如要用角的大小来描述的话，那么关键在于如何将两条异面直线转化为相交直线，而根据前面学过的‘空间等角定理’，可通过平移来实现转化的愿望……”

另外，准确的教学口语还是应该是纯净的，要避免出现口头禅，要杜绝污言秽语。

2. 生动性

形象生动、新鲜活泼、富有情趣的语言能有效地激发学生的学习兴趣，提高他们学习的积极性，从而收到良好的教学效果。

生动的教学口语应该是富有激情的。苏霍姆林斯基曾说：如果在教师的讲课里，没有真正的由衷的情感……那么，学生的心灵对于知识的感触就是迟钝的。教师必须让自己的语言浸透情感的色彩，借助情感的魅力感染教育的对象，引起他们内心世界的共鸣。老师应该根据不同的教育内容、现场不同的气氛及自己流动着的情绪，用富于变化的语调，表达出坚定、兴奋、深沉、热情、愤怒、痛苦等不同的情感。一位老师在讲《卖炭翁》“面对官吏的抢劫，卖炭翁是什么态度”问题时，富有感情地说：

“一个‘惜’字尽在不言中。一车炭重千余斤，要多少柴才能烧成？这柴又要多少天的翻山越岭才能砍得？又要多少天的烟熏火燎才能烧成？这车炭是他辛勤劳动的果实，是他全家的生活来源，是他希望所在，他怎能不惜？这个‘惜’字，表明他心肠欲碎，他的满腔愿望化成泡影破灭了；这个‘惜’字，蕴涵着对当时最高统治者的血泪控诉，寄托了诗人对劳动人民深切的同情。”老师的话激起学生的正义感，使他们的感情和着课文的节拍起伏跳荡，让他们既学知识，又受教育、懂道理、明人生。而用平淡的、念经式的语调上课，只能让学生昏昏欲睡。

用语直观形象，能唤起学生的想象和联想，充分调动他们的感觉器官去进行形象感受，让知识在他们头脑里留下深刻的印象。使语言取得生动效果的方法多种多样，但主要是借助汉语中的一些修辞手法。如有位女教师在教朱自清《春》中的“春花图”一段时，在同学们思考议论的基础上这样小结：“同学们，朱自清先生笔下的‘春花图’多么美妙：春花开放了，春光烂漫！远看，花团锦簇，桃花怒放，红彤彤像火在燃烧；杏花绽放，粉晶晶像朝霞灿烂；梨花吐蕊，‘千树万树梨花开’，白净净像雪花般纯洁！它们争奇斗艳，‘你不让我，我不让你’地争春！近看，花丛中蜜蜂、蝴蝶飞舞，它们在闹春！从上看，花海一片；往下看，野花遍地，像星星，像眼睛，春意盎然，生机勃勃。作者多角度描绘春花美不胜收。”

在这个小结语里，综合运用了比喻、引用、排比等修辞手法，把美妙的“春花图”勾勒在学生眼前，让大自然的春花在学生心中怒放。

还有，语言风趣幽默也能增加语言的生动性。我们可适当运用逸闻趣事、幽默笑话、相声小品语言等,或者介绍一些相关的最新研究资料和信息,使教与学都处于轻松活跃、和谐亢奋的状态中。

3. 教育性

课堂教学的目的不仅仅在于向学生传授知识,在传授知识的同时,更要注重人的健康成长、人的全面发展。我们应该围绕"三个维度"目标——知识和能力,过程和方法,态度、情感和价值观组织教学。教师的教学语言应充分体现着教育教学规律、原则和方法,对学生应该多用肯定、期待、表扬、鼓励、督促和指导的语言,即使批评也应该以满腔的热情去关心和爱护,循循善诱,以情感人,以理服人,而不用讽刺、责骂、侮辱等伤害性话语。

4. 针对性

针对性是指根据不同的教育对象、教学内容运用不同的语言,即因材施教。教师的教学语言应根据不同学科和不同学生的年龄特征、心理需求、知识水平、精神面貌等,准确把握时机、场合、背景等因素,使学生容易领悟、乐于接受,才能取得良好的教学效果。教师在教学中,要事先了解学生、了解教材,注意观察、了解学生的接受程度,依据从已知到未知、从易到难、从简单到复杂等规律进行教学。对小学生、初中生讲的话,要尽可能浅显、明朗、形象;而对高中生讲话,则要求严密、深刻、富有哲理。

5. 启发性

所谓启发性,是指教师的语言能诱导学生思考并有所领悟。新的教学理念主张教师在教学中不要把知识全部正面地、从头到尾地塞进学生的脑袋里,而是要用恰当而巧妙的话语给学生以启迪、开导和点拨,随即渗透,适时设疑,调动学生学习的主动性、积极性,自己探索得出结论,发展学习智力。提问是启发诱导的重要形式,它能把学生引进一种力所能及的、能收获到成功快乐的脑力劳动当中去。提问的实质是激疑,而激疑的目的则是引发学生思维。善于启发者,必然是善于提问者。另外,老师的讲述和引例能举一反三,引起学生的联想,也是富有启发性的表现。

### 三、教学口语分类

教学口语按照其在教学过程中的不同作用和不同方式,可以分为导入语、讲授语、提问语、应变语、结束语等几种。教学口语的分类将在以下各节中逐一介绍。

## 第二节　导入语及其训练

俗话说:"良好的开端,是成功的一半。"教师开始上课时讲的几句话,若能先声夺人，把学生的心紧紧抓住，就为课堂教学打下了良好的基础。所以，好的导入语有不可忽视的教学功能。

### 一、导入语的含义和功能

导入语又叫导语、开讲语。它是教师开始上课时对学生讲的与教学目标有关、能调动学生学习兴趣的一席话。

教师开始上课时运用导入语，可以起到以下几方面的作用：

第一，激发兴趣，引发动机。兴趣是感情的体现，也是学习的向导，是推动学生学习的一种最实际的动力。所以，“善导”的教师，在教学开始时，总是千方百计地设计自己的教学语言，以激发学生的求知欲。

第二，引起关注，导入情境。注意是心理活动对一定对象的指向与集中。开始上课时把学生的注意力迅速集中并指向特定的教学任务和程序，为完成新的学习任务做好心理上的准备，是教学导入语的一个重要的功能。

第三，沟通情感，活跃气氛。课堂上学生活动在很大程度上依赖于心理状态，而这种心理状态又在很大程度上依存于师生双边活动时的心理相容。高明的教师总是善于运用独特的开场白来活跃气氛，以达到师生心理相容的目的。这种良好的教学氛围，既有利于教师的教，也有利于学生的学。

第四，承上启下，明确目的。导入语是沟通“旧知”与“新知”的媒介。教师由旧入新的导入语，既能体现知识的整体性与连贯性，又能帮助学生复习旧知，明确新知的要点，使学生了解自己要做什么，从而把他们的内部动机充分调动起来。

### 二、导入语的要求

导入语是架在师生之间的第一座桥梁。成功的导入语如同缓缓拉开的序幕，促使学生不眨眼地观看布景；又像打开了知识殿堂的大门，诱发学生走进来。所以，教师一定要精心设计导入语。设计导入语时要注意几点要求：

第一，要新颖活泼，忌平淡刻板。教师的教学口语新颖活泼才能激发学生的求知欲；否则，平淡刻板会使学生失去学习兴趣。

第二，要庄谐适度，忌庸俗低级。教师在课堂上语言过于庄重，容易使学生产生压抑感，不利于沟通感情；但如果语言过于低俗，不能激发学生的美感，也会令学生厌烦。所以，教师应该根据教学内容、教学对象设计教学语言，争取达到庄谐适度。

第三，要短小精悍，忌冗长拖沓。导入语仅仅是一堂课的引子，不宜占用太多的时间，导语是不能游离于教学和训练内容之外而任意发挥的，所以要扼要简练。

## 三、导入语的类型

教学没有固定的形式，一节课如何开头也没有固定的方法。由于教学的对象不同、教学内容不同，每节课的导入语自然不应相同。一般来说，常见的导入语有以下几种：

1. 故事导入

故事导入就是教师把要讲的课的有关问题编成一个故事，用故事来吸引学生的注意力，以激发学生学习的积极性为目的的方法。

【示例】

数学教师教学“比较分数大小”时，可以运用故事导入法。

话说唐僧师徒四人去西天取经，走进火焰山，热得要命，这时猪八戒到一户人家要来一个西瓜，大家十分高兴，八戒心想：如果四个人平均分，我只能吃到这个西瓜的1/4，我跑了路，应多吃一份，于是提出给他1/5的要求。悟空一听哈哈大笑，满口答应。谁知八戒分到1/5的西瓜以后，嘟着长嘴气极了。猪八戒究竟为什么这样气？今天我们学了比较分数的大小便可以知道了。（教师板书课题）①

学生对数学课讲故事感到很新奇，所以很容易把他们的积极性调动起来。当学生对新知识有浓厚的学习兴趣后，便会主动去探索未知，成为学习新知识的主人。注意运用故事导入时，语言要生动、形象，否则无法吸引学生。

2. 情境导入

情境导入就是教师根据不同的教学内容，设置出不同的教学情境，使学生有一种身临其境的感觉，以激发学生学习积极性为目的的方法。

【示例】

语文教师教学“四季”时，可以运用情境导入法。

（边播放音乐边朗诵。）“秋天到，秋天到，园里果子长得好。枝头结柿子，架上挂葡萄，黄澄澄的是梨，红彤彤的是枣。”同学们，儿歌描写了哪个季节的景色？一年四季中你喜欢哪个季节？②

因为要讲授四季的景色，而这些景色学生都直接或间接看到过。当学生还没有进入作品之前，老师首先展现学校所在地学生熟悉的景色，把学生带入情境当中，这既可以激发学生对大自然热爱的情感，同时突出四季中的一个季节，以引起学生对其他季节景色的思考，这无疑是十分恰当的。注意运用情境导入时，要考虑

---

① 孟宪恺：《微格教学与小学教学技能训练》，北京师范大学出版社1998年版，第112页。

② 郭东岐：《新课程教学案例荟萃》（语言一年级），群言出版社、华文出版社2002年版，第50页。

学生已有的生活经验和现实素材,语言要富有文学色彩,描绘的情境应是学生熟悉的。

3. 教具导入

教具导入就是教师开始教学时,运用与教学有关的教具,以达到调动学生学习积极性为目的的方法。

【示例】

科学教师教授“益虫和害虫”时,可以运用教具导入法。

师:同学们认识不认识这两个小动物?

生:认识,它们都是昆虫,图左边的是蜜蜂,图右边的是苍蝇。

师:同学们! 你们想过没有,在日常生活中蜜蜂和苍蝇,谁好谁坏呢?

生:蜜蜂好,苍蝇坏。(回答踊跃)

师:谁能说说蜜蜂好在哪儿? 苍蝇坏在哪儿?

生:蜜蜂能为人们提供香甜的食物,它酿出来的蜜比糖还好吃哩。

生:苍蝇影响人们休息,整天在屋里嗡嗡乱叫,落在食物上弄脏了食物。

生:听幼儿园的阿姨说:“苍蝇还能传染疾病危害人的身体呢!”

师:同学们答得都非常正确,像蜜蜂这类昆虫对人们有好处,我们就尊称它为“益虫”(板书)。像苍蝇这类昆虫对人们没有好处,我们就称它为“害虫”(板书)。这节课我们就来学习关于益虫和害虫的知识,看看我们的周围还有哪些益虫,需要我们去保护,还有哪些害虫,等待我们去消灭……

这个导入语从直观教学引入,用形象、逼真的教学挂图吸引学生,把学生从图中的所见诱发到实际,学生凭经验体会到蜜蜂对人们的好处、苍蝇对人们的坏处。通过学生的看、想、悟、说,教师做总结,顺理成章地导入新课。

4. 知识导入

知识导入就是教师在讲授新课前,通过提问、做练习等复习旧知识的教学活动,以达到为学生学习新知识提供支撑点为目的的方法。

【示例】

数学教师教授“小数点位置移动引起小数大小的变化”时,可以运用知识导入法。

师:把一个数扩大几倍用什么方法计算?

生:把一个数扩大几倍用乘法计算。

师:把一个整数扩大 10 倍、100 倍、1000 倍……就是在这个数的末尾添一个、两个、三个……“0”。

师:如果“0.4”扩大 10 倍、100 倍、1000 倍……是不是也可以在 0.4 的末尾添上一个、两个、三个……“0”呢?

生:和整数一样,可以在0.4的末尾添上一个、两个、三个……“0”。

生:根据小数的性质,小数末尾添上0,小数大小不变,所以0.40=0.400=0.4000,因此在小数的末尾添上“0”,这个数并没有扩大。

师:这个同学讲得真好啊!看来一个小数扩大10倍、100倍、1000倍……不能随便在末尾添上“0”。只要我们学习了小数点位置移动引起小数大小的变化,就可以很容易地解决这个问题了。(边说边板书)

学生原有的认知结构中的经验不能解决眼前的问题,针对学生的好奇心,利用新知识与原有知识的矛盾,使学生顿生疑惑,引起了学生的注意和需求,形成了强烈的解决问题的内部动力,为探求新知识创设了最佳的心理状态,学生很快进入了新的学习情境中。注意运用知识导入时,设计的语言一定要把新旧知识连接起来。

5.谈话导入

谈话导入就是教师运用谈话的形式,把学生当朋友似的你一言我一语地交流,从而引入要讲的课。

**【示例】**

语文教师教授《小小的船》时,可以运用谈话导入法。

师:同学们,晴朗的晚上,天上有什么?

生:(自由地说。)

师:你们喜欢月亮吗?

生:喜欢。

师:你看,今天老师把月亮带进了教室。(教师出示一个淡淡的大月亮)这是一个怎样的月亮呀?

生:(自由地说。)

师:今天,我们就把它当成一艘小小的船。(板书课题)

教师运用学生自己的生活积累,与他们进行朋友似的交流。把天上的月亮搬进了教室,蓝蓝的星空移到了孩子们的面前,在这样的情境中交流,极大地诱发了学生的学习积极性。注意运用谈话导入时,语言要清楚、简练、易于交流。

6.游戏导入

游戏导入就是教师通过游戏活动调动学生们的学习积极性来导入新课的方法。

**【示例】**

语文教师教授《雪地里的小画家》时,可以运用游戏导入法。

师:小朋友们!现在我们来做一个游戏。小朋友画画的时候,又要用笔又要用颜料,可我不用颜料不用笔也能画画。不信,你们瞧(教师在一涂满白粉笔的黑板上拍出一手印)。

师:你们看,我画的是什么?

生:是手印。

师:我呀,画的是鸽子。这(指大拇指印儿)是鸽子的头,这(四指并拢的印儿)是它的翅膀,它正在飞翔呢!你们看,像不像?

生:像,我也来画,我也画。

(请同学到前面"画",并说说像什么。)

生:(学老师的样子拍。)我画的是小鸟。

生:(手呈"V"形拍。)我画的是小兔,这是它的长耳朵。

师:大家画得可真棒!我送给大家一个词(板书:小画家)。

请大家读出来,并自豪地说:"我是小画家。"

(学生兴奋地读词、说句)。

师:小画家们!冬天来了,冬爷爷是个魔术师,他"呼"地一吹,满天飘起了白雪,大地都变白了,就像铺上了一层地毯。在这美丽的雪地里,来了几位动物朋友(贴小动物图),它们说,它们也是小画家,它们是(板书:雪地里的)。

(学生读题。)雪地里的小画家①

游戏导入在小学低年级的教学中应用较多。但要注意结合教学实际,寓教于乐,使学生在游戏中自然进入学习情境。注意运用游戏导入法时,教师的语言要准确、简洁、条理清晰,主要讲清游戏规则以便学生有秩序地进行游戏。

**四、思考与训练**

1. 欣赏栏

(1)观赏教学录像,仔细体会教师的导入语,然后模仿一段导入语。

(2)读读下面这个教学片段,体会一下老师所用的导入语类型及作用。

师:同学们,上一学期我们已经学过了几种不同形状的物体,现在你们能说出来吗?

生:长方体、正方体、圆柱体和球。

师:现在请同学们看看讲台上的物体是什么形状的?

生:(回答各种物体的形状。)

师:你们的桌面上也有很多物体,请找出你喜欢的物体。

(学生拿出各自桌上自己喜欢的物体。)

师:谁来告诉大家,你拿的是什么形状的物体?

生:(说出各自手上的物体形状。)

---

① 金芳:《〈雪地里的小画家〉教学实录及评析》,载《小学语文教学》2003 年第 7、8 期。

师：这些都是我们认识的物体，请小朋友摸一摸这些物体的面，有什么感觉？把你的感觉告诉同组的小朋友。

（学生摸各物体的面，并和同组的同学交流自己的感觉。）

师：谁来告诉大家你有什么感觉？想说的就站起来说。

（学生说自己的感觉。）

师：小朋友通过摸，发现这些物体有的面是平的，有的面是圆圆的、弯弯的，也就是曲的。这节课我们一起来认识平面图形。①

(3)分析下面例子中教师是怎样将自己的名字和要讲的英语联系起来的。这样导入的好处是什么？

"Hello! I'm glad to see you."新老师放下书本，双手漂亮地一摊，做了一个外国电影中绅士常有的动作，惹得同学们都笑了起来。

"你们看过戏吗？那么请猜个字谜：'旁人看戏我挨打。'"

"锣。"同学们抢着回答。

"好。猜对了。不过本人姓'罗'而非'锣'。（板书"罗"、"锣"二字。）老同志叫我小罗，伙伴叫我老罗，你们就叫我的洋名'密斯特罗'好了；名'学舟'，'学海无涯苦作舟'啊，让我们携起手来，泛舟知识的海洋吧。"

在同学们的一片掌声中，他用英、汉两种语言讲一个小故事：一个外国游人到商店买钢笔，向售货员说"pen"，售货员不敢怠慢，马上拿了一个盆给他，这位游人说"no"，售货员不解地问："你看好了，新盆怎么会漏呢？"同学们无不捧腹大笑。"密斯特罗"乘机说："一个人，除了汉语外，再能掌握其他国家的语言是非常重要的。现在，我正如在一条船上，将要起航到世界漫游。希望诸位能配合好我这个'艄公'，咱们同舟共济！"左右手有力地一挥，结束了开场白。②

2. 设计栏

在教学"热胀冷缩"一课时，教师是用喷泉实验导入的：在带塞的大平底烧瓶内装半瓶染成红色的水，从塞上插根玻璃管于烧瓶的水中，然后将烧瓶放入空水槽中，用左手拿住烧瓶的颈部，右手将大烧杯内的开水泼在烧瓶的外壁上，这时可以看见玻璃管的顶端口形成红色喷泉。学生在产生了浓厚的兴趣后开始了本课的学习。这种导入法属于哪一种？它有什么特点？请为这种导入法设计教学语言。

---

① 朱红伟：《新课程核心理念学科例解——小学数学》，江苏人民出版社2003年版，第71～72页。

② 王宝大、吏卫泽：《教师口语训练》，东北师范大学出版社1997年版，第132～133页。

# 第三节　讲授语及其训练

提高课堂的教学效率，把学生从沉闷的课堂中解放出来，使其在享受中获得发展，一直以来都是课堂教学改革中的重要问题。课堂要从“教师进行知识传授与学生接受知识”的场所变成学生主动发现、获取知识并增长能力的地方，教师不仅要转变观念，也应讲究教学方法。其中，教师如何运用教学讲授语这种语言艺术，就是值得研究的问题。广大教师不能仅仅满足于把话说清楚、讲规范，还必须善于巧妙地运用语言，在课堂讲授中针对学生的特点，把话讲得通俗、生动、活泼，带有兴趣性和启发性，使学生觉得学习是一种快乐，而不是一种负担。

## 一、讲授语的含义和功能

讲授语是指教师系统连贯地向学生讲解教材、传授知识和技能、培养感情和价值观的教学语言形式。它是课堂教学中最基本的语言表达形式，是教学语言的主体。

讲授语具体有以下几点功能：

1. 传授知识，解疑释难

教师运用讲授语的首要目标，是把知识准确清晰地呈现在学生面前，使之记牢、会用。所以，教师课堂的每一段讲解都应针对学生学习中的疑点和难点以及新知识传授的要点进行设计。教师设计的一个个讲解片段，既是构成课堂教学的整体框架，又是实现教学目标的明晰线索。

2. 启发思维，培养能力

为了避免讲授语单向输送知识误、入灌注歧途的弊病，教师要充分重视讲授语发展思维、培养能力的功能。教师在设计讲授语时，要深入研究教材，正确掌握知识，分析学生的认知结构以及课堂心态，灵活运用语言，努力使讲解内容句句叩击学生的心扉、抓住学生的思维、开启学生的智慧。教师的讲解要努力做到内容和学生的求知渴望接合，思维与学生的探寻心理沟通，在已知和未知之间为学生架通思维的桥梁。只有这样才能促进学生把知识转化为能力。有经验的教师，在讲解之前，总是提出一些问题启发学生思考，在讲解中，注意不断激发学生的学习兴趣，强化其注意力，甚至适时插入图画、事物、模型、标本乃至音像材料来强化讲解内容。所以讲解的力度就在于培养能力和启发思维，不能培养能力和启发思维的讲解只是空洞的说教和乏味的串讲。

3. 传道育人，培养习惯

课堂教学讲解也要实现德育的目标。当然，这种德育目标的实现不是生拉硬扯，也不是贴标签式的。它与讲解内容应水乳交融，对学生的影响是潜移默化的、润物无声的。成功的讲解应该以积极向上的思想感情影响学生，使他们受到良好的道德品质和行为规范的教育；以健康的审美情感熏陶学生，促使他们形成正确的审美观；以正确的思维方式训练学生，培养他们良好的个性和勤学多思的学习习惯。

## 二、讲授语的要求

1. 要深浅适度

对于教材中难懂的词句，深奥的道理和陌生的概念、定理、规则，学生初次接触往往不易把握。教师的讲授必须善于化难为易、化深为浅、化抽象为具体，做到通俗易懂、深入浅出，才能帮助学生有效地接受新知。如果教师的讲授语晦涩玄奥、抽象难懂，甚至卖弄学问、故作高深，则会严重影响学生接受新知；相反，如果教师的讲授语过于浅显，也会影响学生学习能力的提高。

2. 要重在点拨

新的教学观把教学过程理解为师生沟通、合作、对话、交往，共同构建意义的过程。所以，传统的严格意义上的教师教和学生学，应该让位于师生互教互学，彼此形成一个“学习共同体”。在这个学习共同体中，教师的角色发生了变化，由过去以传授知识为主的“主角演员”，变成了做学生学习、成长促进者的“导演”。所以，教师在教学时讲授语要少而精，重点是启发、点拨学生的学习。教师讲解的内容，应该是学生学习的难点、知识传授的重点、智能训练的关键处。

3. 要连贯畅达

教师讲授语的基本单位多是超句体，由一个或几个语段组成。因而要求语句的组合要富有条理性、连贯性，符合一定的逻辑规律。如果说话颠三倒四、语无伦次，就会影响教学效果。

## 三、讲授语的种类

课堂讲授，一般由讲析、归纳、点拨三部分构成，与此相适应的讲授语，同样形成三种基本形态，即讲析语、归纳语、点拨语。

1. 讲析语

讲析语就是教师讲课时用于口头分析的语言。所谓分析，就是把教材中所包含的各种因素剖析清楚。譬如，提示教材中词句、概念、定理、公式、法则等含义；讲解一种现象是在什么条件下形成的，包含了哪些知识或技巧，有什么意义或价值。教师能条理清晰地把这些道理讲出来，学生才能既知其然又知其所以然。

讲析的方法是多种多样的，既可以按因果关系讲析，也可以从比较入手；既可以采用比喻的方式讲析,也可以用类比的方式。

【示例】

一位语文老师在讲解《刻舟求剑》时就运用了类比的方式:

师:小朋友,听老师讲个故事。一个孩子经常烧饭,一家三口两碗米,天天这样。有一次,忽然来了一位客人,而孩子烧饭时仍然只量两碗米。吃着吃着,饭不够了,这时,孩子发现自己不对了。那么,不对在什么地方?为什么不对呢?

生:她少量了一碗米。

生:她按老办法做事。

生:她不懂得多一个人吃饭,烧饭的米也应该增多的道理。四个人也量两碗米,是她看不到情况的发展变化。

师:从烧饭这件事联系到"刻舟求剑"的那个人,是不是说明一个道理呢?

类比式讲析,是以事物间某些相同特性或寓含的相近道理为基础,进行以类相比间接推导引出结论的讲析。运用这种讲析方式时,要特别注意两个对象之间相类的推理过程或两个故事寓含的相类的道理。在讲析过程中,要注意突出二者之间的义理相通,激发学生触类旁通、举一反三的思维活动。

2. 归纳语

人们认识事物的一个基本规律,是由感性到理性,由现象到本质,由局部到整体。所以,教师讲授教学内容也要遵循这个规律。如果说课堂教学的讲析阶段,教师还只是把局部的、现象的、感性的材料给学生讲清楚,那么,接着而来的就是进一步给学生从整体的、本质的、理性的高度进行归纳,使学生从整体上把握事物的本质特征、找出事物的规律。归纳语就是教师表述这一过程的讲授语。

教师讲授时归纳的方式,可以是先归纳后讲析,也可以是先讲析后归纳,还可以是边讲析边归纳。

【示例】

一位数学老师在讲授"推导圆周率"时就运用了先讲析后归纳的方式:

我们刚才把直径分别是 1 分米、1.5 分米、2 分米的硬纸板圆在米尺上滚动一周,得到了这三个圆的周长大约是 3.14 分米、4.71 分米、6.28 分米。我们可以直接看出,第一个圆、第二个圆、第三个圆的周长分别是它们直径的三倍多一些。课后我们还可以把直径不同的圆在米尺上滚动,也可以发现,圆的周长总是直径的三倍多一些。这个倍数是个固定的数,我们把它叫作圆周率。因此,圆周长 = 直径 × 圆周率。

教师在使用归纳语时,要由具有共性的一些个别性例证推导出具有普遍性的结论。所以,教师在设计时,选例要准确,要把握住个别例证中所包含的共同特征,要注意结论的普遍正确性。这种教学语言的使用既是教学内容的需要,也是培养学生综合能力的需要。

归纳语在语文教学中主要运用于概括段落和篇章大意;在理科教学中主要用于公式定理的推导;在其他学科的教学中主要用于总结教学。

3. 点拨语

点拨,即点化、拨正。教学时,教师抓住重点或要义,一两句话点明实质异同,使学生幡然领悟,获得新的思路,进入新的境界。

【示例】

数学老师在讲授加法时,算式为:

16 +95 +84 = ?

38 +47 +32 +53 = ?

面对这样的算式,也许有不少学生会按顺序计算,这时教师如果问"哪个数和别的数可以交换"、"哪两位数可以结合",学生计算的情况就大不一样了。点拨语是教师为了拨正学生在听课过程中所出现的不正确的思维和不正确的观点而使用的语言,所以教师应及时观察和了解学生的问题所在,及时而灵活地设计点拨的话语,不是把知识硬塞给学生,而是用话语创设一种认知情境,引导学生自己去解决知识的难点,以达到使学生茅塞顿开的教学效果。

4. 思考与训练

(1)下面是一位语文老师在教《清清溪水》时的教学片段,阅读后请指出哪一处是讲授语,它属于哪一种讲授语,说说它的好处。

师:我们来自由读读课文4—8自然段。(学生读,老师巡视。)刚才大家读得挺认真。通过读书,你们体会到小兔子当时的心情了吗?

生:体会到了。小兔子当时很生气。

生:很着急。

生:很气愤。

师:说得很对。那么,我们应该怎么读出小兔子的这种心情呢?现在就请小朋友们在小组内练读小兔子的三句话。(学生练读,老师巡视。出示小兔子气愤地说出的话:"你们毁掉了树林,也毁了小溪。")谁愿意来读这句话?

(学生读,语调平淡。)

师:大家听出小兔子很气愤了吗?

生:没有。

师:大家曾经因为某种事情而气愤过吗?想一想,气愤时,说话的语气会怎样?美丽清澈的小溪被毁掉了,如果你是小兔子,你气愤吗?请小朋友好好体会一下,自己再练读一遍,要读出气愤的语气。(学生读。)谁再来读读。

(2)请欣赏《乌鸦和狐狸》的教学片段,然后模仿写一段解释某一词语的讲授语。

师:那么,什么是“奉承话”?

生:奉承话就是说人家的好的地方。

师:是这样的吗?老师表扬一位同学,说他有些方面做得好,老师是不是在说奉承话呢?

生:老师表扬同学不是奉承话。

师:说人家好的地方,有两种,一种是人家好就说好,是老实话,是表扬人的话,目的是自己向人家学,也希望大家向他学,这不能说是奉承话。另一种就不同了。说人家好,故意夸大,有的时候把别人并不好的地方,也花言巧语地说得非常好,讨好别人,把别人说得快快活活的、晕晕乎乎的,心里却有自己的打算,这就是奉承话了。人人都知道,乌鸦的羽毛没有公鸡的羽毛漂亮,更比不上凤凰的羽毛多姿多彩。要是鸟儿比羽毛,乌鸦黑乎乎的羽毛恐怕要倒数第一了,但是狐狸却花言巧语地说乌鸦的羽毛最漂亮,这就是讨好对方,心里却有自己的鬼主意。这种不切实际的话就是奉承话。①

(3)小学二年级的说话课要训练“自我介绍”,老师提出了两条要求:

小朋友到讲台前面向全班同学自我介绍的时候,第一要大胆。怎样做算大胆呢?身子站直,眼睛向前看。两眼看天花板或地面,腰弯着,都是胆小的表现。——第二,说话口齿要清楚,声音要大一点,让坐在后面的都能听得见。②

试分析老师对“大胆”和“口齿要清楚”两个要求的讲解,指出其特点。

(4)假如你是一位数学老师,在讲“除数是一位数的除法”时,你将怎样总结“除数是一位数的除法法则”?请设计一段讲授语,时间不超过5分钟,语言要便于记忆。

(5)下面是一位语文老师在教《雪地里的小画家》时与学生的一段课堂讨论,看完后,请按要求设计讲授语。

师:读课文,思考:雪地里的小画家是谁?它们分别画了什么?(同时贴出课文插图)

生:交流并回答第一个问题——雪地里的小画家指小鸡、小狗、小鸭、小马。(老师贴出四种小动物的图片)

生:(交流并回答第二个问题。教师在课件中显示四个小动物的动画。)

我看见小鸡在雪地里走过,留下的脚印像竹叶;

我看见小狗在雪地里跑时,留下的脚印像梅花;

---

① 国家教育委员会师范教育司:《教师口语》,语文出版社1996年版,第239~240页。

② 于永正:《教海漫记》,中国矿业大学出版社1999年版,第182页。

我看见小鸭在雪地里走来走去，留下的脚印像枫叶；

我看见小马在雪地里跑过，留下的脚印像天上的月牙。

师：同学们的想象力真的很丰富。老师听了你们的回答非常高兴。但是，你们读了课文后，知道还有一个小动物吗？它的名字是什么？

生：青蛙。

师：对了。可是，青蛙为什么没参加画画呀？

生：它在洞里睡觉呢？

师：这是一种什么现象呢？（教师讲解"冬眠"）

讨论至此，教师要做一个讲解。请你为教师设计一段讲析语，这段讲析语要将科学学科与语文学科结合起来。

（6）为《田忌赛马》中田忌调换马的顺序、反败为胜的思维过程设计一段讲授语。要求理清思维线索、语言浅白易懂，使学生受到思维训练。

（7）根据讲授语的要求，结合新课程的教学理念，说说下面"角的初步认识"教学片段中讲授语运用失当之处。

（传统教材是在学生学习了"直线、线段、射线"的基础上进行教学的。）

师：（在黑板上出示三个不同的角。）同学们，这些叫什么？

生：角。

师：对，这就是一个角，它是由两条射线组成的。（教师示范再画一遍，并出示概念：由一点引出的两条射线所组成的图形，叫作角）

师：现在请大家齐读一遍，什么样的图形叫作角？（学生齐读）

师：同学们能不能背出"角"的概念？

（学生练习背诵并齐背。）

师：（指着角。）这一点叫作顶点，这两条射线都叫作边。请大家闭眼想一想，角各部分的名称是什么？

生：顶点，还有两边。①

## 第四节　提问语及其训练

"引导之法，贵在善问。"善于运用提问语，几乎是所有优秀教师教学艺术的特征。美国心理学家布鲁纳指出："教学过程是一种提出问题和解决问题的持续不断的活动。"可见，提出问题在教学过程中的地位和作用。

---

① 朱红伟：《新课程核心理念学科例解——小学数学》，江苏人民出版社 2003 年版，第 78～79页。

## 一、提问语的含义和功能

提问语是指教师根据教学要求和学生的实际提出问题，促使学生思考钻研以加深理解的教学语言方式。①

提问语的功能有以下几点：

训练思维。古人云：学源于思，思源于疑，惟（唯）疑而后悟也。所以教师教学时应把激疑诱思作为重要的教学目标，而提问就是它的基本手段。思维能力可以分为一般思维能力和创造思维能力。教师提出问题的过程就是教给学生提出问题方法的过程，而学生对问题的思考回答就是思维训练，教师对问题的评析又是思维方法的传授。另外，一些发散性问题、求异性问题的提出和解答，能够培养学生的创造性思维能力。

集中注意。叶圣陶先生说：提问不能答，指点不开窍，然后畅讲，印入更深。叶圣陶先生指的是先用提问引起学生的注意，即使经过教师的点拨学生仍没有“开窍”，这时候讲解比一开始就讲的效果要好得多。所以，有经验的教师往往能充分利用提问的这一功能为组织课堂教学、提高教学效率服务。他们常常在新课开始时、讲授过程中或学生注意力分散时，运用高质量的提问来集中学生注意，诱发学生思考，营造良好的课堂气氛。

反馈调控。在一个动态的教学过程中，教师和学生都是信息的输出者和输入者，教师将知识与能力信息编码发出，通过语言和非语言行为传递给学生，学生又将知识与能力信息进行处理和变换再传递给教师。教师再根据学生发出的信息重新处理和变换发出新的信息。这样就形成了教师和学生的信息交换系统。在教学过程中，学生是学习的主体，教师是主导。教师必须有一套完整的办法来了解教学反馈，以决定如何保证这个交换系统的正常良好的运转。提问就是了解反馈信息的有效手段。所以高明的教师往往就通过提问来了解学生对知识的理解程度，检查学生对所学重点内容的掌握情况，探求学生知识链条上的漏洞和产生错误的原因，全面掌握学生的个别差异和个性特点，反省自己教学中的不足或错误。

## 二、提问语的要求

1. 提问语要适时

提问要与学生的认知进程相吻合，即要在学生有疑、有思、欲问、欲解而又不知如何表达之时提问。失时而问，便达不到好的教学效果。

---

① 傅慧钧：《教师口语艺术》，浙江教育出版社 1999 年版，第 172 页。

2. 提问语要适度

这主要指提问语的难度和深度要适当，即所提问题不能低于或过分高于学生的实际水平。问题提得太容易，学生会觉得没劲；问题提得过难，学生就会无法回答。所以，在设计全课的提问语时，要通盘考虑，并使每个提问语呈现一种水平递进的坡度。即前一提问为后一提问打好基础、筑路铺桥；而后一提问，又是前一提问的延伸和推进。

3. 提问语要适量

这里的“适量”包含两个方面的意思：一是提问的总量，二是提问的频率分配。一般的规律是：教学的开始、中段、结尾时提问频率较高，而在这三段的中间讲得多些，问得少些。要克服随意性的“满堂问”和太碎、太空的问题，不要追求表面上的热闹。

4. 运用提问语要讲究策略

一是要面向全班，不能先把某个学生叫起来再提问，这样就不能调动全体同学的思维；二是因人而问，要切合学生的答题能力；三是不可逼问，要给学生留下思考的时间；四是语气、语速要把握好，要用和蔼的语气、适时的语速，提问时语速不宜太快。

## 三、提问语的种类

根据教学中教师提问语实际使用的情况，我们应采用提问的目的与回答的内容相结合的角度，将提问语分为三类：强调性提问语、矫正性提问语、发展性提问语。

1. 强调性提问语

这种提问语是指教师为了强调教学中的某个重点或难点而向学生发出的问语。这些问语富有启发性，学生可以按照自己的理解来回答问题。

**【示例】**

语文教师教授《东郭先生和狼》时，为了帮助学生理解寓言的含义这一难点，可以运用强调性提问语：

师：如果不是遇到老农，东郭先生的处境会怎样？

生：东郭先生将会被狼吃掉。

师：要是东郭先生再次遇到狼，他会怎么办？结果会怎样？

生：他将想法对付狼，比如他可以用文中的办法先诱狼上钩，然后再同猎人一起收拾狼，狼就无计可施了。

师：救狼差点被狼吃，斗狼却无任何危险，这给我们什么启示？

生：这启示我们：做好事要分清是非，对待像狼这样的坏蛋只能想法铲除掉，不能有丝毫同情心,同情它就会害了自己。

为了达到让学生真正理解和掌握文章寓意的目的,教师先分别用两个假设问句引导学生得出两个完全不同的结果,通过学生思考比较,然后再正面向学生提出一个结论性的问题,让学生明白这篇课文给同学们一个什么样的启示,从而达到由浅显到深奥的飞跃。

2. 矫正性提问语

这种提问是指教师针对学生回答问题偏离目标的现象而再次向学生发问的问语。这些问语具有质疑性,学生必须经过认真思考才能做出正确的回答。

【示例】

语文教师教授《草船借箭》时,为了帮助学生理解课文题目,可以运用矫正性提问语:

师:这箭根本不是借的,为何课文以"草船借箭"为题呢?

生:因为这箭是靠装着草的船运回来的。

师:那不是可以用"草船运箭"为题吗?(见学生不语。)你们平时借的东西有什么特点呢?

生:自己要用而又没有,用完以后还要还,比自己操办要方便。

师:课文中的箭有这样的特点吗?

生:周瑜向诸葛亮要十万支箭,诸葛亮没有,但他却用三天时间从曹操那里"借"到了,在与曹操作战时箭又要回到曹操那里,这又类似于"还",因此,这箭具有借的特点。

师:此时,大家该明白课文为何以"草船借箭"为题了吧!

生:以"草船借箭"为题,不仅符合课文内容,而且耐人寻味,它进一步突出了诸葛亮过人的才能,增加了命题的艺术性。

3. 发展性提问语

这种提问语是指教师为了学生的发展而设计的问语。这些问语具有开放性,学生可以根据自己的经验做出不同的但合理的回答。

【示例】

语文教师教授《凡卡》时,为了发展学生的想象力,教师可以运用发展性提问语:

师:凡卡的这个梦说明了什么?能实现吗?

生:凡卡在梦中见到爷爷在念他的信,说明他希望爷爷把他带回去,但这是不可能实现的,因为信封上的地址不详细,又没有贴邮票,爷爷不能收到他的信。

师:如果爷爷能收到他的信,他的愿望能实现吗?为什么?

生:不能实现,因为爷爷本身是老爷家的守夜人,他是没能力带他回去的,不然他就不会让九岁的凡卡去当学徒了。

师:这说明了什么呢?

生:这一方面说明凡卡有向往自由、光明和幸福生活的强烈愿望,另一方面又说明在那样的社会里,像凡卡那样的穷孩子要过上幸福生活是不可能的。

教师的提问既是为了让学生深入理解课文结尾“梦”的含义,又是为了训练学生的想象力。学生的初次回答不能说是不正确的,但这个回答是浮于表面的、基本的知识,而问题本身还有更深层的意思需要发掘。所以,教师在学生基本正确的回答中又找出一个假设的问题,引导学生做更深层的思考,从而达到了教书育人的目的。

### 四、思考与训练

1.有一位老师在引导学生理解“冬眠”一词的时候,适时地运用提问的方式帮助学生抓住词义的关键:

师:“眠”是什么意思?

生:是睡觉的意思。

师:冬眠呢?

生:冬眠是冬天睡觉的意思。

师:人冬天也睡觉,这是冬眠吗?

生:(知道回答有误。)不是,冬眠是指动物在冬天不吃不喝,只睡觉。

师:(风趣地。)噢,骑兵部的战马到冬天不吃不喝,睡觉去了,敌人来了怎么办?

生:(笑了,知道又错了,于是补充。)冬眠是指有的动物在冬天不吃不喝去睡觉。

师:这样解释就对了。冬眠是指有些动物,如青蛙、蛇在冬天不吃不喝一直睡一个冬天。看来把词理解准确是要动一番脑筋的。①

请分析以上片段中教师提问在教学中的作用。

2.请看下面一段教学“圆的概念”的提问语,讨论这些提问语是否提得有效,为什么?

师:车轮是什么形状的?

生:(不假思索。)圆形。

师:为什么车轮要做成圆形呢?难道不能做成别的形状吗?比方说:做成三角形、四边形等。

---

① 郭启明、赵林森:《教师语言艺术》(第2版),语文出版社1998年版,第91~92页。

生:(被逗乐了。)不能！它们无法滚动！

师:那就做成这样的形状吧。(教师在黑板上画了一个椭圆)

生:(先茫然,继而大笑。)这样一来,车子前进时就会一忽儿高,一忽儿低。

师:为什么做成圆形就不会一忽儿高,一忽儿低呢?

生:(七嘴八舌,讨论。)因为圆形的车轮上点到轴心的距离是相等的。

师:(自然引出圆的定义)

3. 就语言课来说,教师提问的主要目的是帮助学生理解课文,提高学生的思维能力。

一般来说,教师提出问题就需要学生回答。但我们经常看到这样的情况:教师提出问题后,学生无法回答。造成这种情况的原因主要是老师提出的问题不具有可操作性。所谓可操作性,是指学生根据教材和有关教学内容对教师所提出的问题能确切地把握并可用简明的语言进行表述的特征。有了可操作性,学生才能通过自己的努力寻求到问题的答案,从而加深对课文的理解,教师提问的目的才能真正达到。例如,《狐假虎威》中有一句话:"狐狸和老虎,一前一后,朝森林深处走去。"课文中没有明确告诉我们谁在前谁在后,但这一前一后却贯穿了全文,对表达课文寓意很重要。从字面上看,学生是理解的,教学中容易忽视过去。有的教师却抓住了这个关键,向学生提出一些问题。

学生根据课文的表述,通过自己的思考很快地找到了问题的答案,并予以确切的表述,言之有据,言之有理,知其然,又知其所以然。

请模仿上面的例子,选择其他学科设计一些具有可操作性的提问语。

4. 到附近的小学听一节课,讨论这位教师是如何提问的,然后自己重新设计这节课的提问语。

5. 要发展学生的智力,研究"问"是很有必要的。教师教学时,"问"要问得适时、问得适度、问得适量、问得明确。请你按照这些要求设计阅读课《小摄影师》的提问语,要求用提问语组织教学。

6. 分数是数的概念的一次扩展,比较抽象,学生接受有一定难度。教学时,老师要善于运用各种提问语,把学生一步一步地引入新的知识领域,使他们很快掌握"分数"这个概念。请你续讲下面教师的话,要求针对学生的回答,用提问语的方式来讲解。

师:4 块饼干,2 块饼干,1 块饼干(板书:4、2、1),这些都是整数。(举起掰开的半块饼干。)请说说,这半块饼干的"半",是不是整数?

生:"半"不是整数!

生:"半"不是整数,那是什么数呢?

生："半"是半个数。

师："半个数"，说得多别扭呀！那么，这"半个数"是怎么得来的？

生：是"1"平均分成两份得来的。

师：说得好，是平均分成两份得来的。那么＿＿＿＿＿＿＿＿＿＿＿＿＿＿＿？

生：＿＿＿＿＿＿＿＿＿＿＿＿＿＿＿＿＿＿＿＿＿＿＿＿＿＿＿＿。

师：＿＿＿＿＿＿＿＿＿＿＿＿＿＿＿＿＿＿＿＿＿＿＿＿＿＿＿＿？

生：＿＿＿＿＿＿＿＿＿＿＿＿＿＿＿＿＿＿＿＿＿＿＿＿＿＿＿＿。

……

7. 教师设计的提问语应该具有针对性、启发性、强调性，如果教师的提问不需要学生思考，不能对学生所学的知识起一种强调作用，那么，这个提问是无意义的。请看下面的例子，提出教师的哪些提问语不合理，应该如何纠正呢？

汉语拼音 ɑ、o、e 的教学片段：

（出示本课情境图。）

师：看了这幅图，你想说什么？

生：我觉得这里很美。

师：美在哪儿？

生：（指着图。）树木、房子、草地、小女孩、小河、蜻蜓、大白鹅、小鸭子都很美。

生：我想这里的空气一定很新鲜。

师：你是怎么想到的，能告诉大家吗？

生：树木很多、很绿，用一个词怎么说？

生：树木茂盛。

师：小朋友，茂盛的树木不但能给我们带来新鲜的空气，还能美化我们的环境，你们喜欢这美丽的山村吗？

生（齐）：喜欢。

师：（指着图。）山村的早晨实在太美了，让我们来到这美丽的山村来看看小女孩、大公鸡、大白鹅在做什么呢？哪个小朋友的耳朵最灵，能听到好听的声音呢？

生：我听到小孩子唱 ɑ 的歌，公鸡唱 o 的歌。

（教师出示 ɑ 和 o。）

……

8. 就同一个教学内容，可以有不同的提问方式和内容，比较下列两位老师的问题设计，说说孰优孰劣，为什么？

《捞铁牛》一文的第一、二节，讲的是"洪水把大铁牛冲到黄河底，人们为了修复浮桥商量如何捞起铁牛"。针对这个内容，第一位教师设计了这样三个问题：

有一回黄河发大水冲断了什么?

八只大铁牛被冲到哪里去了?

在大家议论纷纷时,谁愿意来试试?

第二位教师设计了下面四个问题:

(1)要捞起铁牛有哪些困难?哪些词语突出反映了这个困难?

(2)“议论纷纷”是什么意思?想象一下当时人们会议论些什么。

(3)比较下面的句子,哪一句表达得更确切?

可是有哪个大力士能把那么笨重的铁牛一只一只捞起来呢?

可是谁能把铁牛一只一只捞起来呢?

(4)和尚说“我来试试看”,他有没有捞起铁牛的把握呢?从哪句话中能看出来?①

## 第五节　结束语及其训练

明代文学家谢榛在谈及文章的开头和结尾时说:“起句当如爆竹,骤响易彻,结句当为撞钟,清香有余。”实际上,我们讲课也如写文章一样,要注意章法。一堂课的结束,应如深山古刹的钟声,余音缭绕,不绝于耳,给人以悠远绵长的感觉。

### 一、结束语的含义和功能

结束又叫断课语、结尾语。它是课堂教学将要结束时,教师在进行引导学生对所学知识与技能进行及时的总结、巩固、扩展、延伸与迁移的教学活动时所用的语言。

结束语的功能有以下几个方面:

1. 整理概括,巩固记忆。一个巧妙的结束语要能强调重要的事实、概念,概括相关的知识,形成知识网络,使学生更加清楚、明白、系统地掌握所学的知识。它能帮助学生整理概括,加深感受,深化知识,巩固记忆。

2. 启发思维,开阔视野。一个精妙的结束语能够扣人心弦,开启学生的智慧之门。它不仅能帮助学生巩固课堂上所学的知识,还能激励学生将知识拓展延伸到课堂之外。

---

① 徐家良、陈留美:《小学语文教学手记》,上海教育出版社 1998 年版,第 254 ~ 255 页。

## 二、结束语的要求

1. 忌拖沓

结束语要求语言简洁、明了、清晰，起到提纲挈领的作用。如果结束语小题大做，啰唆杂乱，用语不简洁、不明确，必然让学生感到厌烦，影响教学效果。

2. 忌仓促

由于课前没有计划，或计划了却没把握好教学节奏，临下课时慌里慌张地讲几句话，草率收场，这样的结束语不能起到小结、巩固、强化的作用。

3. 忌平淡

成功的结束语会给人留下深刻的印象，如音乐般“余音绕梁”，课虽尽而意无穷。如果结束语很平淡，就不会给学生留下深刻印象。

## 三、结束语的种类

结束语的设计应依据教学内容与任务、学生的实际情况和教师自己的教学风格确定，不可牵强附会、千篇一律。但就教师使用结束语的作用来看，大致有以下几种：

1. 归纳总结式

这种结束语，就是在教学结束时，教师把教学内容做简单的、概括的归纳总结。这样做不仅便于学生提高认识、加强记忆，还有助于学生巩固所学知识，并将其纳入原有的认知结构中去。

【示例】

数学教师在教授“分数的基本性质”时，可以运用归纳总结式结束语：

这节课，我们学习了分数的基本性质，即分数的分子和分母都（同时）乘以或都除以相同的数（0 除外），分数的大小不变。这是学习分数及其有关知识的重要基础。我们在学习数学知识的同时，还学会了一种观察事物、分析问题的方法，这就是我们在变化的数学现象中看到了不变的实质。①

这样的结束语，把全课的内容做了提炼，既起到承上启下的作用，又渗透了辩证唯物主义的启蒙教育。这种结束语在表述时，要讲究逻辑性，结论要有依据，使用概念要准确，语句组织要有条理性。

2. 拓展延伸式

这种结束语，就是在教学结束时，教师根据教材的内容特点和学生的认识基

---

① 徐家良、陈留美：《小学语文教学手记》，上海教育出版社 1998 年版，第 254 ~ 255 页。

础,因势利导,将课内学习延伸到课外活动,把书本知识扩展到社会实践活动,从而扩大学生的知识面,开拓学生的思维,启发学生的创造力。

**【示例】**

语文教师在教授《小壁虎借尾巴》时,可以运用扩展延伸式结束语:

同学们,各种动物的特点不同,尾巴不同,尾巴的用途也不同,这多有趣啊!放学回家,请大家找一些写动物的课外书,看后把各种动物尾巴的作用讲给老师、家长以及其他小朋友听,大家愿意吗?

这样的结束语,既将课内的学习延伸到了课外,又激发了学生自觉学习的积极性。这样的结束语在表述时,要讲究联系性,要将课内知识和课外知识联系起来、将已知知识和未知知识联系起来,运用的语言要有启发性。

3. 练习巩固式

这种结束语,就是在教学结束时,教师根据教学内容布置一定数量的练习,以达到巩固学生学习效果的目的。

如每次课后教师留的作业。

## 四、思考与练习

1. 在教学"9 的乘法口诀"时,两位教师分别是这样结束课的:

第一位教师安排的是动物找家门。四幢房子的门上各写着:54、27、72、18。九只不同的小动物(学生扮)各拿着一个乘法算式(3×9、2×9、9×3、8×9、3×6、9×8、6×9、9×6、9×2),如果乘法算式的得数等于房门上的数,那么这只动物就算找到家了。请小朋友找找,哪两只动物的家在同一幢房子里。

第二位老师安排的是:教师带领学生用自己的双手来表示 9 的乘法口诀。教师先示范了三句口诀的手势表示法,然后让学生探索其规律,并用手势表示其他几句 9 的乘法口诀,最后再分小组进行用手势表示 9 的乘法口诀的竞赛。

请指出以上两位教师使用的结束语属于哪一类?这类结束语有何特点?请根据这两个例子再谈谈结束语的目的和意义。

2. 下面是一位教师在讲完"商不变的性质"时所说的教学结束语,请你看完后,说说这种结束语的好处是什么。

师:本节课已经学完了,下面同学们谈谈这节课你学到了些什么?

生甲:我学到了商不变的性质——如果被除数和除数同时扩大(或缩小)相同的倍数,那么它们的商不变。

生乙:我学到了被除数和除数同时扩大(或缩小)相同的倍数,商就不变。

生丙:我学会了如果被除数扩大(或缩小)若干倍,除数不变,那么它们的商也会扩大(或缩小)相同的倍数。

生丁:我学会了如果除数扩大(或缩小)若干倍,被除数不变,那么它们的商反而缩小(或扩大)相同的倍数。

生戊:我知道了被除数和除数同时加上或减去相同的数,商一般是变化的。

生己:我学会了被除数和除数同时乘以或除以一个数,零除外,商不变。①

3. 请从结束语的功能以及新课程改革对学生的学习要求两个角度来分析下面一段结束语:

一位老师在讲授《美洲彩蝶王》一文结束时,组织了这样一段教学结束语:"同学们,彩蝶王能够长途跋涉,飞越高山大洋,即使中途殒命也在所不惜,总是向着既定的目标迁徙。它们为什么具有一般蝴蝶所没有的习性呢?它们勇敢、顽强地向远方飞行的目的究竟是什么?这种习性是否长久不变呢?这还是一个有争论的不解之谜……"

讲完补充说:"看看哪位同学能做出正确的回答。"②

4. 针对语文学科的不同领域,选择识字、阅读和习作各一课,分别写出它们的结束语。先在小组里试讲,经修改后,再在全班讲。

5. 一节课临近结束时,因为学生讨论问题而占用了时间。作为教师,你将如何设计这节课的结束语?

6. 假设你现在是给学生讲语文课《北京》,下节课将讲授《我们成功了》。请你在讲完《北京》之后的结束语中,运用"拓展延伸式"把两篇课文做一种巧妙的勾连。

7. 请设计一节综合实践课的结束语,并说明你的结束语与课程的主要内容之间的关系、这样的设计是否达到了本节课的教学目标。

## 第六节　应变语及其训练

课堂教学处于多边交往的动态语境中,教师的表达要随时做适应性的变化和调整。也就是说,教师在教学中,如果遇到难以预料的变化,遇到猝不及防的诘问时,要镇定自信、头脑冷静、语态平和,通过准备的观听辨,摆脱惯性思维的拘囿,快速抓住症结所在,及时恰当地运用应变的语言,变被动为主动,以便进行正常教学。

### 一、应变语的含义和功能

应变语是教师在课堂上及时调节师生关系、处理课堂突发事件时所运用的语

---

① 孟宪恺:《微格教学与小学教学技能训练》,北京师范大学出版社 1998 年版,第 184 页。

② 孟宪恺:《微格教学与小学教学技能训练》,北京师范大学出版社 1998 年版,第 184 页。

言。应变语的功能有以下几点:

1. 吸引学生注意

在小学生的注意品质中,注意力的稳定性还不强。所以,当课堂教学过程中有突发的意外情况,如寂静的课堂气氛中突然一个学生故意恶作剧等,必然会引起学生不由自主的注意,使学生的注意力很快地从学习内容转移到发生的事情上。这就需要教师及时运用应变语把学生的注意力拉回到学习内容上。

2. 调控教学过程

教学过程就是教学活动的实施过程。构成这个过程的基本因素很多,如教师、学生、教学目标、教学内容、教学手段和教学环境等等。教师在教学过程中,按照预先设计的教学目标、教学内容进行教学,但由于各种原因难免会出现一些意外情况,就会影响教学的正常进行。当遇到意外情况时,要求教师能随机应变地调控课堂行为,也就是说,教师要善于运用教学应变语,针对课堂具体情况,对教学内容、教学方法等做一些适当的删改、变更和补救,使这意外情况巧妙地融入教学过程,以保证教学进行下去。

## 二、应变语的要求

1. 要有针对性

教学应变语的应用应该有明确的针对性,也就是要紧紧围绕完成课堂任务这个中心来进行机智的应变。而对课堂上发生的一切偶然事件,教师都要针对教学活动中学生思维活动的特点和走向,以进一步激活学生思维、最有效地调动学生学习的积极性为目的。也就是教学应变语的运用,能够使课堂教学正常进行。

2. 要有分寸性

教学应变语运用分寸的掌握,是能否实现转变课堂偶发事件,使之回到正常教学目标的关键。教师在运用应变语时,既不宜过分夸张、做作,也不能过分平淡,失去引起学生学习兴趣、调动学生注意力的作用。在内容和时间的处理上,也应该相机而定,既不能喧宾夺主地大段插说,也不能不顾学生的情绪而操之过急。

3. 要有自然性

教学应变语的运用不是教学过程的节外生枝,它应该是自然融入教学过程的有效语言。面对课堂偶发的事件,为了保证学生学习情绪的相对稳定,为了保证教学过程的相对顺畅,教师必须运用教学应变语,使教学内容过渡自然、衔接紧凑、不露痕迹、顺理成章。

## 三、应变语的种类

应变语主要用于应对教学过程中的意外情况。在教学中,意外情况一般来自三个方面：一是来自教师自己，出现了教学事故；二是来自学生，如学生突然提出一些偏离教学中心的问题；三是来自外界的意外情况。如果遇到这些意外，妙语解除困境、巧借台阶化解尴尬、借题发挥反客为主、顺水推舟机智引渡、故说闲话变转话题、暗设悬念相机点拨都是有经验的教师处理紧急情况、调控课堂的有效方法。

1. 教师自身的失误

课堂教学是一种极其复杂的创造性劳动，尽管教师在课前已经估计了可能出现的情况，但在组织课堂教学的过程中，仍然避免不了出现一些意想不到的自身失误。如读错字（口误）、写错字（笔误）、遗漏一些内容或卡壳等等，这就需要教师具备处理自身失误的机智，及时用应变语补救自身的失误。

【示例】

有位英语教师在教学单词 pencil 和 pen 时采用了直观教学的方法，用实物来启发学生思考，以追求更好的教学效果。但是，这位教师无意中把手中的铅笔说成了“This is a pen.”等他意识到自己说错时，有些学生也意识到了。这位老师没有马上纠正自己的错误，而是干脆反问一句：“Is this a pen?”学生齐声回答：“No, it isn't. It is a pencil.”这种灵活而果断的问答，使学生误以为教师在考问他们的句型呢。

这种应急法，既吸引了学生的注意力，教师自身又避免了尴尬局面的出现，可谓一箭双雕。

2. 来自学生的偶发事件

课堂教学具有多元辐射的特征，教师教学中的主导作用与学生在学习中的主体地位会随着教学内容而变化。学生随时会有所领悟、联想并发现问题，也可能产生困惑、迷茫或偏见，提出一些与教学联系不大或者老师无法解答的疑难问题，致使课堂出现异变。此时教师要及时运用教学应变语调控课堂变化，提高课堂教学的效率，以保证教学正常进行。

【示例】

讲《朱德的扁担》时，快下课了，教师问：“还有不清楚的地方吗?”一个学生举手说：“老师，那时候，人们都很穷，读不上书，哪个人认识‘朱德记’三个字呢?”老师肯定了学生学习积极性后说：“是呀！谁来回答这个问题呢?”几十个孩子随着老师的反问陷入深思……

一场热烈的争论开始了。“读函授学校。”“自学。”“上扫盲夜校。”老师又接着引导“没有上夜校呢?”“打仗那么紧张，哪能天天学文化?”……在师生相互作用下,结论终于得出了:“红军一边打仗一边互教互学文化。”①

这种应急法,既解决了问题,又锻炼了学生的思维能力,可谓一举多得。

3. 来自外界的偶然事件

课堂应急变化是一种即境变化,它要求教师有敏锐的观察力和快速的反应力。面对课堂偶然事件,教师应该表现出良好的适应性心理品质,不能焦躁烦乱、感情用事,而要冷静沉着、从容化解。

【示例】

一次四年级作文观察课,上课不久,一只鸟飞进教室。由于小鸟在教室里乱飞,学生情绪大变,课无法上下去。老师略做思索,做了如下处理:

师:这只鸟真漂亮呀!大家把门窗关上,我们仔细观察一下这只鸟,下节课写一篇关于鸟的作文。

生:好呀!

师:(适时谈话。)你们看,它的羽毛多好看,嫩嫩的……瞧,嘴尖尖的,还是淡红的呢!……看它那惊慌的样子东飞西撞,碰疼了吧?

(鸟累了,被一个同学小心地捉住了。)

师:(捧着小鸟给学生看。)谁能说这是只什么鸟?它有什么特点?

(学生七嘴八舌议论,结论是黄鹂鸟。)

师:那我们现在怎么处理这只小鸟呢?

(又是一场争论。)

师:(学生热烈讨论后在黑板上写下一个大字:“鸟”。)这就是下节课的作文题。②

教师能够针对突然出现的意外,及时地运用应变语变更教学内容,使教学得以正常运行。

### 四、思考与训练

1. 课堂上有时会遇到恶作剧或始料不及的事件。这时教师最忌的就是发怒,这会使教学活动中断。与此相反,教师应该用机智的话语,顺水推舟地使教学活动正常进行。下面是英语课上的一个情景:

一次英语课上,教师正在教“cock(公鸡)”这个单词,突然,有个学生怪腔怪调地问:“英语里有没有母鸡?”顿时班上哄堂大笑,正常的课堂秩序给搅乱了。面对这种情况,教师不动声色,仍然用平静的声调说:“有,而且还有小鸡这个单词。”接

---

① 孟宪恺:《微格教学与小学教学技能训练》,北京师范大学出版社 1998 年版,第 91 页。

② 孟宪恺:《微格教学与小学教学技能训练》,北京师范大学出版社 1998 年版,第87 页。

着他把这两个单词写在黑板上,带领学生齐读,很快地把学生的注意力引导到教学内容上来。那个发出怪声的学生感到自己的行为引起了大家的注意,便很不好意思。然后,教师把话题一转:"××同学不错,不但想学会'公鸡'怎么读,还想知道'母鸡'这个词,现在全班同学都多学会了两个单词,但是刚才你提问题的语调不好。"接着他又讲了英语中的语调问题。

请分析这位英语老师应变语的作用。

2. 有一位语文老师是这样在课堂上给学生解围的:

一名学生在简介《赤壁之战》的作者时说司马迁是宋朝人,全班同学哄笑。教师却平静地说:"虽是一字之差,却让司马迁多活了一千多年,但这能全是我们同学的错吗?谁让司马迁与司马光的名字只有一字之别,谁让他们又都是史学家、文学家,谁让《史记》与《资治通鉴》又都是史学名著兼文学名著,谁让我们刚刚学完司马迁的文章又学司马光的文章呢?"①

请欣赏这段应变语的精彩之处。

3. 请看李老师处理事件的方法:

李老师面带笑容地走进教室,亲切地对同学们说:"今天我们一起学习老舍的《小麻雀》。"他边说边打开粉笔盒拿粉笔。呀,盒中一毛茸茸的东西吓了他一身冷汗,教室里充满了笑声。原来粉笔盒里关着一只羽毛未丰的小麻雀。

教师的尊严受到了损伤,教学的气氛遭到了破坏。只见李老师沉静了片刻,很自然地说:"好有心计的同学呀,找来了一只活标本。大家仔细看看,小麻雀的眼睛是不是像老舍描写的那样,小黑豆似的?"小麻雀在同学手中传起来。大家不住地赞叹老舍的观察仔细、比喻生动,也从内心里佩服李老师处理问题的艺术。

课后李师对搞恶作剧的学生亲切地说:"你对教学很关心,很有心计。不过,要是事先跟我打个招呼就更好了。"那个同学听了后很感动,惭愧地低下了头。

请自己设计一个情境,模仿李老师的做法,设计一段教学应变语。

4. 教师讲《手术台就是阵地》,在讲到形势特别危急,白求恩大夫仍然争分夺秒地救治伤员时,问学生:"白求恩大夫为什么不离开手术台呢?因为他知道这时候时间就是?"学生脱口齐答"时间就是金钱"。作为教师,你将如何继续教学呢?请设计一段应变语。

5. 有位英语教师在作文讲评课上对学生说:"描写人物应该抓住他的外貌特征和性格特点以及习惯……"这时有位学生提出:"老师,请您用一段话描写一下您自己可以吗?"

---

① 郭启明、赵林森:《教师语言艺术》(第2版),语文出版社1998年版,第150页。

如果你是这位教师，你将如何做出回答并较好地满足学生的要求呢？

6. 一位教师教小学语文《鸟的天堂》，已在电脑储存了录像片配合教学，但上课时教师放错了录像片，画面出现的都是鸟语花香的黄山风光。学生看了一小段很感兴趣，要求接着看。教师随机应变说："等会儿一定放给大家看"。后来，教师教到课文中的一段，用了一段应变语，既结合了教材，又配合教学看了录像片。

请仔细研究这篇课文，并根据这个教学情境，设计一段有新意的应变语。

7. 一位教师教《小壁虎借尾巴》时，教学中出现了一段对话，请帮助这位教师做应变性表达：

师：大家还有什么要问的吗？

生：小壁虎吃蚊子，那蛇为什么咬它的尾巴？

师：这个问题提得很有趣……

生：我知道。那蚊子是蛇的好朋友，壁虎吃蚊子，蛇就替蚊子报仇，就咬壁虎的尾巴了。

师：（做应变表达）……

# 第六章　教育口语与训练

## 第一节　教育口语概说

学校教育是帮助学生健康成长的一种社会活动,教师的教育是其重要的部分。学校教育对学生的培养,一方面是通过各科教学,在传授人类文明发展成果的过程中,给学生以知识和文化的滋养和培育,这主要是依靠教学语言来实现的;另一方面是通过教育活动,给学生以道德、理想、情操的引导与培育,这主要是依靠教育语言来实现的。

### 一、教育语言的特征和定义

教育语言具有两个特征:第一,它是教师在学校培养学生的过程中,使用的一种职业语言;第二,它是教师在有目的地进行教育时所运用的语言,其内容主要涉及思想道德情操、行为习惯规范等方面。

教育语言从形式上看,包括口头教育语言与书面教育语言两种,本章所阐述的是口头教育语言,也可称为教育口语。

### 二、运用教育语言的原则

多萝茜·洛·诺尔特有一段经典名言:

如果一个孩子生活在批评之中,他就学会了谴责。

如果一个孩子生活在敌意之中,他就学会了争斗。

如果一个孩子生活在恐惧之中,他就学会了忧虑。

如果一个孩子生活在怜悯之中,他就学会了自责。

如果一个孩子生活在讽刺之中,他就学会了害羞。

如果一个孩子生活在嫉妒之中,他就学会了嫉妒。

如果一个孩子生活在耻辱之中,他就学会了负罪感。

如果一个孩子生活在鼓励之中,他就学会了自信。

如果一个孩子生活在忍耐之中,他就学会了耐心。

如果一个孩子生活在表扬之中,他就学会了感激。

如果一个孩子生活在接受之中,他就学会了爱。

如果一个孩子生活在认可之中,他就学会了自爱。

如果一个孩子生活在承认之中,他就学会了要有一个目标。

如果一个孩子生活在分享之中,他就学会了慷慨。

如果一个孩子生活在诚实和正直之中,他就学会了什么是真理和公正。

如果一个孩子生活在安全之中,他就学会了相信自己和周围的人。

如果一个孩子生活在友爱之中,他就学会了这世界是生活的好地方。

如果一个孩子生活在真诚之中,他就学会了头脑平静地生活。

你的孩子生活在什么之中呢?

这段话告诉我们:教育环境,直接关系着学生个性发展方向,决定着他们能否健康成长。教师的教育语言是构成学生教育环境的一个重要方面,因此教师在运用教育语言时,决不能随心所欲、张口就来,一定要“三思而后言”,说后再三思。应当遵循一些基本的原则。

1. 民主性原则

遵循民主性原则的理由有三:

其一,在教育活动中,教师与学生处于平等的主体地位。

19 世纪美国哲学家、诗人拉尔夫・沃尔多・埃墨森说过:“教育成功的秘密在于尊重学生。”①学生处于人生的成长阶段,由于年龄与阅历有限,他们的是非观、美丑观还处于形成阶段,所以需要教师对其进行教育与引导。应当平等地对待学生,尊重学生的价值和尊严,在与学生进行思想沟通与交流的过程中实施教育。这种平等和尊重不是教师对学生的恩赐,而是学生应该享有的人格权利。

其二,教师不是完人、圣人,更不是真理的化身,因此在教育活动中,教师并不具有话语“霸权”,也不可能为学生的言行提供一种标准答案,只能是以情感人、以理服人。生于信息化社会的学生,获取信息的渠道已经呈现多样化的特点,他们的思想比以往任何时代的孩子都要活跃、开放,这就使得今天教育活动涉及的内容比以往任何时候都要丰富,也更加复杂。因此,要使教育内容为学生所认同和接受,需要教师一方面在平时加强学习,促进自己的知识和观念的更新;另一方面,在教育活动中,要学会认真倾听学生的心声,把握他们的思想脉络,通过积极引导,帮助学生学会正确评价自我和他人的行为,从而最大限度地发挥教育的功能。同时,在教育活动中,教师不可能不出现任何失误或过错,一个有职业道德的教师要敢于及时反思自身的不足或过错,勇于承认自己的不足与错误。

---

① 傅道春:《新课程中教师行为的变化》,首都师范大学出版社 2001 年版,第 206 页。

其三，教育活动是一种互动性的活动，具有生成性的特点，在教育活动中，教师与学生是共同成长的。就教而言，由于教育内容、教育对象、教育时机都具有不确定因素，所以教育活动不可能都像教学活动那样事先写好教案。即使是一些预设的教育活动，教师可以对教育口语做准备，但这毕竟不同于讲故事或背稿讲演，很难事先将学生的所有反应都做好预案。因此，教师在实际运用教育口语时，从内容到形式，都需要根据学生的现场反应随时调整发挥。就学生而言，没有了他们的接受、思考和反应，教师的教育语言无疑是一篇废话，根本无从实现教育的目的。所以在教育活动中，教师必须摒弃传统的教育模式——"一言堂"，发挥学生的主体作用，更多地采用教师引导下的师生讨论、对话、谈心等形式，让学生参与到教育过程中来，在师生互动交流中，促进学生自身的感悟，让教育活动成为学生乐于接受的教育内容，从而使学生的思想、道德和情感不断得到提升。正如苏霍姆林斯基所言："只有能够激发孩子去进行自我教育的教育，才是真正的教育。"

2. 积极情感性原则

白居易在谈到诗歌创作时曾说过，"感人心者，莫先乎情"，运用教育语言也如此。在教育活动中，师生双方都是具有情感的人，教师的感情往往决定着教育的内容，还影响着受教育者对教育信息的接受程度；而受教育者的感情，又反过来影响着教育者的感情。所以教师应学会调控自己的情绪和心境，使自己始终精神饱满、情绪乐观而稳定。

教育事业之所以伟大，因为它渗透着爱的情感。在教育活动中，爱是一种伟大而神奇的力量。教育口语，"言为心声"。这"心"应当是对学生的一腔"爱心"。因为有了爱，教师的教育目的才是高尚的，"言"才能感人，学生也才能乐于接受。这"心"应当是学生的一片"真心"。因为有了真心，教师的教育动机才是真诚的，"言"才能是真实的。对学生的每一点成绩和进步，教师只有发自内心地喜悦和欣赏，才能说出真诚赞扬的话语；对学生的每一个缺点和错误，教师只有发自内心地关心，才能有语重心长的教诲。这样，教师的"言"才能服人，学生也才会愿意接受。这"心"应当是对学生的一种"信心"，因为有了信任，即相信每一个学生都是积极向上的，都是可以塑造的，教师进行教育才会有热情和动力，教育语言才会充满肯定和鼓励，学生才能自信，教育才会有价值。

当然，对学生的情感也有个度的问题，"不及"和"过"都会导致教育语言的偏颇，从而影响教育的效果。有些教师信奉"教不严，师之惰"，在对学生说话时，态度严肃、语气严厉、言语犀利，殊不知"严师未必出高徒"。教师对所谓的差生，一旦产生"随他去"的厌烦情感，就会放弃责任，教育语言中难免出现蔑视的语言，严重的甚至于侮辱性谩骂，严重地伤害学生的自尊，甚至给其成长造成阴影；教师对一般学生一旦产生"恨铁不成钢"的急躁情绪，教育语言中不可避免地会出现指责、训斥的语言,就会使学生丧失自信;教师对好学生一旦产生“他什么都好”、“人家样样都行”的偏爱情感,教育语言中将充满对其一味表扬的话语,就会助长学生的自傲情绪。这些都是感情的“度”把握不好所造成的。

3. 针对性原则

在教育活动中,教师的教育语言具有针对性,才能引起受教育者的关注并产生效果。这种针对性体现在以下两个方面:

其一,内容有针对性。教育语言要有明确的教育指向性。要因人而异,因事而发,有的放矢,切忌文不对题、隔靴搔痒,或泛泛而谈、没有重点。要针对教育对象的个性特点确定教育内容。比如,同样是表扬,一贯表现好的、经常受表扬的同学,在表扬时,语言可以简洁些、语气可以平淡些,同时要提醒受表扬者不要骄傲;而对平常表现一般、甚至很少受表扬的同学,表扬时语言可以丰富些、语气坚定些,帮助他们树立信心;在集体教育时,还应针对班级群体特点,选择能为大多数人所认同的内容,切忌抓住个别现象喋喋不休。

其二,形式有针对性。一是教育形式适应教育对象的心理发展水平和特征。如低年级的学生喜欢听表扬,多使用表扬语,能产生非常好的积极作用,而高年级的学生独立意识比较强,单纯用说服的方式就难以奏效,而采用沟通、启迪的方式则容易为他们所接受。二是语言形式适应教育对象的理解能力和接受水平。对低年级学生,教育语言的用词要浅显,语句要简短,语义要明了,不要使用复杂的修辞手法,随着年级的增高,程度可以逐渐加深。例如,对小学生而言,教师教育语言应当以清楚明白和生动为好。

4. 艺术性原则

教育语言的运用是一门艺术,不是光凭良好的愿望就能把话说好、说得动人、说得达到效果的。

艺术性体现在能够抓住教育时机,巧设情境。

教育时机分为两种,一种是自己的,需要教师及时捕捉,加以利用。另一种是原本没有,需要教师主动创设的教育情境。

【示例】

**“二吃”杨梅**

朱老师接到一位家长的电话,说让孩子带了几斤杨梅到学校,请老师和同学们尝尝。但等到朱老师想请生活老师分发时,杨梅已被先到校的一批同学吃光了。朱老师想:好吃,固然是孩子的天性,但在小学里发生这样的行为,说明孩子“心中有他人”的意识还十分缺乏。

晚自习结束时,该是学生吃夜点心的时候了。

朱老师说:“今天晚上除了有学校发的蛋糕,还有一样更好吃的东西要给你们呢！大家知道是什么好吃的吗？”

学生们摇着头说：“不知道。”

朱老师说：“我们班的四十几位同学来自许多不同的城市。慈溪市盛产杨梅，今天下午，柴世超同学的妈妈给我们捎来了她家的特产杨梅，要让同学们尝一尝，同学们高兴吗？”

学生们激动了：“高兴！谢谢柴世超同学的妈妈！”

朱老师问：“同学们想一想，这些杨梅应该让哪些同学先吃和多吃一点？”

同学说：（回答各种想法。）

朱老师说：“你们想得都很好，有了好吃的能先想着别人，真是好品德啊！现在，我就让柴世超同学把带来的杨梅发下去。”

这时，抢吃杨梅的同学用惊疑的目光时而看着朱老师，时而相互对望，显得很不安。朱老师却始终微笑着，用他们熟悉的目光传递着赞赏、批评、期待的信息。

吃完杨梅后，朱老师回到办公室。不久，便有几位同学跑到办公室塞给他几张小纸条。打开一看，同学的纸条上写着：

我们没等全班人到齐就吃是不对的。

杨梅应该让老师安排人分给我们吃。

杨梅应让别人先吃和多吃。[①]

学生的家长带给大家的杨梅被一些先来的同学吃掉，这是一个偶发行为，朱老师敏锐地捕捉到了这个教育契机。他没有立即批评教育这几个同学，而是重新买杨梅分给大家吃，创设了“分杨梅”这个充满生活气息的教育情境，利用其中所蕴涵“如何分”的教育理念，引导学生从具体的事情中体察了人情，体味到亲情，也使那些先吃了杨梅的同学感到自己行为的不妥和错误，从而强化了“心中有他人”的意识。

### 三、思考与练习

1. 谈谈你对教育口语作用的认识。

2. 特级教师斯霞根据小学不同年级学生的语言发展情况，使用程度深浅不同的词语来表达有关对人的态度的意思，一年级时她常用“客气”这样的词语，二年级时就用“和蔼”、“友好”、“团结”，三年级时用“慈祥”、“友爱”，四年级以上用“谦

---

① 傅道春：《新课程中教师行为的变化》，首都师范大学出版社 2001 年版，第 214 ~ 215 页。

虚”、“和蔼和亲”等等词语。①

请说说斯霞老师的做法对我们运用教育语言有什么启发?

3. 下面例子中教师的教育语言能发挥作用的主要原因是什么?

一个星期五的下午,我认为一向遵守纪律的学生们突然不安心学习了。我故意看门外、看桌子、看橱柜。当学生问我在找什么时,我说:“我在寻找那个我认为一向遵守纪律、安心学习的班级,因为我敢断定现在这个乱糟糟的班肯定不是我的。”学生对我的幽默心领神会,注意力马上转回到自己的学习上,认真地学习起来。

4. 请利用到小学见习的机会,认真收集1—2个教育语言的实例;条件不允许则采用查资料的方式收集,完成以下分析。请同学将自己收集到的实例在课堂上进行交流:

教师姓名:________　　性别:________

| 经典实例 | 教师教育语言 | 学生回答语言 |
|---|---|---|
| | | |

5. 下面的例子中,私塾先生错在哪里?请根据教育语言运用的原则进行分析。

有一个私塾先生,特别偏爱一个学生,同时特别讨厌另一个学生。有一天,两个学生读书时,读着读着就趴在课桌上睡着了,私塾先生笑眯眯地说:“多好的孩子呀,连睡觉都想学习。”当他转身看见他讨厌的学生也趴在书上熟睡时,气得大骂:“一读书就睡,真是孺子不可教也。”

## 第二节　沟通的方法及其训练

著名教师李镇西在谈起自己教育的秘诀时曾说过,他每天至少与一位同学谈心,以此来加强与学生之间的沟通,增进彼此之间的了解,以使自己的教育更有针对性,更能为学生所接受。

---

① 张鸿苓:《中国当代听说理论与听说教学》(第2版),四川教育出版社2000年版,第166~167页。

## 一、沟通语的定义和意义

沟通语就是在师生沟通活动中，为了建立起平等的对话关系，为了创设和谐的教育情境，教师使用的一种教育语言。比如说为了消除学生对教师的心理隔阂，取得他们的心理认同，或者是要了解学生的真实想法、交换对某些问题的看法，或者是促进学生之间的了解、帮助他们消除误会等等而使用的语言。

当今的时代已是一个沟通的时代。就学校教育而言，沟通是进行教育的前提和基础，真正的教育需要师生之间有效的沟通，因为教育中的沟通，其目的不是为了消除差异，而是尊重和理解差异的存在，从而促进沟通双方的共同成长。从广义上讲，教师所做的每一件事情，他所说的每一句话都是在与学生沟通。通过沟通，教师才能了解学生的真实情况，学生才能理解教师的教育意图，师生之间才有可能建立信任、平等、和谐、合作和友爱的关系。这种关系不仅是一种情感境界，更是一种培养学生情感和健康心理的力量。可见，沟通是一种有效的教育手段，更是一种巨大的教育力量。有研究表明，在教育工作中有 70% 的错误是教师不善于沟通造成的。

## 二、运用沟通语的要求

教育中沟通的过程是一种师生双向的、互动性的活动。在沟通中，常常对这个原理用“双手击掌”的例子来说明。成功的沟通就像是我们的双手在击掌：在一只手上我们要陈述自己的观点，在另一只手上，我们需要倾听别人的观点。这种双向互动的特点，表明沟通语所承载的是师生双方人格与精神的相遇、感染、碰撞和交流。这也决定了教师传递给学生有说服力的信息、及时收集学生的反馈信息，是成功运用沟通语的两个关键因素。

1. 尊重学生，创设自由沟通谈话的宽松氛围

有效的沟通建立在沟通双方相互理解和尊重的基础之上，所以在沟通活动中，每一位学生都有权利要求得到教师的理解和尊重。如果在沟通开始时，教师能对学生以礼相待，就能让他们产生教师是尊重他们的第一印象，这就能给学生一种心理暗示：在即将开始的谈话中，自己是具有说话和表述所思所想的自由的。自由宽松的气氛才能酝酿沟通的机会，沟通既与责任相连，也和自由同体。做教师的要在沟通中，把自由和责任传递给学生。

教师在与学生沟通时，应当避免两种毛病：一是居高临下，一是扮演“完人”。有些教师在沟通中，往往会很在意在学生面前保持“我是一个教师”的完美形象，习惯性地戴着面具来与学生交往，不仅让自己很累，也会让学生感到老师在做人上的不真实，与他们沟通是在自我防御，只是在按教师既定的工作职责工作而已。

让我们一起诵读“沟通者的誓言”：

“无论我是否同意你的观点，我都将尊重你，给予你说出它的权利，并且以你的观点去理解它，同时将我的观点更有效地与你交换。”①

2. 学会倾听，创设开启学生心扉的最佳情境

倾听是种有效的沟通技巧。美国一位心理学家、咨询专家认为，如果教师使用某种方式使学生觉得教师理解他并愿意接受他，则不仅会交流畅通，而且会激发学生自主解决问题的积极性。在教育活动中，教师倾听学生说的话就是这种方式之一。

在传统的“一言堂”式的教育活动中，教师基本处于主要的、主动的、说话的地位，而学生则基本处于从属的、被动的、听话的地位，因而教师在沟通时，常常忽略学生这个教育活动中另一个主体言说的权利，并且由于这个忽略，教师的沟通缺乏针对性，难以见效。

因此，在教育活动中，教师应当学会积极聆听这种有效的沟通技巧。教师要主动给学生说话的权利和机会，在他们解释、说明、回答时，要认真仔细地倾听，注意观察学生对自己的话语的感受和反应，使学生感到教师是在与他们平等地交流对话，教师是在意他们的感受、是愿意听取他们的意见的。在这种情况下，学生才能把真实的想法告诉教师，也才能听得进老师的意见。

3. 表达认同，构建师生同理心的教育契机

在沟通过程中，教师倾听时要真正理解学生，还需暂时放弃自己的价值观和价值体系，尤其要抛弃自己对学生的固有偏见与主观判断，站在学生的立场上，设身处地，以学生的眼睛来观察，以学生的心灵来感受，以学生的观点来思考，从而走入并体验学生的内心世界，达到与学生心灵的相通和共感，即罗杰斯所说的“移情性理解”。

总之，尊重是使用沟通语的必要前提，倾听是运用沟通语时应持的态度，理解和认同是沟通语应有的基调。只有这样，才能建立真正个人化的、人性化的师生沟通，实现师生双方的心灵互动。

## 三、沟通语的类型及训练

按沟通的目的可将沟通语分以下三种类型：

1. 教师了解和引导学生的沟通语

这是师生交往中最常见的一种类型。

---

① 唐思群、屠荣生：《师生沟通的艺术》，教育科学出版社 2001 年版，第 46 页。

教师在与学生交谈中了解情况,并准确理解他们的想法,提出教师的建议,或引导学生自己找出解决问题的办法。

【示例】

**一张分工表**

放学后一会儿,小明来到老师办公室。他气呼呼地说:“老师,黑板报办不好了,我不想干了。”老师问:“不能及时出好板报,你觉得很着急?”小明回答说:“对!我从下午一直忙到现在,他们倒好,全跑了。”老师说:“你做了很多事,你觉得很委屈?”小明辩解说:“不是的。我只是觉得大家分工去做才会有效率。”老师问:“你觉得应该把各自的任务明确下来?”小明回答说:“是的。王纬负责画线,刘航负责写粉笔字,我来负责设计版面。”老师点了点头。小明接着说:“可是,大家总是希望别人先动手,要是有一张责任分工表就好了,每个人都知道哪些是自己的任务,反正迟早都得干,大家就会抢着干了。”老师“唔”了一声,露出赞许的表情。小明兴奋地说:“我今晚就把表画出来,明天拿给您看好吗?”老师肯定地说:“好的。”①

上例中的教师,非常注意倾听学生说话,正视、认同学生的感受,这就使学生感受到教师的关心和理解,从而畅所欲言,使沟通十分顺畅。同时在沟通过程中,教师没有径自表达自己看法、提出要求,而是在积极聆听的同时,用言语做出反应,三个“觉得”句就是教师对学生话语的理解,这就激发了学生解决问题的潜能。此外,由于沟通的互动性,当教师的理解有偏差时,如第二个“觉得”句,学生就能够随时加以更正,保证了沟通过程中信息传递的正确。

2. 教师帮助学生理解的沟通语

对于师生沟通,有些教师往往将着眼点立足于打开学生的心灵之门,了解学生的内心世界,而自己的内心世界则无须向学生打开,造成沟通的不平等。实际上,在教育过程中,学生的一些问题常常是不了解或不理解教师内心的真实想法和感受而造成的。这时,与其批评学生,不如教师放下架子,主动打开自己的心灵之门,将自己真实的内心世界、所思所想、经历经验、情绪感受、观点态度等适时适度地、自然真实地与学生沟通,使学生看到摘下面具之后的、具有真实人性的教师,感受到教师对他是信任的、和他是平等的,这样学生才有可能真正理解教师,接受教师传递的教育信息。

【示例】

张老师上课连续两次碰上令她不悦的事:黑板擦放在了黑板上头。凭她那矮矮的个子,怎么也够不着。板书(写完)后不能擦掉,真叫她既尴尬又生气。

---

① 张丽萍:《“积极聆听”在师生沟通中的作用——师生沟通技巧谈》,载《中小学教师培训》2000年第10期。

今天,张老师去上课,情况依然。

她微微一笑,对同学们说:"在讲课之前,我给大家讲一个有关我个人的故事。前天,我碰上了一位我的大学同窗,她现在和我一样当教师。在大学时我们是好朋友,当然现在还好。我们特别要好,为什么呢?因为我们有一个共同的特点——个子矮,并且矮得一样有水平:1.51米。这,你说'物以类聚'也行,说'同病相怜'也未尝不可。这一次我见了她,第一句话就问:'你工作顺利吗?'她答:'顺利呀!''有人,比如,有学生给你为难吗?'她不解地望着我:'没有呀!'我一下子感到她比我有水平了,委屈得差点掉下泪来。'可是我的学生老是与我为难,比如有人老是把黑板擦放在高处,我写了字没办法擦……'我满以为我的好朋友会同情我,狠狠地斥责那个与我为难的学生一顿。谁知,她竟带着教训人的口吻对我说:'这说明什么?说明你和学生们关系还不融洽,还没有给学生献出一颗爱心。你想想,你真心爱你的学生吗?如果你真心爱他们,他们——尽管幼稚,也会尊敬你。哪有给自己所尊敬的老师处处为难的学生呢?人心都是肉长的……'朋友的话一直在我的耳畔回响着。我仔细想想,我对大家关心爱护得确定不够,甚至还有伤害同学们的言语。比如,我曾经讥讽个别同学为'四肢发达,头脑简单'……这,这哪里有一点爱心?"

自从张老师说了这番话之后,每次上课,黑板总是被人擦得干干净净,板擦也是在课桌上放着。①

老师对学生的"为难"没有指责批评,而是坦诚地与学生沟通,借介绍与朋友相映衬的情况,真诚地检讨了自己对同学不够爱护关心的缺点。情真意切的话语沟通了师生的心灵,化解了师生间的矛盾。

3. 教师帮助学生互相理解的沟通语

学生在相处中,总会发生一些矛盾和纠纷,由于年龄小,他们往往自己不能解决问题,常常到老师那儿告状。如果老师采用各打五十大板的方式,或者就事论事处理,表面上能把矛盾消除,但并没有从根本上解决问题。这时教师不妨采用沟通的方法,引导学生互相了解对方的想法,学会理解他人,可能问题会解决得更彻底。

【示例】

**调组风波**

一次语文课上,老师布置同学们按学生小组进行讨论。但小明那个组却闹起了矛盾,要分组。玲玲委屈地对老师说:"不是我不愿意在组里交流,而是他们不想听我发言,总说我又引用书上的话来显示自己了不起,所以我才不想和他们说了。"

---

① 郭启明、赵林森:《教师语言艺术》(第2版),语文出版社1998年版,第191~192页。

小组的其他同学则说:“每次发言的时候,玲玲只想让我们听她说,我们发言的时候她从不认真听。而且,她经常影响我们小组得五星。所以,我们不希望再和她一个组。”

老师看出他们之间的矛盾已经很深了,说:“既然你们已经不愿意在一个组,我可以同意,只是有一个条件。”听到老师居然爽快地同意他们分组,同学们都很惊讶。老师接着说:“不希望看到你们带着对别人的抱怨分开。因此,只要你们说出对方三个以上的优点,我就给你们另外调组。”话音刚落,他们都轻松地舒了一口气,觉得这个条件太容易了。小明抢先说:“玲玲读书多,知道的知识多,值得我们学习。”“玲玲的想法经常很独特,也值得我们学习。”……大家争先恐后地说了很多玲玲的优点。老师看见玲玲的眼睛里闪过一丝惊喜,有一些泪花在涌动。她的声音有些颤抖:“我以为自己在你们心目中肯定很糟,没想到……其实我觉得这个组也很好。比如小明的数学很好,值得我学习;而丁丁的电脑特棒,真让我羡慕……老师,我现在不希望离开这个小组了。”这时小明他们都明白了,其实他们这个组的每个成员都是多么的优秀,都说不分组了。

“好啊,你们自愿不分开了,好,你们上课时该怎么合作呢?”小明说:“老师,你不总说以实际行动来证明吗?您就看我们的表现吧!”①

学生要求调组是出于对其他同学的不满,老师答应要求,但反其道而行之,以“说出对方三个以上的优点”作为分组条件,引导同学通过赞扬他人实现理解和沟通。果然在说的过程中,孩子们看到了别人的长处,同时也从中感受到别人对自己的肯定和赞扬,对立情绪化解了。这位老师的沟通艺术真是高明!

## 四、思考与训练

1. 分析下面例子中教师的沟通语,看看他是如何使自己摆脱尴尬,同时又教育学生的。

### 老师扣错了扣子

一位数学老师,这天与往常一样去给四年级同学上数学课,他一走上讲台,同学们突然大笑起来。他被笑声弄得有点不好意思,但不知道学生究竟为何发笑。这时一位坐在前边的女同学小声说:“老师,你的扣子扣错了。”老师自己一打量,果然发现他外衣的第四个扣子竟扣在第五个扣眼里。

学生仍在哄笑,这位老师却坦然自若地说:“同学们,你们别笑我,我是有理由的!第一,我起床的时候想心事,一直琢磨着怎样给你们上好今天的这堂课。这

① 张祖利:《教师口语技艺》(修订本),山东人民出版社2012年版,第151页。

不,一想好就急匆匆地走进了课堂。第二,我们班有位同学运用数学公式总是张冠李戴,他不比我更好笑吗？你们只笑我一个,这公平吗?”同学们又笑开了,但笑的含义已经不同。老师还没罢休:“尽管我很委屈,但我还是要向大家承认错误,因为扣错扣子毕竟不是一件光彩的事。通过这件事,我想告诉大家一个道理,就是‘一心无二用’。不论做什么事都要专心致志才不会出错。我向大家保证,今后绝不扣错扣子！你们呢？那位爱张冠李戴的同学呢?”①

2. 缪老师精神抖擞地走进教室,给新班级上第一堂课。他先做自我介绍。“同学们,我姓缪……”他正在黑板上写“缪”字时,不知哪个座位上传出一声“喵……”于是全班哄堂大笑。②

(1)如果你是教师,碰到上面这种情况,你会怎样说?

(2)在班级交流大家设计的教育语言。

(3)在班级交流的基础上,评出最佳“缪老师”。

3. 到小学实习的第一天,晨会时你走进了实习班级,班主任老师要你跟同学们讲几句话。

请你设计自己对小学生的第一次讲话,要求主要用沟通语。

4. 一位同学连续三天都迟到,班主任老师决定在放学前与他进行一次谈话。

(1)请你根据运用沟通语的要求,设计班主任的教育语言。

(2)请你与人合作模拟这个谈话。

5. 一位优秀班主任接了一个纪律不太好,但体育成绩突出的班级。班上几个差生商量着给这个新班主任来个下马威。

根据以上教育情景设计下列两段沟通语:

(1)班主任与这几个学生的个别谈话。

(2)班主任与这几个学生的集体谈话。

6. 三年级一班要准备一个节目参加学校六一联欢会。但为节目选择,文艺委员和班长发生了分歧。文艺委员想排一个健美操,而班长想排一个儿童舞,两个人都觉得自己的主意好,谁也说服不了谁。班主任决定帮助她俩沟通,统一认识,解决问题。

请你设计班主任和她俩谈话的沟通语。

---

① 郭启明、赵林森:《教师语言艺术》(第2版),语文出版社1998年版,第221页。

② 唐思群、屠荣生:《师生沟通的艺术》,教育科学出版社2001年版,第83页。

# 第三节 说服与启迪的方法及其训练

## 一、说服语

说服教育是教育活动的一种重要形式，是教师通过摆事实讲道理，借助言语、事实和示范，把外在的社会角色规范内化为说服改变对象的道德认知，从而改变其态度或使其行为趋于预期目标的活动。

1. 说服语的定义和意义

说服语是指教师在教育活动中，讲述生动的事例，阐明正确的道理，影响、改变学生原来的观念和态度，引导其行为趋向预期目标的语言。

由于今天的说服教育，注重发挥学生在教育活动中的主体作用，注重说服活动中学生对道德的认知和内化，因而它成为对学生进行思想道德教育的重要形式。

2. 运用说服语的要求

说服语发挥教育作用的前提是学生“服”。这个“服”不是压服、口服心不服，而是信服、折服、心悦诚服。要达到这样的境界，就必须具备以下条件：

（1）值得信赖的人格是“最有效的说服手段”。教师良好的人格是“最有效的说服手段”。学生对教师的品格、素质和动机是否信赖，决定着说服能否成功。现代说服学有一种“寻因理论”，认为被说服者总是在寻找说服者的动机，“为什么说服我”、“为什么这样说”，被说服者总是首先从动机上理解说服行为，据此判断说服的真实用意，是善意的还是恶意的，从而决定是服从还是拒绝。在教育实践中，一个教师学识上为学生所推崇、师德受到学生尊敬、对学生充满爱心，他的说服教育就容易为学生所接受。

（2）了解、理解学生是“说服”的前提。从教育活动中师生双方平等对话关系看，说服不应当是教师的“独白”，而应当是师生互相影响的过程，所以有人认为说服就是协商，目的是要双方达成共识。要使学生被教师的“说”所“服”，在“说”前、“说”中，教师必须了解说服对象的情况和心理，对症下药；也必须设身处地地理解说服对象，了解说服对象的需要和接受理解的方式，主动采取满足其需要、适应其接受理解特点的说服方式，“投其所好”。

在说服过程中，教师必须给予学生“说”的权利和机会，而不是把学生当成无知而需要自己灌输的人；能够倾听他的所“说”，而不是把学生当成驯化的对象，因为对于教师的“说”，学生可能“服”，也可能“不服”。后一种情况时，只有学生把他的“不服”也“说”出来，教师才能进一步“说”，甚至通过双方论争，使学生“服”。正所谓“话不说不明，理不辩不清”。

(3)就事论理,以理服人。说服的主要方法是摆事实、讲道理,通过就事论理,以理服人。这个“理”可以是道理、事理、思想,也可以是见解、认识。“说服”中的“说”不是说教、指责,而是劝说、感化,以此使学生明理、达理,最终“服理”。对学生进行说服教育时,应当根据他们形象思维强于抽象思维的特点,摆事实——多用发生在他们身边活生生的事实,以及他们了解的真实事情;讲道理——阐述深入浅出,清楚明白;讲究说服技巧——语气要诚恳委婉,语言要生动活泼、形象有趣,多用比喻、对比的形式。总之,从以情感入手,实现以理服人。

3. 说服语的类型

(1)直接说服。就是说服时正面摆事实讲道理,不绕弯子。

【示例】

**给孩子出道选择题**

学生向老师请假去参加表姐的婚礼。老师问道:“告诉老师,你能给表姐帮什么忙? 抬东西吗? 要不就是管理事情?”看着学生直摇头,老师温和地说:“老师知道,去吃你表姐的喜糖是你盼望已久的事情。如果她在节假日结婚,我们不上课,能去当然好。可现在情况不同,明天数学、语文都学新课,连你们活动老师也说,明天活动课上还要搞小制作比赛。你要是不来上学,那损失有多大呀! 假如你只是想去凑热闹,太不划算了;想吃好东西,可以让你爸爸、妈妈给你多捎些回来。”学生站在老师面前,眼睛里有泪珠在滚动。“这样吧,老师已帮你把事情分析了,对你请假的事,老师不说‘行’,也不说‘不行’。至于怎样办,你今晚可以回家再好好考虑一下。”①

在这个例子中,老师就学生请假进行说服。首先开门见山向学生提问,让学生明白,他去参加婚礼帮不了什么忙;接着对学生想参加婚礼的心情表示完全理解。然后一一细数明天的学习任务。在摆清两方面事实的基础上,老师进一步通过假设分析了请假的后果——学习上有很大的损失,不划算,说明了不同意的道理。至此,事实摆了,道理也说了,但为了让学生接受说服,老师非常有人情味地用“让爸爸、妈妈捎些好吃的来”这个主意安慰他。而学生,虽然没有继续坚持要请假,但眼睛里的泪珠表明他还未被说服,这时老师并没有强迫学生接受说服,而是给了学生继续思考、自主选择的权利。

(2)间接说服。就是说服时,不正面摆事实讲道理,而是言彼意此,将道理寓于其中,让学生自己感悟,或者教师在最后点明。

---

① 张玉梅:《给孩子出道选择题》,载《山东教育》2003 年第 13 期。

【示例】

有一个女生把眉毛描得又细又长，还把小嘴抹得嫣红的。老师约她到湖边，和她进行了谈话：

“你喜欢这满湖的荷花吗？”

“当然喜欢啰！”

“它们这么美丽，是哪位画家把它们画成这样的吗？”

“不是，是它们自己长成了这样子。”

“对，它们的美丽正因为它们自然天成，没有斧凿之痕，就是说没有任何人为的加工，它们就这般美丽。”

“对！我就是喜欢这个！”她忘情地叫了一句，然后痴痴地注视着千姿百态的荷花，并没有意识到老师与她谈话的动机。于是老师进一步启发道：“如果拿起画笔给那朵荷花再添上几笔，你以为怎么样？”

“完全没有必要。”她毫不犹豫地说。

老师抓住时机，因势利导地说：“是啊，你们儿童，正如这争奇斗艳的荷花，浑身散发出一种自然的、朴素的美。这种美是最高洁的美，什么人工美也比不了。如果硬化妆粉饰，只会破坏了你们的自然美。”

“老师，我上您当了。”还没等老师说完她便狡黠地叫道。说完扮了个鬼脸，又俯身掬起了一捧清水……①

这个由景说事论理的例子就是运用了间接说服的方法。例中的老师根据教育内容精心选择谈话地点，创设出一个非常合适的教育情景，所以说服教育的痕迹被淡化，学生毫无戒备心理，在老师的引导下，顺利地理解和认同教师的观点。因而，教育就水到渠成了。

为了使说服更能为学生所接受，说服语中常常运用各种修辞手法，以增加说服的感染力。如上面的例子就是将儿童比成荷花，运用了比喻的手法，所以也是设喻说服。

## 二、启迪语

1. 启迪语的定义和意义

启迪语，就是教师在教育活动中用来启发学生自我教育的积极性与主动性，引导和促进学生积极主动进行自我教育的语言。

启迪语的广泛运用，一方面表现了教师对受教育者的尊重和信任，即相信学生

---

① 郭启明、赵林森：《教师语言艺术》（第2版），语文出版社1998年版，第189～190页。

有自我完善的需要,有在教师的引导下进行自我教育的能力;另一方面,也为教育的主观能动性创造了条件。

说服语和启迪语有相似之处,都是运用语言教育学生认同某个道理。但它们的区别也是显而易见的:教育活动中,运用说服语时,主要是教师在“说”,把道理“说”好“说”透,“说”得让学生“服”;运用启迪语时,是教师通过富有启发性的语言引导学生“感悟”,把“道理”说出来的是学生。

2. 运用启迪语的要求

(1)善于设问与沟通语中的询问不一样,是一种明知故问。教师不将自己的想法灌输给学生,而是通过提出富有启发性的问题,激发学生思考,从而引导他们对问题做出正确分析、判断和评价。

如本章第一节中的《“二吃”杨梅》,老师通过创设情境,向同学提问“这些杨梅应该让哪些同学先吃一点”,就从具体的问题入手,让孩子们通过思考明白应当“心中有他人”的道理。再如下文“设问引导法”中的《两把椅子与一根炉柴》的故事中,教师也是善于设问的。

(2)相信学生。在教育活动中,教师必须对学生有信心,相信他们经过启发教育是可以明白事理、不断进步的。因为只有这样教师才可能对学生循循善诱,学生也才能从教师的语言中感受到期望和信赖,从而主动打开自己的心扉,接受教师的指导。反之,如果教师认为“孺子不可教也”,就会放弃对学生的教育。而一旦学生发现老师对他失去信心,就会自暴自弃。

(3)富有耐心。思想的启迪不是一蹴而就的事情,何况成长中的孩子!因而教师在启发教育时一定要有耐心。这耐心表现在对同一个学生的同一个问题,教师可能要进行多次的启发教育;这耐心还表现在对同一个问题上,你可能要对不同的学生进行多次的启发教育。在小学,常会听到有些教师抱怨学生的话语:“我说过多少遍了,你怎么不长记性呢?”“你怎么老不改呢?”这些语言都是没有耐心的表现,是教育活动中的忌语。

3. 启迪语的类型

(1)设问引导法。这是师生对话活动中最常用的形式。教师依据教育内容,设计出一系列问题让学生思考,启发引导他们通过自我感情明辨是非,实现自我教育。

**【示例】**

**两把椅子与一根炉柴**

一次校会,邻班同学损坏了我们班一把椅子,虽经修理后还能用,但一不小心它就嘎嘎吱吱地“呻吟”。这天全校锯炉柴,操场上摆满了各班的椅子。回到教室做劳动总结时,老师发现那把坏椅子不见了,而多了一把新椅子。同学都推说不知道，班长也支吾。老师明白：一定是同学趁机用坏椅子换了邻班的新椅子。

老师正在琢磨该怎么教育同学时，一年级的小同学拖着一根炉柴进来了。“老师，这是你们班的炉柴，我们班的同学不小心拖错了，现在给你们送来。”老师心里一动，连忙拉住她问：“你为什么要把炉柴送回来呀？”“因为炉柴是你们班的，我们不能要。”老师故意问：“假如我们班的同学从前故意拖过你们班的炉柴，现在你们发现拖错了我们班的炉柴后，你们还会把炉柴送回来吗？”“那样我们也会把炉柴送回来。”“为什么呢？”“因为……因为我们应该这样做。”她大声回答。于是老师转向全班的同学：“大家说她回答得好不好？”“好！”教室里响起一片掌声。一些同学此时明白了老师的用意，不自然地低下头。下课后，班长和几位同学一起搬起那把新椅子，向四班教室走去。①

这个例子中的老师，发现问题后没有批评学生，而是在“琢磨该怎么教育同学”，一个“琢磨”就显示出老师智慧。果然，他借用小同学还炉柴的机会，向她提出了三个启发性的问题，而小同学的回答恰好成了老师教育本班同学的材料。在此基础上，老师反问大同学“她回答得好不好”，不着痕迹地让本班学生在肯定小同学行为的同时，在与小同学的问答中，启迪本班同学用实际行动改正了自己的缺点。

如果教师要进行的教育内容对班级同学具有普遍意义，那么这种启迪引导也可以利用班队活动，采用班集体讨论的形式进行。

(2)类比启迪法。依据教育内容，或选择有针对性的小故事，或用生活中一些生动的例子打比方，启迪教育学生，这就是类比启迪法。

【示例】

**搬掉石头**

阿楠给罗刚起外号，罗刚把阿楠的书包扔在地上。为此老师找罗刚谈话。

老师对他说：“一个人走路时被路边的石头绊了一跤，脚好痛。他生气极了，又用脚狠狠向石头踢去。你看他聪明吗？”罗刚说：“傻瓜一个！”“他傻在哪里？”“脚已经痛了，再踢不是更痛吗？”“那怎么办？”罗刚想了想，说：“把石头搬到墙角或垃圾箱里。”“对！这样做，脚既不痛，又做了好事。”

过了一会儿，沉思后的罗刚说：“老师，阿楠给我起外号是错的，好比石头绊了我的脚。我扔他的书包，就好像踢石头。这样既伤害了他，又伤害了我自己。我去找阿楠谈心，共同把这块‘石头’搬掉！”②

小学生，尤其是低年级的学生，逻辑思维能力还不强，所以在对他们进行启迪

---

① 米子永：《两把椅子与一根炉柴》，载《河北教育》1997 年第 1 期。

② 郭启明、赵林森：《教师语言艺术》(第 2 版)，语文出版社 1998 年版，第 274 页。

引导时,应当尽量避免哲理性太强的抽象的说教语言,而用类比方法,道理就很容易为他们所接受,这被实践证明是一种很有效的方法。

(3)榜样暗示法。和前一种方法相比,榜样暗示法也要通过举例比较进行引导教育。但不同在于,类比启迪法所举的例子不一定都是正面的例子,而榜样暗示法所举的例子肯定都是正面的。和类比启迪法相似,教育者的观点是隐含在榜样的言行中的。这种方法常常用来和小学高年级一些自尊心特别强而心理又比较敏感的学生谈话,可以保护他们的自尊,不致引起他们对教育的抵触情绪。

【示例】

(几位学生帮老师做杂事时,与老师展开了对话。)

生甲:熊老师,我就想玩,像帮您做这些事,我乐意,就是不大愿意做作业和读书。

老师:对,我也想玩,我还一直认为爱玩不一定是缺点。而且,玩还要玩痛快。

生乙:我就图玩个痛快,但是作业没做完,值日生查到了又叫我们补,不补,老师会狠狠地批评我们,只好补,课间不能玩,甚至放学了还走不成。

老师:这样,实际上没玩好。不知你们注意没有,何兵同学……对了,你(对甲)跟他很要好,该了解他。我发现他也并不"勤奋",从没在课间或放学后赶什么作业,哪怕是要考试了,他也不占休息时间用功,玩得够好的。

生甲、乙:就是。但他的成绩还可以。

老师:什么道理呢?有一次我问他……

生甲:(抢着说)我了解,我挨着他坐的那一段时间,看见他上课认真听讲,发言积极。当老师布置作业后,他马上聚精会神地做,一点儿也不东张西望,有几次我给他讲笑话,他始终不理我。

老师:那么,家庭作业呢?

生乙:这我清楚(该生是何兵的邻居)。他回家第一件事就是做作业,完了才玩。我却是把书包往家一丢,就去找朋友玩,玩了再说。①

学生不爱做作业和读书,就想玩,对这样的学生,一些教师会把他们归于差学生的行列。实例中的这位教师令人可敬,因为他毫不歧视这些学生,而是请他们来和自己一起做事,这便创造了一个能够与这些有缺点的学生平等、自由、轻松对话的机会,同时也使学生感受到教师的信任和尊重,因为在许多学生心目中,只有得到老师信任的好学生才能有帮老师做事的机会。

在这个教育活动中,教师对于学生暴露的贪玩、不想学习的真实想法,及时进

---

① 毛可敏:《师生口才的训练术》,东北师范大学出版社 1991 年版,第 287 页。

行了启迪引导。但这种教育不是通过直接否定学生的言行强加于学生的，而是首先对于学生爱玩的想法给予认同，接着针对他们想玩又要学习，因而玩得不安心的矛盾，似乎是在不经意间提到一个榜样，然后通过好奇的追问，不着痕迹地引导启发这两位学生去思考琢磨那位同学是如何学习的，自然而然地将榜样好的学习习惯和行为总结出来了。这样，老师并未直接教诲，但学生已经明白怎样做到既能玩好又能学好了。

(4)自我思考法。教师对学生的启迪教育有时可以将问题提出后，容学生事后自己思考和感悟。这种方法的好处是可以使学生感受到教师对自己的信任，因此能更好地发挥自己的主观能动性，在更大程度上实现自我教育。如下面的例子：

【示例】

吃饭时，一位农村来的学生将一只肉包子一掰两半，啃掉肉馅，“咚！”随手扔进泔水桶里便扬长而去。班主任找他个别谈话：“这周的周记你就写你丢包子的这件事。如果你感到难写，我建议你想想下面几个问题再下笔：①你当时是怎么想的，过后有没有想过这件‘小事’；②这个肉包子是你花钱买的，但这买包子的钱是哪来的；③你父母是农民，如果他们看到了你刚才丢包子的情景，将会做出什么反应；④我今天建议你写这篇周记，你认为是否必要。”①

当然，运用自我思考法必须具备两个条件：一是教育对象出现的问题不及时处理并不会产生很大危害和造成不好影响，二是教育对象具有自我教育的感悟能力。

由于自我思考的教育效果当时不能显现，所以实际上教师提出问题请学生思考后，这个教育活动并未真正完成。因此，教师还须继续关心学生的思考结果。像上面的例子，学生思考的结果是要通过周记反映出来的，那么班主任就要对学生交上来的周记认真阅读，检验教育的效果。

有时，老师只是提出一些问题让学生思考，并不要求学生将思考的结果用书面的形式呈现，那么老师就要关注学生的发展，从点滴细微之处看学生是否发生了预期的变化，由此判断教育的效果。

## 三、思考与训练

1. 朗读下面例子中教师的说服语，你认为丽丽能被教师说服吗？为什么？

低年级女生丽丽患胃痛病，经治疗好转后，家长一让她上学，她就喊痛，家长发现她有时是真痛，有时是思想病。

一天，老师见到她，轻轻地把她拉到自己跟前，半揽在怀中，关切地问：“丽丽，

---

① 毛可敏：《师生口才的训练术》，东北师范大学出版社 1991 年版，第 294 页。

你总是哪里痛啊?”她指给老师看了看。老师抚摸着她的胃部说:“现在痛不痛啊?”孩子看着老师微笑的面庞腼腆地说:“现在不痛!”老师说:“现在不痛了,说明你的病有好转,老师真为你高兴。我想你一个月来一人待在家里,多没意思啊!来学校多好,能和许多小伙伴一块学习,一块玩耍。我看你不痛的时候还是来上学吧。上课时痛起来,就马上告诉我,我让你到我的办公室休息。如果你痛得坚持不下去了,我就马上去打电话让你妈妈来接你回去看病,你看怎么样?”①

2. 下面的例子中老师的说服语运用了哪种修辞手法,请说说运用它的好处。

有位转学的同学作业潦草,老师把他叫到办公室,拿出一本字迹工整的作业递给他说:“你看这位同学的作业写得怎么样?”这位同学看了一眼,没说什么。老师又拿出一本字迹不工整、错误较多的作业给他看,再问他:“你看这本怎么样?”这位同学看了后说:“跟我差不多。”“你再看两本作业的名字。”这回同学疑惑了:“都是李林的?”老师抓住时机,诚恳地说:“差的一本是李林以前的作业,另一本是他现在的作业。”老师亲切地说:“你现在的作业和李林去年的作业差不多,但这不能说明你永远是这样。李林同学经过半年的努力后,写出了工整漂亮的作业,老师相信你一定会像李林一样,用不了多长时间就能将作业写好。”②

3. 下面这段对话中,教师是怎样运用启迪语形式教育小强的?结合这个例子说说运用这种形式的好处是什么。

**大雁正好从头顶上飞过**

二年级有一位小同学站队时总是拖拖拉拉的,他不是在教室里磨蹭,就是跑到一边去玩。

一天,放学站队的时候,那位小同学在后面磨蹭着玩,这时一群大雁从头顶上飞过,老师把那位同学叫过来,拍着他的肩膀说:“小强,你看见了吗?这群大雁队排得多整齐呀,它们一会儿排成个‘人’字,一会儿排成个‘一’字,没有一个不守纪律的。你知道它们为什么没有一个不排队的吗?”小强说:“不知道。”老师接着说:“因为那样会脱离集体,会掉队,掉队就会迷失方向,遇到危险。”小强渐渐明白过来,说:“老师,我懂了,连大雁都知道排队,我以前还不如大雁呢!我要向大雁学习。”以后这位小同学站队时真的不再磨蹭了。③

---

① 郭启明、赵林森:《教师语言艺术》(第2版),语文出版社1998年版,第229~230页。

② 张景:《例谈教师说服学生的技巧》,载《中小学教师培训》2000年第11期。

③ 张景:《例谈教师说服学生的技巧》,载《中小学教师培训》2000年第11期。

4. 按要求在后面的横线处写上启迪语：

(1)几个学生为抢看一本连环画而动了手，老师对他们说："________________________________________________________________________________________________________________。"

(2)有一位同学抄了别人的作业，老师对他说："________________________________________________________________________________________________________________。"

(3)学校组织徒步春游，小红怕苦，借口家里有事向老师请假，老师对她说："________________________________________________________________________________________________________________。"

5. 最近，三年级的女同学辛勤经常迟到，班主任准备与她谈一次话。

(1)请设计班主任的教育语言，要求主要运用启迪语。

(2)请分小组模拟这次谈话活动。

6. 有个同学在课桌上涂画，邻桌的同学报告了老师。老师把他叫来准备批评。他理直气壮地说："班上又不是我一个人画了，为什么就叫我？"还嘀咕说："就是××同学打小报告！"

(1)请你就这个教育情境，设计与该同学谈话的说服语。

(2)请与人合作模拟这个谈话活动。

7. 请你将下面这位老师的话设计成说服语。

寒假前，老师对学生进行安全教育。老师说："过新年同学们会放鞭炮，但放不好就会崩瞎眼睛；现在一些同学开始学骑自行车，弄不好也会摔破头、跌断腿。谁要想试试的话，他只好做'独眼龙'、'铁拐李'了！"

8. 请你将下面这位老师的批评语设计成启迪语。

上学的路上，一个同学边走路边拍球，差点儿被车撞到。老师看见，吓出了一身汗，生气地对他说："你真是活得不耐烦了！什么地方不能拍球？偏偏在车这么多的路上？你有几条命？——把球交出来，以后再也不准你玩球了！"

# 第四节　表扬与鼓动的方法及其训练

## 一、表扬语

1. 表扬的定义和意义

表扬是指在教育活动中,对学生个体或群体所表现出来的良好的思想品质、言语行为给予肯定性的评价。目的是强化被表扬者的良好表现,将这些言语行为巩固起来,也为全体同学树立榜样。

比如小学生,因为生理和心理的限制,往往还缺少对自己行为的分析、判断能力,主要依赖于成人的评价来指导、控制自己的行为。孩子的成长是建立在赢得他人的重视和赞许的基础上的。如果孩子为取得成功所做的努力得不到他人的赞许,那么他就很有可能不再努力去争取成功。所以在小学阶段,对学生表扬的意义就更加显得重大。首先,通过表扬帮助小学生从一个个具体的事实中,明白哪些思想品质和道德行为是正确的,从而培养他们向真、向善、向美的价值取向;其次,表扬作为一种肯定的评价,满足了小学生被尊重、被赞赏的需要,激起了小学生愉悦的要求,从而形成积极向上、不断进取的人生态度和价值追求。再次,通过表扬可以培养小学生欣赏他人、学习他人的良好心态,从而使他们在家庭、集体、社会生活中,能够赞赏别人,并善于取别人之长、补自己之短。

可见,教师在教育中,能以欣赏的态度、发展的眼光去看待学生,充分运用表扬这种教育方式,必将促进学生健康成长。所以有人说:好学生是夸出来的。

2. 运用表扬语的要求

(1)真实性的原则。表扬的真实性体现在两方面,一是表扬时教师的感情要真诚,不勉强做作。一个真正热爱学生的教师,会用欣赏的眼光去看自己的每一个学生,会为学生的每一点进步而欣喜,会发自内心地去赞赏他、鼓励他。切忌为表扬而表扬的形式主义,比如学生发言后,不管回答如何,都是“你说得真好”,“你真聪明”等等。二是表扬的事实要准确,不能夸大其词。表扬的激励作用是建立在真实基础上的,如果表扬的事实有出入,就会适得其反。不仅不能激励被表扬者和其他同学,还可能使被表扬者受到同学的讥笑、孤立,也会影响教师的威信。所以在进行表扬前,教师一定要对表扬的事实进行核实。“谁都比不上你聪明”这类夸大其词的表扬,虽然能提供一时的轻松和肤浅的满足,结果是抑制学生自我激励和创造性,还降低了表扬语的价值,影响师生间真诚的关系。有一位 11 岁的小学生,老师在课堂上对他进行了夸大其词的表扬,课后他说:“如果他希望我相信他那一套,不是他傻了,就是我傻了。”可见表扬不能虚情,不能廉价。

(2)公正性原则。公正在教育中,是民主精神的一种体现。对教师而言,是对学生进行评价时应有的基本立场;对学生而言,是对老师评价的合理要求。教师运用表扬语的公正性,就是面向全体学生,对他们的成长与进步,一视同仁地给予肯定的鼓励,不能只看到优秀生的优点,却看不到后进生的"亮点";更忌想当然、凭主观印象看人,对后进生的优点、进步持怀疑态度,甚至讽刺挖苦。教育实践中,老师们表扬好同学很容易做到,但要表扬差生往往很难。实际上,恰恰是那些差生最需要表扬。有一位同学在给老师的信中写道:"老师,请表扬我一次吧!你知道我等您那一声表扬等了多久吗?老师……"

【示例】

李红是少先队中队长,不仅学习好,工作也很出色,深得同学、老师信任,并时常受到班主任王老师的表扬。可是不知道从什么时候开始,李红的工作变得平平了,人也失去了以往的开朗和干练。王老师想,也许是李红需要鼓励和鞭策了,于是表扬得更勤、规格也更高了。直到有一天,李红跟王老师说:"请您不要再当众表扬我了。"王老师感到奇怪:"不表扬你,难道你愿意听我批评不成?"李红为难地说:"您总表扬我,别的同学都不理我了。"原来,王老师对这个中队长过度赏识,而忽视了其他班干部的作用。有的同学就对李红说,我干得再好王老师也看不见,以后有事你就自己干吧!也有的同学说李红就会自己逞能。王老师万万没想到对李红的表扬却把她孤立了起来,挫伤了更多学生的积极性。①

这个例子提醒我们,表扬是把双刃剑,运用表扬语时切忌因为表扬一个或几个同学,而挫伤了那些未被表扬的同学的极性。

(3)及时性原则。表扬是一种激励,因此及时表扬能发挥其最大的功效。尤其是小学生,乐于表现自己,在取得成绩或做了好事后,一种渴望得到他人肯定和认可的心理需要比较强烈。教师在这样的期待心理背景上,对他的行为结果予以及时的表扬,就有助于强化他积极进取的愿望。一旦事过境迁再择机表扬,被表扬者往往少了激动,导致良好的行为因为得不到及时的强化而消退,而其他同学也不易被感动,对学生的激励作用就可能大大削弱。

这里的及时还有另一层意思,就是能敏锐发现那些平时没有突出成绩而此时有了哪怕一丁点儿突出表现的同学,甚至是一直比较落后而现在有了哪怕一丁点儿进步的同学,及时给予大张旗鼓的表扬。比如"你的回答与众不同"、"我很欣赏你表现出来的信心"、"我很喜欢你的实话实说"、"你的认真倾听别人发言时的神态,真让我感动"、"虽然你回答错了,但是你敢于发表自己的观点,这让我很欣赏"

---

① 关颖:《表扬孩子的必要性、科学性、艺术性》,载《少年儿童研究》2003 年第 10 期。

等等。①

(4)适度性原则。表扬不足会使学生自卑,教育中要提倡运用表扬。但正如糖吃得太多就不甜了一样,一味表扬就会失去激励作用,所以表扬忌"滥"。因为人人都受表扬就等于谁都未受表扬,某个同学事事处处受表扬也就无所谓表扬。"非常了不起"、"棒极了"这类毫无内涵的低层次的"戴高帽"式表扬,并不能起多大的激励作用。实践告诉我们,过多的表扬非但不能激发学生的积极性,反而会将心理尚未成熟的学生诱入自恃过高的幻想,忽视自身的不足,导致听不得批评、心理承受力差等问题的产生。所以有识之士提出要将赏识教育与受挫教育并用。

(5)发展性原则。在教育实践中,我们会看到教师运用表扬语使后进的学生迎头赶上,成为先进的动人事例。这些教师之所以能够从后进生身上看到他们的进步和闪光之处,就是因为他们是用发展的眼光来看待后进生,看到他们身上的长处,并通过表扬消除了他们的对立情绪,激发了他们的上进心,并对他们提出了进一步的要求。

3. 表扬的类型

从内容来看,一般有表示满意、描述学生的正确行为、解释表扬的原因等。从形式上看,有以下三种:

(1)当众表扬。当众表扬是指在公开场合当着众人进行的表扬。这是教师运用表扬手段时最常用的形式。一般说来,当众表扬因为受众多、影响大,更能使受表扬的学生产生一种荣誉感;特别当受表扬的是差生时,更能帮助他们找回自尊、树立自信心。当众表扬也能为其他同学树立榜样,激励作用能得到充分发挥。

【示例】

**表扬的魅力**

任小伟是一个令老师头疼的学生,什么恶作剧都敢做,什么热闹都凑,总爱和老师唱反调,作业从来都不交。为了改变这种状况,老师对他展开了跟踪调查,发现了他无论刮风下雨,都坚持送邻居家的小妹妹安全回家。老师如获至宝。

在一节口语交际课上,老师大力渲染气氛:"同学们,你们知道我们每天学习的活雷锋,他现在在哪里吗?现在他回来了,回到了我们的学校,来到了我们的班级。他整天摆出一副对事漠不关心的样子,而事实上却是那么乐于助人,极富爱心和责任感。同学们猜一猜这个人是谁?"同学们的情绪立刻高涨起来,可猜了半天也没有猜到"任小伟"这个名字。老师故意清了清嗓子,大声说:"他——就是我们班的

---

① 曹爱卫:《超越表扬和奖励》,载《教学与管理》2003年第1期。

任小伟同学。”谜底一揭晓，同学们都目瞪口呆，在老师告诉大家他的事迹后，教室里才响起一阵热烈的掌声。

老师又接着说：“下面请同学们做小记者采访一下任小伟同学。不管什么问题，他一定会给你们一个满意的答复。”话音刚落，同学们“呼啦”一下把他围个水泄不通。再看任小伟，像一个获胜的将军一样，神气十足地解答着同学们的一个个问题，很显然，他完全沉浸在幸福之中了。

最后老师做了总结：“同学们，如果有问题要直接找任小伟同学谈。下面我们一起总结一下。同学们都知道任小伟有不少缺点，但是缺点可以改正啊！一个雷锋式的好少年，他怎么能拒绝进步呢？我相信任小伟同学在以后的学习中，一定会做得很出色，他一定是咱们班里的佼佼者，也是我和同学们的骄傲！”①

这是一个当众表扬的例子。教师借助于课堂这个公开的场合，对一个平时表现较差的学生进行表扬，并让学生采访他，让他体会到被同学尊重的幸福，唤起了他的自信和自尊，从而促进他的自强。同时，采访这一形式，很巧妙地给同学创造了一个学习机会，也充分发挥了榜样的激励作用。

(2)个别表扬。个别表扬就是在非正式场合，或与学生个别交谈时，进行的表扬。

为了更好地了解学生、帮助学生、与学生沟通，老师常常与学生单独相处，就学生的学习、生活等话题，与学生进行交流。这时从表扬入手，学生就会特别感动，交流沟通也会更加顺畅。

比如：一位同学在全校卡拉 OK 比赛中获得了第一名。比赛一结束，老师立即找到他谈话，赞扬他说：“你唱歌真棒！在其他许多方面同样也很有天赋，只要你努力，将来肯定有出息！”这位同学就很开心。②

(3)随时夸奖。教师在与学生的频繁接触中，会随时看到学生言行中的闪光之处，这时老师及时表扬他们的点滴进步，能够强化学生的意识，巩固这些好行为，培养学生形成良好的习惯，而不必拘泥于在正式的集体场合表扬。

如看到学生把掉在地上的黑板擦捡起来，或离开教室时主动关灯，可以对他说“你能爱护公物，注意节约，同学们都应当像你一样”；如有同学利用休息时间帮助生病的同学补课，或辅导学习差的同学做作业，可以对他说“你主动帮助同学，我很感谢你”；等等。

---

① 高桂英：《表扬的魅力》，载《山东教育》2003 年第 24 期。

② 梁燕彩：《以表扬激励学生上进》，载《广西教育》2003 年第 31 期。

## 二、鼓动的方法与训练

1. 鼓动的方法与训练

鼓动语是教师在学生有畏难情绪、信心不足时，帮助他们树立信心、推动他们前进的教育语言，也是在学生取得一定成绩时，激励他们向更高目标迈进的教育语言。

有一个心理试验，将学生分成四组：表扬组、鼓励组、批评组与忽视组。一个学期下来，测试成绩为：鼓励组第一，表扬组第二，批评组第三，忽视组最差。这个实验说明，鼓励的效果最好。①

鼓动语和表扬语有相似之处，都表达了对学生的肯定与激励，都能激发学生的自信心、上进心。它们的不同之处在于：表扬语着眼于学生以往或当下的言行，鼓动语着眼于对学生未来言行的期望；表扬语重在肯定，鼓动语重在激励。鼓动语一般不单独使用，而是常常与别的教育语言结合使用，在表扬、批评、启迪后，用鼓动激发学生的信心，指出努力的方向。

2. 鼓动语的要求及类型

在教育实践中，鼓动语经常运用在一些比赛活动或集体活动开始前，以激发活动参与者的信心与热情；也常常运用在集体活动结束时，如主题班队活动结束时教师的讲话、与学生个别谈话时的结束语等，以此激励学生向更高的目标努力。

根据鼓动语激励方式的不同，可以分为以下几类：

(1)夸奖式。通过夸奖学生的某方面长处，唤起他们的自信，从而激励他们向着某一目标迈进。

**【示例】**

于永正老师借班上公开课，请到一位叫何超的同学朗读课文。何超不是丢字就是添字，不是读错就是把句子读断。但他不怕错、不气馁，当着那么多听课老师的面，竭尽全力地去捕捉每个字，大声地念每个字，在于老师的指导下，终于读下来了。于老师说："何超，你真是好样的，有了这种顽强的精神，何愁超不过别人。"课间，何超坐在位子上，一字一句地大声读课文，于老师劝他"放松放松"，他说："我要读书。"第二节课，于老师又给了他一次朗读的机会，他竟然较流畅地朗读完了。②

在公开课上，无意中请到一个朗读能力很差的学生，把好端端的文章读得支离破碎，老师不批评他已经是很有涵养了。而于老师却能从学生的态度中找到肯定

---

① 姚鑫山：《个别心理辅导》，上海教育出版社 2000 年版，第 89 页。

② 于永正：《教海漫记》，中国矿业大学出版社 1999 年版，第 144 ~ 155 页。

的因素，并且幽默地用他的名字来起到激励作用。

（2）启发式。通过分析，激发学生自我行动愿望，从而去实现目标。比如：

全国各阶层人士捐钱捐物为贫困山区的孩子献爱心。为了使学生理解“希望工程”的意义，激发学生刻苦学习的精神，一位贫困山区的老师组织学生举行了“希望在我心中”主题队会。主题队会结束时，老师说：“同学们，‘希望工程’是对我们贫困山区的孩子的关怀，我们中队有60名队员被列为救助儿童，对这件事我既高兴又难过：高兴的是有了这些资助，难过的是山区文化教育落后造成各方面的落后，导致贫困。因此我殷切地希望你们要发奋学习，多掌握科学知识，将来为摆脱贫困做贡献，用实际行动来回报全国人民对贫困地区孩子的关心、爱心。”

这个例子中，学生被资助而能继续学习，这是一件高兴的事，为什么老师会难过呢？当他把难过的原因之一——文化教育落后导致贫困分析出来后，再要求同学发奋学习，就容易被学生内化为自己的目标。

（3）激将式。这是用刺激性的话或反面的话鼓动学生去做原来不愿做或不敢做的事。

比如：江苏海门市东洲小学仇汉江老师班上有一位学生特别喜欢下象棋，但英语成绩却一直不好。他多次和仇老师较量棋艺，但从未赢过。有一次，仇老师故意输给了他，他的信心倍增，说他还能赢。仇老师说：“你能下出这样的好棋，就一定能学好英语，等你的英语成绩上来了，我再和你下。”他表现出畏难情绪，仇老师又鼓励他说：“以前你是没有把学英语当成一回事，所以你没有学好，现在你把对下象棋的自信心迁移到学习英语中去，英语成绩一定会有很大的提高。”

“等你的英语成绩上来了，我再和你下”，这句话从表面上看是老师拒绝了学生下棋的请求，实质是利用其爱下棋的心理进行刺激，激发他提高英语成绩。

（4）号召式。集体活动中，教师布置任务或总结工作时，用富有激情和鼓动性的语言，对学生提出希望和要求，激励大家不断进步。

比如，辅导员说：我们这次主题活动开展得很成功，很有意义。我相信大家能从这次活动中受到教育，得到启发。队员们快快行动起来吧，比一比谁的行为习惯最符合《小学生日常行为规范》，比一比谁的行动最快、进步最大，我希望大家都争气。

### 三、思考与训练

1. 下面是一位特级教师观摩课上的一个片段。

（1）请分析这位特级教师的表扬艺术，想想学生两次回答“嗯”有什么不同的潜台词。

（2）分角色朗读这个片断，正确把握教师及学生的感情。

(一位胆小的女生艰难地把一段课文小声地读完了。)

教师:你平时不太习惯站起来朗读,是吗?

学生:(点点低垂的头。)嗯!

教师:你今天有勇气站起来,并且把它读完了。你知道吗?这真让我高兴!

学生:(微微抬头,看老师一眼。)嗯!

教师:(亲切地拍拍孩子的肩膀。)我为这勇敢的一试,向你致谢!……

2. 自由结合两人一组,先想想对方有什么优点,然后夸夸他。

3. 请练习朗读下面两段话:

(1)辅导员:亲爱的少先队员们,新世纪像一轮火红的朝阳呼唤着我们的理想,澎湃着我们的豪情,催促着我们的脚步,让我们高举星星火炬的旗帜,在“时刻准备着”的口号激励下,迈开大步,昂首挺胸,向着美好的明天进发!

(2)在一个严冬的早晨,特级教师耿方珠把班上的一个后进生叫到讲台前,举起他冻得又红又肿的双手,对全班同学充满深情地说:“请大家看看这双手,手背上的血迹是冻裂的伤口。如果把双手放入冰凉刺骨的水中会是什么滋味,请大家再看看我们干净整洁的教室,想一想今天为我们洒水、扫地的同学怎样劳动。”

4. 学生瑞宁的普通话音美调准,全班同学对她参加学校朗诵比赛满怀希望。但在临赛的前一天,学校要求她更换朗诵的内容。班主任按要求给她重新选好了材料。可她却以时间来不及为由打算放弃比赛。班主任鼓励她说:____________

______________________________________________________________

______________________________________________________________

______________________________________________________________

______________________________________________________________

______________________________________________________________。

5. 班级召开“六一联欢会”,活动结束时,同学们请你讲话,你说:__________

______________________________________________________________

______________________________________________________________

______________________________________________________________

______________________________________________________________

______________________________________________________________。

(要求:第一,主要运用鼓动语;第二,明确是哪个年级的活动。)

6. 有一个学生,经常迟到旷课,是全校公认的“差生”。老师经过认真观察,发现他很羡慕别人戴红领巾,就因势利导对他说:____________________

______________________________________________________________

______________________________________________________________

____________________________________________

____________________________________________

____________________________________________。

7.一位学生对老师说："我觉得李霞同学样样比我强！人长得漂亮，又聪明，还会弹钢琴，老师们都喜欢她。不像我什么都不行。"

请你为这位老师设计一段回答她的话。

8.每周一集体晨会时，都要举行庄严的升旗仪式，每次的光荣旗手都是由各班轮流评选决定的。同学们都非常珍惜这难得的机会，希望自己能被选上，也可"光荣"一回。有位老师就举行了"评光荣升旗手"的晨会。

(1)请你设计活动开始时的鼓动语。

(2)请你设计活动结束时的鼓动语。

9.在学校大门口，班主任遇到在班长带领下的几个同学，他们是前往一位孤寡老人家打扫卫生的。请你设计：

(1)采用"随时夸奖"的方式，对几位同学进行表扬。

(2)运用公正性的原则，在第二天的班会课上对他们进行当众表扬。

10.有一位母亲，诚恳地要求他孩子的班主任："你别总是批评他，他有什么做得好的，你也表扬他吧。"这位老师后来找到这位孩子的父亲说："他母亲让我表扬他，可他什么好的地方都没有，让我怎么表扬他呀？"

其实，这个孩子在班里曾要求过擦黑板，班主任老师鄙视地说："这儿没你的事，用不着你！"他也曾想干其他的好事，老师却不屑一顾。久而久之，孩子也就真不知自己身上还有什么可表扬的了。

(1)请根据上面片段的内容，模仿那位班主任的语气读一读他的话，让大家说说听后的感受。

(2)如果你是位班主任，听到这样的恳求后，应如何回答？

11.如今小学普遍提倡"赏识教育"，教育教学活动中，教师表扬使用得非常频繁。每逢学生正确回答了问题，教师就会热情洋溢地称赞"很好"、"不错"、"你真聪明"，还会不时下达"表扬他"的提示，于是同学们就会爆发出"棒，棒，你真棒"、"呱，呱，顶呱呱。我们大家学习他"之类的口号式的表扬语。

请就这种现象，组织一次班级辩论会。正方的观点是"对小学生进行表扬利大于弊"，反方的观点是"对小学生进行表扬弊大于利"。

## 第五节　批评的方法及其训练

批评和表扬一样，是教师在教育活动中经常使用的一种语言。但是在教育实践中,学生乐于接受表扬,对于批评常常表现出反感。所以,教师的批评要学生心服口服地接受,并不是一件容易的事。

## 一、批评的定义和意义

批评指的是教育活动中,对学生群体或个体所表现出来的错误思想和不良行为的否定,以使被批评者改正,也使全体同学受到教育,避免再次出现类似的问题。

金无足赤,人无完人。学生正处于成长时期,他们对一些观点和行为有时还缺乏分辨能力,所以难免会出现这样或那样的问题,这就要求我们的教师能及时发现他们身上的缺点和不足,予以指出,并指出改正的途径,由此提高学生对是非、美丑、善恶的辨别、判断能力,激发学生的上进心,只有这样,学生才可健康地成长。

## 二、运用批评的原则

批评是一种育人手段,运用得当可以促人警醒,反之就会产生副作用。批评作为一种语言艺术,它的效果在很大程度上,不仅取决于教师批评的内容,还取决于教师批评的方式和批评语言的选择。所以教师要慎用批评语,运用时应注意以下两条原则:

1. 尊重性原则

中国传统文化宣扬“打是疼骂是爱”,所以父母对子女、老师对学生的教育是不太尊重孩子的。但作为一名新世纪的教师,应当彻底摒弃这种旧的思想。在批评学生时,要注意创设良好的心理环境、融洽氛围,让学生消除戒备、逆反心理,放下挨训的心理包袱;批评时态度要诚恳,要始终尊重被批评学生的人格,信任他们;要明确这一次批评是针对哪一件事的,不要算总账,不要由此涉及学生的人格、品行,甚至对家庭进行评价;还要给学生解释的机会,避免发生错误批评,了解学生真实的想法,好对症下药。只有这样,教师的批评意见学生才有可能听进去,教师的建议也才有可能被采纳,教育也才有效果。

尊重性还表现为注意批评场合的选择。例如:有位教师上课时发现一个女生低头在看一本杂志,当该生知道老师注意到她时,慌忙把杂志塞进课桌里。下课后,老师叫她到办公室去一趟,可老师在办公室左等右等却不见她的身影,只好又回去找她,结果,发现她局促不安地站在楼梯口。老师把她叫到一边,问她:“为什么不到办公室去?”她对老师说:“怕你当着那么多老师批评我。”望着这位女生涨得通红的面孔,这位老师改变了主意,不再坚持要学生进办公室了。于是,在楼梯口,老师同她进行了交谈,使她认识到了自己错误,下决心改正。

上面的例子告诉我们,学生是很在意教师批评自己时的场合的,因为这关系到他们的自尊。所以当老师对学生批评时,能不在教室、办公室这些地点进行批评的就不在，能不当着全体同学和其他教师面进行批评的就尽量选择没有其他人在的场合，能不点名的就不指名道姓。给学生留面子，也是尊重学生的体现，也能更好地发挥批评的作用。

2. 批评性原则

批评只是一种教育手段，并非教育的目的，运用批评的手段是为了使学生改正缺点和错误，更快地进步，更好地成长。因此，教师在批评时应当具体分析错在哪里，为什么会错，明确指出什么是对的，使学生明辨是非，心悦诚服。同时，还需要给学生创造改正错误的机会。这样学生在经过批评教育后，才有可能认识错误，并在行为上得到纠正。否则，批评就失去了意义。

**【示例】**

**错，让学生自己“认”**

——“不是我”但“我来捡”

李老师走进教室后，发现纸篓旁有许多很小很小的碎纸片。她边往讲台前走，边随口问一句：“是哪个同学撕的废纸？”顿时，同学们的目光不约而同地集中在小博身上。“老师，废纸是小博撕的。”“不是我！”“老师，刚才我们在教室玩时，亲眼看见他撕的！”“我也看见了，就是他撕的！”“你们胡说，我根本就没有撕！”教室里这下热闹起来，你一言，我一语，吵得不可开交。

李老师把目光投向全班，平静地说：“谁扔的纸片不重要，重要的是大家都要自觉地保持班级的环境卫生，哪一个同学愿意做环境小卫士，把纸片捡干净？”老师话音刚落，几乎全班同学都把小手举起来。李老师说：“大家这么爱集体，关心班级，老师很感动，你们愿意做好事的精神真值得老师学习。这么多同学举手，该让谁来做呢？”这时，小博连忙站起来大声说：“老师，让我去捡吧！”李老师笑着对他点点头说：“好！”他马上跑到纸篓前把地上的废纸片捡得干干净净，李老师用赞许的目光看着小博，然后对大家说：“小博真能干，为了班级的环境卫生他不怕脏、不怕累，一个人把纸片捡干净，为班级做了好事，给大家做出了榜样。我们每个少先队员都要养成自觉保持卫生的好习惯。”

下课后，李老师刚回到办公室，小博就来到她身边，低着头，不好意思地说：“老师，这纸片是我扔的，我以后再也不随地乱扔东西了。”看着他那天真而又自责的样子，李老师轻轻地抚摸着他的头，脸上不由得露出欣慰的笑容。①

在这个例子中，李老师首先没有去追究这纸到底是不是小博撕的，而是通过提醒“大家都要自觉地保持班级的环境卫生”，含蓄地否定了撕纸行为；接着对全体

① 傅道春：《新课程中教师行为的变化》，首都师范大学出版社 2001 年版，第 189 ~ 190 页。

同学提出了一个要求:"哪一个同学愿意做环境小卫士,把纸片捡干净?"这就指出了改正缺点的途径,也暗暗为小博改正缺点创造了条件;最后,在众多同学都争着要捡纸片时,老师决定让小博来捡,把改正缺点的机会给了他,让他能够用行动来证明自己已经认识到错误并改正了错误。

此外,批评还要做到及时和有针对性。因为就批评个人而言,尽量在缺点刚出现时就及时指出,促使其改进,这样也能给大家提个醒,防止错误的蔓延。否则,错误形成习惯了,改正起来就难了。不要做隔靴搔痒、泛泛而谈的批评,也不要做喋喋不休、旧账重提式的批评;就个人而言,要针对学生的个性特征,采用最合适的方式。

### 三、批评的类型

批评作为一种教育手段,运用时的效果如何,很大程度上取决于教师批评的方式和批评语言的选择。俗话有"良药苦口利于病,忠言逆耳利于行"之说,注意和讲究批评方式和批评语言,就是要在这"苦口良药"外加上一层"糖衣",使学生们愿意吃,就是要让这"忠言"变得顺耳,使学生愿意听。

批评教育时最常用的方法是直接批评,就是直截了当地指出学生所出现的问题,实行教育,促其改正。在使用直接批评的方法时,老师们不妨"路留一步,味减三分",给学生留有改正错误的余地,千万注意不要伤及学生的心,引发师生的对立情绪。

批评教育还可以用间接的方式,即间接批评。这是一种柔性批评的方法。它带有弹性、情谊性、可比性和知识性,运用得好,可以收到比直接批评更好的效果。下面介绍一些具体方法:

1. 榜样法

这是一种正面引导的方法。或者通过表扬那些做得好的同学,或者教师自己用行动来示范,为学生提供榜样,从而间接地批评错误的言行,促进他们的自我纠正。

【示例】

**以身作则背课文**

在师范上学的时候,我任学习班长,在学完《岳阳楼记》这篇课文后,教"文选"的王俭老师对我们说这篇古文语句优美,要求大家把课文背下来。第二天上"文选"课时,王老师说:"昨天要求同学们把《岳阳楼记》背下来,下面我进行检查,能背下来的同学请举手。"同学们你看看我,我看看你,都低下了头,谁也没有勇气举手,因为我们都没有完成这个作业。我心想:这顿批评肯定躲不过去了。完全没想到——王老师稍停了一会说:"请大家打开书本听我背一遍。"王老师一字不差地把这篇古文背诵了一遍,那抑扬顿挫的声音深深地印在了我们的心里。我惭愧至极,深为自己是一个学习班长却没有带头完成作业而懊悔。课后,同学们议论纷纷:王老师这种没有责骂的批评太让人服气了,以后我们一定按时完成作业。①

例中的教师在学生未按照要求完成背诵时,自己做了示范背诵。虽然对学生未说一句批评的话,但这琅琅的书声就是最好的教育语言。

另外一种情况是,教师在对学生进行批评时主动承担责任,这样也有利于学生认识自己的缺点和错误,及时改正。如学生作业出现了错误,老师可以说:"你要吸取教训,当然我也有责任,如果我及时提醒的话……"

2. 肯定法

这种方法是对所要批评的事实进行分析,挖掘出其中值得肯定之处,激起同学自我批评的心理动机,从而使其获得重塑的内驱力,自觉地认识缺点和错误,进行纠正。据说,陶行知在育才小学当校长的时候,有一次看到一个叫王友的同学用泥块砸班上的男同学,当即制止了他,并让他放学时到校长室来一趟。放学后,陶行知来到校长室时看到王友已经等在门口准备挨训了。不想陶行知从口袋里掏出一颗糖递给王友说:"这是奖给你的,因为你按时到了,而我却迟到了。"王友惊异地接过糖果。随之,陶行知又掏出一块糖果放到他手里,"这第二块糖果也是奖给你的,因为当我不让你再打人时,你立即就住手了,这说明你很尊重我,我应该奖你"。王友更惊异了。陶行知又掏出第三块糖果塞到王友手里,"我调查过了,你用泥块砸那些男生,是因为他们不守游戏规则,欺负女生。你砸他们,说明你很正直善良,且有跟坏人做斗争的勇气,应该奖励你啊!"王友感动极了,流着眼泪后悔地喊道:"陶……陶校长你打我两下吧!我砸的不是坏人,而是自己的同学啊……"陶行知满意地笑了。他随即掏出第四块糖果递给王友,"为你正确认识错误,我再奖你一块糖果,只可惜我只有这一块糖果了。我的糖果完了,我看我们的谈话也该完了吧!"

在这个故事中,陶行知先生在与学生谈话前,通过调查了解学生动手的起因,从中看到学生具有正直善良的品行;他从学生按时来到办公室愿意接受教育的行动中,看到了学生愿意改正缺点的良好本质,加以肯定;他不因为学生是犯了错误来接受教育的就歧视他,而是平等对待,以礼相待。他处处发现学生身上的闪光点。

在教育实践中,我们一些教育者看到学生犯了毛病时,往往是气不打一处来,还会由此及彼,想到该生以往的种种缺点和错误,以至批评时,新账老账一起算,根

① 韩慧萍:《批评的艺术》,载《教育艺术》1999 年第 8 期。

本想不到就是犯了错误的孩子,也有值得肯定的地方。这则故事中陶行知先生把批评变为表扬的做法值得我们好好学习。

3. 暗示法

这是一种旁敲侧击的方法,在不伤害当事人自尊和面子的情况下,把批评意见委婉地说出来。因为暗示是在无条件下互相影响的一种心理行为,不会引起被批评学生的反感和对立,从而营造接受批评的最佳心理状态。有这样一个例子:

一次晚自习,有学生心不在焉,东张西望,看到邻桌同学有本封面精美的书时,便调过头去问:"你这本书在哪里买的?我也想买一本。"这话给正好走到他身边的老师听到了,老师轻轻地对他说:"我劝你最好别去买了,因为看这种书,调皮的同学会借口跟你搭腔,影响你学习的。"

这位老师没有点明这位同学在讲话,而是借用"搭腔"的说法提醒他,并指出了晚自习时随便说话的害处:影响自己和别人的学习。学生听到老师的这段话,自然能明白意思,但由于老师没有直接点名批评,给他留下面子,所以他就会改正东张西望的毛病,集中注意力读书的。

4. 幽默法

采用幽默的方法进行批评,可以避免直接针对学生的错误而产生的负面影响,同时也可以使学生更加乐意接受老师对其错误言行的批评,更好地改正错误。

【示例】

**"沙土呼救"活动**

有一天,李大同老师发现同学们玩沙子堵住了胡同的路面,他决定抓住这件事对学生进行教育。如何教育呢?

第二天早操后,他集合同学,对大家说:"昨天,大队部收到一封信,是谁寄来的呢?写的什么呢?我打开一看,是小沙子写来的……"学生会心地笑了,他们明知小沙子不会写信,却十分盼望知道内容。操场上很安静,李老师接着大声读出信的内容:"亲爱的少先队员们,我们是一群小沙子,工人叔叔把我们运来,堆放在胡同里,是准备让我们参加社会主义建设的。可是很多小朋友到沙子堆上来玩,挖工事、扔手榴弹,把我们很多兄弟扔到马路上,行人踩、车轮轧,我们很多兄弟都没命了,怎么能参加社会主义建设呢?少先队员们,快来救救我们吧。"信读完后,李老师只说了一句话:"沙土向我们呼救了,让我们赶快行动起来去救救它们!"中午放学后,三年级一个中队就行动起来了,队员们拿着小铲、小桶、笤帚、簸箕……把散落的沙子堆回原处,还在沙土堆上手插上木牌,上面写着:"爱护公物,人人有责。"

队员们乐呵呵地干着这件事,好像在做一个游戏,沙土呼救了,我们来救命,多有意思!①

这是20世纪60年代初,李大同老师组织的一次“沙土呼救”活动。李老师是非常懂得孩子心理的,他未说一句责备的话,而是运用拟人的修辞手法,非常形象地借沙子之口批评了孩子乱玩沙子的做法,构思“沙土呼救”的活动,由此取得了直接批评难以取得的效果。可以设想,如果李老师的教育讲话不是采用这样幽默风趣的方式,而是大讲沙子的用途,大谈爱护国家财产的意义,再严肃地指出学生行为的错误,最后布置学生们去劳动,那么孩子们感到自己受了批评,心里灰溜溜的,再去参加劳动,怎么会“乐呵呵地干着这件事,好像在做一个游戏”呢?又怎么会有“沙土呼救了,我们来救命,多有意思”这种愉快的感觉产生呢?

5. 宽容法

采用适当宽容的批评方法,有利于学生改正缺点和错误。

**【示例】**

**捧起一颗碎在地上的自尊心**

一位六年级的女生,成绩平平,为了能在期末考试时一鸣惊人,让老师同学对自己刮目相看,她想事先得到一张试卷,便在放学后打开办公室窗户跳进去找试卷。

一位老师听到声音后,在敲不开办公室门的情况下,也从窗户爬了进去并拉亮了灯。女孩用双手紧紧地把脸藏起来,顽强地守护着自己最后一点可怜的自尊。这位老师没有拉下她的手,而是问她:“小姑娘,你是在这学校念书吗?”女孩点点头。“你不要露出你的脸,也不要说话。你回答我的问题只点头或摇头就行。你来这儿,是要找一件你想要的东西吗?”女孩点点头。“这东西属于你吗?”女孩摇头。“不属于我们的东西,不管它的价值如何,我们都不应该拿,对不对?”女孩又点了点头。“记住我的话,你走吧,小姑娘。明天你来上学的时候,依然是个天真可爱的孩子。”

许多年过去了,那个女孩如今回到母校为人师表了。每当她想起当年把她那一不小心摔碎在地上的自尊心轻轻捧起、抚平,然后又温柔地交给她的那位老师时,女孩总是一如既往地被感动着。②

一位学生在考试前居然敢爬进办公室找试卷,可能大多数老师遇到这种情况都会大惊失色,都会对这位学生严惩不贷。所以事例中的这位老师面对捂着脸的

---

① 李大同:《小学德育浅谈》,北京教育出版社1992年版,第94页。

② 傅道春:《教学优秀案例分析——教师行为研究》,教育科学出版社2001年版,第40~42页。

学生,能够尊重她的自尊,心平气和地对她启迪教育,真的是有对学生深厚的爱和博大的胸怀。

这位老师用宽容的批评方法教育学生能够奏效,一是采用宽容方法时,向犯错误的学生传达的是对其改正错误的充分信任,“明天你来上学的时候,依然是个天真可爱的孩子”;二是在宽容犯错误的学生时,并不宽容学生犯的错误,对她的错误进行分析教育,指明了如何改正,“不属于我们的东西,不管它的价值如何,我们都不应该拿”;三是老师在进行批评教育时,语言非常得体,不用“偷”字而是用“找”字、“拿”字,保护了学生的自尊。

可见,宽容是手段而不是目的,宽容并非纵容。运用宽容法需要对学生的充分了解做前提,需要选择合适的时机,比如学生初次犯错时、学生偶然犯错时、学生能够改正错误时。

## 四、思考与训练

1. 这是教育家孙敬修爷爷的一则教育故事,请你有感情地读一读,然后谈谈孙敬修爷爷是运用什么手法对小朋友进行批评教育的,这种方法的好处是什么?

**我在听小树的哭声**

有一次,教育家孙敬修爷爷看到几个小朋友在折树枝,他便走到他们身边,弯下腰将耳朵贴到树上认真地聆听。孩子们好奇地问:“爷爷,您在听什么?”孙爷爷说:“我在听小树的哭声。”孩子们更奇怪了:“小树也会哭吗?”“是啊,你们折它的胳膊,它当然要哭了。它还说,它和小伙伴们绿化我们的城市,长大后为建设祖国服务,好孩子都应当爱护它们。”孩子们听了以后,脸红了。后来他们自动组织起护林小组。

2. 下面是特级教师丁榕老师处理过的一起学生偷笔事件。请分析丁老师的话,说说其中的内涵。

丁老师发现某个同学拿了别人的笔后,没有声张,而是专门买了一支笔,送给这位学生,说:“我知道你需要笔。”老师的爱和宽容使这位同学声泪俱下地承认了自己的错误,将偷来的笔还给了同学。

3. 请你也试着用幽默的语言调解两位同学打架。

**幽默也能化干戈**

有两个同学在教室里打架,他们互相抱着对方,瞪着眼,喘着粗气,憋足了劲,像两只斗架的公鸡,准备较量。

看着他俩那样子,老师风趣地说:“喂,你俩干什么呢?是在亲热拥抱吧!”“哈哈!……”同学们一阵哄堂大笑。他俩松开了手,脸红了,互相瞅瞅也笑了。

4. 下面例子中的老师“借分数”给学生,是运用了哪种批评方法?结合这个例子,说说这种方法的好处。

**借"分数"**

一次期中考试,有一位学生的语文只考了57分,他不敢把试卷拿回家。万般无奈之下,他只好向语文老师求情:"老师,能不能少扣几分?"语文老师想了一想,笑着说道:"少扣不行,这样吧,老师借你5分。这下你敢回家了吧?"这位学生感激地望着语文老师,默默无言,双手捧着改过分数的试卷回家了。这以后,他整个人都变了,学习非常刻苦。下一次语文考试时,他得了87分。于是,他又去找语文老师:"老师,我还您5分。"语文老师望着他天真的样子,开心地笑了。

5. 比较下面例子中两位教师对同一件事的不同教育语言,分析其成功和失败的原因。

某校学年组的老师和三年级的孩子们乘上一辆新的卡车去郊游。一出城,孩子们就被春日的田野风光所陶醉。一个女孩简直高兴得忘乎所以,把身子斜向车外贪婪地观赏起那五颜六色的野花。卡车一个急转弯,差点把她甩下车去。这时,王老师吓出了一身冷汗,在后边冲着那个女孩气势汹汹地吼起来:"你怎么搞的?多危险啊!叫值周老师看见给咱班纪律减分,你能负起责任吗?"女孩回头狠狠地瞪了他一眼,仍斜着身子照看风景不误。这位老师气坏了,刚想走过去把她拽到车中,好好批评她一顿,大队辅导员先一步走到小女孩跟前,温和地对她说:"小兰,怎么搞的?太危险了,差点吓死我!快回过身来啦。"女孩感激地一笑,立刻回过身来,偎依在大队辅导员身上,愉快地说着什么。

6. 两个后进学生为争弹吉他,由争吵到打骂,他俩找老师评理。

(1)请尝试用肯定法设计对这两位同学的教育语言。

(2)分小组进行模拟谈话。

7. 请分小组讨论下面的例子,设计老师与这位女生谈话的教育语言。

有一位非常敏感、胆小的女生,因为父母要求她到老师那里背诵英语的任务未完成,担心受到父母的责怪,就自己在书上照老师的笔迹写上"$A^{+}$"回家后瞒过了父母。可心里总是忐忑不安,最后还是鼓起勇气向父母承认了错误,而父母为此很生气。于是她把这件事写在了日记上。日记的最后一句是:"不知道老师知道后会不会批评我。"

8. 假设下面例子中的这位同学是你班上的学生,现在值班老师向你告状,你准备如何对这位同学进行批评教育?

学校为了美化校园,做出规定:摘一朵花罚款1元钱。有位学生摘了一朵花被值班老师发现了。老师叫学生交1元钱罚金。这位学生掏出2元钱交给老师,随手又摘了一朵花,并对老师说:"不要找钱了。"老师气得讲不出话来。

9. 下面例子中,面对学生的正确批评,教师使用批评语,犯了怎样的错误?请你就这个教育情境,设计教师的回答语。

期中考试后,老师把试卷发给学生改正。这时,一位成绩比较差的同学发现老师判错了自己的试卷,就站起来向老师指出。这位老师根本就没有再看一下试卷,反而当着全班同学的面说:“你瞧瞧你考的那分数,还有脸提问题!”

10. 请你指出下面这位数学老师的批评语错在哪里,请你就学生上课的教育情境,设计批评语,最好能采用暗示法。

数学课上,老师发现一位学生走神了,就把粉笔头砸了过去,还批评说:“就你那数学成绩,还不认真听!拉了大家的后腿,把全班的脸都丢尽了!”从此,这位学生患上“数学恐惧症”,数学成绩一落千丈。

# 命题说话题目

## 说　明

a. 30 则话题供普通话水平测试第四项——命题说话测试使用。
b. 30 则话题仅是对话题范围的规定,并不规定话题的具体内容。

1. 我的愿望(或理想)
2. 我的学习生活
3. 我尊敬的人
4. 我喜爱的动物(或植物)
5. 童年的记忆
6. 我喜爱的职业
7. 难忘的旅行
8. 我的朋友
9. 我喜爱的文学(或其他)艺术形式
10. 谈谈卫生与健康
11. 我的业余生活
12. 我喜欢的季节(或天气)
13. 学习普通话的体会
14. 谈谈服饰
15. 我的假日生活
16. 我的成长之路
17. 谈谈科技发展与社会生活
18. 我知道的风俗
19. 我和体育
20. 我的家乡(或熟悉的地方)
21. 谈谈美食
22. 我喜欢的节日
23. 我所在的集体(学校、机关、公司等)

24. 谈谈社会公德(或职业道德)
25. 谈谈个人修养
26. 我喜欢的明星(或其他知名人士)
27. 我喜爱的书刊
28. 谈谈对环境保护的认识
29. 我向往的地方
30. 购物(消费)的感受

# 词 语 表

第 1—100 条

| | |
|---|---|
| 1 阿 | ā |
| 2 阿姨 | āyí |
| 3 挨 | āi |
| 4 挨 | ái |
| 5 矮 | ǎi |
| 6 爱 | ài |
| 7 爱国 | àiguo |
| 8 爱好 | àihào |
| 9 爱护 | àihù |
| 10 爱情 | àiqíng |
| 11 爱人 | àiren |
| 12 安 | ān |
| 13 安定 | āndìng |
| 14 安静 | ānjìng |
| 15 安排 | ānpái |
| 16 安培 | ānpéi |
| 17 安全 | ānquán |
| 18 安慰 | ānwèi |
| 19 安心 | ānxīn |
| 20 安置 | ānzhì |
| 21 安装 | ānzhuāng |
| 22 氨 | ān |
| 23 氨基酸 | ānjīsuān |
| 24 岸 | àn |
| 25 按 | àn |
| 26 按照 | ànzhào |
| 27 案 | àn |
| 28 案件 | ànjiàn |
| 29 暗 | àn |
| 30 暗示 | ànshì |
| 31 暗中 | ànzhōng |
| 32 凹 | āo |
| 33 熬 | áo |
| 34 敖 | áo |
| 35 奥秘 | àomì |
| 36 奥运会 | àoyùnhuì |
| 37 八 | bā |
| 38 巴 | bā |
| 39 扒 | bā |
| 40 拔 | bá |
| 41 把 | bǎ |
| 42 把握 | bǎwò |
| 43 把儿 | bàr |
| 44 爸 | bà |
| 45 爸爸 | bàba |
| 46 罢 | bà |
| 47 罢工 | bàgōng |
| 48 白 | bái |
| 49 白色 | báisè |
| 50 白天 | báitiān |
| 51 百 | bǎi |
| 52 百年 | bǎinián |
| 53 百姓 | bǎixìng |
| 54 摆 | bǎi |
| 55 摆动 | bǎidòng |
| 56 摆脱 | bǎituō |
| 57 败 | bài |
| 58 拜 | bài |
| 59 班 | bān |
| 60 般 | bān |
| 61 颁布 | bānbù |
| 62 搬 | bān |
| 63 搬家 | bānjiā |
| 64 搬运 | bānyùn |
| 65 板 | bǎn |
| 66 板凳 | bǎndèng |
| 67 板块 | bǎnkuài |
| 68 版 | bǎn |
| 69 办 | bàn |
| 70 办法 | bànfǎ |
| 71 办公室 | bàngōngshì |
| 72 办理 | bànlǐ |
| 73 办事 | bànshì |
| 74 半 | bàn |
| 75 半导体 | bàndǎotǐ |
| 76 半岛 | bàndǎo |
| 77 半径 | bànjìng |
| 78 半天 | bàntiān |

79 半夜 bànyè
80 扮演 bànyǎn
81 伴 bàn
82 伴随 bànsuí
83 伴奏 bànzòu
84 瓣 bàn
85 帮 bāng
86 帮忙 bāngmáng
87 帮助 bāngzhù
88 榜样 bǎngyàng
89 棒 bàng
90 傍晚 bàngwǎn
91 包 bāo
92 包袱 bāofu
93 包干儿 bāogānr
94 包含 bāohán
95 包括 bāokuò
96 包围 bāowéi
97 包装 bāozhuāng
98 孢子 bāozǐ
99 炮 bāo
100 薄 báo

第 101—200 条

101 饱 bǎo
102 饱和 bǎohé
103 宝 bǎo
104 宝贝 bǎobèi
105 宝贵 bǎoguì
106 宝石 bǎoshí
107 保 bǎo
108 保持 bǎochí
109 保存 bǎocún
110 保管 bǎoguǎn
111 保护 bǎohù
112 保留 bǎoliú
113 保守 bǎoshǒu
114 保卫 bǎowèi
115 保险 bǎoxiǎn
116 保障 bǎozhàng
117 保证 bǎozhèng
118 报 bào
119 报酬 bàochou
120 报道 bàodào
121 报复 bàofu
122 报告 bàogào
123 报刊 bàokān
124 报名 bàomíng
125 报纸 bàozhǐ
126 抱 bào
127 暴动 bàodòng
128 暴力 bàolì
129 暴露 bàolù
130 暴雨 bàoyǔ
131 爆发 bàofā
132 爆炸 bàozhà
133 杯 bēi
134 背 bēi
135 悲哀 bēi'āi
136 悲惨 bēicǎn
137 悲剧 bēijù
138 北 běi
139 北方 běifāng
140 贝 bèi
141 备 bèi
142 背 bèi
143 背后 bèihòu
144 背景 bèijǐng
145 倍 bèi
146 被 bèi
147 被动 bèidòng
148 被告 bèigào
149 被子 bèizi
150 辈 bèi
151 奔 bēn
152 奔跑 bēnpǎo
153 本 běn
154 本地 běndì
155 本来 běnlái
156 本领 běnlǐng
157 本能 běnnéng
158 本人 běnrén
159 本身 běnshēn
160 本事 běnshì
161 本事 běnshi
162 本体 běntǐ
163 本性 běnxìng

| | |
|---|---|
| 164 本质 | běnzhì |
| 165 苯 | běn |
| 166 奔 | bèn |
| 167 笨 | bèn |
| 168 崩溃 | bēngkuì |
| 169 蹦 | bèng |
| 170 逼 | bī |
| 171 鼻 | bí |
| 172 鼻孔 | bíkǒng |
| 173 鼻子 | bízi |
| 174 比 | bǐ |
| 175 比价 | bǐjià |
| 176 比较 | bǐjiào |
| 177 比例 | bǐlì |
| 178 比如 | bǐrú |
| 179 比赛 | bǐsài |
| 180 比喻 | bǐyù |
| 181 比重 | bǐzhòng |
| 182 彼 | bǐ |
| 183 彼此 | bǐcǐ |
| 184 笔 | bǐ |
| 185 笔记 | bǐjì |
| 186 笔者 | bǐzhě |
| 187 必 | bì |
| 188 必定 | bìdìng |
| 189 必然 | bìrán |
| 190 必然性 | bìránxìng |
| 191 必须 | bìxū |
| 192 必需 | bìxū |
| 193 必要 | bìyào |
| 194 毕竟 | bìjìng |
| 195 毕业 | bìyè |
| 196 闭 | bì |
| 197 闭合 | bìhé |
| 198 壁 | bì |
| 199 壁画 | bìhuà |
| 200 避 | bì |

第 201—300 条

| | |
|---|---|
| 201 避免 | bìmiǎn |
| 202 臂 | bì |
| 203 边 | biān |
| 204 边疆 | biānjiāng |
| 205 边界 | biānjiè |
| 206 边境 | biānjìng |
| 207 边区 | biānqū |
| 208 边缘 | biānyuán |
| 209 编 | biān |
| 210 编辑 | biānjí |
| 211 编写 | biānxiě |
| 212 编制 | biānzhì |
| 213 鞭 | biān |
| 214 鞭子 | biānzi |
| 215 扁 | biǎn |
| 216 变 | biàn |
| 217 变动 | biàndòng |
| 218 变法 | biànfǎ |
| 219 变革 | biàngé |
| 220 变更 | biàngēng |
| 221 变化 | biànhuà |
| 222 变换 | biànhuàn |
| 223 变量 | biànliàng |
| 224 变迁 | biànqiān |
| 225 变态 | biàntài |
| 226 变形 | biànxíng |
| 227 变异 | biànyì |
| 228 便 | biàn |
| 229 便利 | biànlì |
| 230 便于 | biànyú |
| 231 遍 | biàn |
| 232 辨 | biàn |
| 233 辨别 | biànbié |
| 234 辨认 | biànrèn |
| 235 辩护 | biànhù |
| 236 辩证 | biànzhèng |
| 237 辩证法 | biànzhèngfǎ |
| 238 标 | biāo |
| 239 标本 | biāoběn |
| 240 标题 | biāotí |
| 241 标语 | biāoyǔ |
| 242 标志 | biāozhì |
| 243 标准 | biāozhǔn |
| 244 标准化 | biāozhǔnhuà |
| 245 表 | biǎo |
| 246 表层 | biǎocéng |

247 表达 biǎodá
248 表面 biǎomiàn
249 表明 biǎomíng
250 表皮 biǎopí
251 表情 biǎoqíng
252 表示 biǎoshì
253 表述 biǎoshù
254 表现 biǎoxiàn
255 表象 biǎoxiàng
256 表演 biǎoyǎn
257 表扬 biǎoyáng
258 表彰 biǎozhāng
259 别 bié
260 别人 biérén
261 别 biè
262 宾 bīn
263 冰 bīng
264 冰川 bīngchuān
265 兵 bīng
266 兵力 bīnglì
267 丙 bǐng
268 柄 bǐng
269 饼 bǐng
270 屏 bǐng
271 并 bìng
272 并且 bìngqiě
273 并用 bìngyòng
274 病 bìng
275 病变 bìngbiàn
276 病毒 bìngdú
277 病理 bìnglǐ
278 病情 bìngqíng
279 病人 bìngrén
280 拨 bō
281 波 bō
282 波长 bōcháng
283 波动 bōdòng
284 波浪 bōlàng
285 玻璃 bōlí
286 剥夺 bōduó
287 剥削 bōxuē
288 播种 bōzhǒng
289 播种 bōzhòng
290 伯 bó
291 脖子 bózi
292 博士 bóshì
293 搏斗 bódòu
294 薄 bó
295 薄弱 bóruò
296 薄 bó
297 补 bǔ
298 补偿 bǔcháng
299 补充 bǔchōng
300 补贴 bǔtiē

第 301—400 条

301 捕 bǔ
302 捕捞 bǔlāo
303 捕食 bǔshí
304 捕捉 bǔzhuō
305 不 bù
306 不安 bù'ān
307 不必 bùbì
308 不便 bùbiàn
309 不曾 bùcéng
310 不错 bùcuò
311 不但 bùdàn
312 不当 bùdāng
313 不等 bùděng
314 不定 bùdìng
315 不断 bùduàn
316 不对 bùduì
317 不妨 bùfáng
318 不服 bùfú
319 不够 bùgòu
320 不顾 bùgù
321 不管 bùguǎn
322 不光 bùguāng
323 不过 bùguò
324 不合 bùhé
325 不及 bùjí
326 不禁 bùjīn
327 不仅 bùjǐn
328 不久 bùjiǔ
329 不堪 bùkān
330 不可 bùkě
331 不快 bùkuài

| | |
|---|---|
| 332 不利 | bùlì |
| 333 不良 | bùliáng |
| 334 不料 | bùliào |
| 335 不论 | bùlùn |
| 336 不满 | bùmǎn |
| 337 不免 | bùmiǎn |
| 338 不怕 | bùpà |
| 339 不平 | bùpíng |
| 340 不然 | bùrán |
| 341 不容 | bùróng |
| 342 不如 | bùrú |
| 343 不时 | bùshí |
| 344 不惜 | bùxī |
| 345 不想 | bùxiǎng |
| 346 不行 | bùxíng |
| 347 不幸 | bùxìng |
| 348 不许 | bùxǔ |
| 349 不要 | bùyào |
| 350 不宜 | bùyí |
| 351 不已 | bùyǐ |
| 352 不用 | bùyòng |
| 353 不止 | bùzhǐ |
| 354 不足 | bùzú |
| 355 布 | bù |
| 356 布局 | bùjú |
| 357 布置 | bùzhì |
| 358 步 | bù |
| 359 步伐 | bùfá |
| 360 步骤 | bùzhòu |
| 361 步子 | bùzi |
| 362 部 | bù |
| 363 部队 | bùduì |
| 364 部分 | bùfen |
| 365 部落 | bùluò |
| 366 部门 | bùmén |
| 367 部署 | bùshǔ |
| 368 部位 | bùwèi |
| 369 擦 | cā |
| 370 猜 | cāi |
| 371 才 | cái |
| 372 才能 | cáinéng |
| 373 材 | cái |
| 374 材料 | cáiliào |
| 375 财 | cái |
| 376 财产 | cáichǎn |
| 377 财富 | cáifù |
| 378 财力 | cáilì |
| 379 财务 | cáiwù |
| 380 财政 | cáizhèng |
| 381 采 | cǎi |
| 382 采访 | cǎifǎng |
| 383 采购 | cǎigòu |
| 384 采集 | cǎijí |
| 385 采取 | cǎiqǔ |
| 386 采用 | cǎiyòng |
| 387 彩 | cǎi |
| 388 彩色 | cǎisè |
| 389 踩 | cǎi |
| 390 菜 | cài |
| 391 蔡 | cài |
| 392 参 | cān |
| 393 参观 | cānguān |
| 394 参加 | cānjiā |
| 395 参考 | cānkǎo |
| 396 参谋 | cānmóu |
| 397 参数 | cānshù |
| 398 参与 | cānyù |
| 399 参照 | cānzhào |
| 400 残 | cán |

第 401—500 条

| | |
|---|---|
| 401 残酷 | cánkù |
| 402 残余 | cányú |
| 403 蚕 | cán |
| 404 灿烂 | cànlàn |
| 405 仓 | cāng |
| 406 仓库 | cāngkù |
| 407 苍白 | cāngbái |
| 408 苍蝇 | cāngying |
| 409 舱 | cāng |
| 410 藏 | cáng |
| 411 操 | cāo |
| 412 操纵 | cāozòng |
| 413 操作 | cāozuò |
| 414 曹 | cáo |

| | | | |
|---|---|---|---|
| 415 槽 | cáo | 458 产物 | chǎnwù |
| 416 草 | cǎo | 459 产业 | chǎnyè |
| 417 草案 | cǎo'àn | 460 产值 | chǎnzhí |
| 418 草地 | cǎoodì | 461 阐明 | chǎnmíng |
| 419 草原 | cǎoyuán | 462 阐述 | chǎnshù |
| 420 册 | cè | 463 颤抖 | chàndǒu |
| 421 侧 | cè | 464 长 | cháng |
| 422 侧面 | cèmiàn | 465 长城 | chángchéng |
| 423 侧重 | cèzhòng | 466 长处 | chángchù |
| 424 测 | cè | 467 长度 | chángdù |
| 425 测定 | cèdìng | 468 长短 | chángduǎn |
| 426 测量 | cèliáng | 469 长久 | chángjiǔ |
| 427 测验 | cèyàn | 470 长期 | chángqī |
| 428 策略 | cèlüè | 471 长远 | chángyuǎn |
| 429 层 | céng | 472 长征 | chángzhēng |
| 430 层次 | céngcì | 473 场 | cháng |
| 431 曾 | céng | 474 肠 | cháng |
| 432 曾经 | cénjīng | 475 尝 | cháng |
| 433 叉 | chā | 476 尝试 | chángshì |
| 434 差 | chā | 477 常 | cháng |
| 435 差别 | chābié | 478 常规 | chángguī |
| 436 差价 | chājià | 479 常年 | chángnián |
| 437 差距 | chājù | 480 常识 | chángshí |
| 438 差异 | chāyì | 481 常数 | chángshù |
| 439 插 | chā | 482 厂 | chǎng |
| 440 茶 | chá | 483 厂房 | chǎngfáng |
| 441 茶馆儿 | cháguǎnr | 484 场 | chǎng |
| 442 茶叶 | cháyè | 485 场地 | chǎngdì |
| 443 查 | chá | 486 场合 | chǎnghé |
| 444 察 | chá | 487 场面 | chǎngmiàn |
| 445 叉 | chǎ | 488 场所 | chǎngsuǒ |
| 446 差 | chà | 489 唱 | chàng |
| 447 差不多 | chàbùduō | 490 抄 | chāo |
| 448 差点儿 | chàdiǎnr | 491 超 | chāo |
| 449 拆 | chāi | 492 超出 | chāochū |
| 450 差 | chāi | 493 超额 | chāo'é |
| 451 柴 | chái | 494 超过 | chāoguò |
| 452 缠 | chán | 495 超越 | chāoyuè |
| 453 产 | chǎn | 496 巢 | cháo |
| 454 产地 | chǎndì | 497 朝 | cháo |
| 455 产量 | chǎnliàng | 498 朝廷 | cháotíng |
| 456 产品 | chǎnpǐn | 499 潮 | cháo |
| 457 产生 | chǎnshēng | 500 潮流 | cháoliú |

第501—600条

| | | |
|---|---|---|
| 501 | 潮湿 | cháoshī |
| 502 | 吵 | chǎo |
| 503 | 炒 | chǎo |
| 504 | 车 | chē |
| 505 | 车间 | chējiān |
| 506 | 车辆 | chēliàng |
| 507 | 车厢 | chēxiāng |
| 508 | 车站 | chēzhàn |
| 509 | 车子 | chēzi |
| 510 | 扯 | chě |
| 511 | 彻底 | chèdǐ |
| 512 | 撤 | chè |
| 513 | 撤销 | chèxiāo |
| 514 | 臣 | chén |
| 515 | 尘 | chén |
| 516 | 沉 | chén |
| 517 | 沉淀 | chéndiàn |
| 518 | 沉积 | chénjī |
| 519 | 沉默 | chénmò |
| 520 | 沉思 | chénsī |
| 521 | 沉重 | chénzhòng |
| 522 | 沉着 | chénzhuó |
| 523 | 陈 | chén |
| 524 | 陈旧 | chénjiù |
| 525 | 陈述 | chénshù |
| 526 | 称 | chèn |
| 527 | 趁 | chèn |
| 528 | 称 | chēng |
| 529 | 称号 | chēnghào |
| 530 | 称呼 | chēnghu |
| 531 | 称赞 | chēngzàn |
| 532 | 撑 | chēng |
| 533 | 成 | chéng |
| 534 | 成本 | chéngběn |
| 535 | 成虫 | chéngchóng |
| 536 | 成分 | chéngfèn |
| 537 | 成功 | chénggōng |
| 538 | 成果 | chéngguǒ |
| 539 | 成绩 | chéngjì |
| 540 | 成就 | chéngjiù |
| 541 | 成立 | chénglì |
| 542 | 成年 | chéngnián |
| 543 | 成人 | chéngrén |
| 544 | 成熟 | chéngshú |
| 545 | 成为 | chéngwéi |
| 546 | 成效 | chéngxiào |
| 547 | 成语 | chéngyǔ |
| 548 | 成员 | chéngyuán |
| 549 | 成长 | chéngzhǎng |
| 550 | 呈 | chéng |
| 551 | 呈现 | chéngxiàn |
| 552 | 诚 | chéng |
| 553 | 诚恳 | chéngkěn |
| 554 | 诚实 | chéngshí |
| 555 | 承 | chéng |
| 556 | 承包 | chéngbāo |
| 557 | 承担 | chéngdān |
| 558 | 承认 | chéngrèn |
| 559 | 承受 | chéngshòu |
| 560 | 城 | chéng |
| 561 | 城市 | chéngshì |
| 562 | 城镇 | chéngzhèn |
| 563 | 乘 | chéng |
| 564 | 乘机 | chéngjī |
| 565 | 乘客 | chéngkè |
| 566 | 盛 | chéng |
| 567 | 程 | chéng |
| 568 | 程度 | chéngdù |
| 569 | 程式 | chéngshì |
| 570 | 程序 | chéngxù |
| 571 | 惩罚 | chéngfá |
| 572 | 秤 | chèng |
| 573 | 吃 | chī |
| 574 | 吃饭 | chīfàn |
| 575 | 吃惊 | chījīng |
| 576 | 吃力 | chīlì |
| 577 | 池 | chí |
| 578 | 池塘 | chítáng |
| 579 | 迟 | chí |
| 580 | 持 | chí |
| 581 | 持久 | chíjiǔ |
| 582 | 持续 | chíxù |
| 583 | 尺 | chǐ |
| 584 | 尺度 | chǐdù |

585 齿 chǐ
586 赤 chì
587 赤道 chìdào
588 翅 chì
589 翅膀 chìbǎng
590 冲 chōng
591 冲动 chōngdòng
592 冲击 chōngjī
593 冲破 chōngpò
594 冲突 chōngtū
595 充 chōng
596 充当 chōngdāng
597 充分 chōngfèn
598 充满 chōngmǎn
599 充实 chōngshí
600 充足 chōngzú

第 601—700 条

601 虫 chóng
602 重 chóng
603 重复 chóngfù
604 重合 chónghé
605 重新 chóngxīn
606 崇拜 chóngbài
607 崇高 chónggāo
608 冲 chòng
609 抽 chōu
610 抽象 chōuxiàng
611 仇恨 chóuhèn
612 愁 chóu
613 丑 chǒu
614 臭 chòu
615 出 chū
616 出版 chūbǎn
617 出产 chūchǎn
618 出发 chūfā
619 出发点 chūfādiǎn
620 出国 chūguó
621 出口 chūkǒu
622 出来 chūlái
623 出路 chūlù
624 出卖 chūmài
625 出门 chūmén
626 出去 chūqù
627 出色 chūsè
628 出身 chūshēn
629 出生 chūshēng
630 出售 chūshòu
631 出土 chūtǔ
632 出席 chūxí
633 出现 chūxiàn
634 出血 chūxiě
635 初 chū
636 初步 chūbù
637 初级 chūjí
638 初期 chūqī
639 初中 chūzhōng
640 除 chú
641 除非 chúfēi
642 除了 chúle
643 厨房 chúfáng
644 处 chǔ
645 处罚 chǔfá
646 处分 chǔfèn
647 处境 chǔjìng
648 处理 chǔlǐ
649 处于 chǔyú
650 储备 chǔbèi
651 储存 chǔcún
652 储量 chǔliàng
653 储蓄 chǔxù
654 楚 chǔ
655 处 chù
656 畜 chù
657 触 chù
658 川 chuān
659 穿 chuān
660 穿着 chuānzhuó
661 传 chuán
662 传播 chuánbō
663 传达 chuándá
664 传导 chuándǎo
665 传递 chuándì
666 传教士 chuánjiàoshì
667 传染病 chuánrǎnbìng
668 传授 chuánshòu
669 传说 chuánshuō

670 传统 chuántǒng
671 船 chuán
672 船舶 chuánbó
673 船长 chuánzhǎng
674 船只 chuánzhī
675 喘 chuǎn
676 串 chuàn
677 串联 chuànlián
678 创 chuāng
679 创伤 chuāngshāng
680 窗 chuāng
681 窗户 chuānghu
682 窗口 chuāngkǒu
683 窗子 chuāngzi
684 床 chuáng
685 幢 chuáng
686 闯 chuǎng
687 创 chuàng
688 创办 chuàngbàn
689 创立 chuànglì
690 创新 chuàngxīn
691 创造 chuàngzào
692 创造性 chuàngzàoxìng
693 创作 chuàngzuò
694 吹 chuī
695 垂 chuí
696 垂直 chuízhí
697 锤 chuí
698 春 chūn
699 春季 chūnjì
700 春节 chūnjié

第 701—800 条

701 春秋 chūnqiū
702 春天 chūntiān
703 纯 chún
704 纯粹 chúncuì
705 纯洁 chúnjié
706 唇 chún
707 词 cí
708 词典 cídiǎn
709 词汇 cíhuì
710 词义 cíyì
711 词语 cíyǔ
712 词组 cízǔ
713 辞 cí
714 辞职 cízhí
715 磁 cí
716 磁场 cíchǎng
717 磁力 cílì
718 磁铁 cítiě
719 雌 cí
720 此 cǐ
721 此地 cǐdì
722 此后 cǐhòu
723 此刻 cǐkè
724 此外 cǐwài
725 次 cì
726 次数 cìshù
727 次序 cìxù
728 次要 cìyào
729 刺 cì
730 刺激 cìjī
731 赐 cì
732 聪明 cōngmíng
733 从 cóng
734 从此 cóngcǐ
735 从而 cóng'ér
736 从来 cónglái
737 从前 cóngqián
738 从事 cóngshì
739 从小 cóngxiǎo
740 从中 cóngzhōng
741 丛 cóng
742 凑 còu
743 粗 cū
744 粗糙 cūcāo
745 促 cù
746 促成 cùchéng
747 促进 cùjìn
748 促使 cùshǐ
749 簇 cù
750 窜 cuàn
751 催 cuī
752 摧残 cuīcán
753 摧毁 cuīhuǐ
754 村 cūn

| | | | |
|---|---|---|---|
| 755 村庄 | cūnzhuāng | 799 大会 | dàhuì |
| 756 村子 | cūnzi | 800 大伙儿 | dàhuǒr |
| 757 存 | cún | | |
| 758 存款 | cúnkuǎn | 第 801—900 条 | |
| 759 存在 | cúnzài | | |
| 760 寸 | cùn | 801 大家 | dàjiā |
| 761 挫折 | cuòzhé | 802 大街 | dàjiē |
| 762 措施 | cuòshī | 803 大姐 | dàjiě |
| 763 锉 | cuò | 804 大量 | dàliàng |
| 764 错误 | cuòwù | 805 大陆 | dàlù |
| 765 搭 | dā | 806 大妈 | dàmā |
| 766 答应 | dāying | 807 大门 | dàmén |
| 767 打 | dá | 808 大脑 | dànǎo |
| 768 达 | dá | 809 大娘 | dàniáng |
| 769 达到 | dádào | 810 大炮 | dàpào |
| 770 答 | dá | 811 大气 | dàqì |
| 771 答案 | dá'àn | 812 大庆 | dàqìng |
| 772 答复 | dáfù | 813 大人 | dárén |
| 773 打 | dǎ | 814 大嫂 | dàsǎo |
| 774 打败 | dǎbài | 815 大厦 | dàshà |
| 775 打扮 | dǎban | 816 大婶儿 | dàshěnr |
| 776 打倒 | dǎdǎo | 817 大师 | dàshī |
| 777 打击 | dǎjī | 818 大事 | dàshì |
| 778 打架 | dǎjià | 819 大叔 | dàshū |
| 779 打开 | dǎkāi | 820 大体 | dàtǐ |
| 780 打量 | dǎliang | 821 大厅 | dàtīng |
| 781 打破 | dǎpò | 822 大王 | dàiwáng |
| 782 打算 | dǎsuan | 823 大小 | dàxiǎo |
| 783 打听 | dǎting | 824 大型 | dàxíng |
| 784 打下 | dǎixià | 825 大学 | dàxué |
| 785 打仗 | dǎzhàng | 826 大学生 | dàxuéshēn |
| 786 大 | dà | 827 大洋 | dàyáng |
| 787 大伯 | dàbó | 828 大爷 | dàyé |
| 788 大臣 | dàchén | 829 大爷 | dàye |
| 789 大胆 | dàdǎn | 830 大衣 | dàyī |
| 790 大地 | dàdì | 831 大雨 | dàyǔ |
| 791 大豆 | dàdòu | 832 大约 | dàyuē |
| 792 大队 | dàduì | 833 大战 | dàzhàn |
| 793 大多 | dàduō | 834 大致 | dàzhì |
| 794 大多数 | dàduōshù | 835 大众 | dàzhòng |
| 795 大风 | dàfēng | 836 大自然 | dàzìrán |
| 796 大概 | dàgài | 837 呆 | dāi |
| 797 大纲 | dàgāng | 838 待 | dāi |
| 798 大哥 | dàgē | 839 大夫 | dàifu |

| | |
|---|---|
| 840 代 | dài |
| 841 代表 | dàibiǎo |
| 842 代价 | dàijià |
| 843 代理 | dàilǐ |
| 844 代理人 | dàilǐrén |
| 845 代替 | dàitì |
| 846 代谢 | dàixiè |
| 847 带 | dài |
| 848 带动 | dàidòng |
| 849 带领 | dàilǐng |
| 850 带头 | dàitóu |
| 851 贷款 | dàikuǎn |
| 852 待 | dài |
| 853 待遇 | dàiyù |
| 854 袋 | dài |
| 855 逮捕 | dàibǔ |
| 856 戴 | dài |
| 857 担 | dān |
| 858 担负 | dānfù |
| 859 担任 | dānrèn |
| 860 担心 | dānxīn |
| 861 单 | dān |
| 862 单纯 | dānchún |
| 863 单调 | dāndiào |
| 864 单独 | dāndú |
| 865 单位 | dānwèi |
| 866 单一 | dānyī |
| 867 耽误 | dānwu |
| 868 胆 | dǎn |
| 869 石 | dàn |
| 870 但 | dàn |
| 871 但是 | dànshì |
| 872 担 | dàn |
| 873 担子 | dànzi |
| 874 诞生 | dànshēng |
| 875 淡 | dàn |
| 876 淡水 | dànshuǐ |
| 877 弹 | dàn |
| 878 蛋 | dàn |
| 879 蛋白 | dànbái |
| 880 蛋白质 | dànbáizhì |
| 881 氮 | dàn |
| 882 当 | dāng |
| 883 当场 | dāngchǎng |
| 884 当初 | dāngchū |
| 885 当代 | dāngdài |
| 886 当地 | dāngdì |
| 887 当即 | dāngjí |
| 888 当今 | dāngjīn |
| 889 当局 | dāngjú |
| 890 当年 | dàngnián |
| 891 当前 | dāngqián |
| 892 当然 | dāngrán |
| 893 当时 | dàngshí |
| 894 当事人 | dāngshìrén |
| 895 当选 | dāngxuǎn |
| 896 当中 | dāngzhōng |
| 897 挡 | dǎng |
| 898 党 | dǎng |
| 899 党委 | dǎngwěi |
| 900 党性 | dǎngxìng |

第 901—1000 条

| | |
|---|---|
| 901 党员 | dǎngyuán |
| 902 当 | dàng |
| 903 当成 | dàngchéng |
| 904 当年 | dàngnián |
| 905 当时 | dàngshí |
| 906 当天 | dàngtiān |
| 907 当作 | dàngzuò |
| 908 档案 | dàng'àn |
| 909 刀 | dāo |
| 910 导 | dǎo |
| 911 导弹 | dǎodàn |
| 912 导管 | dǎoguǎn |
| 913 导体 | dǎotǐ |
| 914 导线 | dǎoxiàn |
| 915 导演 | dǎoyǎn |
| 916 导致 | dǎozhì |
| 917 岛 | dǎo |
| 918 岛屿 | dǎoyǔ |
| 919 倒 | dǎo |
| 920 倒霉 | dǎoméi |
| 921 到 | dào |
| 922 到处 | dàochù |

| | | |
|---|---|---|
| 923 | 到达 | dàodá |
| 924 | 到底 | dàodǐ |
| 925 | 到来 | dàolái |
| 926 | 盗 | dào |
| 927 | 盗窃 | dàoqiè |
| 928 | 道 | dào |
| 929 | 道德 | dàodé |
| 930 | 道教 | dàojiào |
| 931 | 道理 | dàolǐ |
| 932 | 道路 | dàolù |
| 933 | 稻 | dào |
| 934 | 稻谷 | dàogǔ |
| 935 | 得 | dé |
| 936 | 得到 | dédào |
| 937 | 得以 | déyǐ |
| 938 | 得意 | déyì |
| 939 | 德 | dé |
| 940 | 德育 | déyù |
| 941 | 得 | děi |
| 942 | 灯 | dēng |
| 943 | 灯光 | dēngguāng |
| 944 | 灯泡儿 | dēngpàor |
| 945 | 登 | dēng |
| 946 | 登记 | dēngjì |
| 947 | 蹬 | dēng |
| 948 | 等 | děng |
| 949 | 等待 | děngdài |
| 950 | 等到 | děngdào |
| 951 | 等候 | děnghòu |
| 952 | 等级 | děngjí |
| 953 | 等于 | děngyú |
| 954 | 邓 | dèng |
| 955 | 瞪 | dèng |
| 956 | 低 | dī |
| 957 | 低级 | dījí |
| 958 | 低头 | dītóu |
| 959 | 低温 | dīwēn |
| 960 | 低下 | dīxià |
| 961 | 滴 | dī |
| 962 | 的确 | díquè |
| 963 | 敌 | dí |
| 964 | 敌对 | díduì |
| 965 | 敌人 | dírén |
| 966 | 抵 | dǐ |
| 967 | 抵抗 | dǐkàng |
| 968 | 抵制 | dǐzhì |
| 969 | 底 | dǐ |
| 970 | 底层 | dǐcéng |
| 971 | 底下 | dǐxià |
| 972 | 地 | dì |
| 973 | 地板 | dìbǎn |
| 974 | 地表 | dìbiǎo |
| 975 | 地步 | dìbù |
| 976 | 地层 | dìcéng |
| 977 | 地带 | dìdài |
| 978 | 地点 | dìdiǎn |
| 979 | 地方 | dìfāng |
| 980 | 地方 | dìfang |
| 981 | 地理 | dìlǐ |
| 982 | 地貌 | dìmào |
| 983 | 地面 | dìmiàn |
| 984 | 地壳 | dìqiào |
| 985 | 地球 | dìqiú |
| 986 | 地区 | dìqū |
| 987 | 地势 | dìshì |
| 988 | 地图 | dìtú |
| 989 | 地位 | dìwèi |
| 990 | 地下 | dìxià |
| 991 | 地下 | dìxia |
| 992 | 地下水 | dìxiàshuǐ |
| 993 | 地形 | dìxíng |
| 994 | 地域 | dìyù |
| 995 | 地震 | dìzhèn |
| 996 | 地质 | dìzhì |
| 997 | 地主 | dìzhǔ |
| 998 | 地租 | dìzū |
| 999 | 弟弟 | dìdi |
| 1000 | 弟兄 | dìxiong |

第 1001—1100 条

| | | |
|---|---|---|
| 1001 | 弟子 | dìzǐ |
| 1002 | 帝 | dì |
| 1003 | 帝国 | dìguó |
| 1004 | 递 | dì |
| 1005 | 第 | dì |
| 1006 | 典型 | diǎnxíng |
| 1007 | 点 | diǎn |

1008 点燃 diǎnrán
1009 点头 diǎntóu
1010 碘 diǎn
1011 电 diàn
1012 电报 diànbào
1013 电场 diànchǎng
1014 电池 diànchí
1015 电磁 diàncí
1016 电磁波 diàncíbō
1017 电灯 diàndēng
1018 电动 diàndòng
1019 电荷 diànhè
1020 电话 diànhuà
1021 电离 diànlí
1022 电力 diànlì
1023 电量 diànliàng
1024 电流 diànjiú
1025 电路 diànlù
1026 电脑 diànnǎo
1027 电能 diànnéng
1028 电器 diànqì
1029 电容 diànróng
1030 电视 diànshì
1031 电视剧 diànshìjù
1032 电视台 diànshìtái
1033 电台 diàntái
1034 电线 diànxiàn
1035 电压 diànyā
1036 电影 diànyǐng
1037 电源 diànyuán
1038 电子 diànzǐ
1039 电阻 diànzǔ
1040 店 diàn
1041 垫 diàn
1042 淀粉 diànfěn
1043 奠定 diàndìng
1044 雕 diāo
1045 雕刻 diāokè
1046 雕塑 diāosù
1047 吊 diào
1048 调 diào
1049 调拨 diàobō
1050 调查 diàochá
1051 调动 diàodòng
1052 掉 diào
1053 爹 diē
1054 跌 diē
1055 迭 dié
1056 叠 dié
1057 丁 dīng
1058 叮 dīng
1059 盯 dīng
1060 顶 dǐng
1061 顶点 dǐngdiǎn
1062 顶端 dǐngduān
1063 订 dìng
1064 订货 dìnghuò
1065 钉 dìng
1066 定 dìng
1067 定额 dìng'é
1068 定理 dìnglǐ
1069 定量 dìngliàng
1070 定律 dìnglǜ
1071 定期 dìngqī
1072 定向 dìngxiàng
1073 定型 dìngxíng
1074 定义 dìngyì
1075 丢 diū
1076 东 dōng
1077 东北 dōngběi
1078 东方 dōngfāng
1079 东南 dōngnán
1080 东欧 dōng'ōu
1081 东西 dōngxī
1082 东西 dōngxi
1083 冬 dōng
1084 冬季 dōngjì
1085 冬天 dōngtiān
1086 懂 dǒng
1087 懂得 dǒngdé
1088 动 dòng
1089 动词 dòngcí
1090 动机 dòngjī
1091 动静 dòngjing
1092 动力 dònglì
1093 动量 dòngliàng

1094 动脉 dòngmài
1095 动能 dòngnéng
1096 动人 dòngrén
1097 动手 dòngshǒu
1098 动态 dòngtài
1099 动物 dòngwù
1100 动摇 dòngyáo

第 1101—1200 条

1101 动员 dòngyuán
1102 动作 dòngzuò
1103 冻 dòng
1104 洞 dòng
1105 都 dōu
1106 兜 dōu
1107 斗 dǒu
1108 抖 dǒu
1109 斗 dòu
1110 斗争 dòuzhēng
1111 豆 dòu
1112 豆腐 dòufu
1113 逗 dòu
1114 都 dū
1115 都会 dūhuì
1116 都市 dūshì
1117 毒 dú
1118 毒素 dúsù
1119 独 dú
1120 独立 dúlì
1121 独特 dútè
1122 独占 dúzhàn
1123 独自 dúzì
1124 读 dú
1125 读书 dúshū
1126 读者 dúzhě
1127 肚子 dǔzi
1128 堵 dǔ
1129 杜 dù
1130 肚皮 dùpí
1131 肚子 dùzi
1132 度 dù
1133 渡 dù
1134 端 duān
1135 端正 duānzhèng
1136 短 duǎn
1137 短期 duǎnqī
1138 短暂 duǎnzàn
1139 段 duàn
1140 断 duàn
1141 断定 duàndìng
1142 锻炼 duànliàn
1143 堆 duī
1144 堆积 duījī
1145 队 duì
1146 队伍 duìwu
1147 对 duì
1148 对比 duìbǐ
1149 对不起 duìbùqǐ
1150 对称 duìchèn
1151 对待 duìdài
1152 对方 duìfāng
1153 对付 duìfu
1154 对话 duìhuà
1155 对抗 duìkàng
1156 对立 duìlì
1157 对流 duìliú
1158 对面 duìmiàn
1159 对手 duìshǒu
1160 对象 duìxiàng
1161 对应 duìyìng
1162 对于 duìyú
1163 对照 duìzhào
1164 吨 dūn
1165 蹲 dūn
1166 顿 dùn
1167 顿时 dùnshí
1168 多 duō
1169 多边形 duōbiānxíng
1170 多么 duōme
1171 多少 duōshǎo
1172 多数 duōshù
1173 多余 duōyú
1174 夺 duó
1175 夺取 duóqǔ
1176 度 duó
1177 朵 duǒ
1178 躲 duǒ
1179 阿 ē

1180 俄 é
1181 鹅 é
1182 额 é
1183 恶 è
1184 恶化 èhuà
1185 恶劣 èliè
1186 饿 è
1187 恩 ēn
1188 儿 ér
1189 儿女 érnǚ
1190 儿童 értóng
1191 儿子 érzi
1192 而 ér
1193 而后 érhòu
1194 而且 érqiě
1195 尔 ěr
1196 耳 ěr
1197 耳朵 ěrduo
1198 饵料 ěrliào
1199 二 èr
1200 发 fā

第 1201—1300 条

1201 发表 fābiǎo
1202 发病 fābìng
1203 发布 fābù
1204 发出 fāchū
1205 发达 fādá
1206 发电 fādiàn
1207 发动 fādòng
1208 发动机 fādòngjī
1209 发抖 fādǒu
1210 发挥 fāhuī
1211 发觉 fājué
1212 发掘 fājué
1213 发明 fāmíng
1214 发起 fāqǐ
1215 发热 fārè
1216 发射 fāshè
1217 发生 fāshēng
1218 发现 fāxiàn
1219 发行 fāxíng
1220 发芽 fāyá
1221 发言 fāyán
1222 发扬 fāyáng
1223 发音 fāyīn
1224 发育 fāyù
1225 发展 fāzhǎn
1226 发作 fāzuò
1227 罚 fá
1228 罚款 fákuǎn
1229 法 fǎ
1230 法定 fǎdìng
1231 法官 fǎguān
1232 法规 fǎguī
1233 法令 fǎlìng
1234 法律 fǎlǜ
1235 法人 fǎrén
1236 法庭 fǎtíng
1237 法西斯 fǎxīsī
1238 法学 fǎxué
1239 法院 fǎyuàn
1240 法则 fǎzé
1241 法制 fǎzhì
1242 发 fà
1243 番 fān
1244 翻 fān
1245 翻身 fānshēn
1246 翻译 fānyì
1247 凡 fán
1248 凡是 fánshì
1249 烦恼 fánnǎo
1250 繁 fán
1251 繁多 fánduō
1252 繁荣 fánróng
1253 繁殖 fánzhí
1254 繁重 fánzhòng
1255 反 fǎn
1256 反动 fǎndòng
1257 反对 fǎnduì
1258 反而 fǎn'ér
1259 反复 fǎnfù
1260 反抗 fǎnkàng
1261 反馈 fǎnkuì
1262 反面 fǎnmiàn

1263 反射 fǎnshè
1264 反应 fǎnyìng
1265 反映 fǎnyìng
1266 反正 fǎnzhèng
1267 反之 fǎnzhī
1268 返 fǎn
1269 返回 fǎnhuí
1270 犯 fàn
1271 犯罪 fànzuì
1272 饭 fàn
1273 饭店 fàndiàn
1274 泛 fàn
1275 范 fàn
1276 范畴 fànchóu
1277 范围 fànwéi
1278 方 fāng
1279 方案 fāng'àn
1280 方便 fāngbiàn
1281 方才 fāngcái
1282 方程 fāngchéng
1283 方法 fāngfǎ
1284 方法论 fāngfǎlùn
1285 方面 fāngmiàn
1286 方式 fāngshì
1287 方向 fāngxiàng
1288 方言 fāngyán
1289 方针 fāngzhēn
1290 防御 fángyù
1291 防止 fángzhǐ
1292 防治 fángzhì
1293 防 fáng
1294 妨碍 fáng'ài
1295 房 fáng
1296 房间 fángjiān
1297 房屋 fángwū
1298 房子 fángzi
1299 仿佛 fǎngfú
1300 访 fǎng

第1301—1400条

1301 访问 fǎngwèn
1302 纺织 fǎngzhī
1303 放 fàng
1304 放大 fàngdà
1305 放弃 fàngqì
1306 放射 fàngshè
1307 放射性 fàngshèxìn
1308 放松 fàngsōng
1309 放心 fàngxīn
1310 飞 fēi
1311 飞船 fēichuán
1312 飞机 fēijī
1313 飞快 fēikuài
1314 飞翔 fēixiáng
1315 飞行 fēixíng
1316 飞跃 fēiyuè
1317 非 fēi
1318 非常 fēicháng
1319 非法 fēifǎ
1320 肥 féi
1321 肥料 féiliào
1322 匪 fěi
1323 肺 fèi
1324 废 fèi
1325 废除 fèichú
1326 沸腾 fèiténg
1327 费 fèi
1328 费用 fèiyòng
1329 分 fēn
1330 分辨 fēnbiàn
1331 分别 fēnbié
1332 分布 fēnbù
1333 分成 fēnchéng
1334 分割 fēngē
1335 分工 fēngōng
1336 分化 fēnhuà
1337 分解 fēnjiě
1338 分开 fēnkāi
1339 分类 fēnlèi
1340 分离 fēnlí
1341 分裂 fēnliè
1342 分泌 fēnmì
1343 分明 fēnmíng
1344 分配 fēnpèi
1345 分歧 fēnqí
1346 分散 fēnsàn
1347 分析 fēnxī

1348 分支 fēnzhī
1349 分子 fēnzǐ
1350 粉 fěn
1351 粉末 fěnmò
1352 粉碎 fěnsuì
1353 分 fèn
1354 分量 fènliàng
1355 分子 fènzǐ
1356 份 fèn
1357 奋斗 fèndòu
1358 粪 fèn
1359 愤怒 fènnù
1360 丰 fēng
1361 丰富 fēngfù
1362 丰收 fēngshōu
1363 风 fēng
1364 风暴 fēngbào
1365 风格 fēnggé
1366 风光 fēngguāng
1367 风景 fēngjǐng
1368 风力 fēnglì
1369 风气 fēngqì
1370 风俗 fēngsú
1371 风速 fēngsù
1372 风险 fēngxiǎn
1373 风雨 fēngyǔ
1374 封 fēng
1375 封闭 fēngbì
1376 封建 fēngjiàn
1377 封锁 fēngsuǒ
1378 疯狂 fēngkuáng
1379 峰 fēng
1380 锋 fēng
1381 蜂 fēng
1382 冯 féng
1383 缝 féng
1384 讽刺 fěngcì
1385 奉 fèng
1386 奉献 fèngxiàn
1387 缝 fèng
1388 佛 fó
1389 佛教 fójiào
1390 否 fǒu
1391 否定 fǒudìng
1392 否认 fǒurèn
1393 否则 fǒuzé
1394 夫 fū
1395 夫妇 fūfù
1396 夫妻 fūqī
1397 夫人 fūrén
1398 孵化 fūhuà
1399 伏 fú
1400 伏特 fútè

第 1401—1500 条

1401 扶 fú
1402 服 fú
1403 服从 fúcóng
1404 服务 fúwù
1405 服务员 fúwùyuán
1406 服装 fúzhuāng
1407 俘虏 fúlǔ
1408 浮 fú
1409 浮动 fúdòng
1410 浮游 fúyóu
1411 符号 fúhào
1412 符合 fúhé
1413 幅 fú
1414 幅度 fúdù
1415 辐射 fúshè
1416 福 fú
1417 福利 fúlì
1418 抚摸 fǔmō
1419 府 fǔ
1420 辅助 fǔzhù
1421 腐 fǔ
1422 腐败 fǔbài
1423 腐蚀 fǔshí
1424 腐朽 fǔxiǔ
1425 父母 fùmǔ
1426 父亲 fùqīn
1427 付 fù
1428 付出 fùchū
1429 负 fù
1430 负担 fùdān

1431 负责 fùzé
1432 妇 fù
1433 妇女 fùnǚ
1434 附 fù
1435 附加 fùjiā
1436 附近 fùjìn
1437 附着 fùzhuó
1438 服 fù
1439 赴 fù
1440 复 fù
1441 复辟 fùbì
1442 复合 fùhé
1443 复杂 fùzá
1444 复制 fùzhì
1445 副 fù
1446 副业 fùyè
1447 赋 fù
1448 赋予 fùyǔ
1449 富 fù
1450 富有 fùyǒu
1451 富裕 fùyù
1452 腹 fù
1453 覆盖 fùgài
1454 该 gāi
1455 改 gǎi
1456 改编 gǎibiān
1457 改变 gǎibiàn
1458 改革 gǎigé
1459 改进 gǎijìn
1460 改良 gǎiliáng
1461 改善 gǎishàn
1462 改造 gǎizào
1463 改正 gǎizhèng
1464 改组 gǎizǔ
1465 钙 gài
1466 盖 gài
1467 概括 gàikuò
1468 概率 gàilǜ
1469 概念 gàiniàn
1470 干 gān
1471 干脆 gāncuì
1472 干旱 gānhàn
1473 干净 gānjing
1474 干扰 gānrǎo
1475 干涉 gānshè
1476 干预 gānyù
1477 干燥 gānzào
1478 甘心 gānxīn
1479 杆 gān
1480 肝 gān
1481 肝脏 gānzàng
1482 杆 gǎn
1483 赶 gǎn
1484 赶紧 gǎnjǐn
1485 赶快 gǎnkuài
1486 赶忙 gǎnmáng
1487 敢 gǎn
1488 敢于 gǎnyú
1489 感 gǎn
1490 感到 gǎndào
1491 感动 gǎndòng
1492 感官 gǎnguān
1493 感激 gǎnjī
1494 感觉 gǎnjué
1495 感慨 gǎnkǎi
1496 感染 gǎnrǎn
1498 感受 gǎnshòu
1499 感谢 gǎnxiè
1500 感性 gǎnxìng

第 1501—1600 条

1501 感应 gǎnyìng
1502 感知 gǎnzhī
1503 干 gàn
1504 干部 gànbù
1505 刚 gāng
1506 刚才 gāngcái
1507 纲 gāng
1508 纲领 gānglǐng
1509 钢 gāng
1510 钢琴 gāngqín
1511 钢铁 gāngtiě
1512 岗位 gǎngwèi
1513 港 gǎng
1514 港口 gǎngkǒu

| | | | |
|---|---|---|---|
| 1515 高 | gāo | 1558 隔离 | gélí |
| 1516 高产 | gāochǎn | 1559 个 | gè |
| 1517 高潮 | gāocháo | 1560 个别 | gèbié |
| 1518 高大 | gāodà | 1561 个人 | gèrén |
| 1519 高等 | gāoděng | 1562 个体 | gètǐ |
| 1520 高低 | gāodī | 1563 个性 | gèxìng |
| 1521 高地 | gāodì | 1564 各 | gè |
| 1522 高度 | gāodù | 1565 各自 | gèzì |
| 1523 高级 | gāojí | 1566 给 | gěi |
| 1524 高空 | gāokōng | 1567 给以 | gěiyǐ |
| 1525 高尚 | gāoshàng | 1568 根 | gēn |
| 1526 高速 | gāosù | 1569 根本 | gēnběn |
| 1527 高温 | gāowēn | 1570 根据 | gēnjù |
| 1528 高校 | gāoxiào | 1571 根据地 | gēnjùdì |
| 1529 高兴 | gāoxìng | 1572 根系 | gēnxì |
| 1530 高压 | gāoyā | 1573 根源 | gēnyuán |
| 1531 高原 | gāoyuán | 1574 跟 | gēn |
| 1532 高涨 | gāozhǎng | 1575 跟前 | gēnqián |
| 1533 高中 | gāozhōng | 1576 跟随 | gēnsuí |
| 1534 搞 | gǎo | 1577 更 | gēng |
| 1535 稿 | gǎo | 1578 更新 | gēngxīn |
| 1536 告 | gào | 1579 耕 | gēng |
| 1537 告别 | gàobié | 1580 耕地 | gēngdì |
| 1538 告诉 | gàosu | 1581 耕作 | gēngzuò |
| 1539 疙瘩 | gēda | 1582 更 | gèng |
| 1540 哥哥 | gēgē | 1583 更加 | gèngjiā |
| 1541 胳膊 | gēbo | 1584 工 | gōng |
| 1542 鸽子 | gēzi | 1585 工厂 | gōngchǎng |
| 1543 搁 | gē | 1586 工场 | gōngchǎng |
| 1544 割 | gē | 1587 工程 | gōngchéng |
| 1545 歌 | gē | 1588 工程师 | gōngchéngshī |
| 1546 歌唱 | gēchàng | 1589 工地 | gōngdì |
| 1547 歌剧 | gējù | 1590 工夫 | gōngfu |
| 1548 歌曲 | gēqǔ | 1591 工会 | gōnghuì |
| 1549 歌声 | gēshēng | 1592 工具 | gōngjù |
| 1550 歌颂 | gēsòng | 1593 工人 | gōngrén |
| 1551 歌舞 | gēwǔ | 1594 工商业 | gōngshāngyè |
| 1552 革命 | gémìng | 1595 工业 | gōngyè |
| 1553 革新 | géxīn | 1596 工业化 | gōngyèhuà |
| 1554 格 | gé | 1597 工艺 | gōngyì |
| 1555 格外 | géwài | 1598 工资 | gōngzī |
| 1556 隔 | gé | 1599 工作 | gōngzuò |
| 1557 隔壁 | gébì | 1600 弓 | gōng |

第 1601—1700 条

1601 公 gōng
1602 公安 gōng'ān
1603 公布 gōngbù
1604 公公 gōnggong
1605 公共 gōnggòng
1606 公开 gōngkāi
1607 公理 gōnglǐ
1608 公路 gōnglù
1609 公民 gōngmín
1610 公平 gōngpíng
1611 公认 gōngrèn
1612 公社 gōngshè
1613 公式 gōngshì
1614 公司 gōngsī
1615 公有 gōngyǒu
1616 公有制 gōngyǒuzhì
1617 公元 gōngyuán
1618 公园 gōngyuán
1619 公正 gōngzhèng
1620 公主 gōngzhǔ
1621 功 gōng
1622 功夫 gōngfu
1623 功课 gōngkè
1624 功率 gōnglǜ
1625 功能 gōngnéng
1626 攻 gōng
1627 攻击 gōngjī
1628 供 gōng
1629 供给 gōngjǐ
1630 供求 gōngqiú
1631 供应 gōngyìng
1632 宫 gōng
1633 宫廷 gōngtíng
1634 巩固 gǒnggù
1635 汞 gǒng
1636 拱 gǒng
1637 共 gòng
1638 共产党 gòngchǎndǎng
1639 共和国 gònghéguó
1640 共鸣 gòngmíng
1641 共同 gòngtóng
1642 贡献 gòngxiàn
1643 供 gòng
1644 勾结 gōujié
1645 沟 gōu
1646 沟通 gōutōng
1647 钩 gōu
1648 狗 gǒu
1649 构 gòu
1650 构成 gòuchéng
1651 构思 gòusī
1652 构造 gòuzào
1653 购 gòu
1654 购买 gòumǎi
1655 购销 gòuxiāo
1656 够 gòu
1657 估计 gūjì
1658 姑娘 gūniang
1659 孤独 gūdú
1660 孤立 gūlì
1661 古 gǔ
1662 古代 gǔdài
1663 古典 gǔdiǎn
1664 古老 gǔlǎo
1665 古人 gǔrén
1666 谷 gǔ
1667 股 gǔ
1668 股票 gǔpiào
1669 骨 gǔ
1670 骨干 gǔgàn
1671 骨骼 gǔgé
1672 骨头 gǔtou
1673 鼓 gǔ
1674 鼓吹 gǔchuī
1675 鼓励 gǔlì
1676 鼓舞 gǔwǔ
1677 固 gù
1678 固定 gùdìng
1679 固然 gùrán
1680 固体 gùtǐ
1681 固有 gùyǒu
1682 固执 gùzhí
1683 故 gù
1684 故事 gùshi
1685 故乡 gùxiāng
1686 故意 gùyì

1687 顾 gù
1688 顾客 gùkè
1689 顾虑 gùlǜ
1690 顾问 gùwèn
1691 雇 gù
1692 瓜 guā
1693 刮 guā
1694 寡妇 guǎfu
1695 挂 guà
1696 拐 guǎi
1697 怪 guài
1698 怪物 guàiwu
1699 关 guān
1700 关闭 guānbì

第 1701—1800 条

1701 关怀 guānhuái
1702 关键 guānjiàn
1703 关节 guānjié
1704 关联 guānlián
1705 关系 guānxi
1706 关心 guānxīn
1707 关于 guānyú
1708 关注 guānzhù
1709 观 guān
1710 观测 guāncè
1711 观察 guānchá
1712 观点 guāndiǎn
1713 观看 guānkàn
1714 观念 guānniàn
1715 观众 guānzhòng
1716 官 guān
1717 官兵 guānbīng
1718 官吏 guānlì
1719 官僚 guānliáo
1720 官员 guānyuán
1721 冠 guān
1722 馆 guǎn
1723 管 guǎn
1724 管道 guǎndào
1725 管理 guǎnlǐ
1726 管辖 guǎnxiá
1727 观 guàn
1728 贯彻 guànchè
1729 贯穿 guànchuān
1730 冠 guàn
1731 冠军 guànjūn
1732 惯 guàn
1733 惯性 guànxìng
1734 灌 guàn
1735 灌溉 guàngài
1736 光 guāng
1737 光彩 guāngcǎi
1738 光滑 guānghuá
1739 光辉 guānghuī
1740 光景 guāngjǐng
1741 光亮 guāngliàng
1742 光芒 guāngmáng
1743 光明 guāngmíng
1744 光谱 guāngpǔ
1745 光荣 guāngróng
1746 光线 guāngxiàn
1747 光学 guāngxué
1748 光源 guāngyuán
1749 光泽 guāngzé
1750 光照 guāngzhào
1751 广 guǎng
1752 广播 guǎngbō
1753 广场 guǎngchǎng
1754 广大 guǎngdà
1755 广泛 guǎngfàn
1756 广告 guǎnggào
1757 广阔 guǎngkuò
1758 广义 guǎngyì
1759 逛 guàng
1760 归 guī
1761 归结 guījié
1762 归来 guīlái
1763 归纳 guīnà
1764 规定 guīdìng
1765 规范 guīfàn
1766 规格 guīgé
1767 规划 guīhuà
1768 规矩 guīju
1769 规律 guīlǜ
1770 规模 guīmó
1771 规则 guīzé

1772 闺女 guīnü
1773 硅 guī
1774 轨道 guǐdào
1775 鬼 guǐ
1776 鬼子 guǐzi
1777 贵 guì
1778 贵族 guìzú
1779 桂 guì
1780 跪 guì
1781 滚 gǔn
1782 郭 guō
1783 锅 guō
1784 国 guó
1785 国防 guófáng
1786 国会 guóhuì
1787 国际 guójì
1788 国家 guójiā
1789 国民 guómín
1790 国情 guóqíng
1791 国土 guótǔ
1792 国王 guówáng
1793 国务院 guówùyuàn
1794 国营 guóyíng
1795 国有 guóyǒu
1796 果 guǒ
1797 果断 guǒduàn
1798 果然 guǒrán
1799 果实 guǒshí
1800 果树 guǒshù

第1801—1900条

1801 裹 guǒ
1802 过 guò
1803 过程 guòchéng
1804 过度 guòdù
1805 过渡 guòdù
1806 过分 guòfèn
1807 过后 guòhòu
1808 过来 guòlái
1809 过年 guònián
1810 过去 guòqù
1811 过去 guòqu
1812 过于 guòyú
1813 哈 hā
1814 还 hái
1815 孩子 háizi
1816 海 hǎi
1817 海岸 hǎi'àn
1818 海拔 hǎibá
1819 海带 hǎidài
1820 海关 hǎiguān
1821 海军 hǎijūn
1822 海面 hǎimiàn
1823 海区 hǎiqū
1824 海外 hǎiwài
1825 海湾 hǎiwān
1826 海洋 hǎiyáng
1827 海域 hǎiyù
1828 害 hài
1829 害虫 hàichóng
1830 害怕 hàipà
1831 含 hán
1832 含量 hánliàng
1833 含义 hányì
1834 函数 hánshù
1835 寒 hán
1836 寒冷 hánlěng
1837 罕见 hǎnjiàn
1838 喊 hǎn
1839 汉 hàn
1840 汉奸 hànjiān
1841 汉语 hànyǔ
1842 汉子 hànzi
1843 汉字 hànzì
1844 汗 hàn
1845 汗水 hànshuǐ
1846 旱 hàn
1847 行 háng
1848 行列 hángliè
1849 行业 hángyè
1850 航海 hánghǎi
1851 航空 hángkōng
1852 航行 hángxíng
1853 号 háo
1854 好 hǎo

| | | | |
|---|---|---|---|
| 1855 好比 | hǎobǐ | 1899 核算 | hésuàn |
| 1856 好处 | hǎochù | 1900 核心 | héxīn |
| 1857 好多 | hǎoduō | | |
| 1858 好看 | hǎokàn | | |
| 1859 好人 | hǎorén | 第 1901—2000 条 | |
| 1860 好事 | hǎoshì | | |
| 1861 好听 | hǎotīng | 1901 盒 | hé |
| 1862 好像 | hǎoxiàng | 1902 颌 | hé |
| 1863 好转 | hǎozhuǎn | 1903 和 | hè |
| 1864 号 | hào | 1904 荷 | hè |
| 1865 号召 | hàozhào | 1905 喝 | hè |
| 1866 好 | hào | 1906 黑 | hēi |
| 1867 好奇 | hàoqí | 1907 黑暗 | hēi'àn |
| 1868 好事 | hàoshì | 1908 黑人 | hēirén |
| 1869 耗 | hào | 1909 黑夜 | hēiyè |
| 1870 耗费 | hàofèi | 1910 痕迹 | hénjì |
| 1871 呵 | hē | 1911 很 | hěn |
| 1872 喝 | hē | 1912 恨 | hèn |
| 1873 合 | hé | 1913 恒 | héng |
| 1874 合并 | hébìng | 1914 恒星 | héngxīng |
| 1875 合成 | héchéng | 1915 横 | héng |
| 1876 合法 | héfǎ | 1916 横向 | héngxiàng |
| 1877 合格 | hégé | 1917 衡量 | héngliáng |
| 1878 合乎 | héhū | 1918 横 | hèng |
| 1879 合金 | héjīn | 1919 轰 | hōng |
| 1880 合理 | hélǐ | 1920 哄 | hōng |
| 1881 合力 | hélì | 1921 红 | hóng |
| 1882 合适 | héshì | 1922 红军 | hóngjūn |
| 1883 合同 | hétong | 1923 红旗 | hóngqí |
| 1884 合作 | hézuò | 1924 红色 | hóngsè |
| 1885 合作社 | hézuòshè | 1925 宏观 | hóngguān |
| 1886 何 | hé | 1926 宏伟 | hóngwěi |
| 1887 何必 | hébì | 1927 洪 | hóng |
| 1888 何等 | héděng | 1928 洪水 | hóngshuǐ |
| 1889 何况 | hékuàng | 1929 哄 | hǒng |
| 1890 何以 | héyǐ | 1930 哄 | hòng |
| 1891 和 | hé | 1931 喉咙 | hóulóng |
| 1892 和平 | hépíng | 1932 猴子 | hóuzi |
| 1893 和尚 | héshang | 1933 后 | hòu |
| 1894 和谐 | héxié | 1934 后边 | hòubiān |
| 1895 河 | hé | 1935 后代 | hòudài |
| 1896 河流 | héliú | 1936 后方 | hòufāng |
| 1897 荷 | hé | 1937 后果 | hòuguǒ |
| 1898 核 | hé | 1938 后悔 | hòuhuǐ |

1939 后来 hòulái
1940 后面 hòumiàn
1941 后期 hòuqī
1942 后人 hòurén
1943 后世 hòushì
1944 后天 hòutiān
1945 厚 hòu
1946 厚度 hòudù
1947 候 hòu
1948 乎 hū
1949 呼喊 hūhǎn
1950 呼唤 hūhuàn
1951 呼吸 hūxī
1952 呼吁 hūyù
1953 忽略 hūlüè
1954 忽然 hūrán
1955 忽视 hūshì
1956 和 hú
1957 弧 hú
1958 胡 hú
1959 壶 hú
1960 核儿 húr
1961 湖 hú
1962 湖泊 húpō
1963 蝴蝶 húdié
1964 糊涂 hútu
1965 虎 hǔ
1966 互 hù
1967 互补 hùbǔ
1968 互相 hùxiāng
1969 互助 hùzhù
1970 户 hù
1971 户口 hùkǒu
1972 护 hù
1973 护士 hùshi
1974 沪 hù
1975 花 huā
1976 花朵 huāduǒ
1977 花费 huāfèi
1978 花粉 huāfěn
1979 花色 huāsè
1980 花生 huāshēng
1981 花纹 huāwén
1982 花园 huāyuán
1983 划 huá
1984 华 huá
1985 华北 huáběi
1986 华侨 huáqiáo
1987 滑 huá
1988 滑动 huádòng
1989 化 huà
1990 化肥 huàféi
1991 化工 huàgōng
1992 化合 huàhé
1993 化合物 huàhéwù
1994 化石 huàshí
1995 化学 huàxué
1996 划 huà
1997 划分 huàfēn
1998 华 huà
1999 画 huà
2000 画家 huàjiā

第 2001—2100 条

2001 画面 huàmiàn
2002 话 huà
2003 话剧 huàjù
2004 话题 huàtí
2005 话筒 huàtǒng
2006 话语 huàyǔ
2007 怀 huái
2008 怀抱 huáibào
2009 怀念 huáiniàn
2010 怀疑 huáiyí
2011 坏 huài
2012 坏人 huàirén
2013 欢乐 huānlè
2014 欢喜 huānxǐ
2015 欢迎 huānyíng
2016 还 huán
2017 还原 huányuán
2018 环 huán
2019 环节 huánjié
2020 环境 huánjìng
2021 环球 huánqiú
2022 缓 huǎn
2023 缓和 huǎnhé

2024 缓慢 huǎnmàn
2025 幻觉 huànjué
2026 幻想 huànxiǎng
2027 换 huàn
2028 唤 huàn
2029 唤起 huànqǐ
2030 患 huàn
2031 患者 huànzhě
2032 荒 huāng
2033 慌 huāng
2034 皇帝 huángdì
2035 黄 huáng
2036 黄昏 huánghūn
2037 黄金 huángjīn
2038 黄色 huángsè
2039 黄土 huángtǔ
2040 晃 huǎng
2041 晃 huàng
2042 灰 huī
2043 灰尘 huīchén
2044 灰色 huīsè
2045 挥 huī
2046 恢复 huīfù
2047 辉煌 huīhuáng
2048 回 huí
2049 回避 huíbì
2050 回答 huídá
2051 回顾 huígù
2052 回归 huíguī
2053 回来 huílái
2054 回去 huíqù
2055 回头 huítóu
2056 回忆 huíyì
2057 毁 huǐ
2058 毁灭 huǐmiè
2059 汇报 huìbào
2060 会 huì
2061 会场 huìchǎng
2062 会见 huìjiàn
2063 会议 huìyì
2064 会员 huìyuán
2065 绘 huì
2066 绘画 huìhuà
2067 婚 hūn
2068 婚礼 hūnlǐ
2069 婚姻 hūnyīn
2070 浑身 húnshēn
2071 混 hún
2072 魂 hún
2073 混 hùn
2074 混合 hùnhé
2075 混乱 hùnluàn
2076 混淆 hùnxiáo
2077 和 huó
2078 活 huó
2079 活动 huódòng
2080 活力 huólì
2081 活泼 huópo
2082 活跃 huóyuè
2083 火 huǒ
2084 火柴 huǒchái
2085 火车 huǒchē
2086 火光 huǒguāng
2087 火箭 huǒjiàn
2088 火山 huǒshān
2089 火星 huǒxīng
2090 火焰 huǒyàn
2091 伙伴 huǒbàn
2092 或 huò
2093 或许 huòxǔ
2094 或者 huòzhě
2095 和 huò
2096 货 huò
2097 货币 huòbì
2098 货物 huòwù
2099 获 huò
2100 获得 huòdé

第 2101—2200 条

2101 获取 huòqǔ
2102 几乎 jīhū
2103 击 jī
2104 饥饿 jī’è
2105 机 jī
2106 机场 jīchǎng

| | |
|---|---|
| 2107 机车 | jīchē |
| 2108 机构 | jīgòu |
| 2109 机关 | jīguān |
| 2110 机会 | jīhuì |
| 2111 机能 | jīnéng |
| 2112 机器 | jīqì |
| 2113 机器人 | jīqìrén |
| 2114 机体 | jītǐ |
| 2115 机械 | jīxiè |
| 2116 机械化 | jīxièhuà |
| 2117 机智 | jīzhì |
| 2118 肌 | jī |
| 2119 肌肉 | jīròu |
| 2120 鸡 | jī |
| 2121 积 | jī |
| 2122 积极 | jījí |
| 2123 积极性 | jījíxìng |
| 2124 积累 | jīlěi |
| 2125 积压 | jīyā |
| 2126 基 | jī |
| 2127 基本 | jīběn |
| 2128 基层 | Jīcéng |
| 2129 基础 | jīchǔ |
| 2130 基地 | jīdì |
| 2131 基督教 | jīdūjiào |
| 2132 基建 | jījiàn |
| 2133 基金 | jījīn |
| 2134 基因 | jīyīn |
| 2135 基于 | jīyú |
| 2136 畸形 | jīxíng |
| 2137 激 | jī |
| 2138 激动 | jīdòng |
| 2139 激发 | jīfā |
| 2140 激光 | jīguāng |
| 2141 激励 | jīlì |
| 2142 激烈 | jīliè |
| 2143 激情 | jīqíng |
| 2144 激素 | jīsù |
| 2145 及 | jí |
| 2146 及时 | jíshí |
| 2147 级 | jí |
| 2148 极 | jí |
| 2149 极端 | jíduān |
| 2150 极力 | jílì |
| 2151 极其 | jíqí |
| 2152 极为 | jíwéi |
| 2153 即 | jí |
| 2154 即将 | jíjiāng |
| 2155 即使 | jíshǐ |
| 2156 急 | jí |
| 2157 急剧 | jíjù |
| 2158 急忙 | jímáng |
| 2159 急性 | jíxìng |
| 2160 急需 | jíxū |
| 2161 急于 | jíyú |
| 2162 疾病 | jíbìng |
| 2163 集 | jí |
| 2164 集合 | jíhé |
| 2165 集会 | jíhuì |
| 2166 集体 | jítǐ |
| 2167 集团 | jítuán |
| 2168 集中 | jízhōng |
| 2169 集资 | jízī |
| 2170 几 | jǐ |
| 2171 几何 | jǐhé |
| 2172 己 | jǐ |
| 2173 挤 | jǐ |
| 2174 济济 | jǐjǐ |
| 2175 给予 | jǐyǔ |
| 2176 脊 | jǐ |
| 2177 计 | jì |
| 2178 计划 | jìhuà |
| 2179 计算 | jìsuàn |
| 2180 计算机 | jìsuànjī |
| 2181 记 | jì |
| 2182 记得 | jìdé |
| 2183 记录 | jìlù |
| 2184 记忆 | jìyì |
| 2185 记载 | jìzǎi |
| 2186 记者 | jìzhě |
| 2187 记录 | jìlù |
| 2188 纪律 | jìlǜ |
| 2189 纪念 | jìniàn |
| 2190 技能 | jìnéng |
| 2191 技巧 | jìqiǎo |
| 2192 技术 | jìshù |
| 2193 技术员 | jìshùyuán |
| 2194 技艺 | jìyì |

2195 系 jì
2196 季 jì
2197 季风 jìfēng
2198 季节 jìjié
2199 剂 jì
2200 济 jì

第 2201—2300 条

2201 既 jì
2202 既然 jìrán
2203 既是 jìshì
2204 继 jì
2205 继承 jìchéng
2206 继承人 jìchéngrén
2207 继续 jìxù
2208 祭 jì
2209 祭祀 jìsì
2210 寄 jì
2211 寄生 jìshēng
2212 寄生虫 jìshēngchóng
2213 寄托 jìtuō
2214 寄主 jìzhǔ
2215 寂静 jìjìng
2216 寂寞 jìmò
2217 加 jiā
2218 加工 jiāgōng
2219 加紧 jiājǐn
2220 加剧 jiājù
2221 加快 jiākuài
2222 加强 jiāqiáng
2223 加热 jiārè
2224 加入 jiārù
2225 加深 jiāshēn
2226 加速 jiāsù
2227 加速度 jiāsùdù
2228 加以 jiāyǐ
2229 加重 jiāzhòng
2230 夹 jiā
2231 家 jiā
2232 家畜 jiāchù
2233 家伙 jiāhuo
2234 家具 jiājù
2235 家人 jiārén
2236 家属 jiāshǔ
2237 家庭 jiātíng
2238 家务 jiāwù
2239 家乡 jiāxiāng
2240 家长 jiāzhǎng
2241 家族 jiāzú
2242 夹 jiá
2243 甲 jiǎ
2244 甲板 jiǎbǎn
2245 钾 jiǎ
2246 假 jiǎ
2247 假定 jiǎdìng
2248 假如 jiǎrú
2249 假设 jiǎshè
2250 假使 jiǎshǐ
2251 假说 jiǎshuō
2252 价 jià
2253 价格 jiàgé
2254 价钱 jiàqián
2255 价值 jiàzhí
2256 驾驶 jiàshǐ
2257 架 jià
2258 架子 jiàzi
2259 假 jià
2260 嫁 jià
2261 嫁接 jiàjiē
2262 尖 jiān
2263 尖锐 jiānruì
2264 歼灭 jiānmiè
2265 坚持 jiānchí
2266 坚定 jiāndìng
2267 坚固 jiāngù
2268 坚决 jiānjué
2269 坚强 jiānqiáng
2270 坚实 jiānshí
2271 坚硬 jiānyìng
2272 间 jiān
2273 肩 jiān
2274 肩膀 jiānbǎng
2275 艰巨 jiānjù
2276 艰苦 jiānkǔ
2277 艰难 jiānnán

2278 监督 jiāndū
2279 监视 jiānshì
2280 监狱 jiānyù
2281 兼 jiān
2282 拣 jiǎn
2283 茧 jiǎn
2284 捡 jiǎn
2285 检 jiǎn
2286 检查 jiǎnchá
2287 检验 jiǎnyàn
2288 减 jiǎn
2289 减轻 jiǎnqīng
2290 减弱 jiǎnruò
2291 减少 jiǎnshǎo
2292 剪 jiǎn
2293 简 jiǎn
2294 简称 jiǎnchēng
2295 简单 jiǎndān
2296 简化 jiǎnhuà
2297 简直 jiǎnzhí
2298 碱 jiǎn
2299 见 jiàn
2300 见解 jiànjiě

第2301—2400条

2301 见面 jiànmiàn
2302 件 jiàn
2303 间 jiàn
2304 间隔 jiàngé
2305 间接 jiànjiē
2306 建 jiàn
2307 建国 jiànguó
2308 建立 jiànlì
2309 建设 jiànshè
2310 建议 jiànyì
2311 建造 jiànzào
2312 建筑 jiànzhù
2313 剑 jiàn
2314 健康 jiànkāng
2315 健全 jiànquán
2316 健壮 jiànzhuàng
2317 渐渐 jiànjiàn
2318 鉴别 jiànbié
2319 鉴定 jiàndìng
2320 键 jiàn
2321 箭 jiàn
2322 江 jiāng
2323 江南 jiāngnán
2324 将 jiāng
2325 将近 jiāngjìn
2326 将军 jiāngjūn
2327 将来 jiānglái
2328 将要 jiāngyào
2329 浆 jiāng
2330 讲 jiǎng
2331 讲话 jiǎnghuà
2332 讲究 jiǎngjiū
2333 讲述 jiǎngshù
2334 奖 jiǎng
2335 奖金 jiǎngjīn
2336 奖励 jiǎnglì
2337 蒋 jiǎng
2338 降 jiàng
2339 降低 jiàngdī
2340 降落 jiàngluò
2341 降水 jiàngshuǐ
2342 将 jiàng
2343 强 jiàng
2344 交 jiāo
2345 交叉 jiāochā
2346 交错 jiāocuò
2347 交代 jiāodài
2348 交换 jiāohuàn
2349 交际 jiāojì
2350 交流 jiāoliú
2351 交谈 jiāotán
2352 交替 jiāotì
2353 交通 jiāotōng
2354 交往 jiāowǎng
2355 交易 jiāoyì
2356 交织 jiāozhī
2357 郊区 jiāoqū
2358 浇 jiāo
2359 骄傲 jiāo’ào
2360 胶 jiāo
2361 教 jiào
2362 教学 jiàoxué

2363 焦 jiāo
2364 焦点 jiāodiǎn
2365 焦急 jiāojí
2366 嚼 jiáo
2367 角 jiǎo
2368 角度 jiǎodù
2369 角落 jiǎoluò
2370 脚 jiǎo
2371 脚步 jiǎobù
2372 脚下 jiǎoxià
2373 脚印 jiǎoyìn
2374 搅 jiǎo
2375 叫 jiào
2376 叫作 jiàozuò
2377 觉 jiào
2378 校 jiào
2379 较 jiào
2380 较为 jiàowéi
2381 教 jiào
2382 教材 jiàocái
2383 教导 jiàodǎo
2384 教会 jiàohuì
2385 教练 jiàoliàn
2386 教师 jiàoshī
2387 教室 jiàoshì
2388 教授 jiàoshòu
2389 教堂 jiàotáng
2390 教学 jiàoxué
2391 教训 jiàoxùn
2392 教养 jiàoyǎng
2393 教义 jiàoyì
2394 教育 jiàoyù
2395 教员 jiàoyuán
2396 阶层 jiēcéng
2397 阶段 jiēduàn
2398 阶级 jiējí
2399 皆 jiē
2400 结 jiē

第 2401—2500 条

2401 结果 jiēguǒ
2402 结实 jiēshi
2403 接 jiē
2404 接触 jiēchù
2405 接待 jiēdài
2406 接近 jiējìn
2407 接连 jiēlián
2408 接收 jiēshōu
2409 接受 jiēshòu
2410 揭露 jiēlù
2411 揭示 jiēshì
2412 街 jiē
2413 街道 jiēdào
2414 街头 jiētóu
2415 节 jié
2416 节目 jiémù
2417 节日 jiérì
2418 节省 jiéshěng
2419 节约 jiéyuē
2420 节奏 jiézòu
2421 杰出 jiéchū
2422 洁白 jiébái
2423 结 jié
2424 结构 jiégòu
2425 结果 jiéguǒ
2426 结合 jiéhé
2427 结婚 jiéhūn
2428 结晶 jiéjīng
2429 结局 jiéjú
2430 结论 jiélùn
2431 结束 jiéshù
2432 结算 jiésuàn
2433 截 jié
2434 竭力 jiélì
2435 姐姐 jiějie
2436 姐妹 jiěmèi
2437 解 jiě
2438 解除 jiěchú
2439 解答 jiědá
2440 解放 jiěfàng
2441 解放军 jiěfàngjūn
2442 解决 jiějué
2443 解剖 jiěpōu
2444 解散 jiěsàn
2445 解释 jiěshì
2446 解脱 jiětuō
2447 介绍 jièshào

2448 介质 jièzhì
2449 戒 jiè
2450 届 jiè
2451 界 jiè
2452 界限 jièxiàn
2453 借 jiè
2454 借鉴 jièjiàn
2455 借口 jièkǒu
2456 借款 jièkuǎn
2457 借用 jièyòng
2458 借助 jièzhù
2459 解 jiè
2460 斤 jīn
2461 今 jīn
2462 今后 jīnhòu
2463 今年 jīnnián
2464 今日 jīnrì
2465 今天 jīntiān
2466 金 jīn
2467 金额 jīn'é
2468 金刚石 jīngāngshí
2469 金牌 jīnpái
2470 金钱 jīnqián
2471 金融 jīnróng
2472 金属 jīnshǔ
2473 津 jīn
2474 仅 jǐn
2475 尽 jǐn
2476 尽管 jǐnguǎn
2477 尽快 jǐnkuài
2478 尽量 jǐnliàng
2479 紧 jǐn
2480 紧急 jǐnjí
2481 紧密 jǐnmì
2482 紧张 jǐnzhāng
2483 锦标赛 jǐnbiāosài
2484 谨慎 jǐnshèn
2485 尽 jìn
2486 尽力 jìnlì
2487 尽量 jìnlliàng
2488 进 jìn
2489 进步 jìnbù
2490 进程 jìnchéng
2491 进而 jìn'ér
2492 进攻 jìgōng
2493 进化 jìnhuà
2494 进化论 jìnhuàlùn
2495 进军 jìnjūn
2496 进口 jìnkǒu
2497 进来 jìnlái
2498 进取 jìnqǔ
2499 进去 jìnqù
2500 进入 jìnrù

第2501—2600条

2501 进行 jìnxíng
2502 进展 jìnzhǎn
2503 近 jìn
2504 近代 jìndài
2505 近来 jìnlái
2506 近似 jìnsì
2507 劲 jìn
2508 晋 jìn
2509 浸 jìn
2510 禁止 jìnzhǐ
2511 茎 jīng
2512 京 jīng
2513 京剧 jīngjù
2514 经 jīng
2515 经常 jīngcháng
2516 经典 jīngdiǎn
2517 经费 jīngfèi
2518 经过 jīngguò
2519 经济 jīngjì
2520 经理 jīnglǐ
2521 经历 jīnglì
2522 经受 jīngshòu
2523 经验 jīngyàn
2524 经营 jīngyíng
2525 惊 jīng
2526 惊奇 jīngqí
2527 惊人 jīngrén
2528 惊喜 jīngxǐ
2529 惊醒 jīngxǐng
2530 惊讶 jīngyà

2531 惊异 jīngyì
2532 晶 jīng
2533 晶体 jīngtǐ
2534 精 jīng
2535 精力 jīnglì
2536 精密 jīngmì
2537 精确 jīngquè
2538 精神 jīngshén
2539 精神 jīngshen
2540 精细 jīngxì
2541 精心 jīngxīn
2542 精子 jīngzǐ
2543 鲸 jīng
2544 井 jǐng
2545 颈 jǐng
2546 景 jǐng
2547 景色 jǐngsè
2548 景物 jǐngwù
2549 景象 jǐngxiàng
2550 警察 jǐngchá
2551 警告 jǐnggào
2552 警惕 jǐngtì
2553 劲 jìn
2554 径 jìng
2555 径流 jìngliú
2556 净 jìng
2557 净化 jìnghuà
2558 竞赛 jìngsài
2559 竞争 jìngzhēng
2560 竟 jìng
2561 竟然 jìngrán
2562 敬 jìng
2563 静 jìng
2564 静脉 jìngmài
2565 静止 jìngzhǐ
2566 境 jìng
2567 境地 jìngdì
2568 境界 jìngjiè
2569 镜 jìng
2570 镜头 jìngtóu
2571 镜子 jìngzi
2572 纠纷 jiūfēn
2573 纠正 jiūzhèng
2574 究 jiū
2575 究竟 jiūjìng
2576 九 jiǔ
2577 久 jiǔ
2578 酒 jiǔ
2579 酒精 jiǔjīng
2580 旧 jiù
2581 救 jiù
2582 救国 jiùguó
2583 救济 jiùjì
2584 就 jiù
2585 就是 jiùshì
2586 就算 jiùsuàn
2587 就业 jiùyè
2588 舅舅 jiùjiu
2589 车 jū
2590 居 jū
2591 居民 jūmín
2592 居然 jūrán
2593 居于 jūyú
2594 居住 jūzhù
2595 局 jú
2596 局部 júbù
2597 局面 júmiàn
2598 局势 júshì
2599 局限 júxiàn
2600 菊花 júhuā

第 2601—2700 条

2601 咀嚼 jǔjué
2602 举 jǔ
2603 举办 jǔbàn
2604 举动 jǔdòng
2605 举行 jǔxíng
2606 巨 jù
2607 巨大 jùdà
2608 句 jù
2609 句子 jùzi
2610 拒绝 jùjué
2611 具 jù
2612 具备 jùbèi
2613 具体 jùtǐ
2614 具有 jùyǒu
2615 俱 jù

| | |
|---|---|
| 2616 剧 | jù |
| 2617 剧本 | jùběn |
| 2618 剧场 | jùchǎng |
| 2619 剧烈 | jùliè |
| 2620 剧团 | jùtuán |
| 2621 剧种 | jùzhǒng |
| 2622 据 | jù |
| 2623 据点 | jùdiǎn |
| 2624 据说 | jùshuō |
| 2625 距 | jù |
| 2626 距离 | jùlí |
| 2627 聚 | jù |
| 2628 聚集 | jùjí |
| 2629 捐 | juān |
| 2630 圈 | quān |
| 2631 卷 | juǎn |
| 2632 卷 | juàn |
| 2633 圈 | juàn |
| 2634 决 | jué |
| 2635 决策 | juécè |
| 2636 决定 | juédìng |
| 2637 决定性 | juédìngxìng |
| 2638 决心 | juéxīn |
| 2639 决议 | juéyì |
| 2640 角 | jué |
| 2641 角色 | juésè |
| 2642 觉 | jué |
| 2643 觉察 | juéchá |
| 2644 觉得 | juéde |
| 2645 觉悟 | juéwù |
| 2646 绝 | jué |
| 2647 绝对 | juéduì |
| 2648 绝望 | juéwàng |
| 2649 嚼 | jué |
| 2650 军 | jūn |
| 2651 军队 | jūnduì |
| 2652 军阀 | jūnfá |
| 2653 军官 | jūnguān |
| 2654 军舰 | jūnjiàn |
| 2655 军民 | jūnmín |
| 2656 军区 | jūnqū |
| 2657 军人 | jūnrén |
| 2658 军事 | jūnshì |
| 2659 均 | jūn |
| 2660 均衡 | jūnhéng |
| 2661 均匀 | jūnyún |
| 2662 君 | jūn |
| 2663 君主 | jūnzhǔ |
| 2664 菌 | jūn |
| 2665 咖啡 | kāfēi |
| 2666 卡 | kǎ |
| 2667 开 | kāi |
| 2668 开办 | kāibàn |
| 2669 开采 | kāicǎi |
| 2670 开除 | kāichú |
| 2671 开创 | kāichuàng |
| 2672 开发 | kāifā |
| 2673 开放 | kāifàng |
| 2674 开关 | kāiguān |
| 2675 开花 | kāihuā |
| 2676 开会 | kāihuì |
| 2677 开垦 | kāikěn |
| 2678 开口 | kāikǒu |
| 2679 开阔 | kāikuò |
| 2680 开门 | kāimén |
| 2681 开幕 | kāimù |
| 2682 开辟 | kāipì |
| 2683 开设 | kāishè |
| 2684 开始 | kāishǐ |
| 2685 开水 | kāishuǐ |
| 2686 开头 | kāitóu |
| 2687 开拓 | kāituò |
| 2688 开玩笑 | kāiwánxiào |
| 2689 开展 | kāizhǎn |
| 2690 开支 | kāizhī |
| 2691 刊登 | kāndēng |
| 2692 刊物 | kānwù |
| 2693 看 | kān |
| 2694 勘探 | kāntàn |
| 2695 砍 | kǎn |
| 2696 看 | kàn |
| 2697 看待 | kàndài |
| 2698 看法 | kànfǎ |
| 2699 看见 | kànjiàn |

2700 看望 kànwàng

第 2701—2800 条

2701 扛 káng
2702 抗 kàng
2703 抗议 kàngyì
2704 抗战 kàngzhàn
2705 炕 kàng
2706 考 kǎo
2707 考察 kǎochá
2708 考古 kǎogǔ
2709 考核 kǎohé
2710 考虑 kǎolǜ
2711 考试 kǎoshì
2712 考验 kǎoyàn
2713 靠 kào
2714 靠近 kàojìn
2715 科 kē
2716 科技 kējì
2717 科学 kēxué
2718 科学家 kēxuéjiā
2719 科学院 kēxuéyuàn
2720 科研 kēyán
2721 棵 kē
2722 颗 kē
2723 颗粒 kēlì
2724 壳 ké
2725 咳 ké
2726 咳嗽 késou
2727 可 kě
2728 可爱 kě'ài
2729 可见 kějiàn
2730 可靠 kěkào
2731 可怜 kělián
2732 可能 kěnéng
2733 可是 kěshì
2734 可谓 kěwèi
2735 可惜 kěxī
2736 可笑 kěxiào
2737 可以 kěyǐ
2738 渴望 kěwàng
2739 克 kè
2740 克服 kèfú
2741 刻 kè
2742 刻度 kèdù
2743 刻画 kèhuà
2744 刻苦 kèkǔ
2745 客 kè
2746 客观 kèguān
2747 客气 kèqì
2748 客人 kèrén
2749 客体 kètǐ
2750 客厅 kètīng
2751 课 kè
2752 课本 kèběn
2753 课程 kèchéng
2754 课堂 kètáng
2755 课题 kètí
2756 肯 kěn
2757 肯定 kěndìng
2758 啃 kěn
2759 坑 kēng
2760 空 kōng
2761 空间 kōngjiān
2762 空军 kōngjūn
2763 空气 kōngqì
2764 空前 kōngqián
2765 空虚 kōngxū
2766 空中 kōngzhōng
2767 孔 kǒng
2768 孔雀 kǒngquè
2769 恐怖 kǒngbù
2770 恐慌 kǒnghuāng
2771 恐惧 kǒngjù
2772 恐怕 kǒngpà
2773 空 kòng
2774 空白 kòngbái
2775 控制 kòngzhì
2776 口 kǒu
2777 口袋 kǒudài
2778 口号 kǒuhào
2779 口腔 kǒuqiāng
2780 口头 kǒutóu
2781 口语 kǒuyǔ
2782 扣 kòu

2783 哭 kū
2784 苦 kǔ
2785 苦难 kǔnàn
2786 苦恼 kǔnǎo
2787 库 kù
2788 库存 kùcún
2789 裤子 kùzi
2790 夸张 kuāzhāng
2791 跨 kuà
2792 会计 kuàijì
2793 块 kuài
2794 快 kuài
2795 快活 kuàihuó
2796 快乐 kuàilè
2797 快速 kuàisù
2798 快要 kuàiyào
2799 筷子 kuàizi
2800 宽 kuān

第2801—2900条

2801 宽大 kuāndà
2802 宽阔 kuānkuò
2803 款 kuǎn
2804 筐 kuāng
2805 狂 kuáng
2806 况且 kuàngqiě
2807 矿 kuàng
2808 矿产 kuàngchǎn
2809 矿物 kuàngwù
2810 亏 kuī
2811 亏损 kuīsǔn
2812 昆虫 kūnchóng
2813 捆 kǔn
2814 困 kùn
2815 困境 kùnjìng
2816 困难 kùnnán
2817 扩大 kuòdà
2818 扩散 kuòsàn
2819 扩展 kuòzhǎn
2820 扩张 kuòzhāng
2821 阔 kuò
2822 拉 lā
2823 拉 lá
2824 喇叭 lǎba
2825 落 là
2826 蜡 là
2827 蜡烛 làzhú
2828 辣椒 làjiāo
2829 来 lái
2830 来不及 láibùjí
2831 来回 láihuí
2832 来临 láilín
2833 来往 láiwǎng
2834 来信 láixìn
2835 来源 láiyuán
2836 赖 lài
2837 兰 lán
2838 栏 lán
2839 蓝 lán
2840 烂 làn
2841 狼 láng
2842 浪 làng
2843 浪费 làngfèi
2844 浪花 lànghuā
2845 捞 lāo
2846 劳 láo
2847 劳动 láodòng
2848 劳动力 láodònglì
2849 劳动日 láodòngrì
2850 劳动者 láodòngzhě
2851 劳力 láolì
2852 牢 láo
2853 牢固 láogù
2854 老 lǎo
2855 老百姓 lǎobǎixìng
2856 老板 lǎobǎn
2857 老伴儿 lǎobànr
2858 老大 lǎodà
2859 老汉 lǎohàn
2860 老虎 lǎohǔ
2861 老年 lǎonián
2862 老婆 lǎopo
2863 老人 lǎorén
2864 老人家 lǎorénjiā
2865 老师 lǎoshī
2866 老实 lǎoshi
2867 老鼠 lǎoshǔ

2868 老太太 lǎotàitai
2869 老头子 lǎotóuzi
2870 老乡 lǎoxiāng
2871 老爷 lǎoye
2872 老子 lǎozi
2873 落 lào
2874 乐 lè
2875 乐观 lèguān
2876 累 léi
2877 雷 léi
2878 雷达 léidá
2879 累 lěi
2880 泪 lèi
2881 泪水 lèishuǐ
2882 类 lèi
2883 类似 lèisì
2884 类型 lèixíng
2885 累 lèi
2886 冷 lěng
2887 冷静 lěngjìng
2888 冷却 lěngquè
2889 冷水 lěngshuǐ
2890 冷笑 lěngxiào
2891 愣 lèng
2892 离 lí
2893 离婚 líhūn
2894 离开 líkāi
2895 离子 lízǐ
2896 梨 lí
2897 犁 lí
2898 礼 lǐ
2899 礼貌 lǐmào
2900 礼物 lǐwù

第 2901—3000 条

2901 礼 lǐ
2902 里 lǐ
2903 里边 lǐbiān
2904 里面 lǐmiàn
2905 里头 lǐtóu
2906 理 lǐ
2907 理解 lǐjiě
2908 理论 lǐlùn
2909 理想 lǐxiǎng
2910 理性 lǐxìng
2911 理由 lǐyóu
2912 理智 lǐzhì
2913 力 lì
2914 力量 lìliàng
2915 力气 lìqi
2916 力求 lìqiú
2917 力图 lìtú
2918 力学 lìxué
2919 历 lì
2920 历代 lìdài
2921 历来 lìlái
2922 历史 lìshǐ
2923 厉害 lìhai
2924 立 lì
2925 立场 lìchǎng
2926 立法 lìfǎ
2927 立即 lìjí
2928 立刻 lìkè
2929 立体 lìtǐ
2930 利 lì
2931 利害 lìhài
2932 利率 lìlǜ
2933 利润 lìrùn
2934 利息 lìxī
2935 利益 lìyì
2936 利用 lìyòng
2937 利于 lìyú
2938 例 lì
2939 例如 lìrú
2940 例外 lìwài
2941 例子 lìzi
2942 粒 lì
2943 粒子 lìzǐ
2944 俩 liǎ
2945 连 lián
2946 连队 liánduì
2947 连接 liánjiē
2948 连结 liánjié
2949 连忙 liánmáng
2950 连同 liántóng

2951 连续 liánxù
2952 莲子 liánzǐ
2953 联 lián
2954 联邦 liánbāng
2955 联合 liánhé
2956 联合国 liánhéguó
2957 联结 liánjié
2958 联络 liánluò
2959 联盟 liánméng
2960 联系 liánxì
2961 联想 liánxiǎng
2962 联营 liányíng
2963 廉价 liánjià
2964 脸 liǎn
2965 脸色 liǎnsè
2966 练 liàn
2967 练习 liànxí
2968 炼 liàn
2969 恋爱 liàn'ài
2970 链 liàn
2971 良 liáng
2972 良好 liánghǎo
2973 良心 liángxīn
2974 良种 liángzhǒng
2975 凉 liáng
2976 梁 liáng
2977 量 liáng
2978 粮 liáng
2979 粮食 liángshi
2980 两 liǎng
2981 两岸 liǎng'àn
2982 两边 liǎngbiān
2983 两极 liǎngjí
2984 两旁 liǎngpáng
2985 亮 liàng
2986 谅 liàng
2987 辆 liàng
2988 量 liàng
2989 量子 liàngzǐ
2990 辽阔 liáokuò
2991 了 liǎo
2992 了不起 liǎobùqǐ
2993 了解 liǎojiě
2994 料 liào
2995 咧 liě
2996 列 liè
2997 列车 lièchē
2998 列举 lièjǔ
2999 烈士 lièshì
3000 猎 liè

第 3001—3100 条

3001 裂 liè
3002 邻 lín
3003 邻近 línjìn
3004 邻居 línjū
3005 林 lín
3006 林木 línmù
3007 林业 línyè
3008 临 lín
3009 临床 línchuáng
3010 临时 línshí
3011 淋 lín
3012 淋巴 línbā
3013 磷 lín
3014 灵 líng
3015 灵感 línggǎn
3016 灵魂 línghún
3017 灵活 línghuó
3018 灵敏 língmǐn
3019 铃 líng
3020 零 líng
3021 零件 língjiàn
3022 零售 língshòu
3023 龄 líng
3024 令 lǐng
3025 岭 lǐng
3026 领 lǐng
3027 领导 lǐngdǎo
3028 领会 lǐnghuì
3029 领事 lǐngshì
3030 领土 lǐngtǔ
3031 领袖 lǐngxiù
3032 领域 lǐngyù
3033 另 lìng
3034 另外 lìngwài
3035 令 lìng

3036 溜 liū
3037 刘 liú
3038 留 liú
3039 留学 liúxué
3040 流 liú
3041 流传 liúchuán
3042 流动 liúdòng
3043 流露 liúlù
3044 流氓 liúmáng
3045 流派 liúpài
3046 流水 liúshuǐ
3047 流体 liútǐ
3048 流通 liútōng
3049 流向 liúxiàng
3050 流行 liúxíng
3051 流血 liúxuè
3052 流域 liúyù
3053 硫 liú
3054 硫酸 liúsuān
3055 瘤 liú
3056 柳 liǔ
3057 六 liù
3058 陆 liù
3059 溜 liù
3060 龙 lóng
3061 笼 lóng
3062 垄断 lǒngduàn
3063 拢 lǒng
3064 笼 lóng
3065 笼罩 lǒngzhào
3066 弄 nòng
3067 搂 lōu
3068 楼 lóu
3069 楼房 lóufáng
3070 搂 lǒu
3071 漏 lòu
3072 露 lòu
3073 炉 lú
3074 炉子 lúzǐ
3075 卤 lǔ
3076 鲁 lǔ
3077 陆 lù
3078 陆地 lùdì
3079 陆军 lùjūn
3080 陆续 lùxù
3081 录 lù
3082 鹿 lù
3083 路 lù
3084 路程 lùchéng
3085 路过 lùguò
3086 路线 lùxiàn
3087 路子 lùzi
3088 露 lù
3089 驴 lǘ
3090 旅 lǚ
3091 旅馆 lǚguǎn
3092 旅客 lǚkè
3093 旅行 lǚxíng
3094 旅游 lǚyóu
3095 铝 lǚ
3096 缕 lǚ
3097 履行 lǚxíng
3098 律 lǜ
3099 律师 lǜshī
3100 率 lǜ

第 3101—3200 条

3101 绿 lǜ
3102 绿化 lǜhuà
3103 氯 lǜ
3104 氯气 lǜqì
3105 滤 lǜ
3106 卵 luǎn
3107 卵巢 luǎncháo
3108 乱 luàn
3109 掠夺 lüèduó
3110 略 lüè
3111 伦理 lúnlǐ
3112 轮 lún
3113 轮船 lúnchuán
3114 轮廓 lúnkuò
3115 轮流 lúnliú
3116 论 lùn
3117 论点 lùndiǎn
3118 论述 lùnshù

3119 论文 lùnwén
3120 论证 lùnzhèng
3121 罗 luó
3122 逻辑 luójí
3123 螺旋 luóxuán
3124 骆驼 luòtuo
3125 络 luò
3126 落 luò
3127 落地 luòdì
3128 落后 luòhòu
3129 落实 luòshí
3130 妈妈 māma
3131 抹 mā
3132 麻 má
3133 麻烦 máfan
3134 麻醉 mázuì
3135 马 mǎ
3136 马车 mǎchē
3137 马路 mǎlù
3138 马上 mǎshàng
3139 码 mǎ
3140 码头 mǎtou
3141 蚂蚁 mǎyǐ
3142 骂 mà
3143 埋 mái
3144 买 mǎi
3145 买卖 mǎimai
3146 迈 mài
3147 麦 mài
3148 卖 mài
3149 脉 mài
3150 蛮 mán
3151 馒头 mántou
3152 瞒 mán
3153 满 mǎn
3154 满意 mǎnyì
3155 满足 mǎnzú
3156 漫长 mànchána
3157 慢 màn
3158 慢性 mànxìng
3159 忙 máng
3160 忙碌 mánglù
3161 盲目 mángmù
3162 茫然 mángrán
3163 猫 māo
3164 毛 máo
3165 毛病 máobìng
3166 毛巾 máojīn
3167 矛盾 máodùn
3168 冒 mào
3169 冒险 màoxiǎn
3170 贸易 màoyì
3171 帽 mào
3172 帽子 màozi
3173 没 méi
3174 没事 méishì
3175 没有 méiyǒu
3176 枚 méi
3177 眉 méi
3178 眉毛 méimao
3179 眉头 méitóu
3180 梅 méi
3181 媒介 méijiè
3182 煤 méi
3183 煤炭 méitàn
3184 酶 méi
3185 每 měi
3186 每年 měinián
3187 美 měi
3188 美感 měigǎn
3189 美好 měihǎo
3190 美化 měihuà
3191 美丽 měilì
3192 美妙 měimiào
3193 美术 měishù
3194 美学 měixué
3195 美元 měiyuán
3196 镁 měi
3197 妹妹 mèimei
3198 魅力 mèilì
3199 闷 mèn
3200 门 mén

第 3201—3300 条

3201 门口 ménkǒu
3202 闷 mèn
3203 蒙 méng

3204 萌发 méngfā
3205 萌芽 méngyá
3206 蒙 méng
3207 猛 měng
3208 猛烈 měngliè
3209 蒙 Měng
3210 孟 mèng
3211 梦 mèng
3212 弥补 míbǔ
3213 弥漫 mímàn
3214 迷 mí
3215 迷人 mírén
3216 迷信 míxìn
3217 谜 mí
3218 米 mǐ
3219 秘密 mìmì
3220 秘书 mìshū
3221 密 mì
3222 密度 mìdù
3223 密集 mìjí
3224 密切 mìqiè
3225 蜜 mì
3226 蜜蜂 mìfēng
3227 棉 mián
3228 棉花 miánhuā
3229 免 miǎn
3230 免疫 miǎnyì
3231 勉强 miǎnqiǎng
3232 面 miàn
3233 面积 miànjī
3234 面孔 miànkǒng
3235 面临 miànlín
3236 面貌 miànmào
3237 面目 miànmù
3238 面前 miànqián
3239 苗 miáo
3240 描绘 miáohuì
3241 描述 miáoshù
3242 描写 miáoxiě
3243 秒 miǎo
3244 妙 miào
3245 庙 miào
3246 灭 miè
3247 灭亡 mièwáng
3248 民 mín
3249 民兵 mínbīng
3250 民歌 míngē
3251 民国 mínguó
3252 民间 mínjiān
3253 民众 mínzhòng
3256 民族 mínzú
3258 敏感 mǐngǎn
3259 敏捷 mǐnjié
3260 敏锐 mǐnruì
3261 名 míng
3262 名称 míngchēng
3263 名词 míngcí
3264 名义 míngyì
3265 名字 míngzi
3266 明 míng
3267 明白 míngbai
3268 明亮 míngliàng
3269 明年 míngnián
3270 明确 míngquè
3271 明天 míngtiān
3272 明显 míngxiǎn
3273 鸣 míng
3274 命 mìng
3275 命令 mìnglìng
3276 命名 mìngmíng
3277 命题 mìngtí
3278 命运 mìngyùn
3279 摸 mō
3280 摸索 mōsuǒ
3281 模 mó
3282 模范 mófàn
3283 模仿 mófǎng
3284 模糊 móhu
3285 模拟 mónǐ
3286 模式 móshì
3287 模型 móxíng
3288 膜 mó
3289 摩 mó
3290 摩擦 mócā
3291 磨 mó
3292 抹 mó
3293 末 mò
3294 末期 mòqī

3295 没 mò
3296 没落 mòluò
3297 没收 mòshōu
3298 抹 mò
3299 陌生 mòshēng
3300 莫 mò

第 3301—3400 条

3301 墨 mò
3302 默默 mòmò
3303 磨 mò
3304 谋 móu
3305 某 mǒu
3306 模样 múyàng
3307 母 mǔ
3308 母亲 mǔqīn
3309 母体 mǔtǐ
3310 亩 mǔ
3311 木 mù
3312 木材 mùcái
3313 木头 mùtou
3314 目 mù
3315 目标 mùbiāo
3316 目的 mùdì
3317 目光 mùguāng
3318 目前 mùqián
3319 墓 mù
3320 幕 mù
3321 拿 ná
3322 哪 nǎ
3323 哪里 nǎlǐ
3324 哪儿 nǎr
3325 哪些 nǎxiē
3326 那 nà
3327 那里 nàlǐ
3328 那么 nàme
3329 那儿 nàr
3330 那些 nàxiè
3331 那样 nàyàng
3332 纳 nà
3333 纳入 nàrù
3334 纳税 nàshuì
3335 钠 nà
3336 乃 nǎi
3337 乃至 nǎizhì
3338 奶 nǎi
3339 奶奶 nǎinai
3340 耐 nài
3341 耐心 nàixīn
3342 男 nán
3343 男女 nánnǚ
3344 男人 nánrén
3345 男性 nánxìng
3346 男子 nánzǐ
3347 南 nán
3348 南北 nánběi
3349 南方 nánfāng
3350 南极 nánjí
3351 难 nán
3352 难道 nándào
3353 难得 nándé
3354 难怪 nánguài
3355 难过 nánguò
3356 难免 nánmiǎn
3357 难受 nánshòu
3358 难题 nántí
3359 难以 nányǐ
3360 难于 nányú
3361 难 nàn
3362 囊 náng
3363 脑 nǎo
3364 脑袋 nǎodai
3365 脑子 nǎozi
3366 闹 nào
3367 内 nèi
3368 内部 nèibù
3369 内地 nèidì
3370 内涵 nèihán
3371 内容 nèiróng
3372 内外 nèiwài
3373 内心 nèixīn
3374 内在 nèizài
3375 内脏 nèizàng
3376 嫩 nèn
3377 能 néng

3378 能动 néngdòng
3379 能够 nénggòu
3380 能力 nénglì
3381 能量 néngliàng
3382 能源 néngyuán
3383 泥 ní
3384 泥土 nítǔ
3385 拟 nǐ
3386 你 nǐ
3387 你们 nǐmen
3388 逆 nì
3389 年 nián
3390 年初 niánchū
3391 年代 niándài
3392 年底 niándǐ
3393 年度 niándù
3394 年级 niánjí
3395 年纪 niánjì
3396 年间 niánjiān
3397 年龄 niánlíng
3398 年青 niánqīng
3399 年轻 niánqīng
3400 年头儿 niāntóur

第 3401—3500 条

3401 念 niàn
3402 念头 niàntou
3403 娘 niáng
3404 鸟 niǎo
3405 尿 niào
3406 捏 niē
3407 您 nín
3408 宁 níng
3409 宁静 níngjìng
3410 拧 níng
3411 凝 níng
3412 凝固 nínggù
3413 凝结 níngjié
3414 凝聚 níngjù
3415 凝视 níngshì
3416 拧 nǐng
3417 宁 nìng
3418 拧 nìng
3419 牛 niú
3420 牛顿 niúdùn
3421 扭 niǔ
3422 扭转 niǔzhuǎn
3423 农 nóng
3424 农产品 nóngchǎnpǐn
3425 农场 nóngchǎng
3426 农村 nóngcūn
3427 农户 nónghù
3428 农具 nóngjù
3429 农民 nóngmín
3430 农田 nóngtián
3431 农药 nóngyào
3432 农业 nóngyè
3433 农作物 nóngzuòwù
3434 浓 nóng
3435 浓度 nóngdù
3436 浓厚 nónghòu
3437 脓 nóng
3438 弄 nòng
3439 奴隶 núlì
3440 奴役 núyì
3441 努力 nǔlì
3442 怒 nù
3443 女 nǚ
3444 女儿 nǚ'ér
3445 女工 nǚgōng
3446 女人 nǚrén
3447 女士 nǚshì
3448 女性 nǚxìng
3449 女婿 nǚxu
3450 女子 nǚzǐ
3451 暖 nuǎn
3452 欧 ōu
3453 偶 ǒu
3454 偶尔 ǒu
3455 偶然 ǒurán
3456 偶然性 ǒurángxìng
3457 扒 pá
3458 爬 pá
3459 怕 pà
3460 拍 pāi
3461 拍摄 pāishè
3462 排 pái

3463 排斥 paíchì
3464 排除 paíchú
3465 排放 paífàng
3466 排列 páiliè
3467 牌 pái
3468 牌子 páizi
3469 派 pài
3470 派出所 pàichūsuǒ
3471 派遣 pàiqiǎn
3472 潘 pān
3473 攀 pān
3474 盘 pán
3475 判 pàn
3476 判处 pànchǔ
3477 判定 pàndìng
3478 判断 pànduàn
3479 判决 pànjué
3480 盼 pàn
3481 盼望 pànwàng
3482 庞大 pángdà
3483 旁 páng
3484 旁边 pángbiān
3485 胖 pàng
3486 抛 pāo
3487 抛弃 pāoqì
3488 泡 pāo
3489 炮 páo
3490 跑 pǎo
3491 泡 pào
3492 炮 pào
3493 炮弹 pàodàn
3494 胚 pēi
3495 胚胎 pēitāi
3496 陪 péi
3497 培训 péixùn
3498 培养 péiyǎng
3499 培育 péiyù
3500 赔偿 péicháng

第 3501—3600 条

3501 佩服 pèifú
3502 配 pèi
3503 配合 pèihé
3504 配套 pèitào
3505 配置 pèizhì
3506 喷 pēn
3507 盆 pén
3508 盆地 péndì
3509 朋友 péngyou
3510 彭 péng
3511 棚 péng
3512 蓬勃 péngbó
3513 膨胀 péngzhàng
3514 捧 pěng
3515 碰 pèng
3516 批 pī
3517 批发 pīfā
3518 批判 pīpàn
3519 批评 pīpíng
3520 批准 pīzhǔn
3521 披 pī
3522 皮 pí
3523 皮肤 pífū
3524 疲倦 píjuàn
3525 疲劳 píláo
3526 脾 pí
3527 脾气 píqi
3528 匹 pǐ
3529 屁股 pìgū
3530 譬如 pìrú
3531 偏 piān
3532 偏见 piānjiàn
3533 偏偏 piānpiān
3534 偏向 piānxiàng
3535 篇 piān
3536 便宜 piányi
3537 片 piàn
3538 片刻 piànkè
3539 片面 piànmiàn
3540 骗 piàn
3541 飘 piāo
3542 票 piào
3543 漂亮 piàoliang
3544 拼命 pīnmìng
3545 贫 pín

3546 贫困 pínkùn
3547 贫穷 pínqióng
3548 频繁 pínfán
3549 频率 pínlǜ
3550 品 pǐn
3551 品德 pǐndé
3552 品质 pǐnzhì
3553 品种 pǐnzhǒng
3554 乒乓球 pīngpāngqiú
3555 平 píng
3556 平常 píngcháng
3557 平等 píngděng
3558 平凡 píngfán
3559 平分 píngfēn
3560 平衡 pínghéng
3561 平静 píngjìng
3562 平均 píngjūn
3563 平面 píngmiàn
3564 平民 pínmín
3565 平日 píngrì
3566 平时 píngshí
3567 平坦 píngtǎn
3568 平行 píngxíng
3569 平原 píngyuán
3570 评 píng
3571 评价 píngjià
3572 评论 pínglùn
3573 评选 píngxuǎn
3574 苹果 píngguǒ
3575 凭 píng
3576 凭借 píngjiè
3577 屏 píng
3578 屏幕 píngmù
3579 瓶 píng
3580 坡 pō
3581 颇 pō
3582 婆婆 pópo
3583 迫 pò
3584 迫害 pòhài
3585 迫切 pòqiè
3586 迫使 pòshǐ
3587 破 pò
3588 破产 pòchǎn
3589 破坏 pòhuài
3590 破裂 pòliè
3591 剖面 pōumiàn
3592 扑 pū
3593 铺 pū
3594 菩萨 púsà
3595 葡萄 pútáo
3596 葡萄糖 pútáotáng
3597 朴素 pǔsù
3598 普遍 pǔbiàn
3599 普及 pǔjí
3600 普通 pǔtōng

第 3601—3700 条

3601 普通话 pǔtōnghuà
3602 谱 pǔ
3603 铺 pù
3604 七 qī
3605 妻子 qīzǐ
3606 凄凉 qīliáng
3607 期 qī
3608 期待 qīdài
3609 期货 qīhuò
3610 期间 qījiān
3611 期望 qīwàng
3612 期限 qīxiàn
3613 欺骗 qīpiàn
3614 漆 qī
3615 齐 qí
3616 其 qí
3617 其次 qícì
3618 其间 qíjiān
3619 其实 qíshí
3620 其他 qítā
3621 其余 qíyú
3622 其中 qízhōng
3623 奇 qí
3624 奇怪 qíguài
3625 奇迹 qíjì
3626 奇特 qítè
3627 奇异 qíyì
3628 骑 qí
3629 旗 qí
3630 旗帜 qízhì

3631 企图 qǐtú
3632 企业 qǐyè
3633 启发 qǐfā
3634 启示 qǐshì
3635 起 qǐ
3636 起初 qǐchū
3637 起点 qǐdiǎn
3638 起伏 qǐfú
3639 起来 qǐlái
3640 起码 qǐmǎ
3641 起身 qǐshēn
3642 起义 qǐyì
3643 起源 qǐyuán
3644 气 qì
3645 气氛 qìfēn
3646 气愤 qìfèn
3647 气候 qìhòu
3648 气流 qìliú
3649 气体 qìtǐ
3650 气团 qìtuán
3651 气味 qìwèi
3652 气温 qìwēn
3653 气息 qìxī
3654 气象 qìxiàng
3655 气压 qìyā
3656 气质 qìzhì
3657 弃 qì
3658 汽车 qìchē
3659 汽油 qìyóu
3660 契约 qìyuē
3661 砌 qì
3662 器 qì
3663 器材 qìcái
3664 器官 qìguān
3665 卡 qiǎ
3666 恰当 qiàdàng
3667 恰好 qiàhǎo
3668 千 qiān
3669 千方百计 qiānfāngbǎijì
3670 千克 qiānkè
3671 迁 qiān
3672 迁移 qiānyí
3673 牵 qiān
3674 铅 qiān
3675 铅笔 qiānbǐ
3676 签订 qiāndìng
3677 前 qián
3678 前边 qiánbiān
3679 前方 qiánfāng
3681 前进 qiánjìn
3682 前景 qiǎnjǐng
3683 前面 qiánmiàn
3684 前期 qiánqī
3685 前人 qiánrén
3686 前提 qiántí
3687 前头 qiántou
3688 前途 qiántú
3689 前往 qiánwǎng
3690 前夕 qiánxī
3691 前线 qiánxiàn
3692 钱 qián
3693 潜 qián
3694 潜力 qiánlì
3695 潜在 qiánzài
3696 浅 qiǎn
3697 遣 qiǎn
3698 欠 qiàn
3699 嵌 qiǎn
3700 枪 qiāng

第 3701—3800 条

3701 腔 qiāng
3702 强 qiáng
3703 强大 qiángdà
3704 强盗 qiángdào
3705 强调 qiángdiào
3706 强度 qiángdù
3707 强化 qiánghuà
3708 强烈 qiángliè
3709 强制 qiángzhì
3710 墙 qiáng
3711 墙壁 qiángbì
3712 抢 qiǎng
3713 抢救 qiǎngjiù
3714 强 qiáng

3715 悄悄 qiāoqiāo
3716 敲 qiāo
3717 桥 qiáo
3718 桥梁 qiáoliáng
3719 瞧 qiáo
3720 巧 qiǎo
3721 巧妙 qiǎomiào
3722 壳 qiào
3723 切 qiē
3724 且 qiě
3725 切实 qièshí
3727 侵 qīn
3728 侵犯 qīnfàn
3729 侵略 qīnlüè
3730 侵权 qīnquán
3731 侵入 qīnrù
3732 侵蚀 qīnshí
3733 侵占 qīnzhàn
3734 亲 qīn
3735 亲密 qīnmì
3736 亲戚 qīnqi
3737 亲切 qīnqiè
3738 亲热 qīnrè
3739 亲人 qīnrén
3740 亲属 qīnshǔ
3741 亲眼 qīnyǎn
3742 亲友 qīnyǒu
3743 亲自 qīnzì
3744 秦 qín
3745 琴 qín
3746 勤 qín
3747 勤劳 qínláo
3748 青 qīng
3749 青春 qīngchūn
3750 青年 qīngnián
3751 青蛙 qīngwā
3752 轻 qīng
3753 轻工业 qīnggōngyè
3754 轻声 qīngshēng
3755 轻视 qīngshì
3756 轻松 qīngsōng
3757 轻微 qīngwēi
3758 轻易 qīngyì
3759 轻重 qīngzhòng
3760 氢 qīng
3761 氢气 qīngqì
3762 倾 qīng
3763 倾听 qīngtīng
3764 倾向 qīngxiàng
3765 倾斜 qīngxié
3766 清 qīng
3767 清晨 qīngchén
3768 清除 qīngchú
3769 清楚 qīngchu
3770 清洁 qīngjié
3771 清理 qīnglǐ
3772 清晰 qīngxī
3773 清醒 qīngxǐng
3774 情 qíng
3775 情报 qíngbào
3776 情操 qíngcāo
3777 情感 qínggǎn
3778 情节 qíngjié
3779 情景 qíngjǐng
3780 情境 qíngjìng
3781 情况 qíngkuàng
3782 情趣 qíngqù
3783 情形 qíngxíng
3784 情绪 qíngxù
3785 请 qǐng
3786 请求 qǐngqiú
3787 请示 qǐngshì
3788 庆祝 qìngzhù
3789 穷 qióng
3790 穷人 qióngrén
3791 秋 qiū
3792 秋季 qiūjì
3793 秋天 qiūtiān
3794 求 qiú
3795 求证 qiúzhèng
3796 酋长 qiúzhǎng
3797 球 qiú
3798 区 qū
3799 区别 qūbié

3800 区分 qūfēn

第3801—3900条

3801 区域 qūyù
3802 曲 qū
3803 曲线 qūxiàn
3804 曲折 qūzhé
3805 驱 qū
3806 驱逐 qūzhú
3807 屈服 qūfú
3808 趋 qū
3809 趋势 qūshì
3810 趋向 qūxiàng
3811 渠 qú
3812 渠道 qúdào
3813 曲 qǔ
3814 取 qǔ
3815 取代 qǔdài
3816 取得 qǔdé
3817 取消 qǔxiāo
3818 娶 qǔ
3819 去 qù
3820 去年 qùnián
3821 去世 qùshì
3822 趣味 qùwèi
3823 圈 quān
3824 权 quán
3825 权力 quánlì
3826 权利 quánlì
3827 权威 quánwēi
3828 权益 quányì
3829 全 quán
3830 全部 quánbù
3831 全局 quánjú
3832 全面 quánmiàn
3833 全民 quánmín
3834 全球 quánqiú
3835 全身 quánshēn
3836 全体 quántǐ
3837 泉 quán
3838 拳 quán
3839 拳头 quántou
3840 劝 quàn
3841 缺 quē
3842 缺点 quēdiǎn
3843 缺乏 quēfá
3844 缺少 quēshǎo
3845 缺陷 quēxiàn
3846 却 què
3847 确 què
3848 确保 quèbǎo
3849 确定 quèdìng
3850 确立 quèlì
3851 确切 quèqiè
3852 确认 quèrèn
3853 确实 quèshí
3854 群 qún
3855 群落 qúnluò
3856 群体 qúntǐ
3857 群众 qúnzhòng
3858 然 rán
3859 然而 rán'ér
3860 然后 ránhòu
3861 燃 rán
3862 燃料 ránliào
3863 燃烧 ránshāo
3864 染 rǎn
3865 染色 rǎnsè
3866 染色体 rǎnsètǐ
3867 嚷 rǎng
3868 让 ràng
3869 扰动 rǎodòng
3870 扰乱 rǎoluàn
3871 绕 rào
3872 惹 rě
3873 热 rè
3874 热爱 rè'ài
3875 热带 rèdài
3876 热量 rèliàng
3877 热烈 rèliè
3878 热闹 rènao
3879 热能 rènéng
3880 热情 rèqíng
3881 热心 rèxīn
3882 人 rén

3883 人才 réncái
3884 人格 réngé
3885 人工 réngōng
3886 人家 rénjia
3887 人家 rénjiā
3888 人间 rénjiān
3889 人均 rénjūn
3890 人口 rénkǒu
3891 人类 rénlèi
3892 人力 rénlì
3893 人们 rénmen
3894 人民 rénmín
3895 人民币 rénmínbì
3896 人群 rénqún
3897 人身 rénshēn
3898 人生 rénshēng
3899 人士 rénshì
3900 人事 rénshì

第 3901—4000 条

3901 人体 réntǐ
3902 人为 rénwéi
3903 人物 rénwù
3904 人心 rénxīn
3905 人性 rénxìng
3906 人影 rényǐng
3907 人员 rényuán
3908 人造 rénzào
3909 仁 rén
3910 任 Rén
3911 忍 rěn
3912 忍耐 rěnnài
3913 忍受 rěnshòu
3914 认 rèn
3915 认定 rèndìng
3916 认识 rènshi
3917 认识论 rènshílùn
3918 认为 rènwéi
3919 认真 rènzhēn
3920 任 rèn
3921 任何 rènhé
3922 任命 rènmìng
3923 任务 rènwù
3924 任意 rènyì
3925 扔 rēng
3926 仍 réng
3927 仍旧 réngjiù
3928 仍然 réngrán
3929 日 rì
3930 日报 rìbào
3931 日常 rìcháng
3932 日记 rìjì
3933 日期 rìqī
3934 日前 rìqián
3935 日趋 rìqū
3936 日夜 rìyè
3937 日益 rìyì
3938 日子 rìzi
3939 荣誉 róngyù
3940 容 róng
3941 容量 róngliàng
3942 容纳 róngnà
3943 容器 róngqì
3944 容易 róngyì
3945 溶 róng
3946 溶剂 róngjì
3947 溶解 róngjiě
3948 溶液 róngyè
3949 熔 róng
3950 熔点 róngdiǎn
3951 融合 rónghé
3952 柔和 róuhé
3953 柔软 róuruǎn
3954 揉 róu
3955 肉 ròu
3956 肉体 ròutǐ
3957 如 rú
3958 如此 rúcǐ
3959 如果 rúguǒ
3960 如何 rúhé
3961 如今 rújīn
3962 如同 rútóng
3963 如下 rúxià
3964 儒家 rújiā
3965 乳 rǔ
3966 入 rù
3967 入侵 rùqīn

| | | |
|---|---|---|
| 3968 | 入手 | rùshǒu |
| 3969 | 入学 | rùxué |
| 3970 | 软 | ruǎn |
| 3971 | 若 | ruò |
| 3972 | 若干 | ruògān |
| 3973 | 若是 | ruòshì |
| 3974 | 弱 | ruò |
| 8975 | 弱点 | ruòdiǎn |
| 3976 | 撒 | sā |
| 3977 | 洒 | sǎ |
| 3978 | 撒 | sǎ |
| 3979 | 鳃 | sāi |
| 3980 | 塞 | sāi |
| 3981 | 塞 | sài |
| 3982 | 赛 | sài |
| 3983 | 三 | sān |
| 3984 | 三角 | sānjiǎo |
| 3985 | 三角形 | sānjiǎoxíng |
| 3986 | 伞 | sǎn |
| 3987 | 散 | sǎn |
| 3988 | 散射 | sǎnshè |
| 3989 | 散文 | sǎnwén |
| 3990 | 散 | sàn |
| 3991 | 散布 | sànbù |
| 3992 | 散步 | sànbù |
| 3993 | 散发 | sànfā |
| 3994 | 嗓子 | sǎngzi |
| 3995 | 丧失 | sàngshī |
| 3996 | 扫 | sǎo |
| 3997 | 扫荡 | sǎodàng |
| 3998 | 嫂子 | sǎozi |
| 3999 | 色 | sè |
| 4000 | 色彩 | sècǎi |

第 4001—4100 条

| | | |
|---|---|---|
| 4001 | 塞 | sè |
| 4002 | 森林 | sēnlín |
| 4003 | 僧 | sēng |
| 4004 | 僧侣 | sēnglǚ |
| 4005 | 杀 | shā |
| 4006 | 杀害 | shāhài |
| 4007 | 沙 | shā |
| 4008 | 沙发 | shāfā |
| 4009 | 沙漠 | shāmò |
| 4010 | 沙滩 | shātān |
| 4011 | 纱 | shā |
| 4012 | 砂 | shā |
| 4013 | 傻 | shǎ |
| 4014 | 色 | shǎi |
| 4015 | 晒 | shài |
| 4016 | 山 | shān |
| 4017 | 山地 | shāndì |
| 4018 | 山峰 | shānfēng |
| 4019 | 山谷 | shāngǔ |
| 4020 | 山林 | shānlín |
| 4021 | 山路 | shānlù |
| 4022 | 山脉 | shānmài |
| 4023 | 山区 | shānqū |
| 4024 | 山水 | shānshuǐ |
| 4025 | 山头 | shāntóu |
| 4026 | 扇 | shān |
| 4027 | 闪 | shǎn |
| 4028 | 闪电 | shǎndiàn |
| 4029 | 闪光 | shǎnguāng |
| 4030 | 闪烁 | shǎnshuò |
| 4031 | 单 | Shàn |
| 4032 | 扇 | shàn |
| 4033 | 善 | shàn |
| 4034 | 善良 | shànliáng |
| 4035 | 善于 | shànyú |
| 4036 | 伤 | shāng |
| 4037 | 伤害 | shānghài |
| 4038 | 伤口 | shāngkǒu |
| 4039 | 伤心 | shāngxīn |
| 4040 | 伤员 | shāngyuán |
| 4041 | 商 | shāng |
| 4042 | 商标 | shāngbiāo |
| 4043 | 商店 | shāngdiàn |
| 4044 | 商量 | shāngliang |
| 4045 | 商品 | shāngpǐn |
| 4046 | 商人 | shāngrén |
| 4047 | 商业 | shāngyè |
| 4048 | 上 | shǎng |
| 4049 | 赏 | shǎng |
| 4050 | 上 | shàng |

| | | | |
|---|---|---|---|
| 4051 | 上班 | shàngbān | |
| 4052 | 上边 | shàngbiān | |
| 4053 | 上层 | shàngcéng | |
| 4054 | 上帝 | shàngdì | |
| 4055 | 上级 | shàngjí | |
| 4056 | 上课 | shàngkè | |
| 4057 | 上空 | shàngkōng | |
| 4058 | 上来 | shànglái | |
| 4059 | 上面 | shàngmiàn | |
| 4060 | 上去 | shàngqù | |
| 4061 | 上山 | shàngshān | |
| 4062 | 上升 | shàngshēng | |
| 4063 | 上市 | shàngshì | |
| 4064 | 上述 | shàngshù | |
| 4065 | 上诉 | shàngsù | |
| 4066 | 上午 | shàngwǔ | |
| 4067 | 上下 | shàngxià | |
| 4068 | 上学 | shàngxué | |
| 4069 | 上衣 | shàngyī | |
| 4070 | 上游 | shàngyóu | |
| 4071 | 上涨 | shàngzhǎng | |
| 4072 | 尚 | shàng | |
| 4073 | 烧 | shāo | |
| 4074 | 梢 | shāo | |
| 4075 | 稍 | shāo | |
| 4076 | 稍稍 | shāoshāo | |
| 4077 | 稍微 | shāowēi | |
| 4078 | 少 | shǎo | |
| 4079 | 少量 | shǎoliàng | |
| 4080 | 少数 | shǎoshù | |
| 4081 | 少 | shào | |
| 4082 | 少年 | shàonián | |
| 4083 | 少女 | shàonǚ | |
| 4084 | 少爷 | shàoye | |
| 4085 | 舌 | shé | |
| 4086 | 舌头 | shétou | |
| 4087 | 折 | shé | |
| 4088 | 蛇 | shé | |
| 4089 | 舍 | shě | |
| 4090 | 舍不得 | shěbùdé | |
| 4091 | 设 | shè | |
| 4092 | 设备 | shèbèi | |
| 4093 | 设法 | shèfǎ | |
| 4094 | 设计 | shèjì | |
| 4095 | 设立 | shèlì | |
| 4096 | 设施 | shèshī | |
| 4097 | 设想 | shèxiǎng | |
| 4098 | 设置 | shèzhì | |
| 4099 | 社 | shè | |
| 4100 | 社会 | shèhuì | |

第 4101—4200 条

| | | |
|---|---|---|
| 4101 | 社会学 | shèhuìxué |
| 4102 | 舍 | shè |
| 4103 | 射 | shè |
| 4104 | 射击 | shèjī |
| 4105 | 射线 | shèxiàn |
| 4106 | 涉及 | shèjí |
| 4107 | 摄 | shè |
| 4108 | 摄影 | shèyǐng |
| 4109 | 谁 | shéi |
| 4110 | 申请 | shēnqǐng |
| 4111 | 伸 | shēn |
| 4112 | 伸手 | shēnshǒu |
| 4113 | 身 | shēn |
| 4114 | 身边 | shēnbiān |
| 4115 | 身材 | shēncái |
| 4116 | 身份 | shēnfèn |
| 4117 | 身后 | shēnhòu |
| 4118 | 身躯 | shēnqū |
| 4119 | 身体 | shēntǐ |
| 4120 | 身心 | shēnxīn |
| 4121 | 身影 | shēnyǐng |
| 4122 | 身子 | shēnzi |
| 4123 | 参 | shēn |
| 4124 | 深 | shēn |
| 4125 | 深沉 | shēnchén |
| 4126 | 深度 | shēndù |
| 4127 | 深厚 | shēnhòu |
| 4128 | 深化 | shēnhuà |
| 4129 | 深刻 | shēnkè |
| 4130 | 深情 | shēnqíng |
| 4131 | 深入 | shēnrù |
| 4132 | 深夜 | shēnyè |
| 4133 | 深远 | shēnyuǎn |
| 4134 | 什么 | shénme |
| 4135 | 神 | shén |

4136 神话 shénhuà
4137 神经 shénjīng
4138 神秘 shénmì
4139 神奇 shénqí
4140 神气 shénqì
4141 神情 shénqíng
4142 神色 shénsè
4143 神圣 shénshèng
4144 神态 shéntài
4145 神学 shénxué
4146 沈 shěn
4147 审查 shěnchá
4148 审美 shěnměi
4149 审判 shěnpàn
4150 婶 shěn
4151 肾 shèn
4152 甚 shèn
4153 甚至 shènzhì
4154 渗透 shèntòu
4155 慎重 shènzhòng
4156 升 shēng
4157 生 shēng
4158 生产 shēngchǎn
4159 生产力 shēngchǎnlì
4160 生成 shēngchéng
4161 生存 shēngcún
4162 生动 shēngdòng
4163 生活 shēnghuó
4164 生理 shēnglǐ
4165 生命 shēngmìng
4166 生命力 shēngmìnglì
4167 生气 shēngqì
4168 生前 shēngqián
4169 生态 shēngtài
4170 生物 shēngwù
4171 生意 shēngyi
4172 生意 shēngyì
4173 生育 shēngyù
4174 生长 shēngzhǎng
4175 生殖 shēngzhí
4176 声 shēng
4177 声调 shēngdiào
4178 声明 shēngmíng
4179 声响 shēngxiǎng
4180 声音 shēngyīn
4181 牲畜 shēngchù
4182 牲口 shēngkou
4183 绳 shéng
4184 绳子 shéngzi
4185 省 shěng
4186 圣 shèng
4187 圣经 shèngjīng
4188 胜 shèng
4189 胜利 shènglì
4190 盛 shèng
4191 盛行 shèngxíng
4192 剩 shèng
4193 剩余 shèngyú
4194 尸体 shītǐ
4195 失 shī
4196 失败 shībài
4197 失掉 shīdiào
4198 失去 shīqù
4199 失调 shītiáo
4200 失望 shīwàng

第 4201—4300 条

4201 失误 shīwù
4202 失业 shīyè
4203 师 shī
4204 师范 shīfàn
4205 师傅 shīfu
4206 师长 shīzhǎng
4207 诗 shī
4208 诗歌 shīgē
4209 诗人 shīrén
4210 诗意 shīyì
4211 施 shī
4212 施肥 shīféi
4213 施工 shīgōng
4214 施行 shīxíng
4215 湿 shī
4216 湿度 shīdù
4217 湿润 shīrùn
4218 十 shí

| | |
|---|---|
| 4219 石 | shí |
| 4220 石灰 | shíhuī |
| 4221 石头 | shítou |
| 4222 石油 | shíyóu |
| 4223 时 | shí |
| 4224 时常 | shícháng |
| 4225 时代 | shídài |
| 4226 时而 | shí'ér |
| 4227 时候 | shíhou |
| 4228 时机 | shíjī |
| 4229 时间 | shíjiān |
| 4230 时节 | shíjié |
| 4231 时刻 | shíkè |
| 4232 时空 | shíkōng |
| 4233 时髦 | shímáo |
| 4234 时期 | shíqī |
| 4235 识 | shí |
| 4236 识别 | shíbié |
| 4237 识字 | shízì |
| 4238 实 | shí |
| 4239 实际 | shíjì |
| 4240 实践 | shíjiàn |
| 4241 实力 | shílì |
| 4242 实例 | shílì |
| 4243 实施 | shíshī |
| 4244 实体 | shítǐ |
| 4245 实物 | shíwù |
| 4246 实现 | shíxiàn |
| 4247 实行 | shíxíng |
| 4248 实验 | shíyàn |
| 4249 实用 | shíyòng |
| 4250 实在 | shízài |
| 4251 实在 | shízai |
| 4252 实质 | shízhì |
| 4253 拾 | shí |
| 4254 食 | shí |
| 4255 食品 | shípǐn |
| 4256 食堂 | shítáng |
| 4257 食物 | shíwù |
| 4258 食盐 | shíyán |
| 4259 食用 | shíyòng |
| 4260 史 | shǐ |
| 4261 史学 | shǐxué |
| 4262 使 | shǐ |
| 4263 使得 | shǐdé |
| 4264 使劲 | shǐjìn |
| 4265 使命 | sǐmìng |
| 4266 使用 | shǐyòng |
| 4267 始 | shǐ |
| 4268 始终 | shǐzhōng |
| 4269 士 | shì |
| 4270 士兵 | shìbīng |
| 4271 氏 | shì |
| 4272 氏族 | shìzú |
| 4273 示 | shì |
| 4274 示范 | shìfàn |
| 4275 示威 | shìwēi |
| 4276 世 | shì |
| 4277 世代 | shìdài |
| 4278 世纪 | shìjì |
| 4279 世界 | shìjiè |
| 4280 世界观 | shìjièguān |
| 4281 市 | shì |
| 4282 市场 | shìchǎng |
| 4283 市民 | shìmín |
| 4284 式 | shì |
| 4285 似的 | shìde |
| 4286 事 | shì |
| 4287 事变 | shìbiàn |
| 4288 事故 | shìgù |
| 4289 事后 | shìhòu |
| 4290 事迹 | shìjì |
| 4291 事件 | shìjiàn |
| 4292 事例 | shìlì |
| 4293 事情 | shìqing |
| 4294 事实 | shìshí |
| 4295 事务 | shìwù |
| 4296 事物 | shìwù |
| 4297 事先 | shìxiān |
| 4298 事业 | shìyè |
| 4299 势 | shì |
| 4300 势必 | shìbì |

第 4301—4400 条

| | |
|---|---|
| 4301 势力 | shìlì |
| 4302 势能 | shànéng |
| 4303 试 | shì |

4304 试管 shìguǎn
4305 试图 shìtú
4306 试验 shìyàn
4307 试制 shìzhì
4308 视 shì
4309 视觉 shìjué
4310 视线 shìxiàn
4311 视野 shìyě
4312 是 shì
4313 是非 shìfēi
4314 是否 shìfǒu
4315 适 shì
4316 适当 shìdàng
4317 适合 shìhé
4318 适宜 shìyí
4319 适应 shìyìng
4320 适用 shìyòng
4321 室 shì
4322 逝世 shìshì
4323 释放 shìfàng
4324 收 shōu
4325 收购 shōugòu
4326 收回 shōuhuí
4327 收获 shōuhuò
4328 收集 shōují
4329 收入 shōurù
4330 收拾 shōushi
4331 收缩 shōusuō
4332 收益 shōuyì
4333 收音机 shōuyīnjī
4334 熟 shóu
4335 手 shǒu
4336 手臂 shǒubì
4337 手表 shǒubiǎo
4338 手段 shǒuduàn
4339 手法 shǒufǎ
4340 手工 shǒugōng
4341 手工业 shǒugōngyè
4342 手脚 shǒujiǎo
4343 手榴弹 shǒuliúdàn
4344 手枪 shǒuqiāng
4345 手势 shǒushì
4346 手术 shǒushù
4347 手续 shǒuxù
4348 手掌 shǒuzhǎng
4349 手指 shǒuzhǐ
4350 守 shǒu
4351 守恒 shǒuhéng
4352 首 shǒu
4353 首都 shǒudū
4354 首领 shǒulǐng
4355 首先 shǒuxiān
4356 首要 shǒuyào
4357 首长 shǒuzhǎng
4358 寿命 shòumìng
4359 受 shòu
4360 受精 shòujīng
4361 受伤 shòushāng
4362 狩猎 shòuliè
4363 授 shòu
4364 兽 shòu
4365 瘦 shòu
4366 书 shū
4367 书包 shūbāo
4368 书本 shūběn
4369 书籍 shūjí
4370 书记 shūjì
4371 书面 shūmiàn
4372 书写 shūxiě
4373 抒情 shūqíng
4374 叔叔 shūshu
4375 梳 shū
4376 舒服 shūfu
4377 舒适 shūshì
4378 疏 shū
4379 输 shū
4380 输出 shūchū
4381 输入 shūrù
4382 输送 shūsòng
4383 蔬菜 shūcài
4384 熟 shú
4385 熟练 shúliàn
4386 熟悉 shúxī
4387 属 shǔ
4388 属性 shǔxìng
4389 属于 shǔyú

4390 鼠 shǔ
4391 数 shǔ
4392 术 shù
4393 术语 shùyǔ
4394 束 shù
4395 束缚 shùfù
4396 述 shù
4397 树 shù
4398 树干 shùgàn
4399 树立 shùlì
4400 树林 shùlín

第 4401—4500 条

4401 树木 shùmù
4402 树种 shùzhǒng
4403 竖 shù
4404 数 shù
4405 数据 shùjù
4406 数量 shùliàng
4407 数目 shùmù
4408 数学 shùxué
4409 数值 shùzhí
4410 数字 shùzì
4411 刷 shuā
4412 耍 shuǎ
4413 衰变 shuāibiàn
4414 衰老 shuāilǎo
4415 摔 shuāi
4416 甩 shuǎi
4417 率 shuài
4418 率领 shuàilǐng
4419 拴 shuān
4420 双 shuāng
4421 双方 shuāngfāng
4422 霜 shuāng
4423 谁 shuí
4424 水 shuǐ
4425 水稻 shuǐdào
4426 水分 shuǐfèn
4427 水果 shuǐguǒ
4428 水库 shuǐkù
4429 水利 shuǐlì
4430 水流 shuǐliú
4431 水面 shuǐmiàn
4432 水泥 shuǐní
4433 水平 shuǐpíng
4434 水汽 shuǐqì
4435 水手 shuǐshǒu
4436 水位 shuǐwèi
4437 水文 shuǐwén
4438 水银 shuǐyín
4439 水源 shuǐyuán
4440 水蒸气 shuǐzhēngqì
4441 税 shuì
4442 税收 shuìshōu
4443 睡 shuì
4444 睡觉 shuìjiào
4445 睡眠 shuìmián
4446 顺 shùn
4447 顺利 shùnlì
4448 顺手 shùnshǒu
4449 顺序 shùnxù
4450 瞬间 shùnjiān
4451 说 shuō
4452 说法 shuōfǎ
4453 说服 shuōfú
4454 说话 shuōhuà
4455 说明 shuōmíng
4456 司 sī
4457 司法 sīfǎ
4458 司机 sījī
4459 司令 sīlìng
4460 丝 sī
4461 丝毫 sīháo
4462 私 sī
4463 私人 sīrén
4464 私营 sīyíng
4465 私有 sīyǒu
4466 私有制 sīyǒuzhì
4467 思 sī
4468 思潮 sīcháo
4469 思考 sīkǎo
4470 思路 sīlù
4471 思索 sīsuǒ
4472 思维 sīwéi
4473 思想 sīxiǎng
4474 思想家 sīxiǎngjiā

4475 斯 sī
4476 死 sǐ
4477 死亡 sǐwáng
4478 死刑 sǐxíng
4479 四 sì
4480 四边形 sìbiānxíng
4481 四处 sìchù
4482 四面 sìmiàn
4483 四肢 sìzhī
4484 四周 sìzhōu
4485 寺 sì
4486 寺院 sìyuàn
4487 似 sì
4488 似乎 sìhū
4489 饲料 sìliào
4490 饲养 sìyǎng
4491 松 sōng
4492 宋 sòng
4493 送 sòng
4494 搜集 sōují
4495 艘 sōu
4496 苏 sū
4497 俗 sú
4498 俗称 súchēng
4499 诉讼 sùsòng
4500 素 sù

第 4501—4600 条

4501 素材 sùcái
4502 素质 sùzhì
4503 速 sù
4504 速度 sùdù
4505 速率 sùlǜ
4506 宿 sù
4507 宿舍 sùshè
4508 塑料 sùliào
4509 塑造 sùzào
4510 酸 suān
4511 算 suàn
4512 虽 suī
4513 虽然 suīrán
4514 虽说 suīshuō
4515 隋 suí
4516 随 suí
4517 随便 suíbiàn
4518 随后 suíhòu
4519 随即 suíjí
4520 随时 suíshí
4521 随意 suíyì
4522 遂 suí
4523 髓 suǐ
4524 岁 suì
4525 岁月 suìyuè
4526 遂 suì
4527 碎 suì
4528 穗 suì
4529 孙 sūn
4530 孙子 sūnzi
4531 损害 sǔnhài
4532 损耗 sǔnhào
4533 损伤 sǔnshāng
4534 损失 sǔnshī
4535 缩 suō
4536 缩短 suōduǎn
4537 缩小 suōxiǎo
4538 所 suǒ
4539 所属 suǒshǔ
4540 所谓 suǒwèi
4541 所以 suǒyǐ
4542 所有 suǒyǒu
4543 所有制 suǒyǒuzhì
4544 所在 suǒzài
4545 索 suǒ
4546 锁 suǒ
4547 他 tā
4548 他们 tāmen
4549 他人 tārén
4550 它 tā
4551 它们 tāmen
4552 她 tā
4553 她们 tāmen
4554 塔 tǎ
4555 踏 tà
4556 胎 tāi
4557 胎儿 tāi’ér

4558 台 tái
4559 台风 táifēng
4560 抬 tái
4561 抬头 táitóu
4562 太 tài
4563 太空 tàikōng
4564 太平 tàipíng
4565 太太 tàitai
4566 太阳 tàiyáng
4567 太阳能 tàiyángnéng
4568 太阳系 tàiyángxì
4569 态 tài
4570 态度 tàidù
4571 摊 tān
4572 滩 tān
4573 谈 tán
4574 谈话 tánhuà
4575 谈论 tánlùn
4576 谈判 tánpàn
4577 弹 dán
4578 弹簧 tánhuáng
4579 弹性 tánxìng
4580 痰 tán
4581 坦克 tǎnkè
4582 叹 tàn
4583 叹息 tànxī
4584 探 tàn
4585 探测 tàncè
4586 探索 tànsuǒ
4587 探讨 tàntǎo
4588 碳 tàn
4589 汤 tāng
4590 唐 táng
4591 堂 táng
4592 塘 táng
4593 糖 táng
4594 倘若 tǎngruò
4595 躺 tǎng
4596 烫 tàng
4597 趟 tàng
4598 掏 tāo
4599 逃 táo
4600 逃避 táobì

第 4601—4700 条

4601 逃跑 táopǎo
4602 逃走 táozǒu
4603 桃 táo
4604 陶 táo
4605 陶冶 táoyě
4606 淘汰 táotài
4607 讨 tǎo
4608 讨论 tǎolùn
4609 讨厌 tǎoyàn
4610 套 tào
4611 特 tè
4612 特别 tèbié
4613 特地 tèdì
4614 特点 tèdiǎn
4615 特定 tèdìng
4616 特权 tèquán
4617 特色 tèsè
4618 特殊 tèshū
4619 特务 tèwu
4620 特性 tèxìng
4621 特意 tèyì
4622 特征 tèzhēng
4623 疼 téng
4624 疼痛 téngtòng
4625 藤 téng
4626 踢 tī
4627 提 tí
4628 提倡 tíchàng
4629 提高 tígāo
4630 提供 tígòng
4631 提炼 tíliàn
4632 提起 tíqǐ
4633 提前 tíqián
4634 提取 tíqǔ
4635 提醒 tíxǐng
4636 提议 tíyì
4637 题 tí
4638 题材 tícái
4639 题目 tímù
4640 体 tǐ
4641 体裁 tǐcái

| | | |
|---|---|---|
| 4642 | 体操 | tǐcāo |
| 4643 | 体会 | tǐhuì |
| 4644 | 体积 | tǐjī |
| 4645 | 体力 | tǐlì |
| 4646 | 体温 | tǐwēn |
| 4647 | 体系 | tǐxì |
| 4648 | 体现 | tǐxiàn |
| 4649 | 体验 | tǐyàn |
| 4650 | 体育 | tǐyù |
| 4651 | 体制 | tǐzhì |
| 4652 | 体质 | tǐzhì |
| 4653 | 体重 | tǐzhòng |
| 4654 | 替 | tì |
| 4655 | 替代 | tìdài |
| 4656 | 天 | tiān |
| 4657 | 天才 | tiāncái |
| 4658 | 天地 | tiāndì |
| 4659 | 天鹅 | tiān’é |
| 4660 | 天空 | tiānkōng |
| 4661 | 天气 | tiānqì |
| 4662 | 天然 | tiānrán |
| 4663 | 天然气 | tiānránqì |
| 4664 | 天生 | tiānshēng |
| 4665 | 天体 | tiāntǐ |
| 4666 | 天文 | tiānwén |
| 4667 | 天下 | tiānxià |
| 4668 | 天真 | tiānzhēn |
| 4669 | 天主教 | tiānzhǔjiào |
| 4670 | 添 | tiān |
| 4671 | 田 | tián |
| 4672 | 田地 | tiándì |
| 4673 | 田野 | tiányě |
| 4674 | 甜 | tián |
| 4675 | 填 | tián |
| 4676 | 挑 | tiāo |
| 4677 | 挑选 | tiāoxuǎn |
| 4678 | 条 | tiáo |
| 4679 | 条件 | tiáojiàn |
| 4680 | 条款 | tiáokuǎn |
| 4681 | 条例 | tiáolì |
| 4682 | 条约 | tiáoyuē |
| 4683 | 调 | tiáo |
| 4684 | 调和 | tiáohé |
| 4685 | 调节 | tiáojié |
| 4686 | 调解 | tiáojiě |
| 4687 | 调整 | tiáozhěng |
| 4688 | 挑 | tiǎo |
| 4689 | 挑战 | tiǎiozhàn |
| 4690 | 跳 | tiào |
| 4691 | 跳动 | tiàodòng |
| 4692 | 跳舞 | tiàowǔ |
| 4693 | 跳跃 | tiàoyuè |
| 4694 | 贴 | tiē |
| 4695 | 铁 | tiě |
| 4696 | 铁路 | tiělù |
| 4697 | 厅 | tīng |
| 4698 | 听 | tīng |
| 4699 | 听话 | tīnghuà |
| 4700 | 听见 | tīngjiàn |

第 4701—4800 条

| | | |
|---|---|---|
| 4701 | 听觉 | tīngjué |
| 4702 | 听取 | tīngqǔ |
| 4703 | 听众 | tīngzhòng |
| 4704 | 停 | tíng |
| 4705 | 停顿 | tíngdùn |
| 4706 | 停留 | tíngliú |
| 4707 | 停止 | tíngzhǐ |
| 4708 | 挺 | tǐng |
| 4709 | 通 | tōng |
| 4710 | 通常 | tōngcháng |
| 4711 | 通道 | tōngdào |
| 4712 | 通电 | tōngdiàn |
| 4713 | 通过 | tōngguò |
| 4714 | 通红 | tōnghóng |
| 4715 | 通信 | tōngxìn |
| 4716 | 通讯 | tōngxùn |
| 4717 | 通用 | tōngyòng |
| 4718 | 通知 | tōngzhī |
| 4719 | 同 | tóng |
| 4720 | 同伴 | tóngbàn |
| 4721 | 同胞 | tóngbāo |
| 4722 | 同等 | tóngděng |
| 4723 | 同行 | tóngháng |
| 4724 | 同化 | tónghuà |

| | | |
|---|---|---|
| 4725 | 同类 | tónglèi |
| 4726 | 同年 | tóngnián |
| 4727 | 同期 | tóngqī |
| 4728 | 同情 | tóngqíng |
| 4729 | 同时 | tngshí |
| 4730 | 同事 | tóngshì |
| 4731 | 同行 | tóngxíng |
| 4732 | 同学 | tóngxué |
| 4733 | 同样 | tóngyàng |
| 4734 | 同意 | tóngyì |
| 4735 | 同志 | tóngzhì |
| 4736 | 铜 | tóng |
| 4737 | 童话 | tónghuà |
| 4738 | 童年 | tóngnián |
| 4739 | 统 | tǒng |
| 4740 | 统计 | tǒngjì |
| 4741 | 统一 | tǒngyī |
| 4742 | 统治 | tǒngzhì |
| 4743 | 桶 | tǒng |
| 4744 | 筒 | tǒng |
| 4745 | 通 | tòng |
| 4746 | 痛 | tòng |
| 4747 | 痛苦 | tòngkǔ |
| 4748 | 痛快 | tòngkuài |
| 4749 | 偷 | tōu |
| 4750 | 偷偷 | tōutōu |
| 4751 | 头 | tóu |
| 4752 | 头顶 | tóudǐng |
| 4753 | 头发 | tóufa |
| 4754 | 头脑 | tóunǎo |
| 4755 | 投 | tóu |
| 4756 | 投产 | tóuchǎn |
| 4757 | 投机 | tóujī |
| 4758 | 投入 | tóurù |
| 4759 | 投降 | tóuxiáng |
| 4760 | 投资 | tóuzī |
| 4761 | 透 | tòu |
| 4762 | 透镜 | tòujìng |
| 4763 | 透露 | tòulù |
| 4764 | 透明 | tòumíng |
| 4765 | 凸 | tū |
| 4766 | 突 | tū |
| 4767 | 突变 | tūbiàn |
| 4768 | 突出 | tūchū |
| 4769 | 突击 | tūjī |
| 4770 | 突破 | tūpò |
| 4771 | 突然 | tūrán |
| 4772 | 图 | tú |
| 4773 | 图案 | tú’àn |
| 4774 | 图画 | túhuà |
| 4775 | 图书 | túshū |
| 4776 | 图书馆 | túshūguǎn |
| 4777 | 图形 | túxíng |
| 4778 | 图纸 | túzhǐ |
| 4779 | 徒 | tú |
| 4780 | 途径 | tújìng |
| 4781 | 涂 | tú |
| 4782 | 屠杀 | túshā |
| 4783 | 土 | tǔ |
| 4784 | 土地 | tǔdì |
| 4785 | 土匪 | tǔfěi |
| 4786 | 土壤 | tǔrǎng |
| 4787 | 吐 | tǔ |
| 4788 | 吐 | tù |
| 4789 | 兔子 | tùzi |
| 4790 | 湍流 | tuǎnliú |
| 4791 | 团 | tuán |
| 4792 | 团结 | tuánjié |
| 4793 | 团体 | tuántǐ |
| 4794 | 团员 | tuányuán |
| 4795 | 推 | tuī |
| 4796 | 推测 | tuīcè |
| 4797 | 推动 | tuīdòng |
| 4798 | 推翻 | tūifān |
| 4799 | 推广 | tuīguǎng |
| 4800 | 推荐 | tuījiàn |

第 4801—4900 条

| | | |
|---|---|---|
| 4801 | 推进 | tuījìn |
| 4802 | 推理 | tuīlǐ |
| 4803 | 推论 | tuīlùn |
| 4804 | 推销 | tuīxiāo |
| 4805 | 推行 | tuīxíng |
| 4806 | 腿 | tuǐ |
| 4807 | 退 | tuì |

| | |
|---|---|
| 4808 退出 | tuìchū |
| 4809 退化 | tuìhuà |
| 4810 退休 | tuìxiū |
| 4811 托 | tuō |
| 4812 拖 | tuō |
| 4813 拖拉机 | tuōlājī |
| 4814 脱 | tuō |
| 4815 脱离 | tuōlí |
| 4816 脱落 | tuōluò |
| 4817 妥协 | tuǒxié |
| 4818 挖 | wā |
| 4819 挖掘 | wājué |
| 4820 娃娃 | wáwa |
| 4821 瓦 | wǎ |
| 4822 歪 | wāi |
| 4823 歪曲 | wāiqū |
| 4824 外 | wài |
| 4825 外边 | wàibiān |
| 4826 外表 | wàibiǎo |
| 4827 外部 | wàibù |
| 4828 外地 | wàidì |
| 4829 外国 | wàiguó |
| 4830 外汇 | wàihuì |
| 4831 外交 | wàijiāo |
| 4832 外界 | wàijiè |
| 4833 外科 | wàikē |
| 4834 外来 | wàilái |
| 4835 外力 | wàilì |
| 4836 外贸 | wàimào |
| 4837 外面 | wàimiàn |
| 4838 外商 | wàishāng |
| 4839 外行 | wàiháng |
| 4840 外语 | wàiyǔ |
| 4841 外在 | wàizài |
| 4842 外资 | wàizī |
| 4843 弯 | wān |
| 4844 弯曲 | wānqū |
| 4845 完 | wán |
| 4846 完备 | wánbèi |
| 4847 完毕 | wánbì |
| 4848 完成 | wánchéng |
| 4849 完美 | wánměi |
| 4850 完全 | wánquán |
| 4851 完善 | wánshàn |
| 4852 完整 | wánzhěng |
| 4853 玩 | wán |
| 4854 玩具 | wánjù |
| 4855 玩笑 | wánxiào |
| 4856 顽强 | wánqiáng |
| 4857 挽 | wǎn |
| 4858 晚 | wǎn |
| 4859 晚饭 | wǎnfàn |
| 4860 晚期 | wǎnqī |
| 4861 晚上 | wǎnshang |
| 4862 碗 | wǎn |
| 4863 万 | wàn |
| 4864 万物 | wànwù |
| 4865 万一 | wànyī |
| 4866 汪 | wāng |
| 4867 亡 | wáng |
| 4868 王 | wáng |
| 4869 王朝 | wángcháo |
| 4870 王国 | wángguó |
| 4871 网 | wǎng |
| 4872 网络 | wǎngluò |
| 4873 往 | wǎng |
| 4874 往来 | wǎnglái |
| 4875 往往 | wǎngwǎng |
| 4876 忘 | wàng |
| 4877 忘记 | wàngjì |
| 4878 旺 | wàng |
| 4879 旺盛 | wàngshèng |
| 4880 望 | wàng |
| 4881 望远镜 | wàngyuǎnjìng |
| 4882 危害 | wēihài |
| 4883 危机 | wēijī |
| 4884 危险 | wēixiǎn |
| 4885 威力 | wēilì |
| 4886 威胁 | wēixié |
| 4887 威信 | wēixìn |
| 4888 微 | wēi |
| 4889 微观 | wēiguān |
| 4890 微粒 | wēilì |
| 4891 微弱 | wēiruò |
| 4892 微生物 | wēishēngwù |
| 4893 微微 | wēiwēi |
| 4894 微小 | wēixiǎo |
| 4895 微笑 | wēixiào |

4896 为 wéi
4897 为难 wéinán
4898 为人 wéirén
4899 为首 wéishǒu
4900 为止 wéizhǐ

第 4901—5000 条

4901 违背 wéibèi
4902 违法 wéifǎ
4903 违反 wéifǎn
4904 围 wéi
4905 围剿 wéijiǎo
4906 围绕 wéirào
4907 唯 wéi
4908 维 wéi
4909 维持 wéichí
4910 维护 wéihù
4911 维生素 wéishēngsù
4912 维新 wéixīn
4913 维修 wéixiū
4914 伟大 wěidà
4915 伪 wěi
4916 尾 wěi
4917 尾巴 wěiba
4918 纬 wěi
4919 纬度 wěidù
4920 委屈 wěiqu
4921 委托 wěituō
4922 委员 wěiyuán
4923 委员会 wěiyuánhuì
4924 卫 wèi
4925 卫生 wèishēng
4926 卫星 wèixīng
4927 为 wèi
4928 为何 wèihé
4929 为了 wèile
4930 未 wèi
4931 未必 wèibì
4932 未曾 wèicéng
4933 未来 wèilái
4934 位 wèi
4935 位移 wèiyí
4936 位置 wèizhi
4937 味 wèi
4938 味道 wèidào
4939 胃 wèi
4940 谓 wèi
4941 喂 wèi
4942 魏 wèi
4943 温 wēn
4944 温带 wēndài
4945 温度 wēndù
4946 温度计 wēndùjì
4947 温和 wēnhé
4948 温暖 wēnnuǎn
4949 温柔 wēnróu
4950 文 wén
4951 文化 wénhuà
4952 文件 wénjiàn
4953 文明 wénmíng
4954 文人 wénrén
4955 文物 wénwù
4956 文献 wénxiàn
4957 文学 wénxué
4958 文艺 wényì
4959 文章 wénzhāng
4960 文字 wénzì
4961 纹 wén
4962 闻 wén
4963 蚊子 wénzi
4964 吻 wěn
4965 稳 wěn
4966 稳定 wěndìng
4967 问 wèn
4968 问世 wènshì
4969 问题 wèntí
4970 窝 wō
4971 我 wǒ
4972 我们 wǒmen
4973 卧 wò
4974 卧室 wòshì
4975 握 wò
4976 握手 wòshǒu
4977 乌龟 wūguī
4978 污染 wūrǎn

4979 屋 wū
4980 屋子 wūzi
4981 无 wú
4982 无比 wúbǐ
4983 无从 wúcóng
4984 无法 wúfǎ
4985 无非 wúfēi
4986 无关 wúguān
4987 无机 wújī
4988 无可奈何 wúkěnàihé
4989 无力 wúlì
4990 无论 wúlùn
4991 无情 wúqíng
4992 无穷 wúqióng
4993 无声 wéshēng
4994 无数 wúshù
4995 无限 wúxiàn
4996 无线电 wúxiàndiàn
4997 无效 wúxiào
4998 无形 wúxíng
4999 无疑 wúyí
5000 无意 wúyì

第5001—5100条

5001 无知 wúzhī
5002 吾 wú
5003 吴 wú
5004 五 wǔ
5005 武 wǔ
5006 武力 wǔlì
5007 武器 wǔqì
5008 武装 wǔzhuāng
5009 侮辱 wǔrǔ
5010 舞 wǔ
5011 舞蹈 wǔdǎo
5012 舞剧 wǔjù
5013 舞台 wǔtái
5014 勿 wù
5015 务 wù
5016 物 wù
5017 物化 wùhuà
5018 物价 wùjià
5019 物理 wùlǐ
5020 物力 wùlì
5021 物品 wùpǐn
5022 物体 wùtǐ
5023 物质 wùzhì
5024 物种 wùzhǒng
5025 物资 wùzī
5026 误 wù
5027 误差 wùchā
5028 误会 wùhuì
5029 误解 wùjiě
5030 恶 wù
5031 雾 wù
5032 西 xī
5033 西北 xīběi
5034 西方 xīfāng
5035 西风 xīfēng
5036 西瓜 xīguā
5037 西南 xīnán
5038 西欧 xī’ōu
5039 吸 xī
5040 吸附 xīfù
5041 吸取 xīqǔ
5042 吸收 xīshōu
5043 吸引 xīyǐn
5044 希望 xīwàng
5045 牺牲 xīshēng
5046 息 xī
5047 稀 xī
5048 稀少 xīshǎo
5049 锡 xī
5050 熄灭 xīmiè
5051 习 xí
5052 习惯 xíguàn
5053 习俗 xísú
5054 习性 xíxìng
5055 席 xí
5056 袭击 xíjī
5057 媳妇 xífu
5058 洗 xǐ
5059 洗澡 xǐzǎo
5060 喜 xǐ
5061 喜爱 xǐ’ài
5062 喜欢 xǐhuan
5063 喜剧 xǐjù

5064 喜悦 xǐyuè
5065 戏 xì
5066 戏剧 xìjù
5067 戏曲 xìqǔ
5068 系 xì
5069 系列 xìliè
5070 系数 xìshù
5071 系统 xìtǒng
5072 细 xì
5073 细胞 xìbāo
5074 细节 xìjié
5075 细菌 xìjūn
5076 细小 xìxiǎo
5077 细心 xìxīn
5078 细致 xìzhì
5079 虾 xiā
5080 瞎 xiā
5081 狭 xiá
5082 狭隘 xiá'ài
5083 狭义 xiáyì
5084 狭窄 xiázhǎi
5085 下 xià
5086 下班 xiàbān
5087 下边 xiàbiān
5088 下层 xiàcéng
5089 下达 xiàdá
5090 下颌 xiàhé
5091 下级 xiàjí
5092 下降 xiàjiàng
5093 下来 xiàlái
5094 下列 xiàliè
5095 下令 xiàlìng
5096 下落 xiàluò
5097 下面 xiàmiàn
5098 下去 xiàqù
5099 下属 xiàshǔ
5100 下午 xiàwǔ

第 5101—5200 条

5101 下旬 xiàxún
5102 下游 xiàyóu
5103 吓 xià
5104 夏 xià
5105 夏季 xiàjì
5106 夏天 xiàtiān
5107 仙 xiān
5108 先 xiān
5109 先后 xiānhòu
5110 先进 xiānjìn
5111 先前 xiānqián
5112 先生 xiānsheng
5113 先天 xiāntiān
5114 纤维 xiānwéi
5115 掀起 xiānqǐ
5116 鲜 xiān
5117 鲜花 xiānhuā
5118 鲜明 xiānmíng
5119 鲜血 xiānxuè
5120 鲜艳 xiānyàn
5121 闲 xián
5122 弦 xián
5123 咸 xián
5124 衔 xián
5125 嫌 xián
5126 显 xiǎn
5127 显得 xiǎndé
5128 显露 xiǎnlù
5129 显然 xiǎnrán
5130 显示 xiǎnshì
5131 显微镜 xiǎnwēijìng
5132 显现 xiǎnxiàn
5133 显著 xiǎnzhù
5134 险 xiǎn
5135 鲜 xiǎn
5136 县 xiàn
5137 县城 xiànchéng
5138 现 xiàn
5139 现场 xiànchǎng
5140 现存 xiàncún
5141 现代 xiàndài
5142 现代化 xiàndàihuà
5143 现今 xiànjīn
5144 现金 xiànjīn
5145 现实 xiànshí
5146 现象 xiànxiàng

| | | | |
|---|---|---|---|
| 5147 现行 | xiànxíng | 5191 详细 | xiángxì |
| 5148 现在 | xiànzài | 5192 降 | xiáng |
| 5149 现状 | xiànzhuàng | 5193 享 | xiǎng |
| 5150 限 | xiàn | 5194 享受 | xiǎngshòu |
| 5151 限度 | xiàndù | 5195 享有 | xiǎngyǒu |
| 5152 限于 | xiànyú | 5196 响 | xiǎng |
| 5153 限制 | xiànzhì | 5197 响声 | xiǎngshēng |
| 5154 线 | xiàn | 5198 响应 | xiǎngyìng |
| 5155 线段 | xiànduàn | 5199 想 | xiǎng |
| 5156 线路 | xiànlù | 5200 想法 | xiǎngfǎ |
| 5157 线圈 | xiànquān | | |
| 5158 线索 | xiànsuǒ | 第 5201—5300 条 | |
| 5159 线条 | xiàntiáo | | |
| 5160 宪法 | xiànfǎ | 5201 想象 | xiǎngxiàng |
| 5161 陷 | xiàn | 5202 想象力 | xiǎngxiànglì |
| 5162 陷入 | xiànrù | 5203 向 | xiàng |
| 5163 陷于 | xiànyú | 5204 向来 | xiànglái |
| 5164 羡慕 | xiànmù | 5205 向上 | xiàngshàng |
| 5165 献 | xiàn | 5206 向往 | xiàngwǎng |
| 5166 献身 | xiànshēn | 5207 项 | xiàng |
| 5167 腺 | xiàn | 5208 项目 | xiàngmù |
| 5168 乡 | xiāng | 5209 相 | xiàng |
| 5169 乡村 | xiāngcūn | 5210 象 | xiàng |
| 5170 乡下 | xiāngxià | 5211 象征 | xiàngzhēng |
| 5171 相 | xiàng | 5212 像 | xiàng |
| 5172 相当 | xiāngdāng | 5213 橡胶 | xiàngjiāo |
| 5173 相等 | xiāngděng | 5214 橡皮 | xiàngpí |
| 5174 相对 | xiāngduì | 5215 削 | xiāo |
| 5175 相反 | xiāngfǎn | 5216 消 | xiāo |
| 5176 相关 | xiāngguān | 5217 消除 | xiāochú |
| 5177 相互 | xiānghù | 5218 消毒 | xiāodú |
| 5178 相继 | xiāngjì | 5219 消费 | xiāofèi |
| 5179 相交 | xiāngjiāo | 5220 消费品 | xiāofèipǐn |
| 5180 相近 | xiāngjìn | 5221 消耗 | xiāohào |
| 5181 相连 | xiānglián | 5222 消化 | xiāohuà |
| 5182 相似 | xiāngsì | 5223 消极 | xiāojí |
| 5183 相通 | xiāngtōng | 5224 消灭 | xiāomiè |
| 5184 相同 | xiāngtóng | 5225 消失 | xiāoshī |
| 5185 相信 | xiāngxìn | 5226 消亡 | xiāowáng |
| 5186 相应 | xiāngyìng | 5227 消息 | xiāoxi |
| 5187 香 | xiāng | 5228 硝酸 | xiāosuān |
| 5188 香烟 | xiāngyān | 5229 销 | xiāo |
| 5189 箱 | xiāng | 5230 销售 | xiāoshòu |
| 5190 箱子 | xiāngzi | 5231 小 | xiǎo |

5232 小儿 xiǎo’ér
5233 小伙子 xiǎohuǒzi
5234 小姐 xiǎojiě
5235 小麦 xiǎomài
5236 小朋友 xiǎopéngyǒu
5237 小时 xiǎoshí
5238 小说儿 xiǎoshuōr
5239 小心 xiǎoxīn
5240 小型 xiǎoxíng
5241 小学 xiǎoxué
5242 小学生 xiǎxuéshēng
5243 小子 xiǎozi
5244 小组 xiǎozǔ
5245 晓得 xiǎodé
5246 校 xiào
5247 校长 xiàozhǎng
5248 笑 xiào
5249 笑话 xiàohua
5250 笑话儿 xiàohuar
5251 笑容 xiàoróng
5252 效 xiào
5253 效果 xiàoguǒ
5254 效力 xiàolì
5255 效率 xiàolǜ
5256 效益 xiàoyì
5257 效应 xiàoyìng
5258 些 xiē
5259 歇 xiē
5260 协定 xiédìng
5261 协会 xiéhuì
5262 协商 xiéshāng
5263 协调 xiétiáo
5264 协同 xiétóng
5265 协议 xiéyì
5266 协助 xiézhù
5267 协作 xiézuò
5268 邪 xié
5269 斜 xié
5270 携带 xiédài
5271 鞋 xié
5272 写 xiě
5273 写作 xiězuò
5274 血 xiě
5275 泄 xiè
5276 谢 xiè
5277 谢谢 xièxie
5278 解 xiè
5279 蟹 xiè
5280 心 xīn
5281 心底 xīndǐ
5282 心里 xīnlǐ
5283 心理 xīnlǐ
5284 心灵 xīnlíng
5285 心情 xīnqíng
5286 心事 xīnshì
5287 心思 xīnsi
5288 心头 xīntóu
5289 心血 xīnxuè
5290 心脏 xānzàng
5291 辛苦 xīnkǔ
5292 辛勤 xīnqín
5293 欣赏 xīnshǎng
5294 锌 xīn
5295 新 xīn
5296 新陈代谢 xīnchéndàixiè
5297 新娘 xīnniáng
5298 新奇 xīnqí
5299 新人 xīnrén
5300 新式 xīnshì

第 5301—5400 条

5301 新闻 xīnwén
5302 新鲜 xīnxiān
5303 新兴 xīnxīng
5304 新型 xīnxíng
5305 新颖 xīnyǐng
5306 信 xìn
5307 信贷 xìndài
5308 信号 xìnhào
5309 信念 xìnniàn
5310 信任 xìnrèn
5311 信徒 xìntú
5312 信息 xìnxī
5313 信心 xìnxīn
5314 信仰 xìnyǎng

5315 信用 xìnyòng
5316 兴 xīng
5317 兴奋 xīngfèn
5318 兴建 xīngjiàn
5319 兴起 xīngqǐ
5320 星 xīng
5321 星际 xīngjì
5322 星期 xīngqī
5323 星球 xīngqiú
5324 星系 xīngxì
5325 星星 xīngxing
5326 星云 xīngyún
5327 刑 xíng
5328 刑罚 xíngfá
5329 刑法 xíngfǎ
5330 刑事 xíngshì
5331 行 xíng
5332 行动 xíngdòng
5333 行军 xángjūn
5334 行李 xíngli
5335 行人 xíngrén
5336 行使 xíngshǐ
5337 行驶 xíngshǐ
5338 行为 xángwéi
5339 行星 xíngxīng
5340 行政 xíngzhèng
5341 行走 xíngzǒu
5342 形 xíng
5343 形成 xíngchéng
5344 形容 xíngróng
5345 形式 xíngshì
5346 形势 xíngshì
5347 形态 xíngtài
5348 形体 xíngtǐ
5349 形象 xíngxiàng
5350 形状 xíngzhuàng
5351 型 xíng
5352 省 xǐng
5353 醒 xǐng
5354 兴 xìng
5355 兴趣 xìngqù
5356 幸福 xìngfú
5357 性 xìng
5358 性别 xìngbié
5359 性格 xìnggé
5360 性能 xìngnéng
5361 性情 xìngqíng
5362 性质 xìngzhì
5363 性状 xìngzhuàng
5364 姓 xìng
5365 姓名 xìngmíng
5366 凶 xiōng
5367 兄 xiōng
5368 兄弟 xiōngdì
5369 兄弟 xiōngdi
5370 胸 xiōng
5371 胸脯 xiōngpú
5372 雄 xióng
5373 雄伟 xióngwěi
5374 熊 xióng
5375 休眠 xiūmián
5376 休息 xiūxi
5377 修 xiū
5378 修辞 xiūcí
5379 修复 xiūfù
5380 修改 xiūgǎi
5381 修建 xiūjiàn
5382 修理 xiūlǐ
5383 修养 xiūyǎng
5384 修正 xiūzhèng
5385 宿 xiǔ
5386 臭 xiù
5387 袖 xiù
5388 宿 xiù
5389 绣 xiù
5390 嗅 xiù
5391 须 xū
5392 虚 xū
5393 需 xū
5394 需求 xūqiú
5395 需要 xūyào
5396 徐 xú
5397 许 xǔ
5398 许多 xǔduō
5399 许可 xǔkě
5400 序 xù

第5401—5500条

| | | |
|---|---|---|
| 5401 | 叙述 | xùshù |
| 5402 | 畜 | xù |
| 5403 | 宣布 | xuānbù |
| 5404 | 宣传 | xuānchuán |
| 5405 | 宣告 | xuāngào |
| 5406 | 宣言 | xuānyán |
| 5407 | 宣扬 | xuānyáng |
| 5408 | 悬 | xuán |
| 5409 | 悬挂 | xuánguà |
| 5410 | 旋 | xuán |
| 5411 | 旋律 | xuánlǜ |
| 5412 | 旋转 | xuánzhuǎn |
| 5413 | 选 | xuǎn |
| 5414 | 选拔 | xuǎnbá |
| 5415 | 选举 | xuǎnjǔ |
| 5416 | 选手 | xuǎnshǒu |
| 5417 | 选用 | xuǎnyòng |
| 5418 | 选择 | xuǎnzé |
| 5419 | 旋 | xuàn |
| 5420 | 削 | xuē |
| 5421 | 削弱 | xuēruò |
| 5422 | 穴 | xué |
| 5423 | 学 | xué |
| 5424 | 学会 | xuéhuì |
| 5425 | 学科 | xuékē |
| 5426 | 学派 | xuépài |
| 5427 | 学生 | xuéshēng |
| 5428 | 学术 | xuéshù |
| 5429 | 学说 | xuéshuō |
| 5430 | 学堂 | xuétáng |
| 5431 | 学徒 | xuétú |
| 5432 | 学问 | xuéwen |
| 5433 | 学习 | xuéxí |
| 5434 | 学校 | xuéxiào |
| 5435 | 学员 | xuéyuán |
| 5436 | 学院 | xuéyuàn |
| 5437 | 学者 | xuézhě |
| 5438 | 雪 | xuě |
| 5439 | 雪白 | xuěbái |
| 5440 | 雪花 | xuěhuā |
| 5441 | 血 | xuè |
| 5442 | 血管 | xuèguǎn |
| 5443 | 血液 | xuèyè |
| 5444 | 寻 | xún |
| 5445 | 寻求 | xúnqiú |
| 5446 | 寻找 | xúnzhǎo |
| 5447 | 询问 | xúnwèn |
| 5448 | 循环 | xúnhuán |
| 5449 | 训 | xùn |
| 5450 | 训练 | xùnliàn |
| 5451 | 迅速 | xùnsù |
| 5452 | 压 | yā |
| 5453 | 压力 | yālì |
| 5454 | 压迫 | yāpò |
| 5455 | 压强 | yāqiáng |
| 5456 | 压缩 | yāsuō |
| 5457 | 压抑 | yāyì |
| 5458 | 压制 | yāzhì |
| 5459 | 押 | yā |
| 5460 | 鸦片 | yāpiàn |
| 5461 | 鸭 | yā |
| 5462 | 牙 | yá |
| 5463 | 牙齿 | yáchǐ |
| 5464 | 芽 | yá |
| 5465 | 亚 | yà |
| 5466 | 咽 | yān |
| 5467 | 烟 | yān |
| 5468 | 烟囱 | yāncōng |
| 5469 | 延长 | yáncháng |
| 5470 | 延伸 | yánshēn |
| 5471 | 延续 | yánxù |
| 5472 | 严 | yán |
| 5473 | 严格 | yángé |
| 5474 | 严寒 | yánhán |
| 5475 | 严峻 | yánjùn |
| 5476 | 严厉 | yánlì |
| 5477 | 严密 | yánmì |
| 5478 | 严肃 | yánsù |
| 5479 | 严重 | yánzhòng |
| 5480 | 言 | yán |
| 5481 | 言论 | yánlùn |
| 5482 | 言语 | yányǔ |
| 5483 | 岩 | yán |
| 5484 | 岩石 | yánshí |
| 5485 | 炎 | yán |
| 5486 | 沿 | yán |

5487 沿岸 yán’àn
5488 沿海 yánhǎi
5489 研究 yánjiū
5490 研究生 yánjiūshēng
5491 研制 yánzhì
5492 盐 yán
5493 盐酸 yánsuān
5494 颜色 yánsè
5495 掩盖 yǎngài
5496 掩护 yǎnhù
5497 眼 yǎn
5498 眼光 yǎnguāng
5499 眼睛 yǎnjing
5500 眼镜 yǎnjìng

第5501—5600条

5501 眼看 yǎnkàn
5502 眼泪 yǎnlèi
5503 眼前 yǎnqián
5504 眼神 yǎnshén
5505 演 yǎn
5506 演变 yǎnbiàn
5507 演唱 yǎnchàng
5508 演出 yǎnchū
5509 演化 yǎnhuà
5510 演讲 yǎnjiǎng
5511 演说 yǎnshuō
5512 演绎 yǎnyì
5513 演员 yǎnyuán
5514 演奏 yǐnzòu
5515 厌 yàn
5516 厌恶 yànwù
5517 咽 yàn
5518 宴会 yànhuì
5519 验 yàn
5520 验证 yànzhèng
5521 秧 yāng
5522 扬 yáng
5523 羊 yáng
5524 羊毛 yángmáo
5525 阳 yáng
5526 阳光 yángguāng
5527 杨 yáng
5528 洋 yáng
5529 仰 yǎng
5530 养 yǎng
5531 养分 yǎngfèn
5532 养料 yǎngliào
5533 养殖 yǎngzhí
5534 氧 yǎng
5535 氧化 yǎnghuà
5536 氧气 yǎngqì
5537 样 yàng
5538 样本 yàngběn
5539 样品 yìngpǐn
5540 样式 yàngshì
5541 样子 yàngzi
5542 约 yāo
5543 要 yāo
5544 要求 yāoqiú
5545 腰 yāo
5546 邀请 yāoqǐng
5547 摇 yáo
5548 摇晃 yáohuàng
5549 摇头 yáotóu
5550 遥感 yáogǎn
5551 遥远 yáoyuǎn
5552 咬 yǎo
5553 药 yào
5554 药品 yàopǐn
5555 药物 yàowù
5556 要 yào
5557 要紧 yàojǐn
5558 要素 yàosù
5559 钥匙 yàoshi
5560 耶稣 yēsū
5561 爷爷 yéye
5562 也 yě
5563 也许 yěxǔ
5564 冶金 yějīn
5565 冶炼 yěliàn
5566 野 yě
5567 野蛮 yěmán
5568 野生 yěshēng
5569 野兽 yěshòu
5570 野外 yěwài
5571 业 yè

5572 业务 yèwù
5573 业余 yèyú
5574 叶 yè
5575 叶片 yèpiàn
5576 叶子 yèzi
5577 页 yè
5578 夜 yè
5579 夜间 yèjiān
5580 夜里 yèlǐ
5581 夜晚 yèwǎn
5582 液 yè
5583 液态 yètài
5584 液体 yètǐ
5585 一 yī
5586 一般 yībān
5587 一半 yībàn
5588 一辈子 yībèizi
5589 一边 yībiān
5590 一带 yīdài
5591 一旦 yīdàn
5592 一定 yīdìng
5593 一度 yīdù
5594 一端 yīduān
5595 一共 yīgòng
5596 一贯 yīguàn
5597 一会儿 yīhuìr
5598 一块儿 yīkuàir
5599 一连 yīlián
5600 一律 yīlǜ

第 5601—5700 条

5601 一面 yīmiàn
5602 一旁 yīpáng
5603 一齐 yīqí
5604 一起 yīqǐ
5605 一切 yīqiè
5606 一时 yīshí
5607 一体 yītǐ
5608 一同 yītóng
5609 一线 yīxiàn
5610 一向 yīxiàng
5611 一心 yīxīn
5612 一再 yīzài
5613 一早 yīzǎo
5614 一直 yīzhí
5615 一致 yīzhì
5616 衣 yī
5617 衣服 yīfu
5618 衣裳 yīshang
5619 医 yī
5620 医疗 yīliáo
5621 医生 yīshēng
5622 医学 yīxué
5623 医药 yīyào
5624 医院 yīyuàn
5625 依 yī
5626 依次 yīcì
5627 依法 yīfǎ
5628 依附 yīfù
5629 依旧 yījiù
5630 依据 yījù
5631 依靠 yīkào
5632 依赖 yīlài
5633 依然 yīrán
5634 依照 yīzhào
5635 仪 yí
5636 仪器 yíqì
5637 仪式 yíshì
5638 宜 yí
5639 移 yí
5640 移动 yídòng
5641 移民 yímín
5642 移植 yízhí
5643 遗 yí
5644 遗产 yíchǎn
5645 遗传 yíchuán
5646 遗憾 yíhàn
5647 遗留 yíliú
5648 遗址 yízhǐ
5649 遗嘱 yízhǔ
5650 疑 yí
5651 疑惑 yíhuò
5652 疑问 yíwèn
5653 乙 yǐ
5654 已 yǐ

5655 已经 yǐjīng
5656 以 yǐ
5657 以便 yǐbiàn
5658 以后 yǐhòu
5659 以及 yǐjí
5660 以来 yǐlái
5661 以免 yǐmiǎn
5662 以内 yǐnèi
5663 以前 yǐqián
5664 以外 yǐwài
5665 以往 yǐwǎng
5666 以为 yǐwéi
5667 以下 yǐxià
5668 以至 yǐzhì
5669 以致 yǐzhì
5670 矣 yǐ
5671 蚁 yǐ
5672 倚 yǐ
5673 椅子 yǐzi
5674 亿 yì
5675 义 yì
5676 义务 yìwù
5677 艺 yì
5678 艺术 yìshù
5679 艺术家 yìshùjiā
5680 议 yì
5681 议会 yìhuì
5682 议论 yìlùn
5683 议员 yìyuán
5684 亦 yì
5685 异 yì
5686 异常 yìcháng
5687 抑制 yìzhì
5688 役 yì
5689 译 yì
5690 易 yì
5691 易于 yìyú
5692 益 yì
5693 意 yì
5694 意见 yìjiàn
5695 意境 yìjìng
5696 意识 yìshí
5697 意思 yìsi
5698 意图 yìtú
5699 意外 yìwài
5700 意味 yìwèi

第 5701—5800 条

5701 意象 yìxiàng
5702 意义 yìyì
5703 意志 yìzhì
5704 毅然 yìrán
5705 翼 yì
5706 因 yīn
5707 因此 yīncǐ
5708 因地制宜 yīndìzhìyí
5709 因而 yīn'ér
5710 因果 yīguǒ
5711 因素 yīnsù
5712 因为 yīnwéi
5713 因子 yīnzǐ
5714 阴 yīn
5715 阴谋 yīnmóu
5716 阴阳 yīnyáng
5717 阴影 yīnyǐng
5718 音 yīn
5719 音调 yīndiào
5720 音阶 yīnjiē
5721 音节 yīnjié
5722 音响 yīnxiǎng
5723 音乐 yīnyuè
5724 银 yín
5725 银行 yínháng
5726 引 yǐn
5727 引导 yǐndǎo
5728 引进 yǐnjìn
5729 引力 yǐnlì
5730 引起 yǐnqǐ
5731 引用 yǐnyòng
5732 饮 yǐn
5733 饮食 yǐnshí
5734 隐 yǐn
5735 隐蔽 yǐnbì
5736 隐藏 yǐncáng
5737 印 yìn
5738 印刷 yìnshuā
5739 印象 yìxiàng

5740 饮 yǐn
5741 应 yīng
5742 应当 yīngdāng
5743 应该 yīnggāi
5744 英 yīng
5745 英雄 yīngxióng
5746 英勇 yīngyǒng
5747 婴儿 yīng'ér
5748 鹰 yīng
5749 迎 yíng
5750 迎接 yíngjiē
5751 荧光屏 yíngguāngpíng
5752 盈利 yínglì
5753 营 yíng
5754 营养 yíngyǎng
5755 营业 yíngyè
5756 赢得 yíngdé
5757 影 yǐng
5758 影片 yǐngpiān
5759 影响 yǐngxiǎng
5760 影子 yǐngzi
5761 应 yìng
5762 应付 yìngfù
5763 应用 yìngyòng
5764 映 yìng
5765 硬 yìng
5766 拥 yōng
5767 拥护 yōnghù
5768 拥挤 yōngjǐ
5769 拥有 yōngyǒu
5770 永 yǒng
5771 永恒 yǒnghéng
5772 永久 yǒngjiǔ
5773 永远 yǒngyuǎn
5774 勇敢 yǒnggǎn
5775 勇气 yǒngqì
5776 勇于 yǒngyú
5777 涌 yǒng
5778 涌现 yǒngxiàn
5779 用 yòng
5780 用处 yòngchù
5781 用户 yònghù
5782 用力 yònglì
5783 用品 yòngpǐn
5784 用途 yòngtú
5785 优 yōu
5786 优点 yōudiǎn
5787 优惠 yōuhuì
5788 优良 yōuliáng
5789 优美 yōuměi
5790 优势 yōushì
5791 优先 yōuxiān
5792 优秀 yōuxiù
5793 优越 yōuyuè
5794 优质 yōuzhì
5795 忧郁 yōuyù
5796 幽默 yōumò
5797 悠久 yōujiǔ
5798 尤 yóu
5799 尤其 yóuqí
5800 尤为 yóuwéi

第 5801—5900 条

5801 由 yóu
5802 由于 yóuyú
5803 邮票 yóupiào
5804 犹 yóu
5805 犹如 yóurú
5806 犹豫 yóuyù
5807 油 yóu
5808 油画 yóuhuà
5809 油田 yóutián
5810 铀 yóu
5811 游 yóu
5812 游击 yóujī
5813 游击队 yóujīduì
5814 游戏 yóuxì
5815 游行 yóuxíng
5816 游泳 yóuyǒng
5817 友 yǒu
5818 友好 yǒuhǎo
5819 友人 yǒurén
5820 友谊 yǒuyì
5821 有 yǒu
5822 有关 yǒuguān

| | |
|---|---|
| 5823 有机 | yǒujī |
| 5824 有力 | yǒulì |
| 5825 有利 | yǒulì |
| 5826 有名 | yǒumíng |
| 5827 有趣 | yǒuqù |
| 5828 有如 | yǒurú |
| 5829 有时 | yǒushí |
| 5830 有限 | yǒuxiàn |
| 5831 有效 | yǒuxiào |
| 5832 有益 | yǒuyì |
| 5833 有意 | yǒuyì |
| 5834 又 | yòu |
| 5835 右 | yòu |
| 5836 右边 | yòubiān |
| 5837 右手 | yòushǒu |
| 5838 幼 | yòu |
| 5839 幼虫 | yòuchóng |
| 5840 幼儿 | yòu'ér |
| 5841 幼苗 | yòumiáo |
| 5842 幼年 | yòunián |
| 5843 诱导 | yòudǎo |
| 5844 于 | yú |
| 5845 于是 | yúshì |
| 5846 予 | yú |
| 5847 余 | yú |
| 5848 余地 | yúdì |
| 5849 鱼 | yú |
| 5850 娱乐 | yúlè |
| 5851 渔 | yú |
| 5852 渔业 | yúyè |
| 5853 愉快 | yúkuài |
| 5854 舆论 | yúlùn |
| 5855 与 | yǔ |
| 5856 与其 | yǔqí |
| 5857 予 | yǔ |
| 5858 予以 | yǔyǐ |
| 5859 宇宙 | yǔzhòu |
| 5860 羽 | yǔ |
| 5861 羽毛 | yǔmáo |
| 5862 雨 | yǔ |
| 5863 雨水 | yǔshuǐ |
| 5864 语 | yǔ |
| 5865 语法 | yǔfǎ |
| 5866 语句 | yǔjù |
| 5867 语气 | yǔqì |
| 5868 语文 | yǔwén |
| 5869 语言 | yǔyán |
| 5870 语音 | yǔyīn |
| 5871 玉 | yù |
| 5872 玉米 | yùmǐ |
| 5873 育 | yù |
| 5874 育种 | yùzhǒng |
| 5875 预报 | yùbào |
| 5876 预备 | yùbèi |
| 5877 预测 | yùcè |
| 5878 预定 | yùdìng |
| 5879 预防 | yùfáng |
| 5880 预计 | yùjì |
| 5881 预料 | yùliào |
| 5882 预期 | yùqī |
| 5883 预算 | yùsuàn |
| 5884 预先 | yùxiān |
| 5885 预言 | yùyán |
| 5886 域 | yù |
| 5887 欲 | yù |
| 5888 欲望 | yùwàng |
| 5889 遇 | yù |
| 5890 遇见 | yùjiàn |
| 5891 愈 | yù |
| 5892 元 | yuán |
| 5893 元素 | yuánsù |
| 5894 园 | yuán |
| 5895 员 | yuán |
| 5896 袁 | yuán |
| 5897 原 | yuán |
| 5898 原材料 | yuáncáiliào |
| 5899 原来 | yuánlái |
| 5900 原理 | yuánlǐ |

第 5901—6000 条

| | |
|---|---|
| 5901 原谅 | yuánliàng |
| 5902 原料 | yuánliào |
| 5903 原始 | yuánshǐ |
| 5904 原先 | yuánxiān |
| 5905 原因 | yuányīn |
| 5906 原则 | yuánzé |
| 5907 原子 | yuánzǐ |

| | | |
|---|---|---|
| 5908 | 原子核 | yuánzǐhé |
| 5909 | 圆 | yuán |
| 5910 | 圆心 | yuánxīn |
| 5911 | 援助 | yuánzhù |
| 5912 | 缘 | yuán |
| 5913 | 缘故 | yuángù |
| 5914 | 源 | yuán |
| 5915 | 源泉 | yuánquán |
| 5916 | 远 | yuǎn |
| 5917 | 远方 | yuǎufāng |
| 5918 | 怨 | yuàn |
| 5919 | 院 | yuàn |
| 5920 | 院子 | yuànzi |
| 5921 | 愿 | yuàn |
| 5922 | 愿望 | yuànwàng |
| 5923 | 愿意 | yuànyì |
| 5924 | 曰 | yuē |
| 5925 | 约 | yuē |
| 5926 | 约束 | yuēshù |
| 5927 | 月 | yuè |
| 5928 | 月初 | yuèchū |
| 5929 | 月份 | yuèfèn |
| 5930 | 月光 | yuèguāng |
| 5931 | 月亮 | yuèliang |
| 5932 | 月球 | yuèqiú |
| 5933 | 乐 | yuè |
| 5934 | 乐队 | yuèduì |
| 5935 | 乐器 | yuèqì |
| 5936 | 乐曲 | yuèqǔ |
| 5937 | 阅读 | yuèdú |
| 5938 | 跃 | yuè |
| 5939 | 越 | yuè |
| 5940 | 越冬 | yuèdōng |
| 5941 | 越过 | yuèguò |
| 5942 | 粤 | yuè |
| 5943 | 云 | yún |
| 5944 | 匀 | yún |
| 5945 | 允许 | yǔnxǔ |
| 5946 | 运 | yùn |
| 5947 | 运动 | yùndòng |
| 5948 | 运动员 | yùndòngyuán |
| 5949 | 运输 | yùnshū |
| 5950 | 运算 | yùnsuàn |
| 5951 | 运行 | yùnxíng |
| 5952 | 运用 | yùnyòng |
| 5953 | 运转 | yùnzhuǎn |
| 5954 | 韵 | yùn |
| 5955 | 蕴藏 | yùncáng |
| 5956 | 扎 | zhā |
| 5957 | 杂 | zá |
| 5958 | 杂交 | zájiāo |
| 5959 | 杂志 | zázhì |
| 5960 | 杂质 | zázhì |
| 5961 | 砸 | zá |
| 5962 | 灾难 | zāinàn |
| 5963 | 栽 | zāi |
| 5964 | 栽培 | zāipéi |
| 5965 | 再 | zài |
| 5966 | 再见 | zàijiàn |
| 5967 | 再现 | zàixiàn |
| 5968 | 在 | zài |
| 5969 | 在场 | zàichǎng |
| 5970 | 在家 | zàijiā |
| 5971 | 在于 | zàiyú |
| 5972 | 载 | zài |
| 5973 | 咱 | zán |
| 5974 | 咱们 | zánmen |
| 5975 | 暂 | zàn |
| 5976 | 暂时 | zànshí |
| 5977 | 赞成 | zànchéng |
| 5978 | 赞美 | zànměi |
| 5979 | 赞叹 | zàntàn |
| 5980 | 赞扬 | zànyáng |
| 5981 | 赃 | zāng |
| 5982 | 脏 | zàng |
| 5983 | 葬 | zàng |
| 5984 | 藏 | zàng |
| 5985 | 遭 | zāo |
| 5986 | 遭受 | zāoshòu |
| 5987 | 遭遇 | zāoyù |
| 5988 | 糟 | zāo |
| 5989 | 早 | zǎo |
| 5990 | 早晨 | zǎochén |
| 5991 | 早期 | zǎoqī |
| 5992 | 早日 | zǎorì |
| 5993 | 早上 | zǎoshàng |
| 5994 | 早已 | zǎoyǐ |
| 5995 | 藻 | zǎo |

5996 灶 zào
5997 造 zào
5998 造就 zàojiù
5999 造型 zàoxíng
6000 则 zé

第 6001—6100 条

6001 责 zé
6002 责任 zérèn
6003 责任感 zérèngǎn
6004 贼 zéi
6005 怎 zěn
6006 怎么 zěnme
6007 怎么样 zěnmeyàng
6008 怎样 zěnyàng
6009 曾 zēng
6010 增 zēng
6011 增产 zēngchǎn
6012 增多 zēngduō
6013 增高 zēnggāo
6014 增加 zēngjiā
6015 增进 zēngjìn
6016 增强 zēngqiáng
6017 增添 zēngtiān
6018 增长 zēngzhǎng
6019 增殖 zēngzhí
6020 扎 zhā
6021 炸 zhà
6022 眨 zhǎ
6023 炸 zhà
6024 炸弹 zhàdàn
6025 摘 zhāi
6026 窄 zhǎi
6027 债 zhài
6028 债务 zhàiwù
6029 寨 zhài
6030 占 zhān
6031 沾 zhān
6032 粘 zhān
6033 盏 zhǎn
6034 展 zhǎn
6035 展开 zhǎnkāi
6036 展览 zhǎnlǎn
6037 展示 zhǎnshì
6038 展现 zhǎnxiàn
6039 崭新 zhǎnxīn
6040 占 zhàn
6041 占据 zhànjù
6042 占领 zhànlǐng
6043 占用 zhànyòng
6044 占有 zhànyǒu
6045 战 zhàn
6046 战场 zhànchǎng
6047 战斗 zhàndòu
6048 战国 zhànguó
6049 战略 zhànlüè
6050 战胜 zhànshèng
6051 战士 zhànshì
6052 战术 zhànshù
6053 战线 zhànxiàn
6054 战役 zhànyì
6055 战友 zhànyǒu
6056 战争 zhànzhēng
6057 站 zhàn
6058 张 zhāng
6059 章 zhāng
6060 章程 zhāngchéng
6061 长 zhǎng
6062 长官 zhǎngguān
6063 涨 zhǎng
6064 掌 zhǎng
6065 掌握 zhǎngwò
6066 丈 zhàng
6067 丈夫 zhàngfu
6068 仗 zhàng
6069 帐 zhàng
6070 帐篷 zhàngpeng
6071 账 zhàng
6072 胀 zhàng
6073 涨 zhàng
6074 障碍 zhàng'ài
6075 招 zhāo
6076 招待 zhāodài
6077 招呼 zhāohu
6078 招生 zhāoshēng

6079 着 zhāo
6080 朝 zhāo
6081 着 zháo
6082 着急 zháojí
6083 找 zhǎo
6084 召集 zhàojí
6085 召开 zhàokāi
6086 赵 zhào
6087 照 zhào
6088 照顾 zhàogù
6089 照例 zhàolì
6090 照明 zhàomíng
6091 照片 zhàopiān
6092 照射 zhàoshè
6093 照相 zhàoxiàng
6094 照相机 zhàoxiàngjī
6095 照样 zhàoyàng
6096 照耀 zhàoyào
6097 遮 zhē
6098 折 zhé
6099 折磨 zhémó
6100 折射 zhéshè

第 6101—6200 条

6101 哲学 zhéxué
6102 者 zhě
6103 这 zhè
6104 这个 zhège
6105 这里 zhèlǐ
6106 这么 zhème
6107 这儿 zhèr
6108 这些 zhèxiē
6109 这样 zhèyàng
6110 针 zhēn
6111 针对 zhēnduì
6112 针灸 zhēnjiū
6113 侦查 zhēnchá
6114 侦察 zhēnchá
6115 珍贵 zhēnguì
6116 珍珠 zhēnzhū
6117 真 zhēn
6118 真诚 zhēnchéng
6119 真空 zhēnkōng
6120 真理 zhēnlǐ
6121 真实 zhēnshí
6122 真正 zhēnzhèng
6123 诊断 zhěnduàn
6124 枕头 zhěntou
6125 阵 zhèn
6126 阵地 zhèndì
6127 振 zhèn
6128 振荡 zhèndàng
6129 振动 zhèndòng
6130 振奋 zhènfèn
6131 振兴 zhènxīng
6132 震 zhèn
6133 震动 zhèndòng
6134 震惊 zhènjīng
6135 镇 zhèn
6136 镇压 zhènyā
6137 争 zhēng
6138 争夺 zhēngduó
6139 争论 zhēnglùn
6140 争取 zhēngqǔ
6141 征 zhēng
6142 征服 zhēngfú
6143 征求 zhēngqiú
6144 征收 zhēngshōu
6145 挣 zhēng
6146 睁 zhēng
6147 蒸 zhēng
6148 蒸发 zhēngfā
6149 蒸气 zhēngqì
6150 整 zhěng
6151 整顿 zhěngdùn
6152 整个 zhěnggè
6153 整理 zhěnglǐ
6154 整齐 zhěngqí
6155 整体 zhěngtǐ
6156 正 zhèng
6157 正常 zhèngcháng
6158 正当 zhèngdāng
6159 正当 zhèngdàng
6160 正规 zhèngguī
6161 正好 zhènghǎo

6162 正面 zhèngmiàn
6163 正确 zhèngquè
6164 正式 zhèngshì
6165 正义 zhèngyì
6166 正在 zhèngzài
6167 证 zhèng
6168 证据 zhèngjù
6169 证明 zhèngmíng
6170 证实 zhèngshí
6171 证书 zhèngshū
6172 郑 zhèng
6173 政 zhèng
6174 政策 zhèngcè
6175 政党 zhèngdǎng
6176 政府 zhèngfǔ
6177 政权 zhèngquán
6178 政委 zhèngwěi
6179 政治 zhèngzhì
6180 挣 zhèng
6181 症 zhèng
6182 症状 zhèngzhuàng
6183 之 zhī
6184 之后 zhīhòu
6185 之前 zhīqián
6186 支 zhī
6187 支部 zhībù
6188 支撑 zhīchēng
6189 支持 zhīchí
6190 支出 zhīchū
6191 支队 zhīduì
6192 支付 zhīfù
6193 支配 zhīpèi
6194 支援 zhīyuán
6195 只 zhī
6196 汁 zhī
6197 枝 zhī
6198 枝条 zhītiáo
6199 枝叶 zhīyè
6200 知 zhī

第6201—6300条

6201 知道 zhīdào
6202 知觉 zhījué
6203 知识 zhīshi
6204 肢 zhī
6205 织 zhī
6206 脂肪 zhīfáng
6207 执行 zhíxíng
6208 直 zhí
6209 直观 zhíguān
6210 直角 zhíjiǎo
6211 直接 zhíjiē
6212 直径 zhíjìng
6213 直觉 zhíjué
6214 直立 zhílì
6215 直辖市 zhíxiáshì
6216 直线 zhíxiàn
6217 直至 zhízhì
6218 值 zhí
6219 值班 zhíbān
6220 值得 zhídé
6221 职 zhí
6222 职工 zhígōng
6223 职能 zhínéng
6224 职权 zhíquán
6225 职务 zhíwù
6226 职业 zhíyè
6227 职员 zhíyuán
6228 职责 zhízé
6229 植 zhí
6230 植物 zhíwù
6231 植株 zhízhū
6232 殖 zhí
6233 殖民 zhímín
6234 殖民地 zhímíndì
6235 止 zhǐ
6236 只 zhǐ
6237 只得 zhǐdé
6238 只顾 zhǐgù
6239 只好 zhǐhǎo
6240 只是 zhǐshì
6241 只要 zhǐyào
6242 只有 zhǐyǒu
6243 旨 zhǐ
6244 指 zhǐ
6245 指标 zhǐbiāo
6246 指导 zhǐdǎo

6247 指定 zhǐdìng
6248 指挥 zhǐhuī
6249 指令 zhǐlìng
6250 指明 zhǐmíng
6251 指示 zhǐshì
6252 指数 zhǐshù
6253 指责 zhǐzé
6254 至 zhì
6255 至此 zhìcǐ
6256 至今 zhìjīn
6257 至少 zhìshǎo
6258 至于 zhìyú
6259 志 zhì
6260 制 zhì
6261 制定 zhìdìng
6262 制订 zhìdìng
6263 制度 zhìdù
6264 制品 zhìpǐn
6265 制约 zhìyuē
6266 制造 zhìzào
6267 制止 zhìzhǐ
6268 制作 zhìzuò
6269 质 zhì
6270 质变 zhìbiàn
6271 质量 zhìliàng
6272 质子 zhìzǐ
6273 治 zhì
6274 治安 zhì'ān
6275 治理 zhìlǐ
6276 治疗 zhìliáo
6277 致 zhì
6278 致富 zhìfù
6279 致使 zhìshǐ
6280 秩序 zhìxù
6281 智 zhì
6282 智慧 zhìhuì
6283 智力 zhìlì
6284 智能 zhìnéng
6285 滞 zhì
6286 置 zhì
6287 中 zhōng
6288 中等 zhōngděng
6289 中断 zhōngduàn
6290 中华 zhōnghuá
6291 中间 zhōngjiān
6292 中年 zhōngnián
6293 中期 zhōngqī
6294 中世纪 zhōngshìjì
6295 中枢 zhōngshū
6296 中外 zhōngwài
6297 中午 zhōngwǔ
6298 中心 zhōngxīn
6299 中性 zhōngxìng
6300 中学 zhōngxué

第 6401—6468 条

6401 著作 zhùzuò
6402 筑 zhù
6403 抓 zhuā
6404 抓紧 zhuājǐn
6405 专 zhuān
6406 专家 zhuānjiā
6407 专利 zhuānlì
6408 专门 zhuānmén
6409 专题 zhuāntí
6410 专业 zhuānyè
6411 专用 zhuānyòng
6412 专政 zhuānzhèng
6413 专制 zhuānzhì
6414 砖 zhuān
6415 转 zhuǎn
6416 转变 zhuǎnbiàn
6417 转动 zhuǎndòng
6418 转化 zhuǎnhuà
6419 转换 zhuanhuàn
6420 转身 zhuǎnshēn
6421 转向 zhuǎnxiàng
6422 转移 zhuǎnyí
6423 传 zhuàn
6424 转 zhuàn
6425 转动 zhuàndòng
6426 转向 zhuǎnxiàng
6427 赚 zuàn
6428 庄 zhuāng
6429 庄稼 zhuāngjia
6430 庄严 zhuāngyán
6431 桩 zhuāng

6432 装 zhuāng
6433 装备 zhuāngbèi
6434 装饰 zhuāngshì
6435 装置 zhuāngzhì
6436 壮 zhuàng
6437 壮大 zhuàngdà
6438 状 zhuàng
6439 状况 zhuàngkuàng
6440 状态 zhuàngtài
6441 撞 zhuàng
6442 幢 zhuàng
6443 追 zhuī
6444 追究 zhuījiū
6445 追求 zhuīqiú
6446 追逐 zhuīzhú
6447 准 zhǔn
6448 准备 zhǔnbèi
6449 准确 zhǔnquè
6450 准则 zhǔnzé
6451 捉 zhuō
6452 桌 zhuō
6453 桌子 zhuōzi
6454 卓越 zhuóyuè
6455 啄木鸟 zhuómùniǎo
6456 着 zhuó
6457 着手 zhuóshǒu
6458 着重 zhuózhòng
6459 琢磨 zhuómó
6460 咨询 zīxún
6461 姿势 zīshì
6462 姿态 zītài
6463 资 zī
6464 资本 zīběn
6465 资产 zīchǎn
6466 资格 zīgé
6467 资金 zījīn
6468 资料 zīliào